思想的・睿智的・獨見的

經典名著文庫

學術評議

丘為君　吳惠林　宋鎮照　林玉体　邱燮友

洪漢鼎　孫效智　秦夢群　高明士　高宣揚

張光宇　張炳陽　陳秀蓉　陳思賢　陳清秀

陳鼓應　曾永義　黃光國　黃光雄　黃昆輝

黃政傑　楊維哲　葉海煙　葉國良　廖達琪

劉滄龍　黎建球　盧美貴　薛化元　謝宗林

簡成熙　顏厥安（以姓氏筆畫排序）

策劃　楊榮川

五南圖書出版公司 印行

經典名著文庫

學術評議者簡介（依姓氏筆畫排序）

- 丘為君　美國俄亥俄州立大學歷史研究所博士
- 吳惠林　美國芝加哥大學經濟系訪問研究、臺灣大學經濟系博士
- 宋鎮照　美國佛羅里達大學社會學博士
- 林玉体　美國愛荷華大學哲學博士
- 邱燮友　國立臺灣師範大學國文研究所文學碩士
- 洪漢鼎　德國杜塞爾多夫大學榮譽博士
- 孫效智　德國慕尼黑哲學院哲學博士
- 秦夢群　美國麥迪遜威斯康辛大學博士
- 高明士　日本東京大學歷史學博士
- 高宣揚　巴黎第一大學哲學系博士
- 張光宇　美國加州大學柏克萊校區語言學博士
- 張炳陽　國立臺灣大學哲學研究所博士
- 陳秀蓉　國立臺灣大學理學院心理學研究所臨床心理學組博士
- 陳思賢　美國約翰霍普金斯大學政治學博士
- 陳清秀　美國喬治城大學訪問研究、臺灣大學法學博士
- 陳鼓應　國立臺灣大學哲學研究所
- 曾永義　國家文學博士、中央研究院院士
- 黃光國　美國夏威夷大學社會心理學博士
- 黃光雄　國家教育學博士
- 黃昆輝　美國北科羅拉多州立大學博士
- 黃政傑　美國麥迪遜威斯康辛大學博士
- 楊維哲　美國普林斯頓大學數學博士
- 葉海煙　私立輔仁大學哲學研究所博士
- 葉國良　國立臺灣大學中文所博士
- 廖達琪　美國密西根大學政治學博士
- 劉滄龍　德國柏林洪堡大學哲學博士
- 黎建球　私立輔仁大學哲學研究所博士
- 盧美貴　國立臺灣師範大學教育學博士
- 薛化元　國立臺灣大學歷史學系博士
- 謝宗林　美國聖路易華盛頓大學經濟研究所博士候選人
- 簡成熙　國立高雄師範大學教育研究所博士
- 顏厥安　德國慕尼黑大學法學博士

經典名著文庫 198

哲學史講演錄 第二卷

Vorlesungen über die Geschichte der Philosophie

Zweiter Band

黑格爾（Georg Wilhelm Friedrich Hegel） 著

賀麟、王太慶等 譯

楊植勝 導讀

經典永恆・名著常在

五十週年的獻禮・「經典名著文庫」出版緣起

總策劃 楊榮川

閱讀好書就像與過去幾世紀的諸多傑出人物交談一樣——笛卡兒

五南，五十年了。半個世紀，人生旅程的一大半，我們走過來了。不敢說有多大成就，至少沒有凋零。

五南忝為學術出版的一員，在大專教材、學術專著、知識讀本出版已逾壹萬參仟種之後，面對著當今圖書界媚俗的追逐、淺碟化的內容以及碎片化的資訊圖景當中，我們思索著：邁向百年的未來歷程裡，我們能為知識界、文化學術界做些什麼？在速食文化的生態下，有什麼值得讓人雋永品味的？

歷代經典．當今名著，經過時間的洗禮，千錘百鍊，流傳至今，光芒耀人；不僅使我們能領悟前人的智慧，同時也增深加廣我們思考的深度與視野。十九世紀唯意志論開創者叔本華，在其〈論閱讀和書籍〉文中指出：「對任何時代所謂的暢銷書要持謹慎的態度。」他覺得讀書應該精挑細選，把時間用來閱讀那些「古今中外的偉大人物的著作」，閱讀那些「站在人類之巔的著作及享受不朽聲譽的人們的作品」。閱讀就要「讀原著」，是他的體悟。他甚至認爲，閱讀經典原著，勝過於親炙教誨。他說：

> 「一個人的著作是這個人的思想菁華。所以，儘管一個人具有偉大的思想能力，但閱讀這個人的著作總會比與這個人的交往獲得更多的內容。就最重要的方面而言，閱讀這些著作的確可以取代，甚至遠遠超過與這個人的近身交往。」

爲什麼?原因正在於這些著作正是他思想的完整呈現，是他所有的思考、研究和學習的結果；而與這個人的交往卻是片斷的、支離的、隨機的。何況，想與之交談，如今時空，只能徒呼負負，空留神往而已。

三十歲就當芝加哥大學校長、四十六歲榮任名譽校長的赫欽斯（Robert M. Hutchins, 1899-1977），是力倡人文教育的大師。「教育要教眞理」，是其名言，強調「經典就是人文教育最佳的方式」。他認爲：

「西方學術思想傳遞下來的永恆學識，即那些不因時代變遷而有所減損其價值的古代經典及現代名著，乃是眞正的文化菁華所在。」

這些經典在一定程度上代表西方文明發展的軌跡，故而他爲大學擬訂了從柏拉圖的《理想國》，以至愛因斯坦的《相對論》，構成著名的「大學百本經典名著課程」。成爲大學通識教育課程的典範。

歷代經典．當今名著，超越了時空，價值永恆。五南跟業界一樣，過去已偶有引進，但都未系統化的完整舖陳。我們決心投入巨資，有計劃的系統梳選，成立「經典名著文庫」，希望收入古今中外思想性的、充滿睿智與獨見的經典、名著，包括：

- 歷經千百年的時間洗禮，依然耀明的著作。遠溯二千三百年前，亞里斯多德的《尼各馬科倫理學》、柏拉圖的《理想國》，還有奧古斯丁的《懺悔錄》。
- 聲震寰宇、澤流遐裔的著作。西方哲學不用說，東方哲學中，我國的孔孟、老莊哲學，古印度毗耶娑（Vyāsa）的《薄伽梵歌》、日本鈴木大拙的《禪與心理分析》，都不缺漏。
- 成就一家之言，獨領風騷之名著。諸如伽森狄（Pierre Gassendi）與笛卡兒論戰的《對笛卡兒沉思錄的詰難》、達爾文（Darwin）的《物種起源》、米塞斯（Mises）的《人的行爲》，以至當今印度獲得諾貝爾經濟學獎阿馬蒂亞・森（Amartya Sen）的《貧困與饑荒》，及法國當代的哲學家及漢學家朱利安（François Jullien）的《功效論》。

梳選的書目已超過七百種，初期計劃首爲三百種。先從思想性的經典開始，漸次及於專業性的論著。「江山代有才人出，各領風騷數百年」，這是一項理想性的、永續性的巨大出版工程。不在意讀者的眾寡，只考慮它的學術價值，力求完整展現先哲思想的軌跡。雖然不符合商業經營模式的考量，但只要能爲知識界開啓一片智慧之窗，營造一座百花綻放的世界文明公園，任君遨遊、取菁吸蜜、嘉惠學子，於願足矣！

最後，要感謝學界的支持與熱心參與。擔任「學術評議」的專家，義務的提供建言；各書「導讀」的撰寫者，不計代價地導引讀者進入堂奧；而著譯者日以繼夜，伏案疾書，更是辛苦，感謝你們。也期待熱心文化傳承的智者參與耕耘，共同經營這座「世界文明公園」。如能得到廣大讀者的共鳴與滋潤，那麼經典永恆，名著常在。就不是夢想了！

二〇一七年八月一日 於

五南圖書出版公司

目次

第一部　希臘哲學（續）

第一篇　第一期：從泰利斯到亞里斯多德

第一部

希臘哲學（續一）

第一篇

第一期：從泰利斯到亞里斯多德

第二章　第一期第二階段：從智者學派到蘇格拉底學派

在這第二階段時期裡，我們應當首先考察智者學派，其次考察蘇格拉底，然後考察狹義的蘇格拉底學派。柏拉圖是從蘇格拉底學派裡面分出來，與亞里斯多德一起考察的。*Nous*（心靈）、目的，最初是以非常主觀的方式來理解的，即把它了解爲人的目的（善）。在柏拉圖和亞里斯多德那裡，則是以普遍的客觀方式來理解，把它理解爲類、理念。由於把思想理解爲原則，所以原則最初帶著主觀的外貌。由於思維是主觀的活動，因此進入了主觀反思的時代，開始把絕對設定爲主體。近代的原則便是開始於這個時期——與希臘在伯羅奔尼撒戰爭中的瓦解同時。

由於阿那克薩哥拉的「心靈」還是完全形式的自身規定的活動，規定性還是很不確定的，因爲他的規定本身完全是一般的、抽象的，因而我們還是完全沒有得到任何內容，所以當前的要求在於由普遍的觀點進而達到一種內容。那作爲自身規定的活動的抽象思維，給自己提出來的絕對普遍內容究竟是什麼呢？這就是這裡開始要加以確定的實在問題。古代哲學家們的一般思想，我們是見到過的，到了現在，意識與他們那種樸素的思維相對立了。當主體反思到神、反思到絕對的時候，便產生出思想，有了這種內容在眼前；不過這裡所呈現的這種內容不是全部罷了，而進行思維的主體，即思維的主觀性，本質上仍歸屬於客觀的總體。這種主觀性（一方面有）這樣的規定：主觀性是無限的、自身關聯的形式；它是一種純粹的活動、一般的規定作用、那具有這種形式的共相，因而保持著一些規定、一種內容，而主要的問題，在這裡就是關於內容的規定的問題。主觀性的另一方面是：主體乃是這個思維，這個設定者，於是意識就要反思到這個主體的活動；在這一反思中，精神便從客觀性回復到它自身。思維首先是深入到對象之中；但是，和阿那克薩哥拉的「心靈」一樣，它還是沒有任何內容的，因爲內容是在另一方面〔按：即對象〕。隨著思維的回復，由於意識到主體是思維者，於是便結合到另一方面〔按：即對象〕，而思維所應當做的，就是去獲取一種本質的、絕對的內容。這種內容，抽象地說，可以是一種雙重的內容。作爲規定者的「我」，就規定的形式這一方面說，是本質的，因此，首先內容是「我」自身，是「我的」，我有這些興趣，並使這些興趣成爲內容，其次，內容又被規定爲具有完全的普遍性。關於這兩種觀點，問題在於：自在自爲的存在這一規定應當怎樣來理解？自在自爲的存在又和作爲思維者的「我」有怎樣的直接關係？哲學理論中一般要看什麼是對象，被思維者的內容而定，「我」是設定者；雖然我做了這樣的設定，而我所設定的東西卻是客觀的、自在自爲地存在的。如果有人還堅持說「我」是設定者，那就是近代壞的唯心論了。在古代，人們曾經思維過，但沒有人堅持：被思維者所以是壞的，是因爲它是我設定的，是因爲它是一個主觀的東西。

這裡我們所講的是智者學派、蘇格拉底和蘇格拉底學派。〔在智者學派看來，內容是**我的**，是主觀的。蘇格拉底把握住了自在自爲的內容，〕[1]蘇格拉底的門徒們和他有直接關係，只是進一步規定了這內容。

---

[1] 據米希勒本第二版（即「英譯本」所據版本。本書後面皆以「英譯本」表示），第一卷，第三五一頁增補。——譯者

壹、智者學派

理性在阿那克薩哥拉那裡所發現並認爲本質的概念，乃是簡單的否定，一切特定性、一切存在和個別的東西，都消逝到這個否定裡。在概念面前，沒有任何東西能夠存在；概念正是無任何賓詞的絕對，對於概念來說，一切東西都毫無例外地只是一個環節；從概念看來，可以說沒有任何東西是釘牢的和固定的。概念正是赫拉克利特的那個流轉變遷，那個運動，那個沒有任何東西能夠抗拒的腐蝕性。於是這自己發現自己的概念發現自己是絕對的力量，在這絕對的力量面前一切都歸消逝；一切事物、一切存在、一切被認爲固定的東西，現在都成爲流動不居的了。這個固定，不論它是存在物的固定性，或是一定概念、原則、習俗、法律的固定性，現在都陷於動搖，失掉它的穩固了。原則之類的東西，本身是屬於概念的，是被當成有普遍性的；但是普遍性只是它們的形式，它們所具有的內容既是確定的東西，於是就陷於運動了。

這種運動，我們將在這裡初次遇到的所謂智者們那裡看到。他們自稱爲 σοφισταί（智者），乃是能夠使人智慧（σοφίζειν）的智慧教師。智者們是和我們所謂博學正好相反的，博學只是追求知識和搜尋現在與以往的事物，搜尋一大堆經驗材料，在這些材料中發現一種新的形式、一種新的蠕蟲或別種害蟲和蛆蟲，就被認爲是一件了不起的事。就這一點而言，我們博學的教授們負的責任要比智者們小得多；但是哲學與沒有責任是毫不相干的。

說到智者們與一般人的看法的關係，他們既被健康常識詆毀，也同樣被道德詆毀，因爲：（一）他們的理論學說主張任何事物都不存在，這應當是一種胡說；（二）在實踐方面，則把一切原則和法律都推翻了。

首先不可僅僅根據運動的消極方面而停留在萬物運動這一糊塗狀態中，但是運動所過渡到的靜止，亦不復是運動的事物恢復其固定狀態，以致最後又出來了原來的東西，而運動只是白忙一場。然而那既無思想修養又無學識的一般看法的詭辯，卻正是這樣一種詭辯，把運動的各種規定本身當作自在自爲地存在的實體，把一大堆生活規條、經驗規則、原則之類的東西當作絕對不變的眞理。精神本身乃是這些各式各樣的眞理的統一；在精神裡面，這一切褊狹的眞理只是作爲被揚棄的眞理而存在，只是被當作相對的眞理，換句話說，只是作爲有限制、有局限的眞理，而不是作爲自在的眞理而存在。這些眞理在通常理智（按：即常識）看來事實上不復是眞理。通常理智換一個場合會承認相反的道理對意識也同樣說得通，甚至加以主張；或者是不知道自己所說的和所想的正好相反，通常理智的表現只是矛盾的一個表現。通常理智是在它的一般行動中，而不是在它不好的行動中，破壞它的那些準則、那些原則。假使通常理智是過著一種理性的生活的話，這種生活認眞說來也只是一種經常的自相抵觸，即是借違背另外幾條行爲準則而謹守某一條褊狹的行爲準則。例如：一個有處世經驗和有教養的政治家，是懂得取乎中道，有實踐理智的，這就是說，他是就當前問題的全面來作處理，而不是僅就問題的一面（一面的意思就是從一個準則出發）。不管是誰，也不管在什麼場合，要是只按照一個準則行動，他就是一個迂闊的人，不論對自己和對別人都會把事情搞壞。這種情形也是極普通的。例如：我們常常聽見人說：「我所看到的東西確實存在的；我相信它們的實在性」；但是實際上他相信它們的實在性這句話是不實在的，正好相反。因爲他吃喝這些東西，這就是說，他相信這些東西不是自在的，相信它們的存在沒有穩定性，沒有實在性。由此可見，通常理智在行動中比在思想的時候要好些。人的行動本質是完整的精神，不過人尚未意識到自己是精神：凡是人自己所意識到的，都是法則、規則和一般的命題，這些都被他在意識中認爲是眞實的；而在行動中，他才拋棄掉他的理智的局限性。但是這個意識卻把這種特定的存在和一般的存在說成絕對實體，稱它自己的意識、它自己的理智爲絕對實體。當概念轉向那意識自信爲眞實擁有的豐富內容時，當意識感到自己的眞實性有危險時（因爲意識知道，沒有眞實性，它就不能存在），當意識對自己的固定的抽象概念感到迷惑時，意識便會激怒起來。概念在這種想要實現它自己的情況之下，亦即在從事於普遍眞理時，就會憎恨並咒罵它自己。這就是一般人對於詭辯（Sophisterei）的指摘，這是健康常識不可避免的一種指摘。

詭辯這個字是一個壞字眼。特別是由於反對蘇格拉底和柏拉圖的緣故，智者們弄得聲名狼藉。詭辯這個詞通常意味著以任意的方式，憑藉虛假的根據，或者將一個眞的道理否定了，弄得動搖了，或者將一個虛假的道理弄得非常動聽，好像眞的一樣。我們要把這個不好的意義拋在一邊，把它忘掉。相反地，我們現在要進一步從它的**積極方面**，嚴格地說，即是從**科學方面**，來考察智者們在希臘究竟占據什麼地位。

第一，正是智者們現在把作爲思想的簡單概念（在伊利亞學派中，芝諾已經開始轉到思想的純粹摹本、轉到運動上），一般地應用到社會對象上，並且使它深入到一切人事關係中，因爲概念意識到自己的力量，意識到自己是絕對和唯一的實體，排斥其他一切，要求影響那不是思想的特定事物，對它們施展自己的勢力和統治權。自身同一的思想把自己的否定的力量指向理論和實踐的各種規定，指向自然意識的各項眞理與其他各種自明的法則和原則。凡是一般觀念認爲固定的東西，在這思想中便分解了，於是思想倒向特殊主觀性的一方面，使自己成爲第一性的和固定的東西，把一切都聯繫到它自己身上。

由於正是這個概念現在出現了，所以它成爲一種比較普遍的哲學；並且不僅成爲哲學，而且成爲一切有思想的民族中任何一個人所參與和必須參與的一般教養。因爲我們所謂教養，正是指這種應用於現實的概念，這概念不是指純粹的抽象概念，而是指和一切表象的各種各樣的內容相統一的概念。在教養中，概念確實占支配地位和起推動作用的，因爲特定的東西是在它的限度之內，是在它過渡到它的對方的過程中被認識的。概念成了一般教育的內容，因此就有了一批教授辯論術（Sophistik）的教師出現。智者們就是希臘的教師，透過他們，文化才開始在希臘出現，他們代替了從前的公眾教師，即詩人和史詩朗誦者。宗教並不是教師，宗教中並沒有教育內容。雖然祭司們犧牲獻祭、預言、講解神諭，但是教育卻是另外一回事。智者們以智慧、科學、音樂、數學等等教人，這是他們的主要任務。在伯里克里斯之前，文化的要求已經透過思維而出現；人們要在他們的觀念方面得到教育，智者們便是以此爲目的。他們以教育爲職業。人們要求透過思想來決定種種關係，而不再僅僅透過神諭，或透過習俗、熱忱和一時的感情，這種反思的要求在希臘似乎已經覺醒了。國家的目的是有普遍性的，普遍之中也就包含著特殊。智者們傳播了這種教養。他們是一個特殊的社會階層，以教育爲職業，接受報酬，代行學校的任務。他們周遊各個城市，青年跟隨著他們，受到他們的教導。

教養並不是固定的。進一步說，凡是自由思想所能獲得的，都必須來自自由思想本身，都必須是自己的信念。它不再是信仰的對象，而是研究的對象，一句話，它就是近代的所謂啓蒙。思想探索著一般的原則，用這原則來判斷一切對我們有價值的東西，凡是不符合這些原則的，就對我們沒有價值。於是思想對積極的內容和思想本身進行比較，溶解以前的信仰的具體內容，一方面把內容分解，另一方面把這些個別性、這些特殊的觀點和方面孤立起來，把它們單獨地緊緊抓住不放。這樣，思想便獲得了某種普遍的形式；人們爲這種做法說出一些理由，亦即提出一些普遍的規定，而又把這些規定應用到特殊的方面。方面本來不是獨立的，而只是一個整體的各個環節，各個方面如果與整體分離開來，自己與自己相關聯，這樣，就成了普遍性的東西了。要有教養，人們必須熟習那些屬於一項行爲、事件等等的普遍觀點，以一種普遍的方式來把握這些觀點以及那些事情，才能取得對於所求知的問題的直接知識。一位法官，是知道各種法律的，也就是說，是知道處理一件事情時必須考慮到的各種法律觀點的；這些觀點已經是獨立的普遍方面，這樣，他便有了一種普遍的意識，以普遍的方式來考慮事情本身。一個有教養的人，是知道如何與每一對象都有話可說，以及如何找出對於每個對象的種種觀點。希臘人得到這種教養，應當感謝智者們。智者教人向對他們有權威的事物去運用思想。智者們並不是眞正的學者。他們的教育既是哲學教育，也是演說教育，教人治理一個民族，或者透過觀念以使一件事情辦得通。那時還沒有離開哲學的枯燥到對人類全體、對人的本質方面都不關心的各種實證科學。此外他們還有著最普遍的實踐目的，就是給予政治家一種預備教育，以便在希臘從事一般的職業性政治活動；這似乎並不是爲了訓練公職人員，卻好像是爲公職人員準備一種專門知識的考試似的。

智者們的活動，是和人們對智慧的追求分不開的。知道是什麼事物在群眾和國家中構成權力，並知道我必須承認什麼事物是這樣的權力，就被認爲是有智慧的。因此伯里克里斯等政治家所以引起人羨慕，正是因爲他們懂得自己的地位，他們有能力把別人安排得各得其所。誰懂得把人們所做的事情歸結到推動人們的那些最終目的上去，誰就是有權力的人。智者們教學的目的在於指出：什麼是世界上的權力，什麼是解決一切特殊問題的普遍思想，這只有哲學才能知道；所以智者們是思辨哲學家。他們要想讓人知道，是什麼事物在道德世界產生決定作用，以及是什麼事物使人滿足。人所具有的衝動和欲望，乃是統治人的權力；當人的欲望得遂時，人便滿足了。宗教教人說，諸神是統治人的權力。法律也是統治人的權力；人們服從法律時可以得到滿足、可以假定別人遵守法律時也得到滿足。但是透過反思，人們便不再滿足於把法律當作權威和外在的必然性來服從了，人們希望在自身中獲得滿足，希望透過反思，使自己相信什麼是約束自己的事物，什麼是自己的目的，和什麼是自己爲了達到這個目的所必須做的事。

因此，智者們就特別是演說術的教師了。演說這一個方面，可以使人能夠在群眾中獲得聲望、能夠做出爲人們謀福利的事情；因此演說術是迫切的需要之一。民主制度要依靠演說，在民主制度中公民是有最後決定權的。演說便把各種情況歸結到權力和法律上面。但特別要依靠演說術的，是提出對一件事的多方面的觀點，使人們接受其中與我認爲最有用的事物有關的那些觀點。這一類具體情況是有許多方面的：一個有教養的人要能夠掌握這些不同的觀點；演說術則善於把某一些觀點提到前面，而把其他的觀點擱置於後。亞里斯多德的《正位篇》也涉及這一點，這書提出了 τόποι，即範疇、思想規定，我們必須遵照範疇，才能學習發言。但是最先從事於這些範疇的認識的，卻是智者們。

這就是智者學派所占的一般地位。至於智者們的通常作風，以及研究問題的情況，特別是在柏拉圖的《普羅泰戈拉篇》中，我們見到了一個完全確定的情況。柏拉圖在這一篇中讓普羅泰戈拉自己詳細說明了智者學派的藝術。柏拉圖想像蘇格拉底伴隨著一個名叫希波克拉底的青年，這個青年希望投到新到雅典來的普羅泰戈拉的門下，學習智者們的科學。在路上，蘇格拉底問希波克拉底，他所希望學習的智者們的智慧究竟是什麼。希波克拉底最初答覆說：「是演說術；因爲智者是善於使人說話有力」、善於考察對象，並加以多方面的研究的人。一個有教養的人或民族的第一個特色，就是善於說話的藝術。法國人是很善於說話的，我們稱之爲空談。我們學法文，爲的是善於說法國話，可是也是爲了獲得法國文化。沒有文化修養的人，和一個善於順利地掌握和表達一切觀點的人相周旋，是覺得不舒服的。但是這一點並不是單純的說話造成的，而是文化造成的。我們可以完全正確地掌握一種語言；可是如果沒有文化，就不能善於說話。文化可以使精神具有各式各樣的觀點，使它即時

12

13

想起這些觀點，使它擁有一大批考察一個對象時所運用的範疇。因此，人們可以從智者們學得的技巧，就是順利地掌握一大批這樣的觀點，以便依據這些觀點即時地來考察對象。在這一點上，蘇格拉底確乎指出了智者們的原則「並沒有得到充分的規定」，因此難以知道什麼才算是一個智者——（假若一個人要想研究哲學，那就是由於他不知道什麼是哲學，否則他就不需要研究它了）——；他說，「然而，我們還是要前往拜訪他。」[1]

蘇格拉底與希波克拉底一起走到普羅泰戈拉那裡，發現普羅泰戈拉是在一大群第一流的智者和聽眾當中：「普羅泰戈拉走來走去，就像一個奧爾斐似的，用他的話語使大家聽得入迷；希比亞坐在一張大椅子上，有比較少數的人圍繞著，普羅第科則躺在一大群仰慕者中間。」蘇格拉底先向普羅泰戈拉陳述了他的請求，說「希波克拉底希望從他學習，以便經過他的教導而被培養成爲政府中一個有聲望的人物」，然後問他，「他們是公開和他講話，還是祕密地和他個別談話」。普羅泰戈拉稱讚蘇格拉底處事的周到，回答說：「他們這樣先事預防，是個明智的舉動。因爲智者們在各個城市中漫遊，於是有許多青年拋棄了父母和朋友，追隨著他們，深信與他們交遊可以使自己變得更好（更聰明）；因此智者們給自己招來了許多猜忌和嫉妒」，因爲凡是新鮮的事物都是招致怨恨的。關於這一點他講得很詳細，並且接著說：「可是我斷言智者的藝術是古老的，但是那些運用這種藝術的古人，由於顧慮它

1 柏拉圖，《普羅泰戈拉篇》，斯特方本第三一〇—三一四頁；柏克爾本第一五一—一五九頁。

會引起衝突」（因爲無教養的人是敵視有教養的人的），「便給它做了一件外衣，把它遮蓋起來了。」這種藝術乃是一般的文化，就是「一部分如荷馬和海希奧德的人在詩篇中所宣講的，另一部分如奧爾斐和繆塞的人在祕法和神諭中所藏匿的。我相信，有一些人，如塔侖丁人伊各，和那比現在活著的人都要高明的智者塞林布里亞人赫羅第科，也曾經透過體育藝術（運動藝術）表現了這種藝術」；換句話說，「音樂」是教養人的一種方式。我們看到，他把智者的目的說成就是一般精神教養的目的，即道德、沉著、秩序感、精神的靈活；他又補充說：「凡是害怕這些科學所遭受的嫉妒的人，都需要這樣的遮蓋和隱蔽。但是我想他們並沒有達到他們的目的，因爲政府中有眼光的人物看穿了這個目的，雖然一般人並未看出，只是人云亦云。如果這樣做，就會使自己更加招怨，顯得（被猜疑爲）是個騙子。因此我走了相反的道路，公開承認而並不否認是一個智者」（普羅泰戈拉最先使用智者這個名字），「而」我的任務就是「給人以精神教養」，和另一些人如荷馬、海希奧德等所做過的一樣。[2]

他繼續說：「你問的是有道理的，我願意回答一個有道理的問題。」現在進一步談到了希波克拉底將從普羅泰戈拉的教導中獲得什麼事物、什麼內容、什麼技巧。「他不會遇到他在別的教師（σοφιστῶν）那裡會遇到的事物。因爲別的教師是和青年們對立的；因爲他們教

2 柏拉圖，《普羅泰戈拉篇》，第三一四—三一七頁（柏克爾本第一五九—一六四頁）。

學生算術、天文、幾何和音樂時，違背著學生的意志，把學生一直引回到他們正要逃避的科學和知識上。可是到我這裡來的人，學到的不是別的事物，而是他要向我求教的那個」普遍的「目的」。於是青年們坦率地來到他這裡說：「我們要成爲有教養的人，請教導我們，使我們成爲這樣，但是你教些什麼，以及用什麼方法來教，這一點你必是了解的。」教授的時候，途徑是任教師自己選擇的。這就說明了普羅泰戈拉所教授的正是青年們所尋求的。「教導」，亦即他的目的和我的目的，「就在於培養出一種正確的見解，來對自己家庭的利益作最好的考慮；也同樣在於政治生活，要使人成爲最有才幹的人，一方面對各種國家的事務發表意見，一方面盡其全力爲國家服務。」因此在這裡出現了兩種利益，一種是個人的利益，一種是國家的利益。普羅泰戈拉宣稱他傳授辦理國家事務的技巧，蘇格拉底現在對這一點表示不同意，尤其特別地表示驚訝說：「我（蘇格拉底）堅持政治品德是不能夠教的」；因爲蘇格拉底的一般主張是品德不能教授。於是蘇格拉底對這個問題提出一種看法，他依照智者們的方式，訴諸經驗，說道：「那些掌握政治藝術的人，是不能把它傳授給別人的。伯里克里斯是在場的這些孩子的父親，他把教師們所能教的一切都教給了他們；但是他自己賴以成名的那種科學，他卻沒有教；他讓他們在這種科學裡徘徊，也許他們碰巧會自己遇到這種智慧。而別的大政治家們也沒有把政治藝術教給別人，不論是親人或是外人。」[3]

3 柏拉圖，《普羅泰戈拉篇》，第三一八—三二〇頁（柏克爾本第一六六—一七〇頁）。

普羅泰戈拉答辯說，政治藝術是可以教授的，並且指出了大政治家們爲什麼沒有把它教給別人，這時他請問大家：「他究竟應當作爲一個長者用一個神話來向青年們講呢？還是應當用根據理性的理由來加以說明？」大家讓他自己決定，於是他就開始講下面這個非常值得注意的神話：「諸神命令普羅米修斯和艾比米修斯去裝飾世界，賜給世界各種力量。艾比米修斯分配了氣力、飛翔的能力、武器、衣服、蔬菜、水果；但是不知爲何他竟把所有的事物都給了禽獸，以致沒有剩下任何東西給人類了。當人類應當出世的那一刻來到的時候，普羅米修斯發現人類沒有衣服、沒有武器，毫無依靠。於是他從天上偷了火、偷了伏爾康和米內瓦的藝術，給人置了裝備，以應急需，但是政治智慧是人類所缺乏的；人們毫無社會約束地生活著，陷於不斷的衝突和不幸。於是宙斯命令黑梅斯賜給人類廉恥」——（αἰδῶ，羞恥，這種自然的順從、尊崇、馴服、子女對父母孝敬、人們對更高更好的天性尊敬）——「和公正（δίκη）。黑梅斯問道：我應當怎樣分配呢？是不是可以分給個別的人，就像分配特殊的藝術那樣，就像某一些擁有醫學的人幫助別人那樣？可是宙斯答道：分給所有的人；因爲假若只有少數人分享那些品質，就不能有任何社會組合（πόλις）存在了。並且要制定法律，誰不能分享廉恥和公正，誰就必須被當作國家的蟊賊予以消滅。」[4]

（一）「因此，當雅典人要進行建築時，就召集建築師來商量，當他們籌畫其他特別的

4 柏拉圖，《普羅泰戈拉篇》，第三二〇—三二二頁（柏克爾本第一七〇—一七四頁）。

事務時，就召集對這些事務有經驗的人來商量；但是當他們要對國家的事務制定一種決議或規章時，則讓每一個人都參加。因爲如果不是所有的人都分享這種品德，國家就不能存在。如果一個人對吹笛子的藝術沒有經驗，卻冒充是一個吹笛的能手，是有理由把他當作瘋子看待的。但是在正直這件事上卻是另一回事：如果一個人是不正直的」，他是不會承認自己不正直的，而「如果他承認自己不正直，那他就要被認爲是瘋子了。他必須裝出正直的樣子；因爲每一個人都必須分享正直，否則他就要被逐出社會了」。因此必須承認，政治智慧是人人分享而且必須分享的事物，這樣國家才能存在。[5]

（二）這種政治科學也有這樣的性質，即是「每一個人都可以透過教育和努力而獲得它」，關於這一點，他又提出更多的理由來證明說：他所根據的是「沒有人責備或懲罰一個人由於天性或偶然而得來的缺點或疾病，而是對他表示同情的。相反地，那些可以由勤勉、習慣（練習）、學習而去掉的缺點，則被認爲是應受責備和懲罰的」；他對這些缺點是有責任的。「不敬神和不正直是屬於這一類的，一般說來，凡是違背公共道德的」——公正和廉恥，都屬於這一類。犯了這一類罪過的人要受到譴責，他們之所以受到懲罰，道理在於他們」是能夠免除這些罪過的，並且「更是能夠透過教養、教育而獲得政治品德的」。這是一個很好的理由。普羅泰戈拉也提出了懲罰的目的。「因此人們並不是爲了過去而懲罰，除

5 柏拉圖，《普羅泰戈拉篇》，第三二二—三二三頁（柏克爾本第一七四—一七六頁）。

了當頭打擊一隻猛獸以外，而是爲了將來：使犯罪者和被他的罪行所誘惑的人都不再犯。因此，在這一方面是有一個前提的，就是那種品德可以透過教導和練習而獲得。」[6]

（三）再提到蘇格拉底所提出的那個反駁，即是說，像伯里克里斯那樣以政治品德出名的人，並沒有把這種品德傳授給他們的孩子和朋友。於是普羅泰戈拉說，「這一點可以從另一方面來反駁，就是：1.在這些品德上，是一切的人受教於一切的人。政治品德有一種特性，就是屬於一切的人；它是一切的人所共有的。唯一爲一切的人所必需的乃是正直、節制（σωφροσύνη）和聖潔，一句話，就是一般的人所應具的品德；這種品德應當是每一個公民所具有的，每一個公民都應該終生實踐和學習這種品德。這種品德是毋須那些著名人物的特殊教導的。兒童早在幼小的時候，就從父母和師長那裡受到這方面的教養和規勸，就受到關於道德和善的教導和教育，並且也習慣於正當的事情了。音樂和體育的全部教育（誦習教誨道德的詩人們的詩篇），都有助於克制任性和放肆，有助於養成遵守一種規律、一種規則行事的習慣。當人走出了這種教育的範圍時，便進入一個國家法度的範圍；國家是幫助每一個人行爲正當、遵守秩序的。所以政治品德乃是從青年時代起實施教育的結果。」[7]

2.然而在道德方面十分傑出、得天獨厚的人只能占少數。可是那些在這一方面並不出色

6 柏拉圖，《普羅泰戈拉篇》，第三二三—三二四頁（柏克爾本第一七六—一七八頁）。

7 柏拉圖，《普羅泰戈拉篇》，第三二四—三二六頁（柏克爾本第一七八—一八二頁）。

的人，一般說來，是可以透過教育而分享政治品德的，並且比那些沒有受過這種教導的人高得多。「至於說傑出人物並未把自己的傑出品德教給孩子們和朋友們」，對於這個反駁，他用以下的方式給了很好的答覆。「譬如說，如果在一個國家中，所有的公民都必須做吹笛者，那麼所有的人就都要受吹笛子的教育；有一些人會成爲卓越的吹笛手，有些人會成爲優良的，有些人平常，少數人也許會是惡劣的，而所有的人都有一定程度的熟練。但是也可能有這樣一種情形，即一個國手的兒子竟是一個惡劣的演奏者；卓越的藝術要靠特殊的才能和天資。從非常精巧的吹笛手的家門中可以產生很不精巧的吹笛手，反過來也是一樣；但是所有的公民都能夠有一定程度的吹笛修養，所有的人比起那些對吹笛毫無所知也絲毫未受教育的人來，在這一方面一定要高明得多。因此，一個合理的國家的所有公民，包括壞的公民在內，比起一個既無文化、也無正義、也無法律，更無使公民養成公正習慣的強制力的國家的公民來，都要更好更正直。他們的這種優越性要歸功於他們國家中的法律、教育、文化。」[8]這一切都是很好的例證和確切的理由，一點也不劣於西塞羅關於天性的論證。相反地，蘇格拉底的那些理由以及對那些理由的發揮，都是經驗的論證，是以經驗爲基礎的，常常並不比智者們在這裡所說出的理由更好些。

其次，現在接近了這樣一個問題，就是：何以智者們的理由看來是有缺點的，特別是

---

[8] 柏拉圖，《普羅泰戈拉篇》，第三二六—三二八頁（柏克爾本第一八二—一八四頁）。

何以蘇格拉底和柏拉圖與智者們做了一場爭論，並與他們相對立。因爲智者們在希臘所占的地位是要給予他們的人民一種高級的一般文化——因此他們也的確對希臘有很大的功勞——，所以他們就遭遇到一般的文化所遭遇到的譴責。智者們是從根據出發進行理智推論的教師，他們是處在反思的階段。這種教育所採取的方式，是透過表象和例證，引起人們注意那按照他們自己的經驗、心情等等所認爲正當的事物；用這樣的方式，從特殊過渡到普遍。這是自由的、思維的反省所必經的途徑，我們的教育也是採取了這個途徑。但是這種教育必須超越對流行的道德和宗教的信賴和樸素的信仰。智者們之倒向片面的原則，這是由於當時的希臘文化還沒有到達這樣一個時候，還不能從思維的意識本身中建立那些最後的原則，從而以某種確定的事物作爲根據，像我們現代一樣。由於一方面存在著主觀自由的需要，只把自己所察見的、在自己的理性中發現的事物當作有效準的，法律、宗教觀念只是當我透過我的思維加以承認的時候才有效準，另一方面在思維中還沒有發現確定的原則，因此思維無非是形式推理；餘下來的不確定的事物因此只好用任意來填塞。

（一）但是在我們歐洲世界中，情形卻不一樣。在歐洲，可以說文化是在一種精神宗教的保護之下，以一種精神宗教爲前提而開始的，就是說，不是以幻想的宗教爲前提，而是以對於精神的永恆本性、對於絕對的最終目的、對於人的天職的認識和知識爲前提，文化應當是精神的、現實的，從精神出發、以精神的方式決定自身的，與精神合而爲一的。所以在歐洲有一個固定的精神原則作爲基礎，這個精神原則滿足了主觀精神的要求；從這個絕對的原則出發，決定了其他一切關係，如義務、法律等等，這一切關係都是依靠這個原則的。因此文化不能接受這種多方面的方向——因而也就是無方向——，像在希臘人中間以及在希臘傳播文化的人即智者們中間那樣。〔在希臘，〕文化與幻想的宗教相對立，與未發展的國家原則相對立，可以分化爲很多的觀點，另一方面也很容易把從屬的特殊觀點當作最高的原則提出。相反地，在一個很高的普遍目的（最高原則）已經浮現在表象中的地方（在我們這裡），一個特殊的原則是不能這樣容易地達到這個高位的，雖則理性反思獲得這樣一個地位，可以從自身來決定和承認什麼是最高的；因此〔特殊〕原則的從屬性是已經確定了的。普羅泰戈拉然後[9]又說：「所有的（四種）德性彼此間都有一種聯繫，而勇敢則不然，因爲可以發現有許多勇敢的人，他們卻是最不敬神的、最不正直的、最無節制的、最無教養的人（ἀμαθέτατοι）」；我們只要想一想匪幫就行了。蘇格拉底[10]打岔說，「勇敢也是一種認識和知識——正確地估計到可畏的事」；但是勇敢的區別、特點他卻沒有發揮。

（二）我們現在的教化、啓蒙運動，不但在形式方面和智者們採取完全相同的立場，就是從內容方面說，也是如此。智者們的立場是與蘇格拉底和柏拉圖相對立的，這個對立在蘇格拉底那裡是這樣產生的：他把美、善、眞、公正說成個人的目的、使命，但是在智者們那裡，這個內容尚未被當作最後的目的，因此這最後目的是留給任意來決定的。因此，智者們

9　柏拉圖，《普羅泰戈拉篇》，第三四九頁（柏克爾本第二二四—二二五頁）。

10　柏拉圖，《普羅泰戈拉篇》，第三六〇頁（柏克爾本第二四五頁）。

由於與柏拉圖相對立，遂招致了惡名；這也是他們的缺點。在外在生活方面，我們知道，智者們積聚了很大的財富；[11]他們變得很驕傲，周遊希臘，有一部分人過著很奢侈的生活。〔他們的〕形式的推理思維與柏拉圖的對立，特別突出地表現在這一點上，即他們不是從事情的自在自爲地存在著的概念來了解義務、了解應做的事，而是提出一些外在的理由，來分別是、非與利、害。在柏拉圖和蘇格拉底則相反，他們的主要原則是要考慮情況的本性，發展事情的自在自爲的概念。蘇格拉底和柏拉圖願意提出這個概念來反對從那些常常只是特殊和個別的觀點和理由出發考慮事情，這些觀點本身是與概念相反對的。區別就在於：有教養的形式的推理一般屬於智者們，而蘇格拉底和柏拉圖則透過一種固定的事物——普遍的規定（柏拉圖式的理念），透過精神永恆地在自身中發現的事物，來規定思想。

如果把智者的詭辯了解爲只有壞人才會犯的一種品質，在這個意義之下，它是很惡劣的。但是辯術的意義比這要普遍得多；一切從根據出發的抽象推理——對某些特殊觀點加以論證，提出一些正面理由和反面理由來辯難——都是辯術。也有一些智者們的話語是無可非議的，柏拉圖的對話中就有這種例子。在我們中間，人們也說：不要欺騙，否則你會失掉信用，這樣你要失去錢財的；或者說：要有節制，否則你會倒胃口，一定要絕食的；或者以外在的理由如改造之類來理解刑罰；或者以從後果方面推出來的外在的理由來寬恕某種行

[11] 柏拉圖，《美諾篇》，第九一頁（柏克爾本第三七一頁）。

爲。人們是根據理由而被要求做一切善事，這些理由就是智者們的理由。有堅實的原則作爲基礎，在基督教中（現在在新教徒中人們已經不復知道這一點了）人們這樣說：上帝賜予福祉等等的恩典，指導著人們的生活；於是，那些外在的理由便破產了。

因此辯術並不如人所想像的那樣距離我們很遠。現今有教養的人們討論問題時，可以討論得很好；可是這種討論與蘇格拉底和柏拉圖所稱爲辯術的並無不同之處，雖然他們自己也和智者們一樣採取這種立場。有教養的人們判斷具體的事情時，就會陷於辯術；在日常生活中，我們是必須持這種立場的。在這裡還有什麼更好的呢？——特殊的觀點是必要的。當我們勸人遵從義務和道德時，如在布道中那樣，在多數的布道中是如此的，我們是必須聽從這樣一些理由的！演說的人，例如在議會中演說的人，便是運用這樣一些理由和反面的理由來進行遊說，以圖說服別人。問題在於：（一）要有一個完全確定的事物，例如憲法或戰爭，一個固定了的方針（一貫性），要把特殊的準則歸入其中；（二）而這種一貫性即使在這種場合有時也會喪失，因爲事情可這樣安排，也可以那樣安排，總是特殊的觀點在發揮決定作用。人們也常常用同樣的理由反對哲學說：「有各種不同的哲學，各種不同的意見，這是與那唯一的眞理相矛盾的；人類理性的軟弱無力是不能承擔認識的；對於感情、心靈、心情來說，哲學該是什麼呢？是一些玄虛的事物，對於人的實踐生活，抽象的哲學思維是沒有幫助的」，實踐生活的觀點就是這樣。這是一些很好的理由，這也就是智者的方式。我們不把這個稱爲辯術，但是這卻是智者的方式，即是從感情、心情認爲有效準的理由出發進行演繹。他們並不把事情本身認作有效準，而是把事情歸結到感覺上面；以感覺爲 *οδε̃να* （最後因由）。這一點我們在蘇格拉底和柏拉圖那裡，可以更清楚地看到。這是智者們的特點。

用這樣的形式推理，可以很快地達到這樣一個程度，要是達不到，那就是缺乏教養，但是智者們是很有教養的，知道如果憑一些理由來決定，就能用理由來證明一切，那麼對於任何事物都可以找得到理由和反面的理由的；智者們教人去證明人所意欲的一切，不管對別人有利的或對自己有利的，這一點也曾被視爲智者們的罪過。其實這並不是智者們的特點，而是反思推理的特點。理由和反面理由是特殊的，與普遍對比起來是沒有效準的，與概念對比起來是沒有決定性的；人們可以爲一切找出理由和反面理由。在最惡劣的行爲中間，也有著本身很重要的觀點；把這個觀點提出來，人們就會寬恕和支持那種行爲了。在臨陣脫逃的罪過中，就存在著保全生命的義務。在近代，就有一些極大的罪惡，如謀殺、叛逆等，被說成是正當的，因爲在這種行爲的目的中有一種本身很基本的規定，例如人必須反抗禍害、促進福利之類。有教養的人善於從好的觀點來處理一切，使一切變好，對一切持一種基本的觀點。一個人如果要爲最壞的事找好的理由，是毋須有高度的教養的；從亞當以來在世界上出現的壞事情，都曾被用好的理由說成正當。

我們在智者們那裡可以看出，他們對這種推理是有所意識的。在雄辯中，爲了使一件事辦到，必須要引起聽眾的憤怒和情緒。他們教人如何在憑經驗的人中間激起這些力量；道德上的固定的善是並不能決定事情的。智者們是有教養的人，他們意識到一切都是可以證明的；在《高爾吉亞篇》中便說到過：「智者們的藝術是一種比一切藝術都更偉大的才能；它能夠說服人民、議員、法官，使他們相信智者們所願意的事。」[12] 律師也必須去尋找一種理由，來爲他所辯護的人作根據，哪怕這個理由是與他們願意採取的正好相反的。這種意識並不是缺點，而是屬於智者們的高級文化的一部分。沒有教養的人也是從理由來作決定的。但是整個說來他們也許是由一種他們所不自知的理由（正義）來決定的；而他們所意識到的只是外在的理由。智者們知道，在這個基礎上是沒有任何堅實的事物的；這是思想的力量，它辯證地對待一切，使一切動搖。這就是他們所擁有和傳授的形式的教養。

與此相聯繫的（也是從思維的本性必然發生的）問題是：如果意識認爲有堅實根據的範圍被反思弄得動搖起來，而人又必須有一個堅實的事物作爲依據，那麼他應當把什麼事物當作最後的目的呢？現在有兩項堅實的事物，可以結合起來。一個是善、普遍；另一個是個別性、主體的任意。這個（關於前一個）以後在蘇格拉底那裡還要細講。如果一切都發生動搖了，那麼這一點可以成爲堅實的一點，就是：「我拿來當作我的目的的，是我的快樂，面子，聲名，榮譽，特殊的主觀性」；個人本身是最後的滿足。因爲我認識力量，所以我也懂得使別人適合我的目的。

但是熟悉了這些多方面的觀點，便使希臘的習俗（這是不自覺地奉行的宗教、義務、法律）因而動搖起來：這個堅實的事物——法律，因爲它有著一個有限的內容——便與別的事

12 柏拉圖，《高爾吉亞篇》，第四五二及四五七頁（柏克爾本第一五及二四頁）。

物發生衝突了；它在一個時候被當作最高的、決定性的事物，在另一個時候又被輕視了。這樣一來，通常意識便被攪亂了（這一點我們將在蘇格拉底本人那裡看得更詳盡）：通常意識認為某種事物是確定無疑的，但其他一些觀點它也認為是有效準的，而且也必須認作有效；於是前一種事物就不再有效了，至少失去了它的絕對性。因此，（一）拿自己的性命去拼是勇敢；（二）保全自己的性命又是一個無條件的義務。因此第奧尼修多羅說：「誰使一個沒有知識的人成為有教養的人，誰就希望他不再依舊是原來的他。因此他是希望把他毀了；因為這是使他不是他。」歐謫德謨當另一些人說他說謊時答道：「誰說謊，誰就是說不存在的事物：不存在的事物是無法說的；因此沒有人能說謊。」[13]第奧尼修多羅又說：「你有一條狗，這條狗有幾條小狗，並且是它們的父親；因此，條狗對於你是父親，你對於那些小狗是兄弟。」[14]這種把幾個結論連貫起來的把戲——在批評中——是屢見不鮮的。

因此（由於通常意識中的這種混亂）智者們受到譴責，他們助長了情欲、私人利益等等。這是直接由文化的本性而來的。文化給人各種不同的觀點，如果不從堅實的基礎出發，就只有由主觀的喜愛來作決定，那麼這中間是存在著危險的。這種危險也存在於今天的世界中，我們今天在論到一件事的正義和眞實時，是要依靠善意、我的看法、信念的。國家

13 柏拉圖，《歐謫德謨篇》，第二八三—二八四頁（柏克爾本第四一六—四一八頁）。

14 柏拉圖，《歐謫德謨篇》，第二九八頁（柏克爾本第四四六頁）。

的目的，國家行政和法制的最好的方式，在煽動家中間，是動搖的。

就形式的文化來說，智者們是屬於哲學的，就他們的反思來說，他們又不屬於哲學。他們與哲學有聯繫，因爲他們並不停留在具體的推理上，而是一直前進到最後的規定，至少部分地如此。他們的文化的一個主要方面是把伊利亞學派的思想方式加以普遍化，並推廣到知識和行爲的全部內容上去；其積極意義在於有用，而且也曾經有過效用。

要詳究智者們的個別的、特殊的方面，那對於我們說就會走得太遠了；個別的智者是屬於一般文化史的。著名的智者很多，其中最著名的有普羅泰戈拉、高爾吉亞，以及蘇格拉底的老師普羅第科；蘇格拉底曾把關於歧路上的赫爾庫勒的馳名神話歸之於他，[15]這個神話從方式方面說是一個美妙的譬喻，曾經千百次被人傳述。我將要提出（爲了略過個別的智者）從普羅泰戈拉和高爾吉亞來講，不是從文化方面講，特別注意的是詳細指明，他們那種推廣到一切的普遍科學，如何在其中一人的學說中具有普遍的形式，因而是純粹的科學。柏拉圖的著作特別是我們研究智者們的主要史料來源，他對智者們講得很多；然後是亞里斯多德論高爾吉亞的短文，以及塞克斯圖斯·恩丕里柯的著作，他給我們保存了許多關於普羅泰戈拉的哲學的材料。

15 克塞諾封，《回憶錄》，第二卷，第一章，第二十一節以次。

一、普羅泰戈拉

普羅泰戈拉生於阿布德拉，[16]年齡比蘇格拉底要大一些。關於他的事情知道得不多，也不可能知道多少；因爲他的一生是很單調地度過的。他終身從事科學研究；他周遊希臘，第一個自稱爲智者，並且在希臘本土也被稱爲智者，作爲第一個公眾教師出現。他曾經朗誦他的作品，[17]正如歌者和詩人一樣，歌者是詠唱別人的詩辭，詩人則朗誦自己的詩句。那時候沒有學習的機構，沒有可以從中學習的書本。根據柏拉圖所說，[18]古代人「文化、教育的主要部分在於熟習詩篇」，知道許多詩篇並記誦在心。這正如我們五十年前主要的人民教育在於熟知聖經故事，熟知聖經的話語，在聖經基礎教育上進一步發揮的布道者當時是沒有的。現在智者們開始教人熟習思維，來代替詩篇的知識。普羅泰戈拉也曾來到雅典，在雅典住了很久，主要是和伯里克里斯住在一起；伯里克里斯也曾研究過這種文化。據說，他們

16 第歐根尼．拉爾修，第九卷，第五十節。

* 編按：《哲學史講演錄》爲黑格爾學生整理的黑格爾哲學史課堂筆記，注腳則是後來的整理者所加。原文引用出處在作者只有單一著作情況下，均以人名呈現。尊重原始整理者原則，本書（第二卷）只於首次附注「書名」，後皆依原始整理者寫法，以「人名」或「書名」呈現。

17 第歐根尼．拉爾修，第九卷，第五十四節。

18 柏拉圖，《普羅泰戈拉篇》，第三三八頁末（柏克爾本第二〇四頁）。

兩人有一次「曾經花了一整天工夫來辯論，究竟是標槍，還是擲標槍的人，還是主持競技的人，要對一個被標槍刺死的人的死負責」。[19]這是一場關於法律責任的重大問題的爭辯；犯罪是一個一般的名詞，如果對它加以分析，無疑地可以做出一個困難的、詳盡的研究。在與這樣一些人接觸時，伯里克里斯大大地培養了他的雄辯的才能；因爲不管從事哪一種精神上的工作，只有一個有教養的心靈才能在這種工作中壯大，而眞正的文化只有透過純粹的科學才有可能。伯里克里斯是一位強有力的演說家；從修昔提底斯的著作中，我們看到他對於國家和他的人民有多麼深刻的認識。普羅泰戈拉也有著和阿那克薩哥拉同樣的命運，後來也被逐出雅典。（當他七十（或九十）歲時他在到西西里去的航行途中淹死了。）他被判決逐出雅典的原因，是他有一部著作，開頭寫道：「關於神靈，我不能夠知道他們究竟存在還是不存在；因爲有許多事物阻礙我們得到這種知識，一則是這件事曖昧不明，再則是人的生命如此短促。」這部著作也在雅典公開地被焚毀了；這是（據我們所知）第一部根據政府命令焚毀的書。[20]

普羅泰戈拉不像別的智者那樣只是一個教育人的教師，他也是一位深刻的、澈底的思想家，一位對那些十分普遍的根本規定有所思考的哲學家。他是這樣表述他的認識中的主

19 普魯泰克，《伯里克里斯傳》，第三十六章。

20 第歐根尼．拉爾修，第九卷，第五十一—五十二節；塞克斯圖斯．恩丕里柯，《反數學家》，第九卷，第五十六節。

要命題的：「人是萬物的尺度；合乎這個尺度的就是存在的，不合乎這個尺度的就是不存在的。」[21]這是一個偉大的命題，它的意思一方面是說，要把思維視爲被規定的、有內容的事物，而另一方面思維也同樣是能規定、能提供內容的事物；這個普遍的規定就是尺度，就是衡量一切事物的價值的準繩。普羅泰戈拉宣稱人是這個尺度，就其眞正的意義說，這是一句偉大的話，但是這句話同時也有歧義，因爲人是不定的和多方面的：（一）每一個就其特殊個別性說的人，偶然的人，可以作爲尺度；或者（二）人的自覺的理性，就其理性本性和普遍實體性說的人，是絕對的尺度。照前一種方式了解，就無非是自私、無非是自利，中心點就是主體及其利益——（即使人有理性的方面，這個理性也是主觀的事物，也是「他」，也是人）——；可是這正是壞的意義，正是人們藉以對智者們作主要譴責的歪曲，說他們根據人的偶然目的，把人設定爲目的，說在他們那裡，就其特殊性說的主體的利益，沒有與就其實質合理性說的主體的利益區別開來。在蘇格拉底和柏拉圖那裡也提出過同樣的命題，不過加了進一步的規定；在他們那裡，人是尺度，是就人是思維的、人給自己提供一個普遍的內容而言。

因此在這裡說出了一個偉大的命題，從現在起，一切都是圍繞著這個命題旋轉。哲學的向前進步的意義即在於表明：理性是一切事物的目的；哲學的這種進步給了這個命題以解

21　柏拉圖，《泰阿泰德篇》，第一五二頁（柏克爾本第一九五頁）；塞克斯圖斯·恩丕里柯，《皮浪學說概略》，第一卷，第三十二章，第二一六節。

釋。它更表現出一個非常顯著的轉變，就是一切內容、一切客觀的事物，只是在與意識的關聯中存在；因此思維在一切眞理中被宣布爲基本環節；因此絕對採取了思維著的主觀性的形式，這一形式特別在蘇格拉底那裡突出地表現出來。人是萬物的尺度，人，因此也就是一般的主體；因此事物的存在並不是孤立的，而是對我們的認識而存在的，意識本質上乃是客觀事物的內容的產生者，於是主觀的思維本質上是主動的。這個觀點一直流傳到最新的哲學；康德說，我們只認識現象，就是說，凡是對我們表現爲客觀、實在的事物，只應當從它與意識的關係中來看，而不應當離開這個關係來看。第二個環節更加重要，主體是能動的、是規定者，產生內容；現在問題是：那麼，內容如何進一步得到規定？它究竟是被限制在意識的特殊性上，還是被規定爲獨立存在的共相？神、柏拉圖的善，乃是思維的產物、乃是由思維建立起來的事物；其次，它也是自在自爲的。我只承認那就其內容說是普遍的事物爲存在的、固定的、永恆的；這樣一種事物雖是我所建立的，但卻也是自在客觀普遍的，不是我所建立的。

普羅泰戈拉的命題中所包含的進一步規定，他本人以後做了很大的發揮。普羅泰戈拉說：「眞理（尺度）是對於意識的現象。」[22]「沒有任何事物是自在自爲的單一」，[23]或者是

22 塞克斯圖斯・恩丕里柯，《反數學家》，第七卷，第三八八節；柏拉圖，《泰阿泰德篇》，第一五二頁（柏克爾本第一九五—一九六頁）。

23 柏拉圖，《泰阿泰德篇》，第一五二頁（柏克爾本第一九七頁）。

自同的、獨立的；一切都只是相對的，它之所以爲它，只在於它對意識的關係中，都只看它對另一個事物怎樣，這另一個事物就是人。他援引了一些瑣碎的例子（蘇格拉底和柏拉圖也是一樣，他們在這些例子中堅持反思的方面）；這個解釋就表明在普羅泰戈拉的心目中，確定的事物並不是被理解爲普遍，並不是被理解爲自身同一者。普羅泰戈拉表述這種相對性時所採取的方式，在我們看起來是有些瑣碎的，它乃是屬於反思思維的最初萌芽階段。這些例子特別是從感性現象中採取來的：「在一陣風吹來時，有些人冷，有些人不冷；因此對於這陣風，我們不能說它本身是冷的或是不冷的。」[24]因此冷和熱並不是什麼存在著的事物，而只是根據對一個主體的關係而定；如果風本身是冷的，則它必須對主體永遠產生冷的效果。又如：「這裡有六顆骰子，我們在旁邊再放上另外四個，我們會說原來的骰子比後放的多；如果在旁邊放上十二個，我們便會說，原來的六個是少些。」[25]由於我們對同樣的數目可以說多又說少，所以多和少只是相對的；因此所謂對象（共相）只是存在於表象之中作爲意識的對象。這意思正如這話所表達的：「因此一切都只有相對的眞理」，[26]相反地，柏拉圖考察一和多的時候，不像智者們那樣用不同的觀點，而是用同一的觀點。「對於健康人顯

24 柏拉圖，《泰阿泰德篇》，第一五二頁（柏克爾本第一九六頁）。
25 柏拉圖，《泰阿泰德篇》，第一五四頁（柏克爾本第二〇一頁）。
26 塞克斯圖斯・恩丕里柯，《反數學家》，第七卷，第六十節。

現的事物，並不是自在的，而是對於健康人如此；對於病人、精神錯亂的人顯現的事物，是對於病人和精神錯亂的人如此——我們不能說，這些事物對後面這種人所顯現的樣子便不是眞的。」[27]

我們覺得把這種說法稱作眞的也是同樣地不合適：（一）存在物誠然與意識產生關係，但卻不是與意識中固定的事物產生關係，而是與感性知識產生關係；（二）這個意識本身是一種狀態，也就是說，本身是一種變動不居的事物。正如赫拉克利特所說：「客觀存在是一個純粹的流，它本身不是固定的和確定的事物，它可以是一切，並且對於不同的年齡，以及對於醒和睡等其他狀態是不同的事物。」[28]柏拉圖[29]關於這一點還更提出說：「白、熱等等，凡是我們對事物所說的一切，都不是自爲的；反之，它們是爲我而存在的，因此眼睛和感覺是必要的。有了這種相互運動才使白產生；在這種相互運動中白並不是物自身；這裡有的乃是一隻能看的眼睛，或一般的視覺，它決定了白色的視覺、熱的感覺等等。」熱、顏色等等本質上確乎只是存在於對另一個事物的關係中；但是表象作用（精神）把它自己分裂成自己和一個世界；在這個世界裡一切都是與它相對的。這種客觀的相對性可以更清楚地表

27 柏拉圖，《泰阿泰德篇》，第一五九頁（柏克爾本第二一二頁），見各處。

28 塞克斯圖斯．恩丕里柯，《皮浪學說概略》，第一卷，第三二章，第二一七—二一九節。

29 《泰阿泰德篇》，第一五三—一五七節（柏克爾本第一九九—二〇六頁）。

述如下：「如果有自在的白，那麼它就是產生白的感覺的事物；它就是能動的事物或原因，相反地，我們則是被動的、感受的事物。然而一件應當能動的事物，除非與被動的事物（一道）發生關係，就不能是能動的；同樣地，被動的事物也只存在於對能動的事物的關係中。（因此被動與能動是相對的。）因此當我說某個事物有某種特性時，這種特性並不是本身便屬於這個事物，而完全是存在於對別的事物的關係中。因此沒有一件事物是自在自爲地具有某種性質，如同它顯現的那樣；而眞理正好只是這個顯現。」現在我們的能動性、我們的規定作用就是這樣的。康德的現象不是別的，就是在我們外面有一個刺激，一個X，一個未知物，這個事物透過我們的感覺，透過我們，才取得這些規定。雖然有一個客觀的根據，使我們說這是冷的、那是熱的，我們誠然也可以說，冷和熱自身之中應該有差別；但是冷和熱卻只是存在於我們的感覺之中，萬物的存在也都是這樣的。這一切都是思維的範疇，都是我們感官或思維能動性的規定；所以經驗被稱爲現象，它是相對於我們，相對於別的事物的。這是完全正確的！但是應當把握的正是這個統一的、貫穿的共相；這個貫穿一切的事物就是赫拉克利特所謂必然性，正是我們應當帶進意識的。

我們看到普羅泰戈拉是具有偉大的反思的。這是對於意識的反思，這種反思在普羅泰戈拉本人那裡進入了意識。但是普羅泰戈拉所達到的只是現象的形式，以後的懷疑論者們又重新採取了這種形式。顯現並不是感性的存在；當我說它是顯現的時候，也正是宣布了它的不存在。「現象就是眞理」，這話顯得十分自相矛盾；似乎在這裡說了正相反對的話：（一）沒有自在的事物，如它顯現的那樣，以及（二）它是眞實的，如它顯現的那樣。然而不能把客觀的意義給予那實證的、眞實的事物，譬如說，這是自在的白，因爲它是這樣表現的；只能說，只有這個白的顯現是眞實的；現象正是那揚棄自身的感性存在，也正是這揚棄自身的運動。把它理解爲共相，則它既處在意識之上，也處在存在之上。世界之爲現象，並非由於它是對於意識而存在的，亦即它的存在只是一個對於意識的相對存在：它的存在也同樣是現象。

一般說來，意識的環節是被指出來了；在意識環節之外，那發展了的共相還具有否定性的「爲他存在」的環節；這個環節現在出現了，必須加以肯定。但當它是單獨的、孤立的時候，它乃是片面的：「存在的事物，只是相對於意識而存在，換句話說，一切事物的眞理，乃是一切事物對於意識和在意識中的現象」；「自在存在」的環節也同樣是必要的。

二、高爾吉亞

這種懷疑論透過高爾吉亞達到了一個更大的深度。高爾吉亞生於西西里島雷昂丘城，是一個很有教養的人，也是一個傑出的政治家。他在伯羅奔尼撒戰爭的時候，於第八十八屆奧林匹克賽會的第二年（公元前四二七年），亦即伯里克里斯死後數年（伯里克里斯死於第八十七屆奧林匹克賽會的第四年），被他的母邦派遣到雅典。（這是根據第歐多羅·西古魯十二卷，第一〇六頁，不是引證修昔提底斯。[30]）當他達到了目的之後，他還遊歷過許多希臘城市（帖撒利的拉里薩），在那些城市中教授過門徒；因此他除了得到很大的財富以外，還得到了很高的景仰，一直到他活過百歲死去。據說他是恩培多克勒的一個門徒，他也知道伊利亞學派；他的辯證法採取了伊利亞學派的方式，在亞里斯多德講到他的那一卷只流傳下殘篇的《論色諾芬尼、芝諾和高爾吉亞》中，保存了他的辯證法，在這卷書中，亞里斯多德把他與伊利亞學派放在一起講。塞克斯圖斯．恩丕里柯也給我們保存了詳盡的高爾吉亞辯證法。他長於雄辯的辯證法，但是他的特殊之點是他關於存在和非存在這兩個完全普遍的範疇的純粹辯證法，並不是採取智者們的方式。提德曼很不正確地說：「高爾吉亞遠遠超過了任何一個具有健全常識的人所能達到的程度。」提德曼應該對於每一個哲學家都能這樣說，每一個哲學家都是超過健全常識的；因為所謂健全的常識並不是哲學，常常是很不健全的。健全的常識包括有它的時代的共同意見。例如：如果有人在哥白尼以前說，地球環繞太陽旋轉，或者在發現美洲以前說，那邊還有大陸：那就是違反全部健全的常識的。在印度、中國，共和國也是違反全部健全常識的。健全的常識是一個時代的思想方式，其中包含著這個時代的一切偏見，常識總是爲它所不自覺的思想範疇所支配的。因此高爾吉亞毫無問題是遠超過了健全的常識。

30 提德曼，《思辨哲學的精神》，第一卷，第三六二頁。

高爾吉亞的辯證法，比起我們在普羅泰戈拉那裡所見到的辯證法，是更加純粹地在概念中運動。由於普羅泰戈拉主張一切存在物的相對性或「非自在性」，所以存在物只存在於關係中，而且是只存在於對意識的關係中；它的對方，那對它重要的事物，就是意識。高爾吉亞對存在的「非自在性」的提法是比較純粹的；他把那被認為實體的事物本身拿來考察，而並不以意識、對方為前提，並且即就它本身指出它的虛無性，並從中分別出主觀的方面和那對主觀方面的存在。我們只想從歷史上來陳述他所討論的那些普遍之點。高爾吉亞的著作是《論自然》，他在這部著作中創立了他的辯證法。這部著作分為三個部分：他在第一部分中（客觀地）證明，無物存在，我們不能以存在來稱說什麼事物；在第二部分中證明（主觀地），認識是沒有的，即使假定有存在，存在也是不能被認識的；在第三部分中證明（主觀地又是客觀地），即使存在是有的並且可以認識的，也不可能把所認識的傳達給別人。[31] 高爾吉亞很合塞克斯圖斯的口味，只是他還證明了；懷疑學派就不證明。這些都是很抽象的思想規定；在這裡所涉及的，是一些思辨的環節，即關於存在和非存在，關於認識，以及關於那變成存在的、傳達給別人的認識等問題；這並不是空話，像人們平常所認為的那樣；他的辯證法是客觀的。我們在這裡只能簡短地陳述一下這個極有興趣的說法的內容。

（一）「如果有物存在」——（εἰ ἔστιν。這個「有物」是我們說話時慣常加上去的插

31 塞克斯圖斯·恩不里柯，《反數學家》，第七卷，第六十五節。

語，但是眞正說來卻是不適當的，它帶來一種主詞和賓詞的對立，眞正說來所講的只是「存在」）——「如果**存在**」——（現在才被規定爲主體）——：「那麼它或者是存在者，或者是不存在者，或者是存在者和不存在者。然後他指出這三種情形都是不存在的。」[32]

1.「不存在者是不存在的；如果它是存在的，則同時就會既有一個存在者又有不存在者。就它被思想爲不存在者這一點說，它就是不存在的；但是就它由於被思想到因而應當存在這一點說，它就既作爲存在的又作爲不存在的。——另一方面：如果非存在是存在的，那麼存在就是不存在的；因爲這兩者是正相反對的。如果現在非存在是存在的，而存在是不存在的，那麼，非存在就是不存在的事物。」[33]

2. 根據亞里斯多德的說法，[34]「這種形式推理是高爾吉亞所特有的；不過『存在者是不存在的』這個證明，他則是照麥里梭和芝諾的方式來作的。」

(1)因爲他認爲，「存在者或者是自在（ἀΐδιον）而無始的，或者是發生出來的，然後指出，這兩種情形都是不可能有的」；都會引導到矛盾，這是一種早已出現過的辯證法。「前者是不能成立的，因爲自在（永恆）者是沒有根源的，是無限的」，因此是不定的和無規定

32 塞克斯圖斯．恩丕里柯，《反數學家》，第七卷，第六十六節。

33 塞克斯圖斯．恩丕里柯，《反數學家》，第七卷，第六十七節。

34《論色諾芬尼、芝諾和高爾吉亞》，第五章。

的。譬如說，「無限者卻是不存在的，是不在任何地方的；因爲如果它在某個地方，它就與它所在的地方不同了」，它如果在一個地方，就是在另一個事物裡。「可是與另一個事物不同、包容在另一個事物裡的事物，就不是無限的。但是它也不是包容在自身裡面；因爲這樣一來，包容它的那個事物和它自身便是一個事物了。包容它的那個事物是地點，在這個地點的那個事物是物體；說兩者是一個事物，是不通的。因此，無限者是不存在的。」[35]如果存在是存在的，那麼說它有一種特性就是矛盾的；如果這樣，我們就是說它有某種否定的性質了。高爾吉亞這種對於無限的辯證法是有局限性的：①就永恆的事物因爲無開端、界限所以無限而言，這當然是陷入無窮的進程——對於〔有限的〕存在說這當然是有效的，並且是眞的——；但是那普遍的自在存在者、思想、概念，則是直接在自身中具有界限，這乃是絕對的否定性。②但是感性的無限、壞的無限性是不存在於任何地方的，它不是現實的，它乃是一個彼岸。高爾吉亞視爲地點的差異性，我們可以視之爲一般的差異性。他說，如果無限是在某個地方，那就是包容在另一個事物裡面，那就不是無限的，這就是說，他設定無限是不同的，而相反地，它應當不是不同的，應當是包容在自身之中的；因此差異性是必須設定的。我們可以更好和更普遍地說：感性無限是完全沒有的，它是存在的一個彼岸，它是一種永遠被設定爲異於存在者的差異性。差異性也同樣包容在自身之內；因爲它正應當是異於自身的事物。

35　塞克斯圖斯·恩丕里柯，《反數學家》，第七卷，第六十八—七十節。

「存在也是沒有起源的；如果它有起源，那麼它或者是起源於存在者之中，或者是起源於非存在者之中。前一種情形是不會有的，因爲如果這樣存在就早已有了；後一種情形也是不會有的，因爲不存在的事物不能產生出什麼事物來。」[36]懷疑學派對這個論證加以進一步發揮。他們總是把所考察的對象放在「非此即彼」的規定之下；而這些規定又是自相矛盾的。但是這不是眞正的辯證法；必須指明：對象總必須存在於一個規定之中，而不是自在自爲的，對象只能消解於那些規定之中；然而這樣並不至於引起任何違反對象本身本性的結果。

(2) 高爾吉亞也同樣地指出，「存在者必須或者是一，或者是多，但是這兩種情形也都是不可能的。因爲作爲一，存在就是一個量，或者一種連續性，一堆事物，或者一個物體；但是這一切都不是一，而是不同的、可分的」，感性的一、存在的一必然是這樣的，它是一種他在，是雜多的事物。「如果存在不是一，那麼它也不能是多；因爲多就是許多的一。」[37]

3.「同樣地，存在和非存在也不能兩者同時並存。如果其一與其他是同樣地存在，則它們便是相同的，換句話說，它們都是存在。如果它們都是一，那麼它們就不是不同的，換

36 塞克斯圖斯・恩丕里柯，《反數學家》，第七卷，第七十一節。

37 塞克斯圖斯・恩丕里柯，《反數學家》，第七卷，第七十三—七十四節。

句話說，我就不能說兩者，就沒有兩個；因爲如果我說兩者，我就是說不同的事物。」[38]這種辯證法有充分的眞理！當人們說到存在和不存在時，總是也說出與人們所願意說的相反的一面，把存在和不存在說成相同的，又說成不相同的。「它們是相同的」，因此我就說兩者，因而就是說不同的；「存在與不存在是不同的」，因此我就用相同的賓詞來說它們，如「不同」之類。我們不可藐視這種辯證法，以爲這好像是在搬弄空洞的抽象的事物：因爲一方面，當我們純粹地把握它們時，它們便是最普遍的事物；另一方面，當我們輕蔑地說到存在和非存在時，以爲「它是存在的，它是不存在的」好像對於我們並不是最後的東西。如果我們只達到這裡，我們就會安安靜靜地停留在這裡，好像不能說出什麼確定的東西來似的；須知「存在或非存在」始終「是問題」；而它們並不是確定的、嚴格地彼此分割開的東西，而是揚棄著自己的東西。高爾吉亞已經意識到，它們是消逝著的環節；這個眞理也潛伏在無意識的表象作用裡，不過沒有得到自覺罷了。

（二）表象者對表象的關係，表象和存在的區別，是今天的一個流行思想。「即使有存在，存在也是不可認識和不可思議的。因爲被表象的事物並不是存在，而是一個被表象的事物。如果被表象的是白的，那就是白被表象了；如果被表象的不是存在本身，那就是存在者未被表象。1.如果被表象的是存在者，那就是被表象的也是存在的；但是沒有人會說，如果

38　塞克斯圖斯·恩丕里柯，《反數學家》，第七卷，第七十五—七十六節。

有一個能飛的人或者一輛在海上行駛的車被表象了，則它就是存在的。2.如果存在的是被思想的，則與它相反的事物即不存在的是不被思想的；但是這個不存在者是到處被表象的，例如斯庫拉和卡律布狄斯[39]便是（譯者按：這是傳說中墨西拿海峽兩個海怪的名字）。」高爾吉亞進行了1.一場正確的論戰來反對絕對實在論，絕對實在論認爲它表象了事物，便得到了事物本身，但是事實上它只得到一個相對的事物。2.而他卻陷入了近代的壞的唯心論：「被思想的事物始終是主觀的，因此是不存在的事物，透過思維，我們把一個存在的事物變成了被思想的事物。」

（三）最後，高爾吉亞的辯證法的第三個方面也是建立在這個基礎上的；因爲認識是不能傳達的。「即使存在者被表象了，也不能把它說出來和傳達給別人。事物是可見的，可聞的……一般說來是可以感覺的。可見的事物是透過視覺被掌握的，可聞的事物是透過聽覺被掌握的；反過來是不行的；因此這一項不能透過那一項來表示。人們藉以表達存在者的言辭，並不是存在者；被傳達的並不是存在者，而只是言辭。」[40]高爾吉亞的辯證法以這樣的方式堅持這種區別，這正如這個區別在康德那裡再現的一樣；如果我堅持這種區別，那麼存在者自然是不能認識的了。

39 塞克斯圖斯·恩不里柯，《反數學家》，第七卷，第七十七—八十節。

40 塞克斯圖斯·恩不里柯，《反數學家》，第七卷，第八十三—八十四節。

這種辯證法，對於那種斷言（感性）存在物爲實在的人，無疑是不可克服的。存在物的眞理只在於這種用否定的方式把自己建立爲存在的〔辯證〕運動；其統一是思想。存在者也不是被理解爲存在的，而對它的理解乃是使它成爲普遍。「它也同樣是不能傳達的。」[41]這句話必須從最嚴格的意義來了解；這個個別的事物是完全不能表達出來的。因此不僅哲學的眞理是這樣說的，好像在感性意識中有另一個眞理似的；而是存在就是這樣存在著的，正如哲學的眞理所表達的那樣。所以智者們也是以辯證法、普遍的哲學爲對象，他們都是深刻的思想家。

貳、蘇格拉底

當蘇格拉底這個偉大形象出現於雅典的時候，意識在希臘已經發展到上述的程度。在蘇格拉底身上，思維的主觀性已經更確切、更透澈的被意識到了。但是蘇格拉底並不是像一顆菌子一樣從土壤中生長出來的，他與他的時代有著一定的聯繫。他不僅是哲學史中極其

41　塞克斯圖斯．恩丕里柯，《反數學家》，第七卷，第八十五節。

重要的人物——古代哲學中最饒有趣味的人物，而且是具有世界史意義的人物。他是精神本身的一個主要轉捩點；這個轉捩點是在他身上以思想的方式表現出來的。我們必須簡短地回憶一下這個過程。古代的伊奧尼亞學派是思維了，但不曾對思維加以反思，不曾把自己的產物確定爲思維。原子論者把客觀的存在當成思想，亦即抽象物，純粹的實體；而阿那克薩哥拉則考察了思想本身。思想被表現爲全能的概念，爲支配一切特定事物與實存者的否定力量；它的運動就是消解一切的意識。普羅泰戈拉宣稱作爲意識的思想是本質；而意識正在它的這種運動中，即是概念的不安息。但是這個不安息就其自身說，同時也是安息的、固定的事物。而運動本身的固定之點就是「我」，「我」是個否定者，因爲它超出各個運動的環節之外；「我」是自我保存者，但也僅僅是揚棄者。正因此，「我」是個別的（消極的統一），而不是自身反映的普遍者。這裡存在著辯證法與詭辯術的意義上的含混；客觀的事物消逝了。固定的主觀的事物有什麼意義呢？如果主觀的事物是與客觀相對立的，是個別的事物，則它就是偶然的、任意的、無規律的。或者，它自身是不是客觀的和普遍的呢？蘇格拉底宣稱本質是普遍的「我」，是善，是安息在自身之中的意識；這個善自身不受現實限制，不受意識對現實的關係——個人的感性意識（感情與欲望）——的限制，最後不受那在理論上對自然進行思辨的思想的限制，這種思想雖然是思想，卻仍然具有存在的形式，「我」在這種思想中是不能確定其爲「我」的。

一、蘇格拉底採納了阿那克薩哥拉的學說，即思維和理智是統治的、眞實的和自身規定的有普遍性的事物。這個原則，在智者們那裡較多地採取形式文化的形式，抽象的哲學論證的形式。對於蘇格拉底，像對於普羅泰戈拉一樣，思想是本質；自覺的思想揚棄一切特定的事物，這在蘇格拉底那裡也是相同的，但同時他還把思維理解爲靜止和固定的事物。思想的這個固定的事物、這個自在自爲的本體、這個絕對自我保存者，已被規定爲目的，並且被進一步規定爲眞理，規定爲善了。

二、在給普遍的本質做這個規定之後，還得加上一個規定，就是：這個善既然被視爲實質的目的，就必須爲我所認識。無限的主觀性，自我意識的自由，在蘇格拉底的學說中生長出來了。我必須出現於我所思維的一切事物中。這個自由在我們現代是無限地、經常地爲人所要求的。實質的事物是永恆的、自在自爲的，但也同樣必須透過我產生出來，不過我的作用只是形式的活動。

一般說來，事情不過是這樣：他把客觀事物的眞理歸結到意識，歸結到主體的思維——這是一個無限重要的環節；正如普羅泰戈拉所說，客觀事物只是當與我們發生關係時才存在。說到蘇格拉底、柏拉圖與智者們的爭論，可以說只有蘇格拉底和柏拉圖在進行哲學思考時能夠留意到當時的一般哲學文化，這就是智者們的文化。他們反對智者們，並不是像正統派反對他們那樣，不是像正統派爲了維護希臘的倫理、宗教、古老習俗而給阿那克薩哥拉與普羅泰戈拉判罪那樣。恰恰相反。主張反思，主張由意識作決定，乃是他與智者們相同的地方。但是眞實的思維應是這樣的，即它的內容完全是客觀的，而不是主觀的；意識的自由，就在於意識在它所在的地方，在它自身，這就是自由。蘇格拉底的原則就是：人必須從他自己去找到他的天職、他的目的、世界的最終目的、眞理、自在自爲的事物，必須透過他自己而達到眞理。這就是意識復歸於自己，這種復歸，在另一方面就是擺脫它的特殊主觀性；這正意味著意識的偶然性、偶然事件、任意、特殊性被克服了，亦即在內部去獲得這種解脫，獲得自在自爲者。客觀性在這裡具有自在自爲的普遍性的意義，而非外在的客觀性；因此，眞理是被設想爲間接的，爲產物，爲透過思維而建立起來的。正如索福克里斯借安提貢之口所說的，樸素的習俗，樸素的宗教就是「諸神的永恆的法律，無人知其來自何處」。[42]這就是指樸素的倫理而言，它們是法律、是眞實的、是公正的；但是現在意識滲透進來了，所以眞實的事物應該透過思維爲中介。我們現代饒有關於直接知識、信仰等等的說法，如我們在自己心中直接知道上帝存在，我們有宗教的、神聖的情感。可是認爲這些不是思維，這種說法卻是錯誤的。這樣一種內容，像神、善、公正等等，是情感和表象的內容，然而這些之所以是一種精神內容，乃是透過思維而成立的——乃是僅僅透過一種中介而被推動、被喚起的。動物沒有宗教，但是有感覺；精神的事物只屬於思維、只屬於人。

蘇格拉底的出發點是認識到：存在者是以思維爲中介的。第二個規定是：蘇格拉底所說的意識與智者們所說的意識有一個不同之處，就是在建立和產生思維的同時，也產生和建立了一種並非建立的、自在自爲的事物，即客觀的事物，它超越利益和欲望的特殊性，是統治一切特殊事物的力量。在蘇格拉底和柏拉圖那裡，方面，意識是主觀的，是爲思維

42 索福克里斯，《安蒂岡妮》，第四五四—四五七頁。

的活動所建立的——這是自由的環節，主體優遊於自身範圍之內，這是精神的本性；而另一方面，意識又是自在自爲的客觀的事物，並非外在的客觀性，而是精神的普遍性。這就是眞實的事物，用近代的術語說，就是主觀與客觀的統一。康德的理想是現象，本身並不是客觀的。

三、蘇格拉底最初只是從實踐的特殊意義了解善，即是：凡是對我的行爲有實質意義的事物，我就必須對它關心。柏拉圖和亞里斯多德則從更高的意義來了解善：善是普遍的，不僅是爲我的；而蘇格拉底所謂善僅是理念的一種形式、方式，表現意志的理念。因此在古代哲學史中，蘇格拉底的特殊貢獻，就是他建立了一個新的概念，亦即他把倫理學加進了哲學，而過去哲學是只考察自然的。根據第歐根尼·拉爾修的說法，[43]伊奧尼亞派建立了自然哲學（物理學），蘇格拉底建立了倫理學，柏拉圖又加上了辯證法。

細說起來，蘇格拉底的學說是道地的道德學說。倫理學研究的對象包括倫理與道德，有時單指倫理。道德的主要環節是我的識見，我的意圖；在這裡，主觀的方面，我對於善的意見，是壓倒一切的。道德學的意義，就是主體由自己自由地建立起善、倫理、公正等規定，而當主體由自己建立這些規定時，也就把「由自己建立」這一規定揚棄了，這樣一來，善、倫理等規定便是永恆的、自在自爲的存在了。倫理之爲倫理，更在於這個自在自爲的善

43 第歐根尼·拉爾修，第三卷，第五十六節。

爲人所認識，爲人所實行。蘇格拉底以前的雅典人，是倫理的人，而不是道德的人；他們曾經做了對他們的情況說是合理的事，卻未曾反思到、不認識他們是優秀的人。道德將反思與倫理結合，它要去認識這是善的，那是不善的。倫理是樸素的，與反思相結合的倫理才是道德；這個差別透過康德哲學才開始明確，康德哲學是道德哲學。 47

由於蘇格拉底以這種方式創始了道德哲學（他是以通俗的方式來處理它的），後代的道德空談和通俗哲學都奉他爲祖師和聖者，把他當成掩護一切假哲學的外衣；他的無辜的死引起了廣泛的同情，尤其助長了上述的情形。西塞羅這個人，一方面具有現實的思想，另一方面他總以爲哲學應該屈從世俗的方便，因而不曾爲哲學贏得眞內容，他誇大地認爲蘇格拉底最崇高的特色就是（以後人們常常如此談論）「他把哲學從天上帶到了地上，帶到了家庭和市場（帶到了人們的日常生活中）」。[44] 話就是這樣說的。人們每每就是如此了解（看來是如此），好像最好的最眞的哲學就是茶餘酒後的哲學（成爲家庭常備的藥品，因而非常適合人們的日常觀念），這種哲學可以供我們與親朋好友談論正義等等，以及天南地北的見聞，和日常生活裡的眞理，而不深入天際的深處——或意識的深處；可是那些人卻以爲這是蘇格拉底第一次大膽做出的。但是也不能否認蘇格拉底是達到了實踐哲學；他事先澈底思索過當時一切哲學的思辨，以求深入意識和思想的核心。這就是他的原理的一般。 48

---

44 西塞羅，《杜斯古里問題》，第五卷，第四章。

這個值得注意的現象，我們應當仔細地加以說明，首先是他的生平。不過他的生平是與他對於哲學的興趣分不開的。他的生平一方面涉及他的特殊人格，另一方面涉及他的哲學；他對哲學的追求與他的生活緊密地交織在一起，他的遭遇是同他的原則相一致的，而且是高度悲劇性的。說它是悲劇性的，並不是就悲劇這個詞的表面意義而言，譬如人們便把任何一種災禍——如某人死了、某人被處決了——都叫做悲劇；這是可悲的，卻不是悲劇性的。只有當一個可敬的人遭遇災禍或死亡的時候、只有當一個人遭受無辜的災難或冤屈的時候，我們才特別稱之爲悲劇；蘇格拉底就是這樣，他無辜被判處死刑，這是悲劇性的。但是這種無辜的災難絕不是合理的災禍。合理的災禍只是由於當事人的意志和自由帶來的災禍，同時他的行爲、他的意志也必須無限地正當，合乎倫理，這樣一來，當事人對於自己的災禍便是有責任的；另一方面，權力也必須是合乎倫理、合理合法的，而不是自然權力、不是一種暴虐的意志的權力，任何人都要死，自然的死亡是一種絕對的法律，但這是自然對人所執行的法律。在眞正悲劇性的事件中，必須有兩個合法的、倫理的力量互相衝突；蘇格拉底的遭遇就是這樣的。他的遭遇並非只是他本人的個人浪漫遭遇，而是雅典的悲劇、希臘的悲劇，它不過是借此事件，借蘇格拉底而表現出來而已。這裡有兩種力量在互相對抗。一種力量是神聖的法律、是樸素的習俗，與意志相一致的美德、宗教，要求人們在其規律中自由地、高尚地、合乎倫理地生活；我們用抽象的方式可以把它稱爲客觀的自由，倫理、宗教是人固有的本質，而另一方面這個本質又是自在自爲的、眞實的事物，而人是與其本質一致的。與此相反，另一個原則同樣是意識的神聖法律，知識的法律（主觀的自由）；這是那令人識別善惡的知識之樹上的果實，是來自自身的知識，也就是理性，這是往後一切時代的哲學的普遍原則。我們將看見這兩個原則在蘇格拉底的生活和哲學中互相衝突。

我們首先應當研究他的**生平的開端**；他的遭遇與他的哲學必須視爲一回事情。

蘇格拉底生於第七十七屆奧林匹克賽會的第四年（公元前四六九年），[45]是雕刻師索夫羅尼斯庫的兒子，他的母親費娜雷特是一個產婆。他的父親叫他從事雕刻之業，據說他在雕刻上的造詣是頗高的；據後來的傳說，陳放於雅典衛城的著衣美神雕像，就是他的作品。（父親死後他得到一筆小小的財產。）[46]但是他不滿足於雕刻，一種對於哲學的強烈要求和對科學研究的熱愛支配了他。他從事雕刻，僅僅爲了獲得糊口之資，使他能夠從事科學的研究；據一個雅典人克里多說，他資助了蘇格拉底的費用，使他能向當時各種學問的大師們學習。在他從事雕刻之餘，特別是在他整個拋棄了這門行業之後，他閱讀了他所能到手的古代哲學家們的作品；同時他特別去聽阿那克薩哥拉講學，在阿那克薩哥拉被驅逐出雅典以後，那時他三十七歲，就去聽那被認爲阿那克薩哥拉的繼承者的阿基勞斯講學。除此之外，他還聽過一些研究其他學問的著名智者講學，其中就有普羅第科，一個著名的雄辯術教

45 第歐根尼．拉爾修，第二卷，第四十四節；參看梅納鳩的注。

46 坦納曼，《哲學史》，第二卷，第二十五頁。

師——根據克塞諾封的記載，蘇格拉底提到這個人時常常流露出懷念之情，[47]他還聽過一些音樂、詩歌等方面的教師的演講；他被公認爲是一個有全面教養的人，受過當時所需要的一切教育。[48]

在他的一生中，他還盡了一個雅典公民所有的保衛祖國的職責；他參加了他的時代所遭逢到的伯羅奔尼撒戰爭的三次戰役。伯羅奔尼撒戰爭對於希臘生活的解體有著決定性的作用，它準備了這個解體；當時政治上所發生的事，也由蘇格拉底在思維的意識中表現了出來。在這幾次戰役中，他不僅獲得了勇敢戰士的榮譽，而且最漂亮的是他還獲得了拯救其他公民生命的功績。第一次，是在色雷斯的波提代亞長期被圍。這時阿爾其比亞德已經愛慕上了他；據柏拉圖的《會飲篇》[49]（此文中阿爾其比亞德盛讚蘇格拉底）所載，阿爾其比亞德說蘇格拉底能夠忍受一切艱苦，飢與渴、冷與熱，他都忍受了，而仍然保持著平靜的心情和健康的身體。在這個戰役的一次戰鬥中，他看見阿爾其比亞德在一群敵人中間受了傷，他於是殺開一條血路，帶著他衝出來，終於救出了他和他的武器。將軍們爲此頒發了一個花冠（corona civica）給他，作爲對最勇敢的人的獎勵；蘇格拉底沒有接受，並堅持這應該給阿

47 《回憶錄》，第二卷，第一章，第二十一和三十四節。
48 第歐根尼．拉爾修，第二卷，第十八—二十節。
49 柏拉圖，《會飲篇》，第二一九—二二二頁（柏克爾本四六一—四六六頁）。

爾其比亞德。據說在這個戰役中，有一次他陷入沉思之中，在一個地點不動地站了一天一夜，早晨的太陽才把他從出神中驚醒過來；據說這是他經常陷入的一種狀態，這是一種出神狀態，與夢遊症和催眠狀態頗爲近似，在這種狀態中，他失去了一切感性的意識，一種內心抽象作用與具體肉體存在的自然分裂，這種分裂使個人與內部的自我隔絕；從這些外部的表現，我們可以看出他的精神活動的深度如何。在他身上，一般地我們見到了意識的內心生活，而在這裡，這種內心生活是以一種人類學的方式存在的；在他這裡，還是第一次出現一種物理的形式，這在以後是很習見的。在波奧底亞他參加了另一次戰役，雅典人占領著一個離海不遠的小城堡德利歐，在這裡他們吃了一次小小的敗仗。蘇格拉底在這裡救了他的另一個得意門生克塞諾封；他看見克塞諾封受了傷倒在地上，馬也丟了，正在想要逃走。蘇格拉底把他背起來，非常從容不迫地抵禦著追擊的敵人，把他救出。最後他在斯特呂摩尼亞海灣附近埃多尼的安費波利參加了他的最後一次戰役。

此外他還擔任了許多次文職。之後，一向的雅典民主制度爲斯巴達人所廢止，斯巴達人到處建立貴族的甚至暴君的統治，從而攫取了一部分最高統治權，這時蘇格拉底被選爲諮議員，諮議會是一個代表人民的機構。他在這裡也卓著聲望，因爲他不顧三十僭主的意志或人民的意志，總是堅持眞理，毫不動搖。另外一次他參加了對十個將軍的審判；法庭判決了十個將軍死刑，因爲他們身爲海軍將帥，在阿金努色之戰雖然取得勝利，卻由於暴風雨的阻礙沒有把陣亡者打撈起來在海岸上安葬，也忘記了樹立紀功碑——總而言之，因爲他們（當毫無戰敗之相時）不固守陣地，因而表現得好像是戰敗了。唯獨蘇格拉底不同意這個判決，[50]在這裡他公開表示反對民主的人民，較之反對君主更爲頑強。在今天，如果有人發表言論反對人民，他就會遭殃的。「人民有著光輝的智慧，了解一切，而且只懷抱著善良的意圖。」至於君主、政府、大臣，不言而喻，「他們是一無所知，只想做壞事，也淨做壞事。」

這些政治性的活動對於他是比較偶然的，他做這些事不過是盡一個公民的一般責任罷了，他沒有主動地把這些國家事務視爲他自己的主要事業，也不想去營求高官顯爵，他一生的眞正事業是與他所遇著的每一個人討論倫理哲學。他的哲學把本質當作在意識裡面的共相，因而認爲這應該是屬於他個人生活中的事物；他的哲學並不是眞正的思辨哲學，而仍然是一種個人的行爲。而且它的內容也是關於個人行爲的眞理。他的哲學的實質和目的，就是把個人的個別行爲化爲一種有普遍意義的行爲。因此必須提到他本人的個人情況；人們常常以一長串的讚美私人生活的美德來描述他的品格。蘇格拉底的這些美德確實被認爲是眞正的美德，他是用意志的力量使這些美德成爲一種習慣的。應當連帶指出，當說到古代人的品性時，比說到現代人時更可以把這些美德稱爲美德。在古代人，這些品性通常是具有美德的性質的（美德、個性，是與宗教性相對立的）；人的美德，在古代人那裡，個性作爲個性，是

50 克塞諾封，《回憶錄》，第一卷，第一節；柏拉圖，《蘇格拉底的申辯》，第三十二頁（柏克爾本一二〇—一二一頁）。

屈從於一般倫理的，而對於我們，這些美德卻不是個人的特點或這個個人的固有的產物。我們不習慣從這方面去看待它們，不習慣把它們當作產物，而習慣把它們當作存在、當作責任；因爲我們對於普遍有更強烈的意識，把純粹個人的事物、個人的內部意識當作本質、當作責任、當作普遍的事物。因此，對於我們，美德實際上或者是稟賦或天賦的一些方面，或者具有一般的必然的形式；相反地，對於古代人，個性就是普遍的形式，因此，它表現爲一種個人意志的行爲，表現爲特點，而不是普遍的美德。蘇格拉底的美德也同樣不具有倫理或天性的或必然性的形式，而具有一種獨立規定的形式。眾所周知，他的外貌很自然地使人覺得他賦有乖戾卑鄙的感情，但如他所說，他克服了這個缺點。

他出現在我們面前（生活在他的同胞中間），是作爲那些偉大的可塑的天性（個人）之一，具有徹頭徹尾的完整性，正如我們在那個時代所常見的一樣，是一件完美的古典藝術品，而且這件藝術品是把自己提到如此高度的。這些可塑的天性不是被製造出來的，而是自己獨立地把自己陶鑄成這個樣子的；他們變成了他們所要求的那樣，而且他們忠實於他們的要求。在一件眞正的藝術品中，最主要的是：有一個觀念、一種品格被創造出來、表達出來，這件藝術品的每一特點都爲這個觀念所決定；因此，這件藝術品一方面是活生生的，另一方面是美的，最高的美，個性各個方面的最完美的充分發展，是根據那個單一的內部原則的。那個時代的偉大人物就是這種藝術品。作爲政治家的最高的可塑的個人，就是伯里克里斯，而群星似的拱衛在他周圍的便是索福克里斯、修昔提底斯、蘇格拉底等人。他們發揚了他們的個性，形成了一種特有的個性，一種統治他們整個存在的品格，一種貫穿著他們整個存在的原則。伯里克里斯獨力把自己培養成了政治家；據說自從他獻身政治以來，便從不大笑、從不赴宴會，[51]他僅僅爲了這個目的而活著。蘇格拉底用他的藝術和自覺的意志力量，也給自己培養成了一定的品格和終身事業，獲得了技巧與才能。由於他的原則，他達到了這種偉大，產生了這樣長期的影響，直至今天，在宗教、科學和法律中，他的影響仍然是非常深刻的，有內在信念的天才是一個基礎，這個基礎對於人類應當說具有頭等的意義。坦納曼曾惋惜地說：「我們深知他是什麼樣的人，但不知他是如何變成這樣的。」[52]

蘇格拉底是各類美德的典型：智慧、謙遜、儉約、有節制、公正、勇敢、堅韌、堅持正義來對抗僭主與平民（δῆμος），不貪財，不追逐權力。蘇格拉底是具有這些美德的一個人，一個恬靜的、虔誠的道德形象。他對於金錢的冷淡是完全出於他自己的決定，因爲根據當時的習慣，他教授學生是可以像其他教師一樣收費的。另一方面這也是一種自由的選擇，因爲收學費不像在我們現代這樣，已經成爲習慣，一個人如果不收學費就會違背習慣，還可能被人看作是沽名釣譽，易於受到譴責而難於得到讚賞；教育在那時還不是國家的事務，在羅馬皇帝統治之下才有發薪俸的學校。

他在生活上的有節制也是一種意識的力量，但它不是一種矯揉造作的原則，而是與環境

51　普魯塔克，《伯里克里斯傳》，第五章和第七章。

52　坦納曼，《哲學史》，第二卷，第二十六頁。

相適應的；在社交中他是一個善於交際的人。柏拉圖所描寫的他的飲酒不亂，是大家所熟知的；在《會飲篇》中，我們可以看得出蘇格拉底所謂美德是什麼，這是一個最能表現他的特點的場面。根據柏拉圖的記載，阿爾其比亞德昏昏沉沉地來參加阿嘉通爲慶祝其悲劇在前一天的競賽會上取得勝利而舉行的宴會，在這個宴會上大家都喝醉了。這時正是慶祝宴會的第二天，所以賓客們（蘇格拉底是其中之一）決定少喝酒，雖然這是違背希臘宴會習慣的。阿爾其比亞德發現大家都是清醒的，沒有一個人像他那樣昏醉，便自當司酒人，向大家勸酒，要把大家灌得與他自己一樣昏醉；但是他說他對蘇格拉底毫無辦法，因爲不管喝了多少酒，他仍然若無其事。接著柏拉圖借那個述說這次宴會談話的人之口說，他與別人最後靠在靠椅上睡著了，而當他在天明醒來時，蘇格拉底一杯在手，還在同阿嘉通和阿里斯托芬談論喜劇和悲劇，談論一個人能不能同時是喜劇作家又是悲劇作家，然後他照平常時間去公共場所，去運動場，好像什麼事情也沒有發生，並且照平常一樣整天到處找人談話。[53]這種有節制不在於把享樂減到最少，不在於有目的地保持頭腦清醒和壓抑欲望，而是一種意識的力量，這種意識能在過度的肉體享受中保持清醒。我們由此可以看得出來，我們絲毫不能以道德美德的教條來設想蘇格拉底。

53 柏拉圖，《會飲篇》，第二一二、一七六、二二三—二二四、二二三頁（柏克爾本第四四七、三七六—三七八、四四九—四五〇、四六八—四六九頁）。

我們知道，他對人的態度不僅是正直的、眞實的、坦率的、溫和的、可敬的，而且是最完美的阿提卡文雅風度的典型，根據克塞諾封的記載，尤其是根據柏拉圖的記載，他是活動在最廣闊的社會關係之中，與人們坦白而極有分寸地談論著，他的談話由於具有一種內在的普遍性，對談話者與談話的境地說來永遠是正確的、生動活潑的、無拘無束的，這是一個具有最高教養的人的社會生活，他絕不以個人的癖好來強求別人，絕不做使人難堪的、觸犯他人的事情。

他的**哲學**和他研討哲學的方式是他的生活方式的一部分。他的生活和他的哲學是一回事；他的哲學活動絕不是脫離現實而退避到自由的純粹的思想領域中去的。產生這種與外部生活聯繫的原因，是他的哲學不企圖建立體系；他研討哲學的方式本身毋寧說就包含了與日常生活的聯繫，而不像柏拉圖那樣脫離實際生活、脫離世間事務。

說到他的專門職業，他的哲學講授，或者更恰當點說，他的社交活動（因爲嚴格說那不是講授），他與每一個人，與各個階級、各種年齡、各種行業的人們的社交活動，他的哲學的社交生活，在外表上是與一般雅典人相同的：他們最大部分時間無所事事，而在市場上閒逛，或者到公共運動場裡去遊蕩，有時在這裡做做體操，此外主要是聊天。這種社交方式只有在雅典的生活方式之下才有可能。大部分工作，在現在是由自由公民——無論是共和國或君主國的自由公民——做的，在那時則是由奴隸做的，工作被認爲對於自由人是不光榮的。誠然一個自由公民也可以做手工業者，但是卻有許多奴隸爲他工作，如現在一個掌櫃有許多夥計一樣。在今天，這樣一種優遊生活與我們的習慣是完全不相容的。蘇格拉底也這樣遊蕩著，生活在對於道德問題的無休止的討論中[54]（鞋匠西門與他有很多來往；他寫有《蘇格拉底言論集》）。他所做的正是他所擅長的事，一般說來這可以叫做道德的說教；但是這並不是一種講道、訓誡、講授或枯燥的道德說教等等。因爲這種事物在雅典人之中、在阿提卡文雅風度中，是無地位的，這不是一種平等的自由的合理的關係。恰巧相反，他與任何人談話，都保持著阿提卡的文雅風度的特點，不自以爲是、不好爲人師、不強人從己，充分保證並尊重他人的自由權利，避免一切粗暴無禮的態度。因此，克塞諾封的，特別是柏拉圖的對話集，成爲這種優美的社交文化的最高典範。

一、蘇格拉底方法

就在這種談話中產生了蘇格拉底的哲學和以其名爲名的蘇格拉底方法，這種方法，根據它的性質，就應當是辯證的方法。蘇格拉底的風格不是矯揉造作的，與此相反，現代人的一些對話篇，正是由於沒有內在根據來支援這種形式，所以必然成爲冗長的和令人厭倦的。反之，他的哲學的原則卻是與他的方法相吻合的，就這一點而言，也可以不稱它爲方法，因爲這是一種和蘇格拉底的特性相一致的方式。他的哲學的主要內容，是把善當作絕對，特別在行爲中去認識善。蘇格拉底把這個方面提得這樣高，因而他自己就把科學，即對自然、精神

54 克塞諾封，《回憶錄》，第一卷，第一章，第十節。

等的一般原則的觀察拋在一旁，而且也以此要求別人。[55]因此可以說，就內容而言，他的哲學有著非常實際的動機。不過主要的方面則在於蘇格拉底方法。

蘇格拉底的談話（這種方法）具有一種特點：（一）他一有機會就引導人去思索自己的責任，不管這機會是自然產生的還是蘇格拉底故意造成的。他常到鞋匠與裁縫的工作坊中和他們談話，也和青年、老人、鞋匠、鐵匠、智者、政治家、各種公民談話，談話總是從他們感興趣的事物開始，或者是家務、或者是兒童的教育、或者是知識、眞理……，不管什麼問題，只要機會允許。接著（二）他就引導他們離開這種特殊事例去思索普遍的原則，引導他們思索、確信並認識什麼是確定的正當的事物、什麼是普遍的原則、什麼是自在自爲的眞和美。這種工作，他是用著名的蘇格拉底方法來做的；我們在談內容之前，必須先談這種方法。這個方法主要地有兩方面：（一）從具體的事例發展到普遍的原則，[56]並使潛在於人們意識中的概念明確呈現出來；（二）使一般的事物，通常被認定的、已固定的、在意識中直接接受了的觀念或思想的規定瓦解，並透過其自身與具體的事例使之發生混亂。這些就是蘇格拉底方法的一般。

（一）更仔細一點說，這是他的方法的一個環節，他是常常從這個環節開始的，他這樣

55 克塞諾封，《回憶錄》，第一卷，第一章，第十一—十六節；亞里斯多德，《形上學》，第一卷，第六章。

56 亞里斯多德，《形上學》，第十三卷，第四章。

做，是爲了喚醒人們的思想，在人們的信心動搖之後，他就引導人們去懷疑他們的前提，而他們也就被推動而自己去尋求肯定的答案。他喜歡從日常的觀念入手，當他要使智者們的態度受到指責時，他也這樣做。他尤其喜歡這樣去激發青年追求知識（自己去思索）的欲望。他提出日常的觀念來與別人討論，假裝自己什麼也不知道，引起別人說話，他自己是不知道的；然後做出率眞的樣子，向人提出問題，讓別人自己說出來、讓別人指教他，這就是著名的**蘇格拉底諷刺**。他的這種方法是主觀形式的辯證法，是社交的謙虛方式；辯證法是事物的本質，而諷刺是人對人的特殊往來方式。他用這個方法所要產生的作用，是讓別人暴露自己，並說出他們的原則。而他則從每個一定的命題或引申出來的命題中引申出與此命題所表達的完全相反的事物；那就是說，他並不直接反對那個命題或定義，而是接受它，向人們自己指出他們的命題怎樣包含著恰恰相反的事物。有時他也從一件具體的事例出發，推演出它的反面來。他讓人們從他們所肯定的眞理中去尋求結論，而終於認識到這些結論如何與他們所同樣堅持的其他原則相矛盾。這樣，蘇格拉底便使與他談論的人們認識到他們一無所知；不僅如此，他自己就說過他一無所知；因此也沒有什麼可以教人。實際上也可以說蘇格拉底一無所知，因爲他並沒有做到建立一種哲學和建立一種科學。這一點他是意識到的，而且他也完全沒有建立一種科學的企圖。

從一方面看，這種諷刺好像是虛僞的做法，蘇格拉底說，他是不知道一件事而去詢問人們，可是細究起來，這就包含著一個意思，即不知道別人對這件事的想法如何。情形往往是這樣的：當人們談論著某些大家有共同興趣的事物時，每一個人都有著某些最後的觀念、最後的詞句，作爲他談論的前提，而且自認爲這些前提是普遍的、人所公認的；於是大家的認識總是不能趨於一致。如果眞正要求得一種了解，首先必須考察的正是這些前提。我們現代關於信仰與理性爭辯很多——信仰與認識成爲目前我們精神興趣集中的焦點；因此每一個人都好像很了解什麼是理性等等。如果詢問什麼是理性，會被認爲是失禮，理性被認爲是人所熟知的事物。而多數爭論卻都是關於這個題目的。十年前[57]有個著名的神學家發表了九十個關於理性的論點，這些都是很有趣的問題，但是爭論雖多，而毫無結果；這個堅持理性，那個堅持信仰，雙方相持不下。理性與信仰是絕對不同的，但是要眞正了解其不同，只有解釋被假定爲人所共知的那些事物，才有可能（究竟什麼是信仰，什麼是理性，並不是大家都知道的）；首先必須規定名詞的意義，才能發現共同的事物，只有首先這樣，關於這些問題的辛勤的鑽研才能得到結果，否則，儘管成年累月地爭辯，還是不能前進一步的。

蘇格拉底諷刺的偉大之處，就在於它能使抽象的觀念具體化，使抽象觀念得到發展。如果我說我知道理性是什麼，信仰是什麼，這不過只是抽象的觀念；要使它們具體化，就得經過解釋，就得假定它們的本質還未被認識。蘇格拉底要人解釋這些觀念，這就是蘇格拉底諷刺的本質。一個說信仰，另一個說理性，誰也不知道他們究竟說的是什麼；問題就在於要把概念提到意識裡來，亦即要把僅僅是觀念的事物因而也就是抽象的事物加以發展。

57 這是一八二五年的演講。

關於蘇格拉底式的諷刺，近代人們談論得很多。蘇格拉底式諷刺的基本要點，僅在於他承認別人直接接受並提出來回答他的話。（所有的辯證法都承認人所承認的事物，好像眞是如此似的，然後讓它的內部解體自行發展，這可說是世界的普遍諷刺。）人們都企圖使這種諷刺變成完全另外的事物，把它擴大成普遍的原則；弗里德里希·馮·施萊格爾是第一個表示這種想法的，阿斯特也跟著他說。諷刺被視爲精神行爲的最高方式、被表現爲最神聖的事物。阿斯特說：「對於觀念中以及生命中的美的熱愛，使他的談話具有靈感，成爲內在的、深不可測的生命。」這個生命應該就是諷刺！「他卓越地用諷刺來反對智者學派，擊潰了他們的知識上的昏聵。」這個諷刺事實上是費希特哲學的一個引申、一個產物，並且在理解現代哲學概念時，這是一個主要之點。它使主觀意識獨立於一切事物：「我，以我的教養有素的思想，是能夠取消一切規定、取消公正、倫理、善等等的規定的；而且我知道，如果對於我來說，有什麼事物顯得好，夠得上好，我也能把它推翻。我完全知道，我就是這一切規定的主宰，承認它們的是我，推翻它們的也是我。一切事物，只有現在使我高興的，對我才是眞實的。」這種諷刺是與一切事物開玩笑，這種主觀性不再嚴肅對待任何事物，它做出了嚴肅的事，但是又加以破壞，把一切變成幻影。一切崇高而神聖的眞理都化爲空虛（庸俗）；一切嚴肅的事同時也只是笑談。不過希臘人的愉快，正如荷馬詩中所表現的那樣，也是富於諷刺性的；如愛神嘲笑宙斯和戰神的氣力，火神跛腳行酒，引起諸神哄堂大笑，天后朱諾打愛神的耳光。古代人在祭祀時自己吃掉了最好的祭品，這中間有著諷刺；在發笑的痛苦中，在激動流淚的最大的快樂與幸福中，在梅菲斯托費勒斯的嘲弄的笑聲中，總之在從一極端到另一極端，從最好到最壞的轉變中有著諷刺。休沐日早上（在禮拜堂裡）還是低首下心，痛悔前非，捶胸頓足，悔恨得無地自容，而一到晚上，便吃飽喝足、歡天喜地、逍遙行樂、擺脫約束，恢復自我尊嚴。僞善與上述的事是同類的，是莫大的諷刺。阿斯特的「最深刻的內在生命」恰恰就是主觀的任性，這種自視高於一切的內在神性。關於這種諷刺，即人們所謂的「最深刻的內在生命」的創始人，人們以爲就是蘇格拉底和柏拉圖，這是錯誤的，雖然他們有主觀性的因素；在我們現代，已經不容許這種諷刺流行了。這種諷刺認爲否定的態度是神聖的，一切皆空的看法與意識是神聖的，而這種看法裡也就包含著我的虛驕之氣。把一切事物歸於虛無的意識當作至高無上，這也許是一種深刻的生活；但是這只是一種虛幻的深度，正如阿里斯托芬的古代喜劇所表現的那樣。蘇格拉底的諷刺是與我們現代的這種諷刺大相徑庭的；諷刺在他以及柏拉圖那裡，有著有限制的意義。蘇格拉底的**一定意義**的諷刺，是一種談話的方式，一種愉快的社交，而不能被了解爲那種純粹的否定，那種否定的態度，既不是嘲笑，也不是僞善，而嘲笑與僞善不過是對理念開玩笑。然而，他的**悲劇性**的諷刺是他的主觀思維對現存的倫理的反抗，他自己並未認識到他是站在現存的倫理上面，而只是抱著一個樸素的目的，引導人們走向**眞正**的善，走向普遍的觀念。

（二）他的方法的第二個環節，蘇格拉底更確切地稱之爲**接生術**，他是從他的母親得到這個方法，[58]即幫助已經包藏於每一個人的意識中的思想出世，也正是從具體的非反思的意

58 柏拉圖，《泰阿泰德篇》，第二〇一頁（柏克爾本第三二二頁）。

識中揭發出具體事物的普遍性，或從普遍認定的事物中揭發出其中所包含的對立物。用這個方法時他總要發問，因此人們把這種問答的方式就叫做蘇格拉底方法；其實這種方法所包含的不是問與答所能完全包括的。蘇格拉底提出問題，等待回答；發問題是有一個目的的，相反地，回答看來卻是偶然的。在寫出來的對話中，回答完全在作者的掌握之中，但是說實際上是否有作如此回答的人，卻是另外一回事。在蘇格拉底那裡，回答者可以被稱作可塑的青年，他們對於問題只是以一定的方式作答；而問題也提得使他們很易於回答，使一切任意的回答成爲不可能。這種方式本身之中就含有陶鑄的成分，我們在柏拉圖和克塞諾封的敘述中看到了這種方式。答非所問、答的和問的不相干的那種回答方式，是特別與這個方式相反的；在蘇格拉底則不然，問者所提問題的關係（注意點）、方面受到尊重，答者只是從這同一的關係、方面作答。另一種方式就是答者可以另外提出一個不同的觀點，這無疑是一種活潑熱鬧的談話的精神；但是這樣一種爭論是蘇格拉底的回答方式所不容許的；他的方法主要之點就是要始終堅持一個論點。強詞奪理、自以爲是、理屈詞窮時打斷話題，用開玩笑或拋開不管的方法躲避問題，這些方式在這裡都是不容許的；這些方式既不爲優良的習俗所容許，更是完全不爲蘇格拉底式談話所容許的。因此在蘇格拉底式的對話中，被問者的回答嚴格遵守所提問題的觀點，當然不足爲奇，這就是這種方式中的陶鑄成分；與此相反，在最好的近代對話中，總是夾雜著偶然任性的成分。這個區別是涉及了外部的、形式的方面。

蘇格拉底提出問題的主要目的不是別的，乃是要從我們表象、經驗中的特殊成分引導出樸素地存在於我們意識中的某種普遍的事物。蘇格拉底爲了使人認識這種普遍形式的善和正

66

當，他是從具體的事例出發的，是從他的談話對方所認可的事例出發的。他從具體事例出發向前推進，並不是憑藉把那些與具體事例有聯繫的概念連接在純粹必然性中那種做法，這是一種演繹、一種證明，或者一般說來是一種憑藉概念的推斷。他乃是分析這個存在於自發的意識中而未被思索過的具體事物，分析淹沒在素材中的普遍性，而把其中的普遍概念作爲普遍概念揭發出來；他分解具體事例（偶然事例），指出包含在其中的普遍的思想，而使人認識一個普遍的命題、一個普遍的規定。我們發現這個方法在柏拉圖的對話中也是特別豐富的，在柏拉圖那裡表現了運用這個方法的特殊的技巧。每一個人用來形成他對普遍概念的認識的，也就是這個方法！自我意識的培養，理性的發展，就是對普遍概念的認識。小孩、沒有文化的人是生活在具體的、個別的觀念中；但是在成年的進行自我教育的人，由於他在自我教育中是作爲思維者反省自己，反思就變成了對普遍概念的反思，對普遍概念的確定的反思，他過去是在具體表象中自由運動，現在則是在抽象概念中、在思想中自由運動。我們看到了這種從特殊事物中進行抽離的工作，列舉很多事例，用一種很麻煩的辦法去做。至於我們，是受過表象抽象事物的教育的，從小就學習過抽象事物的原則（我們認識普遍的事物，並且能夠加以理解），因此這種所謂屈就的蘇格拉底方法、這種從許多特殊事物發展出普遍概念的做法、這種不厭其煩地舉例的辦法，在我們看來每每是悶人的、無聊的（討厭的）。具體事物的普遍概念早已作爲普遍概念呈現在我們面前；我們的反思對於普遍概念已經習慣了；首先我們就不需要進行這種費力的、冗長的抽離工作——如果蘇格拉底現在是要把抽象概念提到意識面前來，那麼在我們，要確定抽象概念的普遍性，是毋須舉出這麼多的例

67

子，即毋須一再重複，借反復說明來建立抽象概念的主觀確定性的。

因此主要之點就是透過與蘇格拉底交談的人自己的認識，從一個熟知的表象中發展出普遍概念來。這種方式可以產生一個直接的後果，就是意識覺得很奇怪，這個普遍概念就在熟知的事物裡，而它竟沒有在那裡尋找過。例如每一個人都知道生成並具有生成的觀念。如果我們反思到生成的觀念，就知道生成的事物是存在著，而又不存在；在生成中有著存在和非存在。生成就是這個簡單的觀念，就是像有和無這樣差別如此巨大的不同的事物的一個統一。我們也許會吃驚，在這個簡單的觀念中竟有如此巨大的差別存在。

（三）蘇格拉底發展了這樣的普遍概念之後，所得到的結果有一部分是完全形式的，就是使那些交談的人相信，雖然他們自以爲對這件事情如此熟悉，卻是現在才開始意識到：「我們所知道的事物是彼此互相矛盾的。」於是蘇格拉底就在這個意義之下繼續發問，使交談者不得不承認一些道理，而這些道理卻包含著與他們的出發點相反的事物。當他們把自己的一些觀念聯繫在一起的時候，矛盾就產生了。這就是絕大部分蘇格拉底的談話的內容。因此蘇格拉底是發展了這樣一些觀點，這些觀點是與意識中原有的東西相對立的；這種做法的直接結果是使意識本身發生混亂，從而使它陷於困惑。把意識導入困惑，這就是蘇格拉底的談話的主要趨向。他要想用這個方法喚醒人們的見識、羞恥、意識，使人們知道我們以爲是眞的事物並不是眞的，相反地卻是動搖的。由此便發生了認眞努力求知的要求。這就是蘇格拉底的作風的主要方面。

柏拉圖在他的《美諾篇》中舉了一些例子。在《美諾篇》中，蘇格拉底問道：「請憑著神靈告訴我，什麼是美德。」美諾立刻就做出一些區別，就男人的、女人的美德來下定義說：「男人的美德是精於國家的事務，以及幫助朋友、打擊敵人，女人的美德是管理家務；另一種美德則是兒童（男孩）、青年、老人的美德」等等。蘇格拉底打斷他的話說：這不是我所問的，我問的是「包括一切的普遍的道德」。美諾說：「這種美德就是支配別人、命令別人。」蘇格拉底舉出例子來反駁道：「兒童和奴隸的美德卻不在於發號施令。」美諾說：「他不知道一切美德的普遍概念應當是什麼。」蘇格拉底說：「這就像圖形一樣，圖形就是圓形、四邊形的共同者」等等。[59]然後來了一段題外的話。美諾說：「美德就是能夠取得人所要求的那些善。」蘇格拉底插話說：「（一）提出善是多餘的，人知道某件事是惡的，就不要求它了；（二）因此善必須以正當的方式取得。」蘇格拉底把美諾搞糊塗了；於是他指出美諾的那些觀念是不對的。美諾就說：「我在認識你以前，早就聽說你自己老是在懷疑（*ἀπορεῖς*），並且也使別人陷於懷疑（迷惘）。現在你也使我著魔了，以致我充滿了困惑。如果我可以開個玩笑的話，我覺得你完全像電氣鰻那種海魚；因爲據說這種魚使走近和接觸它的人麻醉。你就是對我做了這樣的事；因爲我的身體和靈魂都麻醉了，我再不知道回答你什麼話，雖然我曾經和許多人談論過美德，而且我覺得談得很好。可是現在我一點也不知道該怎麼說了。因此你不打算到外國去旅行是非常正確的；外國人很容易把你當作魔術師打

59 柏拉圖，《美諾篇》，第七十一—七十六頁（柏克爾本第三二七—三三七頁）。

死。」[60]蘇格拉底要再「尋求」。現在美諾說：「對於你聲稱不知道的事物，你怎麼能尋求呢？對於你所不知道的某種事物，你能對它加以企望嗎？如果你偶然發現了它，你怎麼會知道那就是你所尋求的呢——你不是承認不知道它嗎？」[61]有許多克塞諾封和柏拉圖的對話都是以這種方式結束的，使我們在結果（內容）方面完全得不到滿足。《呂西斯篇》中就是這樣問的：愛情和友誼使人得到什麼？在《理想國》中，也是像這樣安上一個引子，探究什麼是正義。這種困惑有引導人去反思的效果，這就是蘇格拉底的目的。這個單純消極的方面就是主要之點。一般說來，哲學應當從困惑開始，困惑是與哲學俱來的；人應當懷疑一切、人應當揚棄一切假定，以便把一切當作概念的產物重新接受。

蘇格拉底在意識中所發展的積極的事物，是現在要詳細陳述的。這個積極的事物不是別的，就是善，就善之透過認識由意識中產生而言，就是被意識到的善、美，所謂理念、永恆者、善，由思想規定的、自在自爲的普遍；這種自由的思想就會產生出普遍、眞理，而且也產生出作爲目的的善。在這一方面，蘇格拉底與智者們是不同的，並且是對立的。智者們說：人是萬物的尺度，這還是不確定的，其中還包含著人的特殊的規定；人要把自己當作目的，這裡面還包含著特殊的事物。在蘇格拉底那裡，我們也發現人是尺度，不過是作爲思維

60 柏拉圖，《美諾篇》，第七十七—八十頁（柏克爾本第三三九—三四六頁）。

61 柏拉圖，《美諾篇》，第八十頁（柏克爾本第三四七頁）。

的人；如果將這一點以客觀的方式來表達，它就是眞、就是善。我們不要譴責智者們沒有把善當作原則，這是因爲他們的時代缺乏方向；善的發現還是沒有由蘇格拉底完成，不過這時善、眞、正義總是被當成基礎了。善的發現是文化上的一個階段，善本身就是目的，這乃是蘇格拉底在文化中、在人的意識中的發現；智者們沒有更早地做出非他們所做的事，這並不是他們的過錯，每一個發現都是有它的時代的。

二、善的原則

簡單說來，這就是蘇格拉底的方式（和哲學）。似乎我們還沒有講多少蘇格拉底的哲學，因爲我們只是老在講原則；不過蘇格拉底的意識第一個達到了這種抽象物，這一點乃是主要之**點**。善是普遍的共相，它不再是那樣抽象的，它是由思維產生出來的；它不是阿那克薩哥拉的 νοῦς（心靈），而是那在自身中規定自身、現實自身並且一定要現實的共相，作爲世界和個人的目的的善。善是一個自身具體的原則，不過這個原則的具體規定還沒有被表述出來；在這個抽象的態度中，存在著蘇格拉底的原則的缺點。積極的事物沒有講出來；因爲善沒有得到進一步的發展。

（一）關乎蘇格拉底的原則的**第一個**規定，是意識從自身中創造出眞實的事物，並且應當從自身中創造出眞實的事物。這個規定是一個偉大的規定，雖然還只是形式的。把意識導向自身，乃是主觀自由的原則。

這個主觀自由的原則是這樣表現在蘇格拉底本人的意識裡的：他認爲其他的各種科學對於人是毫無益處的，他只應當去關注那對他的道德本性重要的事物，以便行最大的善，認識最眞的事物。我們見到他指出從每一個人中都可以找到這個普遍，這個絕對，作爲他的直接的本質。我們見到在蘇格拉底這裡，規律、眞理，以及以前作爲一個存在出現的善，都回到了意識裡面。但這不是蘇格拉底這個人身上的一種個別的偶然表現；我們應當理解蘇格拉底和他的表現。在普遍的意識中，在蘇格拉底所屬的那個民族的精神中，我們看到倫理（即禮俗）轉化成爲道德，並且看到蘇格拉底站在頂峰上，意識到了這個轉變。世界精神在這裡開始了一個轉折，它以後更充分發揮了這個轉折。無論蘇格拉底，以及雅典人民與雅典人民中的蘇格拉底，我們都應當從這個較高的觀點來考察。在這裡開始了意識對自身的反省，開始了意識對自己本身的認識，認識到自己是本質，也可以說，意識到上帝是一種精神，也可以用一種比較粗糙、比較感性的方式說，認識到上帝帶有人的形相。這個時期開始於作爲存在的本質被放棄的時候，即使這存在是像以往那樣的抽象的存在，思想中的存在。但是在一個高度繁榮的倫理的民族看來，這個時期卻顯得是一個逼人的、長驅直入的而且阻擋不住的災禍。因爲這個民族的倫理正如一般古代民族的倫理一樣，就在於把倫理當作倫理的本性，作爲現存的共同體，並沒有取得在個別意識中的個人確信這一形式，而只是採取確信直接的絕對這一形式。這就是通行有效的、現存的法律，並沒有經過核對總和考究；這種倫理就是至高無上的事物，而這種倫理意識也是自身滿足的。但是道德意識要問：這也是眞正的法律嗎？固然，這也是國家的法律，它和諸神的意志同樣有效；因此它是共同的命運，它具有著一個存在物的形式，大家都承認它是如此的。那從一切具有存在物形式的事物中折回到自身的意識，要求對這種法律也要從眞理來設定和理解，也就是說，要求法律之中也必須有自覺的意識。我們看到雅典人民正處在這個折回自身的過程中；作爲存在物的現存法律，已經開始受到懷疑了，被認爲正當的事情，已經開始動搖了，已經開始出現超出一切存在和權威的最高的自由了。這個向自身的折回，是希臘精神的高度發展，因爲它不再是這些倫理所籠罩的一種存在，而是對這些倫理的一種生動的意識，這種意識雖然具有同樣的內容，但卻是在自身中自由活動的精神了；這一種文化，我們看到斯巴達人是從來沒有達到的。倫理等於一種對於倫理或上帝的自由的自我感、一種對於倫理的愉快的享受，這是最生動活潑的倫理。這種自我感就直接是精神；意識和存在是具有同樣的價値和地位的。存在的，就是意識，兩者之中，其一的力量並不超過其他。法律的權威對於意識並不是一種枷鎖，全部實在對於意識也不是一種妨礙，意識是確信它自己的。但是這個折回現在是到了拋棄這種內容的飛躍關頭了，它要把自己建立爲沒有這種內容的抽象意識，以及與法律相對立的存在。從這種意識與存在的平衡中，意識本身以獨立的姿態走出來了，分離的關鍵在於獨立的理解；因爲意識在這個統一之中，在對於自己的獨立性的理解之中，已經不再直接承認那要求人遵守的事物，它必須使自己在這種事物前面合法化，也就是說，它要在這種事物裡面理解到它自己。因此這個折回就是使個別從普遍中孤立出來；這就是犯罪，這就是犧牲國家以利自己，（我或者是享有永恆的幸福，或者是受罪。哲學上所謂「永恆」可以在時間裡實現了：透過眞正的實質的人而實現。）國家已經失去了它的力量，這種力量是存在於共同體的連續性中的，這個共同體乃是一種與個別的個人不相分離的精神，因此個別的意識除了法律之外不知道有別的內容和本質。修昔提底斯說，在伯羅奔尼撒戰爭中，人人都以爲他不贊成的那一方面是沒有前途的。倫理曾經動搖了，因爲已經有了一種看法，認爲人自己創造出自己的特殊準則；而幾個人應當關心自己、關心自己的倫理，這也就是說，個人變成道德的人了。沒有了公共的倫理，道德就立刻出現了。

我們現在看見蘇格拉底就是帶著這種感情出現的，他認爲在這個時代人人都應當關心他自己的倫理。因此他透過對自己的意識和反思來關心他的倫理，普遍的精神既然在實際生活中消失了，他就在自己的意識中去尋求它；因此他幫助別人關心自己的倫理，因爲他喚醒別人的倫理意識，使人意識到在自己的思想中便擁有善和眞，亦即擁有產生道德行爲和認識眞理的潛在力。我們不再是直接擁有這些事物，像隨處都有水一樣；而是像在某些地帶的一艘船上，必須自己預備水。直接的事物不再有效準了，它必須對思想說明它存在的理由。我們是從全體來了解蘇格拉底的特點和他的哲學方法的；我們也是從全體來了解他的命運的。

意識的這種復歸於自身，所採取的表現方式——在柏拉圖那裡是很詳細的——是：人是不能學習任何事物的，也不能學習美德，這並不是因爲美德不屬於科學。蘇格拉底指出，這是因爲善不是從外面來的；善是不能教的，而是包含在精神的本性之中的。總之，人不能被動地接受一個從外面給予的事物，就像一塊蠟接受一種形式那樣；一切都存在於人的精神之內，人只是**好像**在學習一切。誠然一切都是從外面開始的，但是這不過是開始；實際上外面的事物只是使精神發展的一種推動力。一切對人有價值的事物，永恆的事物，自在自爲地存在的事物，都包含在人本身之內，都要從人本身中發展出來；學習的意思，在這裡只是獲得對於外在的某種確定的事物的知識。外在的事物誠然是由經驗而來的，但是其中的共相卻屬於思維，不過並不屬於那主觀的壞的思維，而乃是屬於眞正的有普遍性的思維。在主觀與客觀的對立中，共相乃是既主觀而又客觀的事物。主觀只是一個特殊的事物，客觀相對於主觀說也同樣是一個特殊的事物，共相則是兩者的統一。根據蘇格拉底的原則，凡是精神不提供證明的事物，對於人就沒有效準，就不是眞理。人之所以自由，就在於他無求於外；這就是精神的主觀性。正如《聖經》中所說的「我肉中的肉，骨中的骨」一樣，我以之爲眞理、爲正當的事物，就是我精神中的精神。精神從自身中汲取出來的事物，對精神有效準的事物，必須是從作爲共相的精神中，從作爲共相而活動的精神中來的，而不是從精神的欲望、興趣、愛好、任性、目的、偏好等等中來的。這些事物誠然也是內在的、「由自然種植在我們之中的」事物，但是只是以自然的方式爲我們所固有，因爲它是屬於特殊的；比它更高的事物是眞正的思維、概念、理性的事物。蘇格拉底把思想的普遍、眞實的成分和偶然、特殊的成分對立起來。蘇格拉底喚醒了這個眞正的良知，因爲他並不只是宣布：人是萬物的尺度；而且宣布：作爲思維者的人是萬物的尺度。以後我們在柏拉圖那裡將看到一個說法，認爲人只是回憶到那似乎是爲他所接受的事物。

現在問題是：什麼是善？蘇格拉底沒有採納從自然方面對善所下的定義；善，作爲本身的目的的事物，也是自然哲學的原則。蘇格拉底主要是從人的行爲方面，或從世界的總的最終目的方面，來理解善的。善的規定，在蘇格拉底的自然哲學觀點之下，乃是特殊事物中的特性，乃是經驗科學中的範疇。蘇格拉底蔑視其他一切哲理科學，認爲它們微不足道；他常常說，這些都是空洞的知識，與人的目的無關；人只應當認識什麼是善，只應當尋求對人有益的事物，這是一種片面的看法，而這在蘇格拉底是完全可以理解的。這種（把善當作至高無上的）信仰，他認爲不僅是人們指導思想時必須根據的基本的事物，而且是唯一的事物。蘇格拉底把自然方面的許多規定都排除在善之外；在他那裡，即使就人的各個具體行爲方面說，善仍然還是空泛不確定的，那最高的規定性（那規定者），乃是我們一般所謂主觀性。

如果我們說，善是應當加以規定的，這意義首先在於：第一，善只是普遍的最高準則——（透過這種簡單的普遍性，善本身便陷於與實在性的存在相對立，換句話說，這樣的善是缺乏個別性、能動性的）；但是其次，善也不應當是惰性的，不應當是只是思想，而應當作爲特定的事物、現實的事物出現，作爲有實效的事物出現。善只有透過主觀性，透過人的能動性，才能是這樣一種事物。說善是一個特定的事物，進一步的意思是說，善是一個現實的事物，也就是說，善是與主觀性、與個人相結合的；也就是說，個人是善的，個人知道什麼是善，這種狀態我們就稱之爲道德。人應當知道公正，並且以公正的意識來做公正的事；這就是道德，這就與倫理分開來了，倫理是無意識地做公正的事的。倫理的（誠實的）人就是這樣的，他並不事先考慮到什麼是善的，善就是他的品格，是固著在他身上的；而一旦意識到了善，便產生了選擇：我究竟是願意要善呢？或是不願。這種道德的意識是很容易變成有危險性的，它使個人由對自己的模糊認識中產生一種驕傲自滿，這是從個人意識到這種選擇而來的：我是主人，是善的選擇者；這裡面就包含著：我知道我是一個誠實的人——卓越的人。我是透過我的意志而決定行善的，這樣，我便獲得了對於我的優越性的意識；這種虛驕是與道德密切地聯繫在一起的。在蘇格拉底那裡，還沒有進到這種善與作爲選擇者的主體對立起來的地步，問題還在善的定義上面，討論的還是主觀性與善的結合，主觀性就是作決定的個人，能夠進行選擇、把自己與內在的普遍原則結合起來的人。這中間又包含著兩個方面：**對於善的認識**；以及**主體是善的**，善就是他的品格，他的習性（habitus），主體是善的，這一點古人曾稱之爲美德。

我們從這一點就可以理解到下面引述的亞里斯多德[62]《大倫理學》對蘇格拉底的美德的定義、原則所作的批評。他說：「蘇格拉底關於美德的話說得比普羅泰戈拉好，但是也不是完全正確的，因爲他把美德當成一種知識（ἐπιςήμας）。這是不可能的。因爲全部知識都與一種理由（λόγος）相結合，而理由只是存在於思維之中；因此他是把一切美德都放在識見（知識）裡面。因此我們看到他拋棄了心靈的非邏輯的——感性的——方面，[63]亦即欲望（πάθος）和習慣（ἦθος）」，而這也是屬於美德的。欲望在這裡不是情欲，而是心情的傾向、意願。

這是一個很好的批評。我們看見，亞里斯多德對蘇格拉底的美德的定義感到不足的，乃

---

62 《大倫理學》，第一卷，第一章。

63 的確是非邏輯的，以後對於柏拉圖也是這樣說的。

是主觀現實性的方面，亦即今天所謂心：「善基本上只是一個識見的事物」；因此知識是美德中的唯一要素。美德是按照普遍的目的來規定的，不是按照特殊的目的；但是美德並非只是這個識見、這個意識。要使識見到的善和眞成爲美德，還需要人、心、心情與它合而爲一，這個環節我們可以稱之爲存在，也可以一般地稱之爲現實化的環節；這個存在的方面就是亞里斯多德所說的非邏輯的方面。如果善具有這種作爲一般實在性的實在性，則善作爲一般的存在就是禮俗，或作爲個別意識的實在性，就是欲望：因爲欲望正是主觀個別意志的一種特性。可以說，識見是缺乏實體性或物質的。在美德的定義中，正好遺漏了我們看見在現實中消失了的那個事物，亦即一個民族的現實的精神，意識就是從這個精神回到自身的；正因爲**如此**，所以這個定義只是識見的主觀的事物，它沒有作爲禮俗的實在性，這個實在性對於個別的人就是欲望。普遍的善對於個別的人說來，就是驅使個人的普遍的欲望的。也正因爲我們習慣於把善、美德、實踐理性等等放在一個方面，因爲另一個與道德相對立的方面，在我們看來就是一種同樣抽象的感性、偏向、欲望，這便被認爲惡。但是要使那個普遍的善也取得實在性，是必須由個別的意識來實行的；實行正是屬於這種個別性。如果不怕誤解，我們可以把個別意識稱爲興趣，對於個別說來，普遍就是它的興趣。欲望（愛、野心、追求名譽）是普遍的事物，它不是在識見中，而是在行爲中，它是普遍的事物，因爲它是自身實現的。不過，清除我們文化中的全部被歪曲的觀念和對立，這不是我們現在要做的事。

亞里斯多德[64]又說：「蘇格拉底在一個方面是研究得完全正確的，但是另一方卻不正確。說美德就是知識，這是不對的，但是說美德不能沒有識見（不能沒有知識），他這句話裡卻有道理」；目的的概念是屬於思維的。「他把美德當作邏各斯；可是我們說，美德是與邏各斯相連的。」這是一個非常正確的規定；一方面，普遍概念始於思維；但另一方面，人的作爲品格的美德必具有心、心情等等。這兩個方面，（一）普遍概念，（二）實行的個體性，實在的精神，是在我們道德生活中必然要出現的。後者在蘇格拉底那裡採取著獨特的形式，前者我們要詳細加以考察。

（二）普遍概念本身具有**積極**的方面和**消極**的方面。倫理的實在性在人民精神中發生了動搖，這一點是蘇格拉底意識到了的；他站得這樣高，正是因爲他意識到了這個事實，他反映了他的時代。他在這種意識裡把倫理提高到識見；但是這樣做也正是進而意識到禮俗、禮法的確定性、直接性已經發生了動搖，概念的威力揚棄了禮法的直接的存在和效準，揚棄了自在的禮法的神聖性。當識見以積極的方式把那有法律效用的事物認作法律時（積極的〔按：即有權威的〕事物要依賴法律才能存在），這個法律的有效性卻是透過消極的方式才得到承認的，並且不再具有絕對不可動搖的形式了（它還不是柏拉圖式的共和國）。因此當它的絕對不可動搖性被概念打破之後，那具有對無知無識的人有效準的形式的通行法律，便

64《尼各馬可倫理學》，第六卷，第十三章。

沒有眞理性了，因爲它不是具有特定性的普遍性了，（眞實的不再是這個善和那個公正，而只是那純粹自在的普遍性，那絕對的善）：所以我們看到，這是空洞的，沒有實在性的。如果我們要使那自在的善和美發生實效，如果我們不滿意於一種空洞的徬徨，那麼我們就需要再進一步來對普遍概念作充實而明確的規定。

其次是，因爲蘇格拉底仍然停留在無規定性的善裡，所以規定性具有著進一步的意義：它表現特殊，把自身規定的作用與特殊的善聯繫起來。因此普遍便只是由否定特殊的善而產生的結果；但是這些特殊的善乃是特殊的法律，有權威的法律，一般的禮俗，希臘時代視爲風俗的那些事物。現在思想、反思的思想推進到普遍者上面來了，因此就不能不出現這樣的事情，即指出特殊者的局限性，使它發生動搖。這是一個正確的，但是有危險性的方面。思維的意識、反思知道指出一切特殊者的缺點；於是特殊者使不再被視爲固定了，它的穩固性被搖動了。把有限的事物當作絕對的事物看待，這當中自然存在著一種不一貫性；但是這種不一貫性卻爲倫理的人無意識地改善了，這個改善就存在於主體的倫理中，就存在於共同生活的整體之中。這兩個極端誠然也會有衝突的時候，這是不幸的，不過這是很不常見的偶然情況。克塞諾封的記載中有一個例子，可以詳細說明，如何透過普遍者只願在普遍的形式中加以堅持的思維使特殊者陷於動搖。

如果現在那被意識到的普遍概念、眞和善被視爲至高無上，那麼這就意味著：特殊者便沒有效準了。我們從辯證法中已經知道，特殊者是被指出有缺點的了，是被當作有限的事物而揚棄了；但是那普遍者，抽象的自在，也不是有效準的事物。普遍者的兩個方面，積極的方面和消極的方面，我們在克塞諾封的《回憶錄》中發現是聯繫在一起講的。這部著作的目的是爲蘇格拉底作辯護；它給我們所作的關於蘇格拉底的描寫，比柏拉圖還要精確、忠實。克塞諾封在第四卷中要想指出，蘇格拉底如何一方面誘導青年，使他們認識到自己需要教育——關於這一點我們已經講過了；而另一方面他也告訴我們，蘇格拉底如何親自實際上教育了他們，以及他們在與他交遊中學習到一些什麼事物，在交遊中，「他後來不再是用一些狡辯來使他們困惑（使他們痛苦），而是以最清楚最顯明的（沒有歧義）的方式教給他們善」，[65]他在特定的事物中給他們指出善和眞，他回到了特定的事物，是因爲他不願始終停留在單純的抽象物中間。

（一）關於這一點，克塞諾封在一篇與智者希比亞的談話中舉了一個例子。蘇格拉底在那裡提出這樣一個論點說：「公正的人就是遵守法律的人」，以及「這些法律乃是神聖的法律」。克塞諾封讓希比亞反過來說：「蘇格拉底如何能把守法說成絕對的呢？因爲人民和統治者自己也常常修改法律，從而也就是瞧不起法律了」；這也就假定了法律並不是絕對的。蘇格拉底答道：「那些宣戰的人難道不也媾和嗎？」——那樣就是瞧不起戰爭了，也就是把他們所願意做的事又拋棄了，就是不把它說成自在地存在的事物了；他又一般地說，「在

65 克塞諾封，《回憶錄》，第四卷，第二章，第四十節。

最好的和最幸福的國家裡，公民們是萬眾一心的，都遵守法律的。」[66]這是蘇格拉底排除矛盾，就人人心目中都有法律這一點而認爲法律有效準的一個方面。在這裡我們看到了肯定性的內容。如果現在我們問這些法律是什麼，那麼，這些法律就是這樣一些東西：這些東西在一個時間是有效的，像它們在國家和人們的心目中存在著那樣，而在另一個時候，則又被當作特定的東西而加以揚棄了，不再被認爲絕對的了；例如不要說謊、不要欺騙、不要偷竊、不要搶劫便是。

（二）在同樣的情況下，我們也看到了這另一個消極的方面。爲了（克塞諾封是這樣敘述的）使歐諦德謨感覺到識見的需要，蘇格拉底就讓歐諦德謨和他談話，他問歐諦德謨是否追求美德，如果沒有美德，個人和公民對於自己及其親友就沒有益處，對於國家也沒有益處。歐諦德謨說美德當然是他所追求的。蘇格拉底說：「可是如果沒有正義，就不可能有美德」；他又進一步問歐諦德謨是不是一個公正的人，是否服膺正義。歐諦德謨對這一點做了肯定的答覆，他說：「他想他的公正不下於任何一個人。」於是蘇格拉底說：「既然匠人能夠把他的作品指給人看，那麼公正的人應當也能向人們說他們的作品是什麼。」歐諦德謨也承認了這一點，他說：「這一點他很容易地就能做到。」蘇格拉底提議道，是不是可以「一方面把公正的人的行爲寫在Δ字項下，另一方面把不公正的人的行爲寫在A字項下」。在歐諦

66 克塞諾封，《回憶錄》，第四卷，第二章，第十二—十六節；第二十五節。

德謨同意之下，「於是說謊、欺騙、搶劫（偷竊）、使一個自由人成爲奴隸等行爲便歸入了不公正的那一方面」。然後蘇格拉底問道：「可是如果有一位將軍征服了敵國，這算不算正義呢？」歐諦德謨說：「是正義。」（蘇格拉底接著說：）「同樣情形，如果他欺騙、搶劫敵人、使敵人成爲奴隸呢？」歐諦德謨不得不承認：「這也是公正的。」由此可見，「同樣的一些性質」，如說謊、搶劫財產、蹂躪自由、欺騙，「既可以歸入正義的範疇，也可以歸入不正義的範疇」。歐諦德謨想了一個主意，加上一個規定說，他覺得蘇格拉底所說的那種行爲，如說謊、欺騙等等，「只是對朋友而言；對於朋友說，那是不公正的」。蘇格拉底接受了這一點，但是進一步說：「如果有一位將軍」，在戰役的決定時刻「看見自己的軍隊很慌亂，於是他就騙他們，詭稱援軍來到了，好引導他們取得勝利，這是否可以稱爲公正呢？」歐諦德謨承認了這一點。「蘇格拉底說：如果有一位父親把他生病的孩子所不願吃的藥放在食物裡給他吃了，由於這個欺騙，孩子的病治好了，這是不是公正的呢？歐諦德謨說：是公正的。蘇格拉底說：如果有一個人，看見他的朋友在失望之中，起了自殺的念頭，於是偷偷地或公開用暴力把他的武器拿走了，這是不是不公正呢？」歐諦德謨也不得不承認：「這不是不公正。」[67]由此更可見，同樣的範疇對於朋友也是有兩方面的，可以歸入正義，也可以歸入不正義，諸如此類。

---

67 克塞諾封，《回憶錄》，第四卷，第二章，第十一—十七節。

在這裡我們看到了消極的方面：蘇格拉底把一向固定的觀念弄得動搖起來。不說謊、不欺騙、不搶劫在樸素的觀念中是被認爲公正的，這在樸素的觀念看來是固定的；但是把這個被認爲固定的道理與另一個同樣堅定地被認爲眞理的道理比較一下，就顯出它們是互相矛盾的了，那個固定的事物就動搖了，就不再被認爲固定的了。相反地，蘇格拉底拿來代替固定者的那個積極的事物，從一方面說，卻又是要人遵守法律：我們全知道，作爲普遍的觀念、不確定的觀念，「守法」是每一個聽到法律以至宣示法律的人所了解的，因爲對於某些法律，如不說謊、不欺騙等等的普遍觀念是人所共知的；但是這些法律一般地把說謊、欺騙、搶劫規定爲不公正，而這些規定對概念說是站不住腳的。而另一方面，在識見之中，那直接被設定的事物也必須透過中介、否定而得到了認可，這個識見，如果是眞實的話，就表明了那直接被設定的事物的限度及其特殊性，亦即在整個結構中的地位。但是一方面，我們在蘇格拉底那裡並未發現這個識見，這個識見變成了在內容上不確定的事物，就像上面那個一般的守法那樣；一方面，這個識見又表現爲對通行法律的揚棄，實在說來乃是一種偶然性的事物。（一）並不是人人都有這種識見，（二）誰有這種識見，也可能停留在消極的方面，這個識見是和蘇格拉底來往並受他的品格薰陶而來的偶然產物，眞正說來，他的品格乃是固定的事物，和他交往的人透過實際的交通和習慣，便受了這個品格的感染，不過「有許多這樣的人後來變得對蘇格拉底不忠實了」。[68]

蘇格拉底指出一些普遍的誡命：「你不可以殺戮」等等；這種普遍性是與一種特殊的內容結合在一起的，而這個內容是有條件的。當內容中的這個有條件的事物被提到意識裡面時，這些誡命憑藉普遍性而具有的固定性就動搖了。在法律或誡命裡面，固定性是要依靠環境的，法律和誡命是以環境、意見爲條件的；就是這個識見，它發現了這些條件、環境，由於這些條件，便產生出了這個無條件有效的法律的種種例外。取人財產，是不公正的；這是固定的。透過這樣一種思量，發現在特殊的場合這並不是不公正，於是固定性就被否定了；那些原則於是就發生動搖了。因爲對於這些原則必要的是普遍性的形式；只有這樣它們才是固定的。如果由於一些特殊的場合、情況，普遍性受到了限制，這個原則的固定性也就與普遍性一同消失了，這個原則就顯得是個特殊的原則，既有效也無效。它是依靠環境的；環境是偶然的、客觀的，換句話說，這裡加入了我的興趣的偶然性。

（三）在這裡，我們看到普遍原則如何在法律的一般稱呼之下被規定、被實現；而事實上，由於法律是消逝著的環節，是不確定的普遍性，而它的不確定性的缺陷仍然沒有得到補足。我們所看到的，毋寧說只是現存法律在消逝；我們首先遇到的乃是：由於培養反思的意識，那在意識中有效準的事物、習俗、合法的事物都發生動搖了。在這裡可以舉出，阿里斯

68 克塞諾封，《回憶錄》，第四卷，第二章，第四十節。

托芬就是從這個消極的方面來理解蘇格拉底哲學的。阿里斯托芬對蘇格拉底的片面性的這種認識，可以當作蘇格拉底之死的一個極好的前奏，它說明了雅典人民如何對他的消極方式有了很好的認識，因而把他判處了死刑。大家都知道，阿里斯托芬放上了舞臺的除了蘇格拉底以外還有許多人，舉例來說，就不僅有埃斯庫羅斯，特別是尤里比底斯，而且有一般的雅典人，然後是雅典的將軍們，人格化的雅典人民，以及諸神本身，這一種自由，如果不是有歷史給我們保存下來的話，我們不會想像到的。這裡不是考察阿里斯托芬喜劇的本來性質的地方，特別是不準備講他對蘇格拉底的那種惡作劇。關於第一點，我們是不必注意的，我們也用不著爲阿里斯托芬辯護，更毋須原諒他。所能講的只是：阿里斯托芬的這種作風與我們德國人的嚴肅態度當然是格格不入的，他的作風是：把國內活著的人們不改姓名地放上舞臺，來取笑他們，特別是像蘇格拉底這樣道德、這樣誠實的一個人。

憑藉年代的研究，人們曾經花費了很多氣力來進行推斷，認爲阿里斯托芬的喜劇的演出對蘇格拉底的判刑並無影響。人們看出了那種對待蘇格拉底的態度是完全不公正的，然而人們也認識到阿里斯托芬的價值，他在他的喜劇「雲」中做得是完全正確的。這位以最詼諧、最犀利的方式來嘲弄蘇格拉底的詩人，並不是一個普通的丑角、打諢者、淺薄的三花臉，只會和最神聖、最卓越的東西開玩笑，費盡心機來賣弄開玩笑的機智，目的在於博得雅典人一笑。他的一切都有非常深刻的理由，在他的詼諧中，是以深刻的嚴肅性爲基礎的。他不願意單純地開玩笑；嘲弄可敬的事物，這是沒有意思的、淺薄的。一種刻薄的機智，如果不是著實的，不是以事物本身中所存在的矛盾爲根據的，就是一種可憐的機智；阿里斯托芬並不是一個壞的滑稽家。一件事物，如果不是本身之中包含著可以嘲弄和譏刺的成分，要想用外在的方式去開它的玩笑是不可能的。喜劇就在於指出一個人或一件事如何在自命不凡中暴露出自己的可笑。如果主題本身之中不包含著矛盾，喜劇就是膚淺的、就是沒有根據的。阿里斯托芬不是與 δῆμος（平民）、與尤里比底斯開玩笑，在他對平民的嘲弄中，是有深刻的政治嚴肅性爲基礎的。從他所有的劇本中，可以看出他是一個多麼澈底的愛國者，一個高尚、卓越的眞正雅典公民。

說到阿里斯托芬的這一種表現，可以舉出一點，就是阿里斯托芬的喜劇本身乃是雅典人民中間的一個重要成分，阿里斯托芬也同樣是一個必要的角色，就像崇高的伯里克里斯、輕浮的阿爾其比亞德、神聖的索福克里斯和道德的蘇格拉底一樣；阿里斯托芬也同樣屬於這些明星之群。在我們面前，我們看到一個非常嚴肅的愛國者，雖然當時主張和平是要處死刑的，他卻毫不畏懼地在他的一個劇本裡倡議和平。他懷抱著最深刻並且最明智的愛國主義，在他身上表露出一個自由的民族的愉快而且自足的喜悅。在喜劇中有一種自信的精神，它依靠某個東西，堅持某個東西，一心一意地追求這個東西，而總是遇著它所探索的那個東西的反面，然而它從不因此存任何懷疑，也不反過來想想自己，而始終是對自己和自己的事情充滿著信心。自由的雅典精神的這個方面，這種在遭逢損失時仍然完全自得其樂的精神，這種在結果與現實事事與心願相違時，依舊心神不亂地確信自己的精神，這就是最高的喜劇，我們都在阿里斯托芬身上體會到了。

我們在《雲》這個劇本中所看見的，並不是這種樸素的喜劇，而是帶有一定意圖的矛盾。阿里斯托芬也是以喜劇的方式來描寫蘇格拉底的，因爲蘇格拉底在做道德的努力時，惹出了與他的目的正好相反的事物，他的學生們憑著他做出許多富於見解的發現，覺得非常快樂，認爲這是他們運氣好，但是這些發現，反而後來卻變得對他們有害，與他們所想望的剛好相反。這裡所說的蘇格拉底的學生所獲得的卓越的見解，就是見到樸素的意識認爲眞理的那種確定的善和法律乃是空虛無效的。

阿里斯托芬開玩笑說，蘇格拉底曾經從事一些根本的研究，研究跳蚤跳得有多遠；並且說蘇格拉底因此用蠟黏在跳蚤的腳上。這並不是歷史事實；不過這也是事出有因，因爲蘇格拉底的哲學中是有這個方面，阿里斯托芬用犀利的諷刺手法把它誇大了。這證明阿里斯托芬對於蘇格拉底哲學的了解是正確的。

《雲》的簡單故事是這樣的：斯特雷普夏德，一個可敬的老派雅典公民，因爲他的新派的、奢侈的兒子而感到很大的苦惱，他的兒子被母親和舅舅慣壞了，養著馬，過著一種與他的境況不相稱的生活。因此這位父親被債主逼苦了，便懷著苦惱走到蘇格拉底那裡，做了蘇格拉底的學生。這個老人在那裡學了不是這個或那個對，而是另一個對，或者說，他學了大道理和小道理（小理，ἥττων λόγος），他學了法律的辯證法，即找出一些理由，把一定的法律義務，例如他還債的義務，從根本上予以推翻。於是他就要他兒子也去蘇格拉底那裡上學，他兒子後來也學得了他所有的那種智慧。他裝備上了這種運用理由和製造理由的新智慧，於是他就武裝起來對付那個壓迫他的人、對付那些債主。債主們一個接著一個來要帳。現在斯特雷普夏德知道用一些很好的理由來搪塞他們了，他告訴他們，他沒有還帳的必要，他用各種帽子來扣他們，甚至戲弄他們（他用這種辯論的辦法把他們趕走）；於是他非常滿意在蘇格拉底那裡學了這個。可是局面立刻反轉了。兒子來了，用非常頑劣的方式對付他父親；最後弄到兒子把父親痛打了一頓。父親感到冤屈，大喊這是大逆不道；可是兒子按照他從蘇格拉底那裡學到的方法，用同樣的理由，向他證明他完全有權利打他。斯特雷普夏德用咒罵蘇格拉底的辯證法，用回到他的舊禮俗和放火燒蘇格拉底的房子結束了喜劇。

我們可以說，阿里斯托芬過分誇大之處在於把這種辯證法一直推到了非常苛刻的極端；但是我們卻不能說他這個表現法對蘇格拉底不公正。阿里斯托芬絕對沒有什麼不公正，我們確實應當欽佩他的深刻，他認識到蘇格拉底的辯證法的消極方面，並且（當然是以他自己的方式）用這樣有力的筆觸把它表達出來。因爲在蘇格拉底的方法中，最後決定永遠是放到主體裡面，放到良心裡面的；可是如果在一種情況之下，良心是壞的，那麼斯特雷普夏德的故事就一定要重演了。蘇格拉底的普遍性具有揚棄樸素意識中的眞理（法律）的消極方面，（這個方面我們在他的談話的一個例子中已經看到了）；因而樸素的意識便變成了純粹的自由，超出了原來對它具有權威的特定內容。這種無內容的自由，這個作爲精神的實在，對於內容是漠不關心的；這種自由充滿了意識，內容在它眼裡便不是一個固定的事物了；而貫穿著自由和普遍概念的，卻是精神。精神，作爲內容與自由的統一，才眞正是眞實的事物；而自由的內容，在無教養的意識看來，乃是散漫的，內容的特殊方面被認爲是絕對的，甚至被認爲不是精神的內容。蘇格拉底的辯證法，是反對無教養的精神對自己的內容的這種認識的；這種認識使精神的內容發生動搖，它指出精神的內容就像無教養的意識所看見的那樣，是不包含任何眞理的。意識失去了對於自己的眞理的觀念，亦即失去了這種散漫地有效的內容，便變成自由的了。

丙、如果我們進一步考察：眞理在這種意識中是什麼？那我們就過渡到了另一個問題，即在蘇格拉底本人看來，那實現普遍概念的事物是怎樣的？

應當指出，無教養的精神所承認的意識的內容，並不是如這內容在它的意識中所顯現的那樣，而正相反，在它看來，這內容是精神，同時也是一個被揚棄的內容，換句話說，它是精神，它糾正了它的意識中不正確的事物；它是自在地而不是自爲地作爲意識而自由的。例如在意識中，「你不可殺人」這條誡命，是被視爲義務的，這是普遍的法律；如果問起來，人們總是說這是誡命。然而這同一個意識，如果它不是爲怯懦的精神所占據的話，它會在戰爭中勇敢地攻擊敵人、殺死敵人；如果在這種場合問起殺死敵人是不是誡命，回答將是肯定的。（劊子手也殺人。）然而如果在私人生活中與仇人、敵人發生了糾紛，他就不會想起「要殺死敵人」這條誡命了。因此我們可以這樣來稱呼精神：它在適當的時候使我們想起一個方面，而在適當的時候又使我們想起相反的另一面；它是精神，卻又是一個非精神的意識。要變成精神的意識，第一步是獲得意識自由這個消極的方面；這種自由是很空洞的（蘇格拉底的辯證法引起了這個結果），但是自由觀念如何出現在意識前面，如何把特殊的自由內容思想成普遍，以及自由如何透過私人利益而實現出來，我們在阿里斯托芬那裡已經看見了，換句話說，自由乃是首先在一般化的形式下爲這樣一種精神所意識到，因而在這種自由的意識中，我們看到了一種壞的精神，就是斯特雷普夏德和他兒子的精神，這個精神只是對於法律內容的消極的意識。在已經變成一貫的意識看來，這種個別情形的法律乃是一個被揚棄的環節；意識把這個環節與它的反面聯繫在一起，因而看出它本身是沒有眞理性的；意識超出了眞理在這種情況下所表現的片面方式，同時它也還沒有積極的眞理，積極的眞理是在特殊性中認識到的。

這個缺點可以用兩種方式來理解：（一）這種自由，作爲一個存在，只是一般的潛在的存在，因此亞里斯多德感到蘇格拉底這個看法缺少實行，缺少實行的實在環節，缺少能規定的自由；（二）或者是因爲這種自由既然是純粹的運動，所以始終還是缺少內容的自由。（一）在蘇格拉底那裡，我們看到，在充實這種（積極的）內容時，拿來的又是那個早先的遵守法律，也就是說，正同樣是那不一貫的思維和表象的方式；而對於個別法律的眞理的識見，只能是這樣一種識見，其性質與我們的道德學的證明是一樣的。個別的法律是從一個規定出發，這個規定乃是固定的法律和義務所從屬的根據和普遍原則；然而這個根據本身並不是絕對，它也會遇到同樣的辯證法。例如節制作爲一種義務要求我們遵守，其根據是無節制會損害健康：在這裡健康是被認爲絕對的最後的事物；然而健康也並不是什麼絕對的事物，還有另一些義務命令人拿健康甚至拿生命本身去冒險和犧牲。所謂衝突不是別的，正就是那被宣布爲絕對的義務表現出並非絕對；在這種經常不斷的矛盾中，道德意識就徬徨不定了。正是這個在蘇格拉底的那些概念中的矛盾，指示出純粹普遍的概念是本質，一切向來被意識認爲自在地存在著的規定，都融入在這個本質中了，而另一方面，由於這個普遍概念應當取得一種內容，所以原來的那個事物又出來了。這裡面的眞理是純粹的識見，一種意識的運動，以及普遍概念。（二）這種缺乏內容，缺乏充實的內容，就意味著要恢復一種內容，而所恢復的並不是任意的內容，而是經過識見考慮的法律，亦即在意識面前得到了辯解的法律。在蘇格拉底那裡，我們看到這種使內容精神化的過程開始了，有了一種對內容的認知、認識，指出了內容的根據，這根據就是共相；不過只是形式地作爲根據，並不是出於這樣一種作爲絕對實在、包含著對立面的共相，這只是形式上的識見，還不是本質。現在依然有各式各樣的獨立的根據，就像前此有各式各樣的法律一樣，他這種識見還沒有被表述爲實在的環節，表述爲非派生的事物，足以使各種矛盾的根據都從屬於它，並作爲這些根據的本質；這種識見在我們面前是作爲一大群的根據而出現的，不是這些根據的統一，換句話說，我們可以把這些根據看成許多的法律、義務，這些法律、義務是現存法律提供給意識的。眞正的根據是精神，而且是一個民族的精神；亦即浸透在一個民族的法制中的識見，和洞見到個人與現實的普遍精神相聯繫的識見。

認識了現在開始出現的共相的限制，便使這個限制成爲固定的、並非偶然的；要認識這個限制，亦即要認識共相的特殊內容，只有在一個現實體系的整個聯繫中才有可能。在日常生活中，這種限制是以無意識的方式造成的（在雅典生活中，這種限制有一部分是禮俗造成的），原則依然是固定的；如果我們有例外的話，我們可以這樣說：有了這個普遍性並不意味著要取消限制。這種原則的限制是透過我們的法律或國家的法律、透過一般的生活狀況而規定的；如果我們忘記了這種限制，那固定的事物在我們面前便立刻具有了普遍性的形式。另外一點是：限制在意識面前出現了；如果我們只說原則不是普遍的，而對於限制的特殊性沒有認識，那麼原則就只是一般地發生動搖而已。法律、習俗、政府、政治、現實的國家生活在本身之中具有一種糾正的力量，可以糾正它的不一貫的地方，這個不一貫處就在於把這樣一種特定的內容說成絕對有效準。

有兩個方面互相對立著：一方面是共相本身、法律、一般的義務；另一方面是一般的精神，抽象的實行的個人、決定者、主觀。這兩個方面在蘇格拉底的意識中也是必要的：內容和對這種內容的駕馭。缺乏對共相本身的否定，乃是普遍的。這個否定的一面，作爲發展、作爲與共相對立的實在的事物，乃是個體性本身的環節，乃是能給予規定的活動者，亦即自身決定者。當我們充分地意識到：在現實的行動中，那些特定的義務以及實現義務的行爲是不夠的，每一個具體的情況，眞正說來，乃是各種義務的衝突，乃是多方面規定的聚合，這些規定在道德意識中是彼此有別的，但是精神不把它們看成絕對的，而把它們放在精神所決定的統一中結合起來：這時候，我們便把這種純粹的、能決定的個體性，把對於公正的知識，把良心稱爲義務，正如把意識的純粹普遍觀念（不是一個特殊的而是每一個普遍的觀念）稱作義務一樣。在上面，是把作爲民族精神的習俗稱作義務的。現在那普遍的、統一的精神爲個別的精神、自身決定的個體性所代替了。由於特殊習俗、法律的條文在意識面前產生了動搖，於是主體便成了規定者、決定者。究竟是好的精神還是壞的精神產生決定作用，現在由主體來決定了。在蘇格拉底那裡，由自己做決定這一點開始萌發了；在希臘人那裡還只是無意識的規定作用，在蘇格拉底那裡，這個決定的精神則被挪到了人的主觀意識上面。現在問題首先是：這個主觀性在蘇格拉底本人是如何表現的。由於個人變成了決定者，所以我們便以這種方式回到作爲個人、作爲主體的蘇格拉底身上；以下便是對他的個人情況的一個發揮。

至於蘇格拉底的人格的一般情況，在開頭已經講過了；他本人是一個徹頭徹尾高尚的人、一個可塑的有教養的人，而且具有高貴的〔品格〕，關於這一方面沒有什麼可補充的了。有一點還可以指出，就是他「與他的朋友們的交往，整個說來，對他們是非常有益、非常有教育意義的」；[69] 可是由於倫理被放在主觀性上面，於是在這裡性格的偶然性便開始出現了。公民的教育和在人民中間的生活，是支配個人的另外一種力量，這不同於個人憑藉理論進行自我教育。蘇格拉底的交往雖然確實有教育作用的，然而這種偶然性畢竟還是出現了。我們看到一些極有天才的人，例如阿爾其比亞德、克里底亞，以後竟成了這樣的角色：在他們的祖國裡被判爲敵人、出賣同胞的奸賊、破壞分子，以至壓迫者、國家的暴君，從這裡我們見到了一些混亂的不幸徵兆。〔他們按照主觀識見的原則而生活，因而玷辱了蘇格拉底，由此也表明了蘇格拉底的原則如何在另一形式下會招致希臘生活的敗壞。（參看克塞諾封：《回憶錄》，第一卷，第二章，第十二至十六節。）〕[2]

這種主觀性所採取的獨特形式，這種自己確知什麼是決定力量的本領，在蘇格拉底身上

---

69 克塞諾封，《回憶錄》，第四卷，第一章，第一節。

[2] 據英譯本，第二卷，第四二二頁增補。——譯者

所表現的情況，還是應當講一講的。每一個人自己在這裡都有一個這樣的獨特的精神，換句話說，這樣的精神在每一個人自己看來乃是他的精神。因此我們聯繫著這一點，便看到了大家熟知的那個稱爲蘇格拉底的靈機（δαιμόνιον）的事物；這個靈機就意味著現在人是按照自己的識見由自己來做決定了。但是這個有名的蘇格拉底的靈機，一種傳說紛紜的、他的想像作用中的怪物，我們既不能把它想像成保護神、天使之類的事物，也不能把它想像成良知。因爲良知是普遍的個體性的觀念，是自身確信的精神的觀念，這種精神同時也就是普遍的眞理。蘇格拉底的靈機乃是相對於他的普遍性的另一個完全必要的方面；他既然意識到了普遍性的方面，也同樣意識到了精神的特殊性這另一方面。他的純粹意識超出了這兩方面。普遍性方面的缺點，我們將立刻予以規定，即是：普遍性的缺點以一種個別的方式並不足以補救，被破壞者不能用否定者去恢復。他的靈機的對象，是對個別的事情、對做或不做做出決定；他對於這種個別的行爲有一種意識。在他的靈機中，並看不出什麼幻想，什麼迷信，像人們所說的那樣；而是有一種必然的看法，只是蘇格拉底並不認識這種必然性，這個環節只是一般地浮現在他的心目中。因此這個靈機看起來好像是一種只是屬於一個個別的人的特性；因此靈機帶著想像力的外貌，在他看起來好像不是實際上那樣的。

對主體的內在的事物進行認識，由自己做出決定；這個內在的事物，在蘇格拉底那裡，還具有一種獨特的形式。靈機雖是不自覺的、外在的、做決定的事物，然而仍是一個主觀的事物。靈機並不是蘇格拉底本人，並不是他的意見、信念，而是一個不自覺的事物；蘇格拉底爲靈機所驅使。神諭同時也不是什麼外在的事物，而是他的神諭。神諭具有一種認識的形式，這種認識同時與一種不自覺的狀態結合在一起，常常能夠作為一種磁性狀態在別的情況之下出現。在垂死彌留的時候，在大病的狀態中，在不省人事的狀態中，可以出現一種情形，人會知道一些情況，知道將來或當時的事情，這些事情從常理說，他是絕對無法知道的。這些事實人們常常以粗暴的方式斷然加以否認。在蘇格拉底那裡，那與認識、判斷、決定有關的事物，那出於意識和清醒狀態以外的事物，是以這種方式，以不自覺的形式出現的。

這就是蘇格拉底的靈機；這種靈機在蘇格拉底身上出現，乃是必然的。在他身上，內心的認識方式採取了靈機的形式，這是很獨特的；聯繫著下面所講的，我們還要對這種情況進一步的考察。至於靈機規定了蘇格拉底做些什麼，以及早期的決定形式是怎樣的，克塞諾封在他的記載中表述得非常明確。

善就是被思維的目的，因為產生了各種義務的衝突；對於各種義務的衝突，必須由國家法律、禮俗、生活現實做出決定。在蘇格拉底那裡，我們看到出現了認識的自由，亦即自己獨自決定什麼是公正的，什麼是善的；這種自由已不受共同生活的約束，而包含著一種意義，即是：人對於他自己所應當做的特殊事務，也是獨立的決定者，自己迫使自己做出決定的主體。在這一方面，我們必須了解什麼事物對希臘自由的觀點是重要的。

希臘精神的觀點，在道德方面，是具有純樸倫理的特性的。人還沒有達到自己對自己進行反思、自己對自己做出規定的境地；我們所謂良知更是沒有出現。法律、禮俗等等，不僅存在，而且被堅持，它們是很突出的；從一方面說，它們是基本上被視為蒙昧地獨立發

97

展著的傳統。這些法律具有爲神靈所批准的神聖的法律的外形。我們知道，希臘人固然有待於法律做出決定，可是另一方面，也必須對私人事務和國家事務中的一些當下的情況做出決定。然而希臘人卻並不是從主觀意志出發作決定。將軍或人民並不是以己意做出決定，判定什麼是國家中最好的事物；個人在家庭事務中也不是這樣做的。在做一個決定的時候，希臘人要託庇於神諭，要去請教神諭（這是主觀的事物，是決定者），羅馬人則從鳥飛的姿態問卜；犧牲獻祭的目的，也正在於問一卦（μάντις）以便做決定。受命去打仗的將軍，要從犧牲的腑臟中得出他的決定，這種情形在克塞諾封的《進軍錄》中是很常見的；保薩尼亞斯在發出進攻命令之前，煩惱了整整一天之久。[70]這樣一個環節是很重要的：人民並不是決定者，主體並不能自己做出決定，而是讓另一個外在的事物給自己決定；只要在一個地方人還不知道自己的內心是如此獨立、如此自由的，還不知道只需要由自己做出決定，那個地方神諭就是必要的，這是因爲缺乏主觀自由。這種自由，就是我們現在說到自由時所了解的那個事物；這種自由在希臘人那裡是沒有的，這一點我們在柏拉圖的共和國裡更可以看到。我們對於自己的行爲負責，這是近代的事情；我們願意按照智慧所提供的理由做決定，並且把這個看成最後的事物。希臘人還沒有意識到這種無限性。

98

在克塞諾封的《回憶錄》第一卷裡，在蘇格拉底爲他的靈機作辯護的那個地方，蘇格拉

---

70 參看希羅多德，第九卷，第三十三章以下。

底一開始便說：「神靈爲自己保留了那對於最爲重要的事物（τὰ μέγιστα）的認識。建築術、耕種術、治金術等等是人的藝術；治國術、計算術、理家術、作戰術亦然，在這個方面人可以達到熟練機巧的地步。但是對於另一些事物」——即這個領域中的重要對象——，「占卜（μαντεία）就是必要的了」，這是神靈爲自己保留著的。什麼是公正、什麼是不公正；什麼是勇敢的、什麼是怯懦的、這樣的事物也是人所知道的。「但是種地的人並不知道誰來享受（收穫）果實；蓋房子的人也不知道誰來住房子；將軍也不知道軍隊開赴戰場是否得當；治國的人也不知道這對他（個人）究竟是有利還是有危險；和一個漂亮女子（παλήν，愛人）結婚的人也不知道他究竟會不會因此享受到快樂，會不會從中產生出憂愁和痛苦；在國家中有強有力的親戚的人，也不知道他是否會因此被驅逐出境。由於這種不確定，所以必須託庇於μαντεία（占卜）」；[71]占卜是多種多樣的：「有聽神諭、看犧牲、看鳥飛姿態等等，對於蘇格拉底，這種神諭則是他的靈機。」[72]克塞諾封是這樣表述的。這種神諭是希臘人的認識的重要條件；希臘人儘管有他們的自由，同時也在一個外在的事物裡尋找決定。神靈爲自己保留了最重要的事物。在我們則不然。當一個人在夢遊或彌留預先知道未來時，我們認爲這是一種較高級的識見；進一步加以考察，則只是個人的興趣、特殊性。如果一個人要想結

71　克塞諾封，《回憶錄》，第一卷，第一章，第七—九節。

72　克塞諾封，《回憶錄》，第一卷，第一章，第三—四節。

婚，或者想蓋一棟房子等等，結果如何，只是對這個個人重要；這種內容只是特殊的。眞正神聖的、普遍的事物是農業機構、國家、婚姻、各種法律制度；與這個比起來，我知道我去航海是否能生還，乃是一件微不足道的事。這是一種輕重倒置，這種倒置的情形在我們的觀念中也是很容易出現的，知道什麼是公正的、什麼是合乎禮法的，比起知道這些特殊性的事物要高得多了。

蘇格拉底的靈機，也只不過是借著求問這一類特殊的後果而顯現在他身上。靈機並沒有關涉到藝術和科學方面的某些普遍原則，這些原則毋寧說是屬於普遍精神的；靈機給予蘇格拉底的啓示，只是他的朋友該在什麼時候啓程以及是否啓程之類的事情。但是這也可以說是人人共具的一般特性；一個明智的人可以預知許多事情，知道一件事是否適當可行。過去必須由神諭來決定的事情，在蘇格拉底的內心之中，則有必要以靈機、神諭的方式來進行決定。由此可見，靈機是介於神諭的外在的事物與精神的純粹內在的事物之間；靈機是內在的事物，不過被表象爲一種獨特的精靈，一種異於人的意志的事物，而不是被表象爲人的智慧、意志。因此對蘇格拉底的靈機的進一步考察，便使我們想起一種發生在夢遊症這種雙重意識狀態中的情況；在蘇格拉底那裡，也顯然可以發現這一類的磁性情況，因爲據說他常常（在軍營裡）陷入麻木、僵直、出神的狀態。在近代，我們也看見這種情形：兩眼發直，心裡知道、看見這件事和那件事，過去的事情，適當可行的事情等等。因此應當把蘇格拉底的靈機看成現實的狀態；它是值得注意的，因爲它不僅是病態的，而且是他的意識的立場必然造成的。但是這種回到自身在蘇格拉底那裡，在它第一次出現的時候，是採取著一種生理學的形式。蘇格拉底的原則造成了整個世界史的改變，這個改變的轉捩點便是：個人精神的證明代替了神諭，主體自己來從事決定。這樣蘇格拉底的意識的另一方面便完成了。這就是蘇格拉底的生活方式和使命。

三、蘇格拉底的命運

我們講了這個靈機，現在開始講他的命運，他的命運以他的判罪告結束，而靈機則是他被控的主要之點。他的命運的必然性也是從這裡面產生的。有一些與蘇格拉底同時的人與蘇格拉底爲敵，在雅典人民面前控告了他；他們把他了解成這樣一個人：他使人意識到自在自爲地有效準的事物並不是絕對的，人民認爲是神靈的，他不認爲是神靈，他並且還誘惑了青年。對青年的誘惑；因爲那直接有效準的事物在青年面前變得動搖了。關於第一點控告，即國家認爲是神靈的他不認爲是神靈，一部分是基於同樣的理由：因爲他同樣洞察到了，習慣上認爲是神靈的事物，對神靈是並不適合的；一部分也是基於他的靈機，但並不是由於他好像把靈機當作自己的神來宣傳。這是因爲在希臘人那裡，他的靈機是一個轉變，採取了作決定的個人的性質，他們認爲這個決定是出於個人的偶然性；而他們，由於環境的偶然性是一種外在的事物，因而也就把決定的偶然性當成一種外在的事物，也就是說，求問神諭來進行決定；他們意識到個別的意志本身是個偶然的事物。蘇格拉底把決定的偶然性轉移到自己身上，放在他的靈機上面，正如希臘人把它放在一般的精靈上面一樣，他把它放在他的意識中，他正是把這種外在的精靈揚棄了。

蘇格拉底抱著這個新的原則，作爲一個以這樣一種教導爲職業的雅典公民，以他的人格與全體雅典人民發生一種關係，不僅是與一群人，或者一群發號施令的人發生一種關係，而是與雅典人民的精神發生一種關係。雅典人民的精神本身、它的法制、它的整個生活，是建立在倫理上面，建立在宗教上面、建立在一種自在自爲的、固定的、堅固的事物上面。蘇格拉底現在把眞理放在內在意識的決定裡面；他拿這個原則教人，使這個原則進入生活之中。因此他與雅典人民所認爲的公正和眞理發生對立；因此他是有理由被控告的，這種控告，以及他的進一步的命運，我們還應該加以考察。

蘇格拉底所遭受的攻擊，以及他的命運，是大家熟知的。我們可以發現他的命運與他所從事的職業，即教導他的同胞以善，是矛盾的。我們聯繫蘇格拉底和他的人民的本質來看，就會認識到這種命運的必然性；我們在蘇格拉底這裡要講的不是哲學體系，而是一個個人生活的歷史。蘇格拉底所遭受到的攻擊有兩種：阿里斯托芬在《雲》裡面攻擊他；以後他又正式被控告到人民面前。

蘇格拉底在人民面前的正式被控。我們不要像坦納曼[73]那樣，在講到蘇格拉底的命運時說，雅典人做了一件大逆不道的事：「這位卓越的人物成爲民主制度中常常發生的那些陰謀

73　第二冊，第三十九頁以次。

的犧牲品，被迫喝下毒酒，乃是一件傷天害理的事。像蘇格拉底這樣一個人，以正義」——（講的不是一般的正義，而是問：哪一種正義？——道德自由的正義）——「作爲他的行爲的唯一準繩，一步也不離開正道，必然要造成許多敵人」——（爲什麼？這是愚蠢；要想裝得比那一些被稱爲他的敵人的人好些，乃是道德上的僞善）——，「這些人是慣於從完全不同的動機出發行事的。如果我們想到道德的敗壞和三十僭主的統治，就一定會覺得很驚訝，他居然能夠安安靜靜地一直工作到七十歲。可是既然連三十僭主都不敢對他下手，那就越發令人驚訝，在恢復了合法政府和自由的時候，在推翻了專制制度之後」——正因爲如此他們才認識到了他們的原則所遭到的危險，「像蘇格拉底這樣一個人，竟會成爲陰謀的犧牲品。這個現象大概可以這樣解釋，就是：蘇格拉底的敵人們首先必須取得時間來羅致附和者，他們在三十僭主統治的時代所發揮的作用太不重要了。」

我們應當在蘇格拉底的案件中分爲兩個方面：一方面是控訴的內容，法庭的判決；另一方面是蘇格拉底對人民、對擁有主權者的態度。在審判過程中存在著兩點情況：被告對他所以被控的理由的態度；以及被告對人民、對人民的許可權的態度或承認人民最高權力的態度。蘇格拉底被法官認爲有罪，是由於他被控的內容；但是他被判處死刑，則是因爲他拒不承認人民的許可權，人民對一個被告的最高權力。

（一）控訴包括兩點：1.「雅典人民認爲是神靈的，蘇格拉底不認爲是神靈，」他不信舊的神靈，「而提倡新的神靈；以及2.他誘惑青年。」[74]第一點是與他的靈機相聯繫的。對蘇格拉底的控訴，以及蘇格拉底對這些控訴的申辯，我們要加以詳細研究；這兩點克塞諾封都給我們做了敘述，柏拉圖也提供了一篇申辯給我們。可是我們在這裡不應當滿足於認爲蘇格拉底是一個卓越的人，他受了冤屈等等；在這個控訴裡面，是雅典的民族精神起來對抗那個對他們極有害的原則。

關於控訴的第一點，即蘇格拉底不敬祖國的神靈而提倡新的神靈這一點，克塞諾封[75]讓蘇格拉底回答道：「他始終和別人一樣，將同樣的祭品供奉給公共的神壇，這是他的每一個同胞所看見的，他的原告們也同樣可以看到。至於說他提倡新的精靈，那是因爲他聽到神的聲音，指示他應當做什麼事」，他的答覆是「引以下的事實爲自己辯護：卜者的呼喚聲、鳥飛的姿態、人的言語（畢提亞的聲音），犧牲的臟腑位置，甚至雷聲和閃電，也都被認爲是神靈的啓示。神預知未來，只要神願意，便做出指示，這一點人人都和他一樣是承認的；然而神對於未來也能做別樣的啓示。他說聽見神的聲音，這並不是說謊，這一點他的朋友們可

74 克塞諾封，《蘇格拉底的申辯》，第十節；《回憶錄》，第一卷，第一章，第一節；柏拉圖，《蘇格拉底的申辯》，第二十四頁（柏克爾本第一〇四頁）。

75 《蘇格拉底的申辯》，第十一—十三節；《回憶錄》，第一卷，第一章，第二—六節；第十九節。

以作證，因爲他常常把這些啓示告訴他們；而且以後始終是應驗的。」克塞諾封[76]說，「蘇格拉底沒有像智者們那樣研究自然」（早期的無神論者出於智者，他們認爲太陽是一塊石頭，如阿那克薩哥拉，普羅泰戈拉），[77]就這一點說來，「他既沒有做過也沒有說過任何不虔敬的事。」

對於控訴的這一部分的申辯在他的法官們身上所造成的效果，克塞諾封[78]是這樣表述的：「他們對他的申辯生氣了，一部分人是因爲不相信他的話，另一部分」相信他的話的人「則是由於嫉妒蘇格拉底被神靈看得比自己高」。這種效果是很自然的。就是在我們今天，這樣的情形也會有這兩方面。（一）或者是：當一個人自誇得到特殊的啓示，特別是有關個人的行動和命運的啓示時，得不到人相信；人們既一般地不相信有這種啓示出現，而且也不相信他會遇到這種事情。（二）或者是：當一個人從事這種占卜的時候，完全可以有理由不許他做這種事，並且把他關起來。這樣並不是一般地對他做出否定，認爲上帝不能預知一切，也不是否認上帝能夠對個人做出這種啓示，人們將會**抽象地**承認這件事；但並不是現實

76《回憶錄》，第一卷，第一章，第十一節：「誰也沒有看見或聽見過蘇格拉底做出或說出什麼無神論或不虔誠的事，因爲他從未打算找出宇宙的本性，像其他多數人那樣，他們是想求知智者們所謂的世界是怎麼開始的。」

77 柏拉圖，《蘇格拉底的申辯》，第二十六頁（柏克爾本第一〇八—一〇九頁）。

78 克塞諾封，《蘇格拉底的申辯》，第十四節；參看《回憶錄》，第一卷，第一章，第十七節。

地承認，人們在個別的場合是不相信這種事的。人們不相信對於他，對於這個個人，會有這種啓示。因爲何以只有他有，別人就沒有呢？何以正好是這些雞毛蒜皮的事情，完全個別的事情，像一個人是否會有一個快樂的旅行，他是否應與一個人交往，以及他是否會在法官面前有條有理地爲自己辯護之類？何以個人能遇到的就不是無限多的事情中的另一些事情呢？爲什麼就不是更重要的事，不是有關整個國家幸福的事情呢？（個人的吸引力並不能提高知識。）因此人們就不再相信個人了，也不管這種事如果是可能的，就必定要發生在個人那裡。這種不相信雖然並不否認一般的情形和一般的可能性，但是卻不相信特定的情形，事實上是不相信事情的現實性和眞理性。其所以無意識地不相信，是因爲絕對意識（它應當是這樣的）對於這樣一些作爲占卜對象以及蘇格拉底的對象的瑣碎事物，整個說來是毫無肯定的認識的；在精神中類似這些瑣碎的事物都被直接當成消逝的事物。其次，絕對意識對未來也是和對過去一樣無知；它只知道現在。但是在它的現在、它的思維中也出現了未來和過去對現在的對立，因此它對未來和過去也有所知；不過它所認識的過去乃是一個有形象的事物。因爲過去是現在的保存，是現實性；但未來則是現實性的對立，毋寧是個無形象的事物。從無形象的事物中，普遍概念首先在現在中得到了形象；因此一般說來，在未來中是不能看到任何形象的。人們有一種隱約的感覺，覺得當神活動的時候，所採取的方式並不是特殊的，也不是爲了特殊的對象。人們認爲這樣一些特殊的事物是太不足道了，不值得在很特殊的情況下由神啓示出來。人們也承認神決定個體，但是個體的意思是被了解爲個體性的總體，一切個體性；人們說，神的作用方式是帶有普遍的性質的。此外，蘇格拉底的這個靈機也並沒有涉及眞實的、自在自爲地存在的事物，而只是涉及特殊性；因此這些靈機的啓示比起他的精神、思維的啓示來，是太微不足道了。

從某些更確定的概念來說，蘇格拉底的靈機，對於他乃是有意志的、做決定的個別性；但是這種個別性在他本人看來具有著一個存在物、表象物的形式，他把它看成一個可以與他的個體性和他的意識區隔的本質，把它當作一個獨特的事物，而不當作特殊的做決定的事物、不當作意志。希臘人心目中正是有著這個方面。這種對於個體性的認識就是對於偶然性的意識；因此要由偶然的鳥飛和呼喚聲來決定。但是在我們的文化中，決定也同樣是偶然的，不過它是我的意志，內在的偶然性；我願意自己作爲這個偶然性。在希臘人看來，意識的偶然性的方面也同樣是一個存在的事物，對這個事物的認識乃是神諭，他們在神諭中獲得這種個體性，作爲一種普遍的認識，人人都可以向它請教解決疑惑。但是在蘇格拉底那裡，這個外在地設定的事物進入了意識，和在我們這裡一樣，不過還不是完全的，對於他還是一個存在著的聲音，還不是個體性本身的聲音，不是人人所具有的決斷——平常的人所了解的良心——，而是表象，如朱比特或阿波羅；因此具有著獨特性的外貌，這種獨特性是一種特殊性，而不是一種公共的個別性，這是他的法官所不能容忍的，不管他們自己是否相信。（凡是眞正神聖的事物，都屬於每一個人；才能、天才乃是一個個別的、獨特的事物，不過當它們表現爲作品的時候才有眞理性，因爲它們是公共的。）在希臘人那裡，類似這樣的啓示必須具有一定的方式和方法；例如便有官家的神諭（不是主觀的）、畢提亞、樹木等等。如果神諭呈現在一個特殊的個人身上，呈現在一個普通公民身上，便要被視爲不可信的、不正確的；蘇格拉底的靈機，乃是一種異於希臘宗教中通行方法的方法。

德爾斐的阿波羅、畢提亞宣稱蘇格拉底是希臘人中間最智慧的人；[79] 關於他的這一個神諭是值得注意的。在德爾斐的神諭中，阿波羅是主持神諭的知曉之神，福布斯就是知曉者；他的最高誡命是：認識你自己。這並不是對人的獨特的特殊性的認識；認識你自己，這乃是精神的法則。蘇格拉底實踐了這條誡命，他使 γνῶθι σαυτόν（認識你自己）成爲希臘人的格言；他是提出原則來代替德爾斐的神的英雄：人自己知道什麼是眞理，他應當向自身中觀看。畢提亞現在說了那樣的話；然而拿人自己的自我意識，拿每一個人的思維的普遍意識來代替神諭，這乃是一個變革。這種內在的確定性無論如何是另一種新的神，不是雅典人過去一向相信的神；所以對蘇格拉底的控訴完全是對的。

我們再來考察一下控訴的第二點，即是說，他誘惑青年。對這一點蘇格拉底首先（也是在這一方面）提出反駁說：「德爾斐的神諭曾經宣稱，沒有一個人比蘇格拉底更自由（高尚）、更公正、更智慧、σωφρονέστερος）。」[80] 然後他又提出他的整個生活來反駁這種控訴說：透過他經常表現出的那種實例，特別是他對待與他交往的人的實例，究竟有沒有把一

79 柏拉圖，《蘇格拉底的申辯》，第二十一頁（柏克爾本第九十七頁）。

80 克塞諾封，《蘇格拉底的申辯》，第十四節。

個人誘惑成壞人？[81]因爲他提出他的實例、他的生活來反駁那一般的控訴，所以必須對這控訴做進一步的闡述。證人上來了。「梅利托說，他知道有幾個人，他把他們說服了，使他們服從他，有甚於服從自己的父母。」[82]控訴的這一點主要是與安尼托有關的。因爲他對這一點提出了證據，所以事情被證明了；證據是充分的。蘇格拉底在離開法庭的時候，對這一點又做了進一步的說明。[83]克塞諾封陳述道：「安尼托之所以敵視蘇格拉底，是因爲他曾經向安尼托這位體面的人說，他不應當教育他的兒子去做製革的行業，而應當以一種配得上一個自由人的方式去教育他。」安尼托本人是一個製革匠，他的行業雖然常常是由奴隸去做的，本身卻並不是可恥的；因此蘇格拉底的話是說得不對的。蘇格拉底又補充道：他與安尼托的這個兒子熟悉，並沒有發現他身上有什麼壞的氣質；但是他預言說：他不會仍然去從事他父親所做的那種屬於奴隸的工作。可是因爲他沒有誠實的（明智的、理性的、正直的）人在旁扶助他，所以他將會陷入惡劣的欲望，並且放蕩。克塞諾封補充道：「蘇格拉底的預言是字字應驗了，這個青年去喝酒，日夜喝得爛醉，變成了一個澈底下流的人。」這是不難了解的，因爲一個人如果感覺到自己適合去做某種更高級的事（不管是否眞正如此），並由於這

81 克塞諾封，《蘇格拉底的申辯》，第十六—十九節；《回憶錄》，第一卷，第二章，第一—八節。

82 克塞諾封，《蘇格拉底的申辯》，第二十節；參看《回憶錄》，第一卷，第二章，第四十九節以次。

83 克塞諾封，《蘇格拉底的申辯》，第二十七、二十九—三十一節。

種心情上的矛盾而不滿他所處的境況，而同時又不能達到別的境況，那麼，他便正好由這種不愉快而進入半途而廢，然後走上邪惡的道路，這條道路常常便把人毀了。蘇格拉底的預言是極其自然的。

蘇格拉底對於那個說他引誘兒子們不服從父母的更加確定的控訴，用以下的問題來進行反駁：「人們在選擇公職人員的時候，例如選擇將軍的時候，是不是寧願選父母，而不願選那些對戰鬥藝術有經驗的人呢？在任何方面，總是寧願選擇那些對一門藝術或科學最熟練的人。可是，他之所以被告到法庭上來，卻是由於兒子們認爲在求得人類的至善方面，亦即在被教育成高尚的人這一方面，寧願選擇蘇格拉底而不願選擇父母，這豈不是很值得驚訝的嗎？」[84]這個回答從一方面說固然是正確的，可是我們看到，我們在這裡也可以說蘇格拉底的回答並不全面；因爲控訴的眞正的要點並沒有碰到。我們看到，他的法官所發現的不公正的地方，乃是在於他作爲一個第三者，在道德上干預到父母與子女之間的絕對關係。一般說來，關於這一點是沒有多少可說的；因爲一切都繫於這種干預的方式上。這種干預在個別的場合乃是必要的；但是整個說來，是不應該有這種干預的，至少偶然的私人是不應當擅自干預的。兒女必須有與父母爲一體的感覺，這是最初的直接的倫理關係；每一個教育者都應當

84 克塞諾封，《蘇格拉底的申辯》，第二十—二十一節；《回憶錄》，第一卷，第二章，第五十一—五十五節；柏拉圖，《蘇格拉底的申辯》，第二十四—二十六頁（柏克爾本第一〇三—一〇七頁）。

尊重這種關係，使它保持純潔，並培養對這一關係的感覺。因此當一個第三者投身到父母與子女之間的這種關係裡面時，便造成一種干預，使子女爲了自己的好處而降低對於他們的父母的信賴，並且使他們想：他們的父母是壞人，他們會從父母對他們的談話和教育中受到敗壞（做出不公正的行爲）：這簡直太令人生氣了。兒童在道德和心情方面所能遭遇到的最壞的事情，莫過於把一向必須尊重的那個約束放鬆或者割斷，把它變爲怨恨、輕蔑和惡意。誰這樣做了，誰就是損害了最重要的倫理。這種一體性，這種信賴，就是人賴以長大的倫理的母乳；幼失父母是一種很大的不幸。兒子也和女兒一樣，必須從與家庭的天然統一中分出來和獨立起來；不過這是一個毫不勉強的分離，並不是敵意的和輕蔑的。當心中懷著這樣一種痛苦的時候，就需要有一種偉大的力量和辦法，才能克服它和治好創傷。

如果我們現在來談一談蘇格拉底的那個實例，則可以看到，蘇格拉底似乎是透過他的干預，惹得青年對自己的境況發生不滿。安尼托的兒子誠然可能發現他的工作整個說來與他自己是不適合的；但是使這種不滿情緒進入意識，借著蘇格拉底這樣一個人的權威而得到認可，卻是另外一件事。我們很可以揣測到，如果蘇格拉底和他混在一起的話，一定會加強、鞏固和發展他的這種不合適的情緒的萌芽。蘇格拉底指出了他的稟賦的方面，向他說，他是適於做一種較好的事的；這樣便奠定了這個青年的決裂情緒，加強了他對自己的境況、對他的父親的厭煩、不和與不滿，於是這種不滿便成了他的墮落的根源。由此可見，這種控訴並不是沒有根據的，而是有充分的根據的。因此法庭判定這個控訴有根據，這並不是不公正的。

問題只是：人民是怎麼開始注意到這一點的，這些事情是在何種程度上成爲立法的對象的，控訴的這些點是在何種程度上被提到法庭的。依照我們的法律，（一）這種占卜是不許可的，是被禁止的（宗教法庭，卡利奧斯特羅[85]）；（二）這樣一種道德上的干涉，在我們這裡是比較有組織的，我們有特殊的機構來執行這種任務，這種干涉應當始終是公共的。不服從父母是頭一個違反倫常的原則。可是這種問題該不該提到法庭上討論呢？這首先就牽涉到國法問題，這樣就容許個很大的寬度存在了。當一個教授、一個傳教師攻擊某個宗教的時候，政府一定會加以注意，它是完全有權力這樣做的。當政府加以注意的時候，是會引起紛紛議論的。這無疑是有個限度的，這個限度在思想自由和言論自由方面是很難劃定的，而一般是以默契爲依據的；有一個不可逾越的點，例如煽動叛變便是。人們說，「壞的原則自己毀壞自己，得不到同意。」這話有一部分是眞的，有一部分卻不是眞的；在平民那裡，智者們的雄辯便激起了他們的感情。「這只是理論，並無行動。」可是國家便是建立在思想上面的，國家的存在便是依靠人們的見解；國家是一個精神的領域，不是一個物質的領域，精神是本質的事物。因爲是某些基本準則、原則構成了國家的支柱，所以，如果原則受到了打擊，政府是必須干涉的。

在雅典還有一個完全不同的情況；我們必須以雅典國家和它的禮俗爲論斷的根據。按照

85 十八世紀一個義大利伯爵，巫教徒。——譯者

112

雅典法律，也就是說，按照絕對國家的精神，蘇格拉底所做的這兩件事情都是破壞這種精神的。在我們的憲法中，各個國家的共同原則乃是一個較堅強的共同原則，它卻聽任個人自由地活動；個人對於普遍原則不能是那樣危險的。（一）毫無疑問，當這個作爲一切事物的根據的公共宗教趨於瓦解的時候，這對於雅典國家是一個顚覆，因爲在我們這裡，國家乃是一個獨立的絕對的力量。靈機也是一種異於公認的神靈的神；它與公共的宗教相矛盾，它使公共的宗教具有一種主觀任意的成分。確立的宗教與公共的生活有如此內在的聯繫，因此如果沒有它，國家就不能存在；宗教造成了公共立法的一個方面。因此在人民看來，提倡一種把自我意識當作原則並且使人不服從的新的神，這當然是一種犯罪的行爲。關於這一點，我們可以與雅典人爭辯，但是必須承認〔對於雅典〕這乃是一貫的，必然的。（二）妨害父母與子女的關係，這一點也是不假。父母與子女之間的倫理關係，在雅典人那裡，比起在有了主觀自由的我們這裡來，還要更堅固些，還要更是生活的倫理基礎。孝道乃是雅典國家的基調和實質。蘇格拉底從兩個基本點上對雅典生活進行了損害和攻擊；雅典人感覺到這一點，並且意識到了這一點。既然這樣，蘇格拉底之被判決有罪，難道還值得奇怪嗎？坦納曼[86]說：「儘管這些控訴包含著十分明顯的虛妄不實，蘇格拉底卻被判處死刑了，因爲他思想高尚，不屑於用那些人們慣於用來買通法官改變判決的庸俗卑下的手段。」但是這完全是不符合事

86　第二冊，第四十一頁。

實的。他是被發現有罪了，不過並沒有被判處死刑。

（二）這可以說是他的審訊的另一方面；在這裡開始了他的命運的第二個方面。依照雅典法律，被判爲有罪的人有自己規定刑罰的自由。這是只說刑罰的方式，而不是說刑罰本身；蘇格拉底要服刑，這一點法官們已經給他規定了。他這時可以由陪審官的法庭訴諸人民，提出希望免去刑罰的請求（並不是正式的籲請）；這是雅典法律中一個卓越的措施，是表明人道的。陪審官判定他有罪，正如在英國由陪審官宣判有罪是一樣的。另外再由法官判定刑罰；在雅典也曾是這樣的，不過人們還是以人道對待罪人，讓他自己決定刑罰，不過不能任意決定，而要適應著罪行量刑：或者科罰金、或者放逐。被判有罪的人要向法官表白，這就包含著：他服從法庭的判決並且承認自己有罪。蘇格拉底拒絕給自己定一種刑罰，這種刑罰本來可以是一筆罰金，也可以是放逐的；若不然他就要在這兩種刑罰和死刑之間選擇一種。蘇格拉底拒絕選擇前者，拒絕估計自己，像法律手續所規定的那樣，因爲這樣一來，像他所說的那樣，他就會自己承認有罪了；[87]但是問題不再是在於他的罪，而只是在於接受哪種刑罰。

我們當然可以把這種拒絕視爲一種道德上的偉大，但是另一方面，它又在某種程度上與蘇格拉底以後在牢獄中所說的話矛盾，他曾說過：他坐在這裡，因爲這樣對雅典人似乎好

87 克塞諾封，《蘇格拉底的申辯》，第二十三節。

些，並且服從法律對他自己也好些；他不願意逃走。但是這正就是他第一次屈服，因爲雅典人認爲他有罪，而他尊重雅典人的這個意思，承認自己有罪了。如果他是前後一貫的話，他應當認爲自己科自己以刑罰要好一些，因爲這樣他不但服從了法律，而且同時服從了判決。我們在索福克里斯那裡，看到那神聖的安提貢，那個在地上出現過的最壯麗的形象死去了；她最後的話是這樣說的：

> 「如果這樣使神靈滿意，
> 我們就承認自己有過失，因爲我們受了苦。」[88]

伯里克里斯也服從擁有主權的人民的判決；我們看到在羅馬共和國，最高貴的人們也向公民懇求。但是在這裡，相反地，蘇格拉底拒絕了這種服從。我們佩服他有一種道德上的獨立性，它意識到自己的權利，堅持不屈，既不變其操守，也不承認自己認爲公正的事物是不公正的。他因此冒著被處死刑的危險。他拒絕向人民表示他願意服從人民的權力，這是致使人們將他判處死刑的原因。因爲他不願給自己定刑罰，因爲他蔑視人民的司法權力，所以 115
他的命運是處死。他誠然一般地承認人民的主權、政府的主權，但是在這個個別的場合中他

88 索福克里斯，《安提貢》，第九二五—九二六頁。

就不承認了；然而人民的主權不但應當一般地加以承認，而且要在每一個個別場合下加以承認。所以他的命運是處死。在我們這裡，法庭的許可權是預先設定了的，犯罪的人不用什麼別的手續便判決了；但是在希臘人那裡，我們看到有一種特別的要求，被判決的人必須透過對自己的估量，對法庭所做的認爲有罪的判決公開地加以承認、加以認可。（今天釋放當事人只是看行爲。）在英國誠然不是這樣的；但是還有一種與此彷彿的形式在英國通行，就是要問被告，他願意根據哪一種法律來審判。然後他答道，願意根據他的國家的法律並在他的人民的法庭上受審；這就預先表示出對司法程序的承認。

蘇格拉底以他的良知與法庭的判決相對立，在他的良知的法庭上宣告自己無罪。但是沒有一個民族，尤其是像雅典人那樣一個具有這種自由的自由民族，能夠承認一個良知的法庭；這個民族除了自己所具有意識以外，不知道任何履行義務的意識。「如果你意識到履行了你的義務，那麼我們應當也意識到你履行了你的義務。」因爲人民在這裡就是政府、法庭、普遍者。一個國家的第一條原則是：沒有什麼較高的理性、良知、正義，像人們所想望的那樣，除去國家所認爲公正的事物而外。教友派、再洗禮派等等，抗拒國家的確定的權利，如保衛祖國，他們在一個眞正的國家裡面是不能立足的。這種可憐的自由，即思想和信仰每個人所願意的事物的自由，是不存在的；這種回到自己的義務的意識之中的做法，也同樣是不存在的。如果這種意識不是僞善，那麼個人所做的事就應當是義務，就應當被所有的人認爲是如此。如果說人民可以犯錯誤，那麼個人更能犯錯誤；個人應當意識到自己會犯錯誤，並且比人民更容易犯錯誤。法庭也有良知，它應當根據良知來判決；法庭是擁有特權的良知。法律的矛盾可以表現在以下一點，即每一個人的良知都要求著不同的事物，而只有法庭的良知是有效的。法院是普遍的合法的良知，它毋須承認被告的特殊良知。人們很容易自以爲已經履行了自己的義務；但是法官要研究義務事實上是否履行了，即使人們有了這種意識。

蘇格拉底也不願在人民面前低頭，來懇求免去他的處罰；蘇格拉底之所以被判死刑，以及這個判決之所以在他身上執行，就是因爲他不承認人民的最高權力，這並不是對他被判定犯了的那個過錯的懲罰。正是人民中間那些出人頭地的人應當承認人民的權威，所以我們看到伯里克里斯爲了阿斯帕西亞、爲了阿那克薩哥拉而奔走於公民面前，爲他們向人民懇求。這裡面並沒有什麼汙辱個人的地方，因爲個人必須在普遍的權力面前低頭；這個實在的、最高貴的、普遍的權力就是人民。蘇格拉底以最高貴、最安靜的（英勇的）方式去赴死，這一點，在蘇格拉底是非常自然的。柏拉圖對蘇格拉底最後幾個鐘頭美麗的景象的敘述，雖然並沒有包含什麼了不起的事物，但是卻刻畫了一個動人的形象，描述了一件高尚的行爲。蘇格拉底最後的談話是通俗哲學，在這裡才開始講靈魂不死；荷馬讓阿基里斯在陰間說，他寧願做一個耕地的奴僕，而不願在這個地方，這是完全不能安慰人的話。

雅典人民主張他們的法律是公正的，他們堅持自己的習俗，反對這種攻擊，反對蘇格拉底的這種傷害。蘇格拉底傷害了他的人民的精神和倫理生活；這種損害性的行爲受到了處罰。但是蘇格拉底也正是一個英雄，他獨立地擁有權利，擁有自我確信的精神的絕對權利，擁有自我決定的意識的絕對權利〔譯者按：此處「權利」意即「公正」，原文

Recht〕。如所說過的那樣，現在這個新的原則既然與它的人民的精神產生衝突、與現存的思想產生衝突，因此必須出現這種反動。可是在刑罰中消滅的只是個人，並不是這個原則；雅典人民的精神並沒有從這種傷害、從這個對原則的拋棄中恢復過來。個體性的不正確的形式被剝奪了，而且是用強制的方式、是用刑罰來進行的。這個原則之後上升到了它的眞正的形式。這個原則的眞正方式是普遍的方式，正如它之後所採取的那樣；其中不當之處，在於這個原則僅僅是作爲一個個人的所有物而出現。這個原則的眞理乃在於作爲世界精神的形式而出現，作爲普遍原則而出現。能夠理解蘇格拉底的並不是他的同代人，而是後世人，因爲後世人是超出於兩者之上。

人們也許會設想，這種命運並不是必要的，蘇格拉底的生活並不是必須採取這一個結局，蘇格拉底應該可以作爲一個私人哲學家而活著和死去，他的學說應該可以爲他的學生們安靜地接受，也可以得到傳播，而不爲國家和人民所注意；如果這樣想，這場控訴看來就是偶然的。然而我們必須說，是透過這一種結局，這個原則才得到了它的眞正的榮譽。這個原則是一個總體，它並不是一個很新、很獨特的事物，而是那自我發展的意識本身之中的一個絕對的基本環節，它是註定要產生一個新的、更高的、現實的。這個原則的價值，在於它是在與現實的直接關聯中出現的，而不是僅僅作爲意見和學說等等而出現的。這種關聯本身便存在於原則之中；這個原則眞正的地位，便在於它和現實相關聯，並且它是與希臘精神的原則相對抗的。雅典人有榮幸遇到了這個原則；他們正確地見到了這個原則與他們的現實處在這樣一種敵對的關係中，於是按照著這個看法行事。因此〔蘇格拉底所造成的〕後果並不是偶然的，而是爲原則必然地決定了的。也就是說，認識這種關係，感覺到他們已經爲這個原則所沾染了：這一種榮譽是屬於雅典人的。

（三）以後雅典人也曾對蘇格拉底的這一判決表示後悔，並且把控告他的那些人一部分處死刑、一部分放逐了。因爲按照雅典法律，一個人如果控告了別人，而又被發現是誣告，總是要科以如果所告屬實時犯人當受的相同的刑罰，這是這齣戲的最後一場。一方面，雅典人由於自己的後悔而承認了這個人的偉大；而另一方面（這是進一步的意義），他們也認識到，蘇格拉底的這個原則，雖然對他們是有害的和敵對的，即提倡新神和不敬父母，卻已經進入了他們自己的精神，他們自己也處在這種矛盾分歧之中：他們在蘇格拉底那裡只是譴責了自己的原則。他們對蘇格拉底的那個公正的判決後悔了；在這個後悔中就包含著：他們自己但願這個判決不曾發生。然而從後悔中並不能得出結論說，這個判決不曾發生，而只能說明：只是對於他們的意識說，但願這個判決不曾發生。如果這個判決對於他們的意識是這樣的，並不能推出：判決本身就是不曾發生的。兩方面都是無罪的，但是這個無罪是有罪的，並且因爲它的罪過而受到懲罰；如果它不是有罪的，那就只是無意義的、可輕視的了。我們所看見的，就是這個，不是一個倒楣的無罪的人；那是一個傻瓜。如果在悲劇中出現了暴君和無罪的人，那個戲就寫得淡而無味了；那是貧乏的，毫無道理的，因爲這裡面有的只是空洞的偶然性。一個偉大的人會是有罪的，他擔負起偉大的衝突；因此基督放棄了他的個體性，犧牲了自己，但是他的事業，由他做出來的事情，卻保留下來了。

因此蘇格拉底的命運是十分悲劇性的。這正是那一般的、倫理的悲劇性命運：有兩種公正互相對立地出現，並不是好像只有一個是公正的，另一個是不公正的，而是兩個都是公正的，它們互相抵觸，一個消滅在另一個上面；兩個都歸於失敗，而兩個也彼此爲對方說明存在的理由。雅典人民已經來到了這個文化的時期，個人的意識作爲獨立的意識，與普遍的精神分開了、變成自爲的了；這一點雅典人民在蘇格拉底身上（他們是對的，他也是對的）看到了，但是他們又感覺到這是敗壞禮俗；因此他們處罰了自己的這個環節。蘇格拉底的原則並不是一個個體的過失，而是包含許多個體在其中；這種罪過正是人民的精神在自己身上所犯的罪過。這種識見揚棄了蘇格拉底的判決，蘇格拉底在人民看來似乎並沒有犯罪；因爲人民的精神現在一般地是出普遍精神回到自身的意識。這是雅典民族的解體，它的精神因而不久將從世界上消失；但是這樣一來，從它的灰燼中便升起了一個更高的精神。因爲世界精神已經上升到一個更高的意識了。

蘇格拉底是一個英雄，因爲他有意識地認識並且說出精神的更高的原則。這個更高的原則是有絕對的權利的。這個原則現在出現了，它表現得與精神意識的另一形態處在必然的關係中，這一種形態構成了雅典生活的實質，構成了蘇格拉底所生活的世界的實質。希臘世界的原則還不能忍受主觀反思的原則；因此主觀反思的原則是以敵意的、破壞的姿態出現的。因此雅典人民不但有權利而且有義務根據法律向它進行反擊；他們把這個原則看作犯罪。這是整個世界史上英雄們的職責；透過這些英雄才湧現出新的世界。這個新的原則是與以往的原則矛盾的，是以破壞的姿態出現的；因此英雄們是以暴力強制的姿態出現，是損壞法律的。作爲個人，他們都各自沒落了；但是這個原則卻貫徹了，雖然是以另一種方式貫徹的，它顛覆了現存的事物。這個蘇格拉底的原則，是以另一種方式使希臘生活趨於沒落的事物；阿爾其比亞德和克里提亞斯是蘇格拉底最鍾愛的人：克里提亞斯是三十僭主中最有勢力的一個，阿爾其比亞德具有輕佻的才智，他曾經與雅典人民開過玩笑。這也是對蘇格拉底不利的。主觀識見的原則，在他們那裡是實踐的；他們按照這個原則生活過。[89]

雅典國家還存在了很久，可是它的特性的花朵很快就凋謝了。蘇格拉底的特點是：他在思想中、在知識中掌握了這個原則，並且證明這個原則對知識是有效準的。這是較高的形態。知識帶來了原罪，但是它也同樣具有贖罪的原則。因此在別人那裡僅僅是墮落的那個事物，在蘇格拉底那裡（在他那裡乃是認識的原則）也是那包含著醫治在內的原則。這個原則的發展便是整個以後的歷史。

意識本身的內在性的原則，乃是致使之後的哲學家們擺脫國家事務的原因，他們專門培養一個內在的世界，放棄了人民倫理教育的普遍目的，採取了一個與雅典精神、與雅典人相對立的立場。這是因爲目的和興趣的特殊性此刻在雅典變得強而有力了。這一件事實是與蘇格拉底的原則有共同之處的，就是那在主體看來是公正、義務，是應做的、好的、有益的事情——不管是對於自己的還是對於國家的，乃是以主體的內在規定與選擇爲轉移的，並不是以法度、普遍原則爲轉移的。這一個由自己爲個人做決定的原則，是表現爲（和變成了）

89　克塞諾封，《回憶錄》，第一卷，第二章，第十二—十六節；及以次。

雅典人民的墮落，因爲這個原則並沒有與人民的法度合而爲一。在任何一種場合之下，較高的原則總是顯得有破壞性，因爲這個原則尚未與人民的實質合而爲一。雅典生活變得如此薄弱，國家在對外關係方面變得非常無力，這是因爲精神是一個在內部分化了的事物。因此雅典國家變得從屬於斯巴達；我們最後更一般地見到這樣一些國家外表上臣服於馬其頓人。

關於蘇格拉底我們就講到這裡。我在這裡講得很詳盡，因爲所有的各點都很協調；一般而言，這是一個偉大的歷史轉捩點。蘇格拉底死於第九十五屆奧林匹克賽會的第一年（公元前三九九—四〇〇年），那時他是六十九歲；這是伯羅奔尼撒戰爭結束後一屆奧林匹克賽會的時間，是伯里克里斯死後二十九年，亞歷山大出生之前四十四年。他經歷了雅典全盛和開始衰落的時期；他體驗了雅典繁榮的頂點和不幸的開始。

參、蘇格拉底學派

蘇格拉底學派是第二階段的第三節，第三階段是柏拉圖和亞里斯多德。

蘇格拉底被標誌爲哲學精神（思維）的一個轉捩點。他提出了認識和普遍概念。我們看到、隨著他，並且從他開始認識，同時世界也上升到自覺思想的領域之中，自覺思想的領域變成了對象。我們不再聽到人們問答（研求）什麼是本質、自然，而只聽到人們問答什麼是眞理；換句話說，本質已經被規定爲不是自在的事物，而是像在認識中那樣的事物。因此我們看見產生了自覺的思維對本質的關係問題，而且這個問題變成了最重要的問題。眞理和本質並不是一個事物；眞理是被認識到的（被思想到的）本質，而本質則是單純的自在。這個單純的事物誠然本身是思想，並且是在思想之中；但是如果說，本質是純粹的存在，或本質是 νοῦς（理智）——則本質透過（一）存在、（二）生成、（三）自爲的存在（原子）、（四）尺度（必然性），然後發展爲一般思維的概念，那麼，這就直接是說，本質具有一種對象的形式。換言之，本質是對象與思維的單純的統一；本質並不是純粹客觀的，因爲存在是視之不見、聽之不聞的；它也不是與存在者相對立的純粹思維，因爲這是自我意識，是與存在和本質有別的自爲的存在。它不是那從自身的區別回到自身的統一，不是認識和認知。在認識中，自我意識一方面表現爲本質、自爲的存在，另一方面又表現爲存在；它自己意識到這個區別，又從這個區別折回到兩者的統一。這個統一、結果，是被意識到的，是眞理。眞理的一個環節是對自身的確定性；這個環節已經加到本質上面，也就是在意識之中並且爲了意識而存在了。

哲學上緊接著的下一個時期就是由於這個運動以及對這個運動的研究而著名，這個時期所講的不是那獨立外在的、純粹對象性的本質，而是那與自我確認處在統一之中的本質。關於這一點，不可這樣了解，彷彿這個認識本身被當成了木質，因而它便被當作絕對本質的內容和定義；或者，彷彿本質被規定爲作爲存在和思維的統一而對這些哲學家的意識出現，彷佛這個本質之所以這樣，是由於哲學家們對本質是這樣思維的；事實上是，如果沒有這個環節（自我確認），他們是再不能談本質和本質性的事物的。這個時期也是一個過渡時期，它本身就是認識的運動，它把認識視爲關於本質的科學，而正是這種科學，才使那個統一出現了。

在這個規定中，我們現在看到，一般的認識有時是採取主觀的意義和個別性的意義，被規定爲自我確認，或者被規定爲感覺、或者是意識對感覺所作的努力被限定爲本質的事物，被當作對於一般意識的本質；有時候則相反，是把運動中的純粹思維與個別的事物結合起來認識，而共相的多方面的變化便進入意識；有時候那不動的、自身關聯的一般思維的單純性成爲個別意識的本質，正如它的認識所造成的那樣；有時候這個思維是被當作概念，這個概念對一切特殊性和概念的特殊方面採取否定的態度，對認識和認知本身也是如此。

從這個規定中，現在可以看出什麼樣的哲學系統能夠在我們面前出現了。在這個時期中，建立了思維對存在的關係，或者普遍對個別的關係。這個關係有下列三方面：（一）矛盾成爲哲學的對象——我們看到矛盾、意識的矛盾進入了意識，我們看到，對於這個矛盾，平常的表象是沒有意識的，只是混淆不清、無思想地在其中飄蕩；以及（二）共相被當作本質；最後（三）認識到抽象知識本身，這種知識並不能越出它的概念的範圍，由於它是對於一種內容的更加廣泛的揭示的知識，所以它不能給予自己以這一內容，而只能思維它，只能以一種單純的方式來規定它。

蘇格拉底的影響是廣泛的，在思想領域內有著教化作用（偉大的刺激、鼓舞乃是一個教師的主要功勞，主要影響方式）；他曾經發生了主觀的形式的影響，在個人中、主體中引起了分歧矛盾，不過是形式的。其餘的影響、產物則是使每人聽任自己的愛好、意願，不是客觀的思想，因爲他的原則是主觀意識。

蘇格拉底本人並沒有越出下面這個範圍：他把自身思維的單純本質、善宣示爲一般的意識，並且研究了善的各個特殊概念，研究這些概念是否充分表達出了它們所應表達的善的本質，是否在事實上規定了善的內容實質。他把善當作行動著的人的目的，因此他便聽任整個表象世界、整個客觀本質自爲地存在著，而不去尋求從善、從被意識到的事物的本質到事物的過渡，不去認識那作爲事物本質的本質。因爲當一切現代思辨哲學宣布共相爲本質時，這個本質在它初次出現時具有一種假象，彷彿是一個個別的規定，除此以外還有許多其他的規定。認識的充分運動才拋掉了這個假象；宇宙的體系把它的本質表現爲概念，表現爲有部分的整體。

從這種教化中，產生出來了各種各樣的學派和原則。關於蘇格拉底的教化的方式，他的許多朋友都有記述，他們始終忠實於他的這個方式，不越出一步，並且（有許多人變成了著作家）滿足於如實地描述他那種方式的談話，這些談話或者是他們親身經歷的、或者是他們聽來的，有時候他們甚至捏造出這種談話；此外，這種談話的記述中還包含著思辨的研究，並且（他們有著實踐的目的）盡他們的義務，即堅定地、忠實地、安靜地和滿意地保持他們的身分和立場。克塞諾封是這些人中間最有名、最傑出的一個。如果提出這個問題，要問究竟是他或是柏拉圖給我們敘述的蘇格拉底在人格和學說方面更加可靠，那不用說，我們在個性和方法方面、在談話的外表方式方面，的確也可以從柏拉圖得到一個忠實的、也許更有教養的蘇格拉底的形象，但是在他的認識的內容方面和他的思想的教養的程度方面，我們則主要是在克塞諾封那裡得知的。

我所謂蘇格拉底學派，是指那些嚴格遵守蘇格拉底的教訓的學生和哲人們。我們在他們身上發現的不是別的，只是對蘇格拉底的方法的抽象了解，看起來非常片面，並且派別很 126
多。人們曾經譴責蘇格拉底，說從他的學說中產生了這些各式各樣的哲學；這是由於他的原則本身不確定和抽象的緣故。我們首先在所謂蘇格拉底學派的哲學觀點和方法中認識到的，就只是從這個原則本身派生出來的一些特定的形式。

但是除了克塞諾封以外，也還有許多別的蘇格拉底學派寫過對話，這些對話有一部分是以與蘇格拉底的眞實的談話爲根據，有一部分是他們依照他的方式製造出來的。艾斯其納、斐多、安提西尼和許多別的人都有過記述（其中艾斯其納的若干篇流傳到了今天），此外還有一個鞋匠西門所記述的：「蘇格拉底常常在這人的工作坊裡和他交談，以後他小心翼翼地把蘇格拉底同他說的話寫了下來。」（關於文獻，我略過不講了。）他的章節的題目，和另外一些留下對話的人的一樣，都可以在第歐根尼．拉爾修[90]的記述中找到；可是我們對這些事物是沒有興趣的。

---

90 第二卷，第一二二—一二三節；第六十—六十一節；第一〇五節；第六卷，第十五—十八節。

在蘇格拉底學派中間，有一部分謹守著蘇格拉底的直接教訓和方式；另一部分則越出了這個範圍，從蘇格拉底出發，發展和堅持了哲學的一個特殊方面，一個特殊觀點，哲學意識是由他帶到這個觀點上的。這個觀點本身之內包含著自我意識的絕對性，以及它的自在自爲地存在的普遍性對於個別性的關係。

在那些具有一種獨特價值的派別中，首先應當指出麥加拉派，麥加拉的歐幾里得是這一派的首領。蘇格拉底死後，他的一群學友都離開雅典，奔往麥加拉；柏拉圖也去了。歐幾里得原來住在那裡，他盡力（很好地）接待了他們。[91]當蘇格拉底的罪名取消而原告受到懲罰之後，蘇格拉底學派有一部分人回去了，一切又恢復寧靜了。我們應當考察三個蘇格拉底學派。除了上述的第一派以外，還有昔蘭尼學派和犬儒學派，這是三個彼此之間非常不同的學派；由此可以看得很清楚，蘇格拉底是沒有任何確定的體系的。在這些蘇格拉底學派那裡，主體這一規定被提到重要地位，不過主體只是普遍概念中的一個規定。眞和善是原則、絕對；而原則同時又表現爲主體的目的，這個目的要求反思，精神的教養，一般思維的教養，並且要求人們能夠說出什麼是一般的善和眞。在這些蘇格拉底學派中間，整個說來，仍然主張主體本身就是目的，主體透過培養它的認識而達到它的主觀目的。但是那規定的形式乃是科學，乃是普遍概念；因此普遍概念不復是那樣抽象，對普遍概念的各個規定加

91 第歐根尼・拉爾修，第二卷，第一〇六節。

以發展便產生出科學。

麥加拉派是最抽象的；他們死盯著善的定義不放。麥加拉學派的原則就是單純的善、單純形式的善、單純性的原則；他們把善的單純性的主張與辯證法結合在一起。他們的辯證法，即是認爲一切確定的、有限的事物都不是眞實的事物。麥加拉派的任務是認識規定、共相；這個共相，他們認爲是具有共相形式的絕對，因此絕對必須堅持共相的形式。

昔蘭尼學派曾經試圖進一步定義善，並且稱善爲快樂、享樂。昔蘭尼學派的原則看來離蘇格拉底的原則很遠，甚至表現爲蘇格拉底的原則的反面。我們覺得這個變滅事物的原則，感覺的原則，是與善直接相反的；但是情形並非如此。問題在於：什麼是善？於是昔蘭尼學派把那看來是確定的合乎人意的事物當成〔善的〕內容；不過這樣便需要有一個有教養的精神。這裡所指的是那種由思想所規定的享樂。昔蘭尼學派也同樣承認共相，不過這個共相必須具有一個特定的內容，即它是什麼；他們現在認爲這個特定的內容便是適意的感覺。

犬儒學派也對善做進一步的規定，不過與昔蘭尼學派是相反的：善存在於那些單純的自然需要之中。他們同樣把人所關注的一切特殊的、有限的事物當成不應當要求的事物。他們的原則是善。可是它具有什麼內容，什麼特性呢？它的特性是：人應當按照自然而生活，接近單純的自然物。犬儒學派的原則也是透過認識共相去培養精神；不過個人的使命必須透過對共相的這種認識而達到，個人要使自己堅持抽象的普遍性，堅持自由和獨立，而對一切以往有效準的事物採取漠不關心的態度。

這三個學派不能加以詳盡的論述。昔蘭尼學派的原則，後來以更科學的方式發展爲伊壁鳩魯主義，而犬儒學派的原則則爲斯多噶學派所發展。

一、麥加拉學派

歐幾里得被看成是麥加拉派思想方式的創始人。因爲他和他的學派堅持普遍性的形式，並且曾經企圖和意識到把一切特殊的事物當成無有（因爲他們由於好辯而受到譴責），所以他們得到了詭辯學派的稱號。個別性的方面內部所包含的矛盾，是麥加拉派特別堅持的。爲了使人們對於一切特殊事物的意識陷於混亂，他們把辯證法發展到很高的程度；但是據說，他們固然是以很高的技巧來進行，可是卻以一種盛氣淩人的態度來辯證，因此別人便說，他們不應當稱爲一個學派（σχολή），而應當稱爲一個憤怒（χολή）。[92]他們特別致力於發展辯證法；我們看到他們在這一方面是步伊利亞學派和智者學派的後塵。看起來他們似乎是使伊利亞學派重新復活了（他們本身就和伊利亞學派是同樣的事物）；不過只是部分如此，因爲伊利亞學派是研究存在的辯證法家——「本質是存在或一，任何特殊的事物都不是眞實的」——，而現在麥加拉派則以善爲存在（懷疑學派只管主觀精神本身的寧靜）。智者學派則相反，他們並不把他們的運動歸結到單純的普遍性，當作固定、持久的事物。斯底爾波、第歐多羅和美涅德謨也曾被列舉爲有名的詭辯學派。

92　第歐根尼．拉爾修，第六卷，第二十四節。

（一）歐幾里得

歐幾里得這個人，據說在雅典和他的祖國麥加拉處在緊張狀態中的時候，在高度敵對的時期，常常穿著女人的衣服潛往雅典，連死刑也不懼怕，目的只是爲了能夠聽蘇格拉底講話，與他相結交。[93]他並不是那位數學家。[94]歐幾里得曾說出這樣的話：「善是一」，而且是唯一存在的，然而「卻有許多名稱；有時稱爲理智，有時稱爲上帝，常常也稱爲思維（νοῦς），等等。但是與善相對立的事物是根本不存在的」。[95]因此在這裡他的原則乃是單純的善，眞理的單純性和同一性。由此可見，麥加拉派是和蘇格拉底一樣，一般地把善說成普遍意義下的絕對本質；但是不像蘇格拉底那樣，還承認善以外的許多觀念，好像這些觀念對於人毫無利益似的。他們甚至攻擊認這些觀念還有效準的看法，認爲它們對於人只是可有可無的；他們斷言它們是根本不存在的。這樣，他們便是在伊利亞學派的範疇中了；他們說，只有存在是存在的，消極的事物是不存在的。麥加拉派也和伊利亞學派一樣，指出其他的一切都是不存在的。他們曾經在一切觀念中指出矛盾；這就是他們的好辯。

---

93 奧拉·格利烏，《雅典紀事》，第六卷，第十章。

94 梅納鳩注第歐根尼·拉爾修，第二卷，第一〇六節。

95 第歐根尼·拉爾修，第二卷，第一〇六節；參看西塞羅，《學園問題》，第四卷，第四十二章，麥加拉派的說法與柏拉圖沒有什麼大差別，乃是一種高尚的學說，云云。

在這一方面，他們的辯證法是爲他們服務的。因爲辯證法就是指出這種無有，所以麥加拉派在這一方面特別有名，除了歐幾里得以外，特別是歐布里德，以後則是斯底爾波，他們的辯證法都同樣是涉及外在觀念和言辭中所出現的矛盾，因而他們也有一部分流於玩弄語言。蘇格拉底只是使個別的，特別是道德的觀念或關於認識的觀念發生動搖，這是偶然的辯證法；麥加拉派則相反，他們使辯證法成爲一種更普遍和更重要的事物。蘇格拉底總是談論關於義務、關於道德上的善的流行觀念，談論關於什麼是認識的那些最切近的觀念和說法，麥加拉派（他們的哲學的辯證法）則更加轉向於表象和語言的形式方面，不過還不像以後的懷疑學派那樣，轉到純粹概念的特殊內容上；因爲（在他們那裡）認識、思維還沒有出現在抽象概念中。他們善於銳敏地指出矛盾，並且糾纏在裡面，使別人陷於困境。關於他們的獨特的辯證法，所謂的並不多，而關於他們在普遍意識中、在表象中所引起的混亂，講的是比較多的。關於這一點，是有許多逸事談到的。他們以平常談話的方式運用了辯證法。我們所謂詭譎，在他們乃是正規行業。蘇格拉底也一再把注意力放在日常的對象上。（在我們的談話中，一個人主張一件事物，便要認爲這件事物有用處、有價值。）許多關於他們的辯論藝術和他們的謎語的逸事都是開玩笑的，但是另一些卻有關一個決定性的思想範疇；他們抓住這個範疇，並且指出，當人們承認它的時候，如何陷入矛盾，陷於自相矛盾。

「歐幾里得雖然死硬地從事辯論，然而在他進行辯論的時候，他卻是最沉著的人。人們說，有一次他和人爭辯，他的對手大怒，因而叫道：你這個仇我如果不報，我情願死掉！歐幾里得很安詳地答道：如果我不能用理由的溫和（lenitate verborum）使你安靜下來，像以

131

132

前一樣喜愛我，那我就情願死掉。」[96]

（二）歐布里德

他們把一切特殊的事物都指爲無有的事物，並且專門做出許多手法和揑造，來使範疇的意識發生混亂。有許多手法是與他們的名字一同保存下來了；特別是那些詭辯，這是由歐幾里得的一個學生、米利都人歐布里德造出來的。[97]我們在聽見它們的時候，首先會想到，這些乃是平凡的詭辯，是不值得一駁，也值不得一聽的。因此我們認爲這些乃是愚蠢的事物，我們把它們視爲乾燥無味的玩笑。然而事實上把它們拋在一邊是要比駁斥它們容易些。眞正說來，它們所進行的，是把一般的語言引入迷途，使它陷入混亂，然後指出它是自相矛盾的。這些詭辯並沒有眞正的科學價値。我們在一般的語言中，是承認、了解和知道別人的意思的，並且認爲別人也了解我們，因而表示滿意——（要不然我們就安慰自己，說上帝了解我們）——，可是，這些詭辯的任務有一部分就在於指出，當我們嚴格地按照通常語言所說的話來加以理解時，平常的語言是不能令人滿意的。使通常的語言陷入難以回答的困

96 普魯塔克，《論友愛》，第四八九頁，丁（克須蘭版）；斯托拜烏斯，《訓辭》，第八十四篇，第十五章（第三冊，第一六〇頁，蓋斯福版）；布魯克爾，《批判的哲學史》，第一冊，第六一一頁。

97 第歐根尼．拉爾修，第二卷，第一〇八節。

境，乃是遊戲、開玩笑，是愚蠢的。別人完全知道我們的意思，他在語言上用心思；這是以形式的矛盾爲目的，一種空洞無實際的語言遊戲。我們德國人是嚴肅認眞的，因此也譴責語言的遊戲，認爲是一種淺薄無聊的機智。然而希臘人卻重視單純的言辭，重視一句話的單純處理，正如重視事物一樣。如果言辭與事物相對立，那麼言辭要高些；因爲那沒有說出來的事物，眞正說來，乃是一個非理性的事物，理性的事物只是作爲語言而存在的。

一般而言，我們在亞里斯多德的《智者的論辯》中也發現了許多這樣的例子，這些例子是從老年智者們以及詭辯學派那裡來的，也發現了對這些問題的解決。歐布里德也寫過一些東西來反對亞里斯多德，但是都沒有流傳下來。[98]在柏拉圖那裡，我們也發現有這樣的一些開玩笑的、雙關的話，用來嘲弄智者們，並指出他們把時間花在何等不重要的事情上。詭辯學派則走得還要遠些，他們成了宮廷裡的弄臣，例如在托勒密王朝的宮廷中；第歐多羅就是如此。[99]從歷史情況中我們看出，這種知道如何使別人陷入困境並解除這個困境的辯證手法，乃是希臘哲學家們所共具的，曾被用在公共場所，也被用在國王宴席上作爲遊戲。例如據說有一個東方的王后便曾經來到所羅門王那裡，出一個謎語讓他去猜，我們知道，在國王的宴席上，有哲學家們的聰明的談話和聚會，他們在互相嘲弄和尋開心。希臘人異常喜愛

98 第歐根尼·拉爾修，第二卷，第一〇九頁。

99 第歐根尼·拉爾修，第二卷，第一一一—一一二頁。

找出語言中和日常觀念中所發生的矛盾；這是一種文化，這種文化把形式的語言（或語句，或抽象的因素）——並不是爲了擁護眞理或反對人們所謂的眞理——當作對象，並且意識到它的不精確，或甚至指出其中所表現的偏頗，使人們意識到，並且借此使其中所存在的矛盾暴露出來。這種對立並不是純粹的概念對立，而是與具體的表象交織在一起的。他們既不涉及具體的內容，也不涉及純粹的概念。每一個語句都由一個主語和賓語組成，主語和賓語是不同的，我們在表象中以爲它們是統一的；而那在平常的意識看來是眞的事物，乃是單純的、不自相矛盾的。可是事實上單純的、自同一的語句卻是同語反復，毫無所說；凡是有所說的語句，都包含有不同的事物，由於它的不同進入了意識，所以它就是矛盾的。可是平常的意識就此終結了；凡是有矛盾的地方，便只有解體，便只有自我揚棄。平常的意識並無唯有對立面的統一才是眞理這一概念，並不知道，如果把眞理了解成單純的意思，把虛假了解成對立、矛盾的意思，那麼在每一個語句中就都有眞理和虛假；在平常意識裡，積極的方面（對立的統一）與消極的方面（眞僞的對立）是彼此分離的。

在歐布里德的那些命題中，主要的意思是這樣的：因爲眞的事物是單純的，所以也要求有一個單純的回答；因此不能像亞里斯多德那樣，[100]回答必須涉及某些特殊方面，因爲實際上整個說來，這也是理智的要求。其所以陷入迷亂，乃是由於要求一個肯定或者否定的

134

100《智者的論辯》，第二十四章。

答覆；但是人們既不敢肯定，也不敢否定。這樣一來，人們便陷入困境了，因爲一個人不知道如何回答問題便算是粗野。因此眞理的單純性被了解爲原則。在我們這裡，這個原則是以這種形式表現的，即在對立的雙方中間，一個是眞的，另一個是假的；一個命題或者是眞的，或者不是眞的；一個對象不能有兩個對立的賓詞。這是理智的原則，principium exclusi tertii（排中原則）；這在一切科學中都是非常重要的。這個原則是與蘇格拉底和柏拉圖的原則有聯繫的：「眞理是有普遍性的」；這個原則是抽象的，是理智的同一性，眞的事物應當不自相矛盾。在斯底爾波那裡，這一點表現得更突出。麥加拉派堅持我們理智邏輯的這個原則；他們要求眞理具有同一性的形式。他們在求眞理的時候並不注意普遍觀念，而是在平常觀念中尋找例子，用這些例子使人陷入困境；他們並且把這個造成了一種體系。我們將舉出幾個流傳下來的例子。

1. 有一種論辯叫做**說謊者的論辯**。如果有一個人承認自己說謊，那麼他是在說謊還是說眞話呢？[101]要求作一個簡單的回答；因爲眞理被認爲是簡單的、一方面的事物，因此另一方面便被排除了。如果問他是否說謊，他應當回答「是」還是「否」呢？如果說，他是說眞話，那麼便與他的話的內容相矛盾；因爲他承認他說謊。如果他說「是的」（他說謊），那麼他說的又是眞話了；因此他既不說謊，又說謊，同樣情形，如果他說眞話，他便與他

101 西塞羅，《學園問題》，第四卷，第二十九章；《論迷信》，第二卷，第四章。

所說的相違反了。然而因爲眞理是簡單的，還是要求一個簡單的答覆。一個簡單的答覆是不能有的。在這裡，兩個對立的方面，說謊與眞話，是結合在一起的（我們看到了直接的矛盾），這個對立面的結合，曾經在各個時代以各種不同的方式一再出現，並且引起人們經常注意。克律西波斯，一個著名的斯多噶學派，就曾經對這個題目寫了六部書。[102]另一個人柯斯的斐勒塔，便是由於用心研究解除這種兩難困境的辦法，操勞過度，因而得了癆病死去。[103]與這事完全相似的事情就是我們在近代看到人們用盡力氣鑽研化圓爲方的問題——一個幾乎永垂不朽的問題。他們在不可通約的數目中間尋找簡單的比例；這個混亂就在於要求給予一個具有矛盾的內容的問題以一個簡單的回答。這個小小的歷史曾經得到了繼承，並且得到過重演；例如在唐吉訶德身上，就出現了完全相同的事情。巴拉塔里亞島的總督桑差在問案時，便遇到一些非常麻煩的考驗，其中就有下面這個事件。在這位總督的轄境內，有一座橋，是一個富人爲了旅客的便利而建造的，不過橋旁還樹立了一個絞架。行人必須滿足一個條件，才許通過這座橋。這個條件是：旅客必須說出他眞正要到哪裡去，如果他說謊，那就必須上絞架吊死。現在有一個人來到橋上，在回答要去哪裡時，說他是爲了來這裡上絞架

102 第歐根尼·拉爾修，第七卷，第一九六頁。

103 《雅典紀事》，第十卷，第四〇一頁（一五九七年卡索邦本）；蘇以達，《斐勒塔傳》，第三冊，第六〇〇頁；梅納鳩注第歐根尼·拉爾修，第二卷，第一〇八節。

吊死。守橋的人對這個回答大大地困惑了。因爲如果把他吊起，那他就是說了眞話，應當放他過去；如果放他走了，那他就是說了假話。他們無法解決，於是請總督明斷，總督說出了一句聰明話：在如此疑難的情況之下，應該採取最溫和的處置，因此應當放他走。桑差沒有苦苦地去想破腦袋。那應該是結果的，被當成了內容或原因本身，而按照規定，內容的反面應當作爲結果，即眞正意義的吊死，不應當以吊死爲結果；不吊死這一事實、事件，應該以吊死爲結果。因此最高的刑罰是作爲結果的死；在自殺的情況之下，死本身被當成了犯罪的內容，因此不能作爲刑罰。

我再舉出一個這類的例子，並伴隨著解答。「有人問美涅德謨，他是否已經停止打他的父親了？」人們要想使他陷入困境；不管他的回答是「是」還是「否」，在這裡都是有危險的。因爲如果我說：「是的」，那麼我就是打過他；如果說：「不是的」，那我就是還在打他。美涅德謨回答道：「我既沒有停止，也沒有打他。」對方對於這個回答是不會滿意的。[104] 這是一個兩方面的回答，把兩個方面都同樣地揚棄了，透過這個回答，問題事實上是解答了；這和上面那個問題是一樣的，即：承認自己說謊的人是否說眞話：他同時既說眞話而又說謊，而眞理就是這個矛盾。但是一個矛盾不能是眞的；矛盾是不能進入一般觀念的。〔因此桑丘·潘薩在下判斷時排除了這個矛盾。〕[3] 在意識中出現了矛盾，出現了對

104　第歐根尼·拉爾修，第二卷，第一三五節。

[3]　據英譯本，第二卷，第四六一頁增補。——譯者

立物的意識；矛盾可以毫不費力地在意識面前指出來，矛盾出現在感性事物、存在、時間之中，它們的矛盾必須加以揭露。這些詭辯並不是一種矛盾的假象，而是有實在的矛盾存在。在上面的例子中預先給你兩條路，要你選擇；但是例子本身就是一個矛盾。

2. 那個**隱藏者和愛勒克特拉**[105]的問題的發生，就在於提出一個矛盾：同時既認識又不認識一個人。我問一個人：你認識你的父親嗎？他答道：認識。我再問：如果我指給你一個人，他隱藏在帷幕後面，你認識他嗎？——不認識。——可是幕後的這個人是你的父親；所以你是不認識你的父親的。愛勒克特拉也是一樣的。是不是可以說她認識或不認識站在她面前的兄弟奧勒斯特呢？這些手法看起來是很膚淺的；然而進一步加以考察卻是有趣的。①認識的意思是：在觀念中肯定一個人是這個人，並不是不定地、一般地，而是這個人；②現在他被指爲一個這個人，隱藏者或奧勒斯特就是一個這個人。但是愛勒克特拉不認識他，她的觀念認識他；觀念中的這個人和這裡的這個人對於她不是同一個人。但是事實上觀念中的這個人正好不是一個眞實的這個人。這個矛盾透過規定（ὅρος）而得到解決：她在她的觀念中認識他，但不是作爲這個人。前面那個例子也是這樣。當兒子看見父親的時候，也就是說，當父親對兒子是一個這個人的時候，兒子認識父親；但是當父親隱藏起來的時候，他對兒子便不是一個這個人，而是一個被揚棄了的這個人了。隱藏者既作爲一個在

138

105 布魯克爾，《批判的哲學史》，第一冊，第六一三頁。

觀念中的這個人，就變成了一個普遍的人，並且失去了他的感性存在。在這些小小的故事中，也有了普遍與個別這一較高級的對立，因爲具有某物的觀念，一般說來，乃是普遍性的一個要素。當這個人被揚棄了的時候，他便不僅是觀念了；眞理是在普遍之中，就是對普遍的意識。因爲普遍正是對立面的統一；普遍在這個一般的哲學文化中乃是本質，而這個、感性的存在則在其中被揚棄了，普遍乃是個別的否定。（意識到這個感性存在在普遍中被揚棄了，這一點尤其是斯底爾波的特點。）

3. 另外一些這一類的機智是比較重要的；例如 *σωρείτης* 和 *φαλακρος* 這兩種論證便是，前者稱爲**穀堆論證**，[106] 後者稱爲**禿頭論證**。[107] 這兩種論證都涉及所謂惡性無限，涉及量的進展，這種量的進展不能達到質的對立，而最後終於出現於一個質的絕對對立之中。禿頭論證是與穀堆論證相反的問題。問題是：一粒穀子能否造成一堆？或者是：少一根頭髮能否造成一個禿頭？不能。再來一粒穀子或一根頭髮如何？還是不行。這個問題一直重複下去，總是問加一粒穀子或減一根頭髮如何。等到最後，人們說可以造成一堆或一個禿頭了，這時那最後加的一粒穀子或最後減的一根頭髮便造成一堆或一個禿頭了；這在一開始的時候是被否認的。但是一粒穀子怎就造成包含這麼多穀粒的一堆呢？命題是：一粒穀子不能造成一堆。矛

106 西塞羅，前引書處。

107 布魯克爾，《批判的哲學史》，第一冊，第六一四頁，注。

盾是：增加或減少一個都會過渡到對立方面去，過渡到多去。重複一就是建立多；重複使一定數量的許多穀粒集合起來。一粒變成了它的反面——一堆；除去的一根變成了禿頂。一粒和一堆是相對立的，但也是一個東西。換言之，量的進展看起來並不改變什麼，而只是增加和減少；但是最後卻過渡到了反面去。一個無限小或無限大的數量便不再是數量。我們總是把質與量分開來的。這個多乃是一個量的差別；但是這個無足輕重的數量的差別，在這裡最後轉變成了質的差別。這個規定是有極大的重要性的；雖然我們並不直接意識到這一點。例如：人們說，一角錢、一塊錢並不算什麼；可是由於這個不算什麼，錢袋就變空了——就值點什麼了，這是一個顯著的質的差別。把水加熱，水便不斷地變熱；在攝氏一百度的時候，水突然變成了蒸氣。這個量與質的區別、對立，是很重要的；但是質與量互相過渡的辯證法，卻是我們的理智所不承認的事物，理智始終認爲：質不是量，量不是質。在那些貌似開玩笑的例子中，存在著對於所涉及的那些思想範疇的根本的觀察。

他們有多得無數的這類玩笑；其中有一些是重要的，有一些是不重要的。亞里斯多德在他所著的《智者的論辯》中引述了許多別的手法，都是指出語言中所出現的一種非常形式的矛盾，一種存在於語言形式中的矛盾，因爲正是在語言的形式中個別的事物被了解爲普遍的事物。「這個是誰？是蘇格拉底。蘇格拉底不是陽性的嗎？是的。這個是中性的，所以蘇格拉底是被設定爲中性的。」[108]此外亞里斯多德[109]也敘述了以下的論證；這是一個手工匠人的機智，他是一個滑稽家。亞里斯多德爲了清除混亂，曾經花了很大的力氣。「你有一條狗，它是有兒女的；因此這條狗是父親。因此你有一個父親，它的兒女是狗；因此你本身是那些狗的一個兄弟，並且本身是一條狗。」對於造作這一類機智，當時和以後的希臘人是源源不竭的。在懷疑學派那裡，我們以後將看到辯證的方面得到了進一步的發展，並且達到了較高的一點。

（三）斯底爾波

斯底爾波是一個生於麥加拉的當地人，他是最有名的詭辯者之一。第歐根尼敘述道：「他是一個很有力的辯論家。他以辭令辯給勝過所有的人，以致全希臘的人都有因爲他而（差一點）麥加拉化的危險。」他於亞歷山大大帝的時代及其死後（一一四屆奧林匹克賽會的第一年，即公元前三二四年）生活在麥加拉，在那裡，亞歷山大的將軍們之間發生了內訌。「托勒密·索特爾，安提貢的兒子德米特里一世·波流爾克底，當他們征服麥加拉的時

108 亞里斯多德，《智者的論辯》，第十四章；布勒對此書的注，第五一二頁。

109 《智者的論辯》，第二十四章。

候，曾經給他很多的禮遇。在雅典，幾乎所有的人都從工作場所跑出來看他；當有人向他說，人們讚賞他就像讚賞一個奇怪的野獸一樣時，他答道：不，是像讚賞一個眞正的人那樣。」[110]在斯底爾波那裡，特別要表明的，是他把共相了解爲形式的、抽象的理智同一性的意義。他的例子中間的主要之點，總歸是著重那與特殊事物相對立的普遍性的形式。

1. 第歐根尼首先從他引述了關於這個與共相的對立：「誰若是說有（一個）人，（這個說人的人）就沒有說任何人；因爲他沒有說這個人或那個人。因爲爲什麼是這個人而不是那個人呢？所以也不是這個人。」[111]人是個共相，而不是指這一個人，這一點是人人都很容易承認的；但是這個人還依然存留在我們的觀念中。然而斯底爾波說，這個人是根本不存在的，並且是根本不能說的，只有普遍的人存在。第歐根尼．拉爾修說：「他拋棄了類。」從那由他引證的話裡，可以推出正好相反的意義：斯底爾波肯定普遍而拋棄個別；坦納曼[112]當然也是這樣想的：斯底爾波拋棄了類。

斯底爾波堅持普遍性的形式，正是這一點，在許多逸事中表現得更清楚，這些逸事是講他的日常生活的。例如他說：「這裡陳列（出售）的白菜是不存在的。因爲白菜在好幾千年

110 第歐根尼．拉爾修，第二卷，第一一九、一一三、一一五節。

111 第歐根尼．拉爾修，第二卷，第一一九節。

112 第二冊，第一五八頁。

以前就已經存在了；所以白菜並不是這個陳列的白菜」；[113]也就是說，只有普遍者存在，這個白菜是不存在的。當我說這個白菜的時候，我所說的和我所想的完全是兩回事；因爲我說的是一切其他的白菜。

再引一個這種意義的逸事。「他與一個犬儒學派克拉底談話，爲了要買魚而把談話中斷了。克拉底就說：怎麼，你不談了嗎？」（意思是說，即使在日常生活中，一個人如果被問得不知道如何回答，也會被人譏笑，被人認爲愚蠢；現在所談的問題如此重大，如果他只是一般地稍稍回答幾句，也比起完全回答不出要好些，這樣他就無不答之咎了）。「斯底爾波答道：絕不是的，我是有話談的，不過我丟開你不談；因爲話以後仍舊可談，可是魚不買卻會賣掉的。」[114]這些簡單例子裡面所講的，看來是很瑣碎無聊的，因爲這是這樣一種瑣碎無聊的題材；在別的形式中，似乎比較重要，可以加以進一步考究。

一般而言，共相在哲學論證中是受到重視的，甚至只有共相才能被言說，而「這個」、所指謂的事物，則根本不能講，這是一種我們近代的哲學文化尚未達到的意識和思想。一般的常識，或者近代的懷疑論，或者一般哲學，主張感性的確認有眞理性，或者主張在我們之外確實有感性事物存在，以及凡是自己看到、聽到是如此的事物每一個人也都認爲是眞的，要予以根本的駁斥，是完全不必去理會這些說法的；他們直接主張：直接的事物是眞

113 第歐根尼．拉爾修，第二卷，第一一九節。

114 第歐根尼．拉爾修，第二卷，第一一九節。

的。我們只需要按照他們所說的話來理解他們，便可看出，他們所說的總是與他們所指謂的兩樣。最令人震驚的，是他們根本不能把他們所指謂的說出來。他們說：感性的事物；這就是一個有普遍性的事物，是指一切的感性事物，是對「這個」的一個否定，換句話說，「這個」乃是一切這些。思維只包含普遍觀念，「這個」只是一個所指謂的事物；如果我說「這個」，這就是那最普遍的事物。例如：這裡就是我所指的那個地方，現在就是我講話的那個時候；但是這裡和現在卻是所有的這裡和現在。當我說「我」的時候，我就是在心裡把我這個個別的人與其餘人分別開來。但是我正是這樣一個被指謂的事物；對於我所指謂的那個我，我是根本不能說的。我是一個絕對的表述詞。我，不是我以外的任何別人，所以人人都自稱爲我，我是每一個人。誰在那裡？是我。這就是所有的人。普遍是存在的；但是個別也只是普遍，因此，在話語中，在語言中，在由精神而生的一種存在中，如所指謂的那樣的個別是根本找不到地位的。語言在本質上只是表示那一般的普遍觀念；而人們所指謂的事物卻是特殊者、個別者。因此人們對於自己所指謂的事物，是不能在語言中來說的。如果我要想用年齡、用出生地、用我所做的事、用我過去或現在所在的地方來區別我，來把我規定爲這個個別的人，情形也是　樣。我現在有這樣大的年紀；但是我說的這個現在，正是一切的現在。我如果從一個紀元算起（如基督誕生等等），這個年代卻又是由現在所確定的，現在是永遠在移動的——一個由另一個規定：從現在起一八〇五年以前基督降生，所以現在是基督降生後一八〇五年。它們只是互相規定的；但是全體卻是不定的，它有一個無始無終的「之前」和「之後」。「這裡」也是這樣的；這個「這裡」是指每一個「這裡」，每一個「這裡」

也都是一個這裡。語言中所包含的普遍性的本性就是如此。於是我們用一般的名稱來幫助自己，我們用這些名稱完滿地規定著個別的事物，這個如此稱呼的事物；然而我們也承認，我們並沒有表示事物本身。作爲名稱的名稱，並不是一個包含我之爲我的表述詞；它是一個表示活躍的記憶的記號——而且是一個偶然的記號。

2. 由於斯底爾波把共相說成了獨立的事物，所以他使一切解體。「一個事物的規定若是不同的，則那個事物即是不同的」；規定性的固定就是獨立性的固定。事物的特性便是被他當作獨立固定的規定性。如果規定性（λόγος）是獨立自爲的，則事物便是解體了的事物，便是許多獨立規定的集合。斯底爾波做了這樣的主張，一件事物的各個規定（λόγα，普遍性的形式之下的）如果是不同的，則它便是另一個事物。因爲「各個規定（這是實在的事物）是分離的」，所以根本就沒有個體。「人們說：蘇格拉底是文雅的，是人，所以這兩個 εἴδη（理念）是彼此不同的」；如果蘇格拉底是一個由許多獨立理念組成的集合體，那麼這個集合體就不是眞的，只有共相才是眞的。[115]

115 辛普利修斯注亞里斯多德《物理學》，第二十六頁（坦納曼，第二部，第一六一頁）：「因爲麥加拉派的哲學家們認爲這種看法證實了以下的事實，即凡是有著不同的規定的，便是不同的，而不同是使一個與另一個分離開來的，他們似乎證明每一事物都與自身分離。由於文雅的蘇格拉底與聰明的蘇格拉底是不同的規定，所以蘇格拉底是與他自身分離的。」

3. 很值得注意的是：這種同一性的形式在斯底爾波那裡被意識到了：「我們不可將不同的賓詞去稱謂一個對象；」[116]——這是同一律。「如果我們宣稱一匹馬在跑，這並不是說，賓詞與它所稱謂的對象是同一的。而是說『人』是另一個概念規定，『好』是另一個概念規定；同樣情形，『馬』與『跑』也是不同的。因爲如果根據概念來問我們，我們便會宣布這兩者不是同一個事物。因此用不同的事物來稱謂不同的事物的人是錯了。因爲如果人與好是同一的事物，馬與跑也是同一的事物，那麼怎麼能夠也說麵包和藥好、獅子和狗跑呢？」[117]「因此人們不應當說，人是好的，也不應當說，人是一個將軍；而只應當說，人只是人，善只是善，將軍只是將軍；不能說，一萬個武士，而只能說，武士只是武士，一萬只是一萬。」

116 普魯塔克，《反柯洛底》，第二十二章，第一一一九頁，克須蘭本（胡頓本，第一四冊，第一七四頁）：「斯底爾波說：不能用不同的賓詞來稱謂同一對象。所以我們不能說這個人是好的和這個人是一位將軍，卻只能簡單地說，人只是人，好只是好，將軍只是將軍。我們也不能說一萬個武士，……而只能說，武士只是武士，一萬只是一萬……是不是會有一種人，聽了這種話，而不知道這是一個精闢的諧語呢？」

117 普魯塔克，《反柯洛底》，第二十三章，第一一二〇頁（第一七六頁）。

二、昔蘭尼學派

蘇格拉底要想把自己當作個人來訓練，他的學生們，犬儒學派和昔蘭尼學派，也是如此。昔蘭尼學派並不停留在一般的善的規定上；他們力圖對善進一步規定，並且把善放到個人的享受、快樂中。犬儒學派則表現得與此完全相反。個人生活、實踐哲學乃是主要的目的。昔蘭尼學派滿足於他們的特殊的主觀性；人們可以對快樂做種種了解。犬儒學派也滿足於主體；所以他們與昔蘭尼學派是同一的。但是〔犬儒學派〕所滿足的特殊內容乃是自然的需要；他們表示出一種消極態度，反對別人求快樂的行爲、別人認爲有價值的事物。整個說來，這兩個學派有著相同的目的：個人的自由和獨立。

昔蘭尼學派的原則，簡單地說是這樣的：尋求快樂和愉快的感覺，乃是人的天職，人的最高的、本質的事物。快樂在我們這裡是一個微不足道的字眼。我們習慣於認爲有一種比快樂更高的事物，習慣於把快樂看成無內容的。人們可以用千萬種方式取得快樂，快樂可以是各種極不相同的行動的結果；這種不同，在我們的意識中是非常重要和極其根本的。因此這個原則最初對我們表現爲微不足道的；一般說來，誠然是如此的。在康德哲學以前，眞正說來，一般的原則乃是快樂論；對於愉快和不愉快的感覺的觀點，在當時的哲學家那裡，乃是一個最後的本質的規定，例如孟德爾森、愛伯哈爾特等人便是，在他們那裡，甚至悲劇也應當憑藉其中所表達的那些不舒適的感覺來引起舒適的感覺。

（一）阿里斯底波

昔蘭尼學派由非洲昔蘭尼地方的阿里斯底波而得名，阿里斯底波是這個學派的創始人和首領。他與蘇格拉底交遊甚久，並且在他那裡受到了教養；但是也可說，在他謁見蘇格拉底以前，他就已經是一個有決心的、有教養的人了。他聽到蘇格拉底的教言，可能是在昔蘭尼，也可能是在奧林匹克賽會上，昔蘭尼人也和希臘人一樣來參加這個賽會的。他的父親是一個商人，他本人旅行到雅典，是爲了商務的目的。[118]他不滿足於蘇格拉底關於善和美的一般的話語（蘇格拉底沒有予以確定的內容），而把那反映到意識中的本質，把這個本質的最高特性，規定並了解爲個體性。本質、共相、思維在他看來乃是作爲個別意識而有其實在性的一面，這一方面才是人必須追求的；因爲他認爲個人的快樂和享受，是理性所尋求的唯一的事物。

在阿里斯底波那裡，最重要的是他的性格、他的個性。他之尋求快樂，乃是作爲一個有完全教養的精神，作爲一個憑藉思想的修養而提高到對一切特殊事物、煩惱、各種約束完全無動於衷的人去進行的。當把快樂當成原則時，我們就會以爲：這種人無論在肉體享樂方面

118 第歐根尼·拉爾修，第二卷，第六十五節；坦納曼，《哲學史》，第二冊，第一〇三頁；布魯克爾，《批判的哲學史》，第一冊，第五八四頁以次。

或精神享樂方面，乃是一個有所依賴的人，因爲享樂是與自由的原則相對立的。但是我們既不應當這樣來看昔蘭尼學派的學說，也不應當這樣來看伊壁鳩魯學派的學說，整個說來，他們是有著同樣的原則的。在這裡，有兩個環節是基本的：一個是那原則本身，即快樂的規定。而另一個則是：人具有一個有教養的精神，並憑藉他的精神的這種教養而獲得他的完全的自由，這種自由，他只有憑藉教養才能獲得；而他在另一方面，又只是憑藉著自由而獲得教養，只有憑藉著這種精神教養，他才能獲得快樂。可以說，這個原則似乎是非哲學的，因爲把原則放到快樂裡面，似乎是哲學的反面；但是他採取了一個轉向，即把精神的教養、思想的教養當成獲得快樂的唯一條件。阿里斯底波無疑是一個有最高的教養的人；他也把教養估價爲最高的事物。因爲他雖然把 *ἡδονή*（快樂）當作原則，卻從以下一點出發，即認爲這只是一個對於有哲學教養的人的原則。因此阿里斯底波的原則是這樣的：愉快地感覺到的事物，並不是直接認識到的，而只是透過反思、透過哲學思維而認識的。

阿里斯底波是按照這些原則而生活的；他的生活方式和逸事比起他的哲學學說，更令我們感興趣。這個原則在哲學上的發揮，屬於他本人的並不多，而大多是屬於他後來的追隨者，如小阿里斯底波和德奧多羅，他們與另一些人屬於昔蘭尼學派，以後又轉入了伊壁鳩魯學派。赫格西亞、安尼切里斯以後被認爲是這樣的一些人，他們進一步發展了這個基本原則。在這個學派內部唯一值得注意的，是人們看見愈向普遍原則的一貫性進展，因而也就愈向違反原則的不一貫性進展。

那些講到阿里斯底波的多方面的逸事，一個富於機智的和瀟脫的性情的那些特徵，是最爲有趣的。他一生追求快樂，但是並非不用理智，而是（因此他是按照自己的方式行事的哲學家）一方面小心謹慎，謹慎是不會聽從一種暫時的快樂的，因爲一種更大的災禍會從暫時的快樂中產生出來；一方面也不驚惶緊張——（哲學就在於不驚惶緊張）——，驚惶緊張是隨時隨地害怕不好的和可能的惡劣後果的；總之完全不依賴於事物，不固執於某個本身具有變化無常的性質的事物。有人說：「他適應各種情況，能夠生活在一切環境之中」；他無論在國王們的宮廷中，還是在窘困的情況下，都是始終如一。「據說柏拉圖曾向他說：只有你一個人，可以穿紫袍，也可以穿破衣。特別是」他住在「狄奧尼修斯家裡」，「很得寵愛」，並且寄食於此，可是他卻始終保有很大的獨立性；「犬儒學派的第歐根尼因此曾稱他爲御犬」。下面這件事，可以向我們證明他的完全無動於衷。「有一次狄奧尼修斯向他吐了一口痰，他耐心地忍受著，並且當別人因此責備他時說：漁夫們爲了捕一條可憐的小魚，不惜讓海水濺在身上，我爲了捕一條大鯨魚，豈不應當忍受這一點。他享受現在的快樂，並不爲那不屬於現在的快樂做過多的努力。有一次狄奧尼修斯要他從三個妓女中挑選一個，他把她們三個都帶走了，他說，挑選出一個來，這件事就是對於巴里斯也是危險的；可是當他把她們帶到房子的前院時，他就把她們三個都放走了。」[119]

「他也是蘇格拉底學派中間第一個向他所教導的人要錢的。他自己也曾送錢給蘇格拉

119 第歐根尼·拉爾修，第二卷，第六十六—六十七節。

底，但是蘇格拉底把它退還了。有一次有一個人想把兒子送給他教，他向這人要五十個德拉克馬，這人覺得價錢太高了，認爲用這筆錢可以買一個奴隸；阿里斯底波答道：你去買奴隸吧，你會得到兩個奴隸的。有一次蘇格拉底問他：你怎麼有那樣多的錢？他回答道：你怎麼只有那些錢呢？」他輕視錢財，有錢與快樂中所產生的後果是違反的；他把錢都在美食上用光。「有一次他買了一隻鷓鴣，花了五十個德拉克馬。」（值二十弗羅棱）「當有一個人指責他這件事時，他問道：一個銅圓你買不買？買。那麼，五十個德拉克馬在我看來並不比一個銅圓更值錢。之後在一次非洲的旅行中，[120]他的奴隸覺得揹一大筆錢太累了；當他知道了這一點時，他便說：把太多的扔了吧，能拿多少就拿多少。」[121]

關於教育的價值，「對於一個有教養的人與無教養的人有什麼分別這個問題，他答道：一塊石頭不會和另一塊適合，[122]分別之大，正如一個人之於一塊石頭那樣。這並不是完全不對；因爲人是透過教育才成爲人，才成爲人應有的樣子；這是人的第二次誕生，人透過教育才獲得了他從自然具有的事物，於是他才成爲精神。在這裡，我們不應當想到我們的無教養的人，因爲在我們中間，無教養的人是透過整個環境，透過習慣、宗教而參與文化教養的一

120 賀拉西，《教言》，第二卷，第三章，第一〇一行。

121 第歐根尼·拉爾修，第二卷，第六十五、七十二、八十節；第六十六、七十七節。

122 第歐根尼·拉爾修，第二卷，第七十二節。

個源泉，這個文化源泉使他們高出那些並不生活在這樣一種環境中的人之上。那些致力於其他各種科學而忽略了哲學的人，阿里斯底波把他們比作『奧德賽』裡面『珮涅洛珮的求婚者』，他們誠然能得到梅蘭托和其他的女郎，卻得不到這位王后。」[123]「有一次有一個妓女向他說，她從他而懷孕了，他說：你怎知道是從我而懷孕的？如果你走過荊棘叢中，你能說得出是哪根刺把你刺了？」[124]

阿里斯底波和他的信徒們的學說是極其簡單的。意識對本質的關係，他是以最表面的原始形式來了解的；而且把直接被意識到亦即直接被感覺到的本質宣布爲存在。現在在眞實者、有效者、自在自爲地存在者和實踐者、善、應爲目的者之間，形成了一種區別。關於什麼是理論上的眞實者和什麼是實踐上的眞實者，昔蘭尼學派認爲是由感覺來規定的。因此仔細說來，這裡包含著以意識對於對象的關係爲原則，而不以客體本身爲原則。所以昔蘭尼學派說：在理論方面說，眞實的事物即是感覺，並不是感覺中間的那個事物，並不是感覺的內容，而是作爲感覺的感覺本身。感覺不是客觀的，客觀的事物卻在感覺之中。「我們不能把感覺當作一個存在的事物，也不能把存在物稱爲眞實的事物；因此我們曾經說，感覺到一個

123　第歐根尼·拉爾修，第二卷，第七十九節。

124　第歐根尼·拉爾修，第二卷，第八十一節。

152 甜的、白的事物，是以一個對象爲原因，這個對象是白的、甜的」[125]等等。「理論上的眞實者既是感覺，實踐上的眞實者或目的也同樣是感覺」，它的內容、實在只是感覺。「感覺既是目的」，那麼，感覺的差異性便不是感官感覺漠然的多，而是概念對立的多：對行動、對否定者的關係，作爲對象的行動也是否定的；「或者是愉快的，或者是不愉快的，或者兩者都不是。目的」作爲目的，就其單純本質說，在它的對立中，「也是善或惡」；我感覺到一件事物是正當的，是因爲我感覺到它是適意的，說得更好一點，是令人滿足的。「愉快的感覺就是善，不愉快的感覺就是惡。因此各種感覺乃是認識的標準，並且是行爲的目的」，理論上的眞實者和實踐上的眞實者。「我們生活著，是由於我們遵循著關於現實和快樂的感覺；前者根據理論的直觀，後者根據快感。」[126]

我們在這裡進入了一個新的境界，在這裡，特別出現了兩種規定，這兩種規定我們在以後的哲學中到處都可發現，特別是在斯多噶學派、新學園派那裡。第一個即是規定本身，即是標準；第二個則是對於主體的規定、對於人的規定。因此便出現了關於賢者的觀念：賢者做些什麼？賢者是誰？等等。特別討論這兩點的，是除去柏拉圖和亞里斯多德以外的以後各
153 種哲學。爲什麼出現這兩個問題，乃是與過去的事物有聯繫的。善、眞乃是普遍的，乃是蘇

---

125 塞克斯圖斯・恩丕里柯，《反數學家》，第七卷，第一九一節以次。

126 塞克斯圖斯・恩丕里柯，《反數學家》，第七卷，第一九九—二〇〇節。

格拉底的目的；普遍者仍然是被規定爲本身無內容的，興趣現在是在於去找出內容來，給普遍者找出一個規定來。關於善，人們可以成年累月地喋喋不休；可是什麼是善，這才是問題。什麼是更進一步的規定？這就是標準。另一方面是：主體應當把什麼當作自己的天職？現在開始出現的那種主體的興趣是什麼？昔蘭尼學派現在把快樂設定爲內容。在這裡開始出現了希臘精神的逆轉。當一個民族的宗教、法制、法律有效的時候，當一個民族的各個個人處在宗教和法度之中，與宗教和法度合而爲一，共爲一體的時候，是不發生個人自己應當做些什麼的問題的。這可以說已經就在那裡了，已經就在他本身之中了。相反地，當這種滿足不再存在的時候、當個人不再處在他的民族倫理之中、他的實質不再處在他的國家的宗教、法律上的時候，個人就開始關注自己了；他不再發現他所期望的事物、他不再滿足於現狀、不再滿足於他自己的現狀了。就是因爲這個原因，所以產生下面的問題：什麼是個人的本質的事物呢？個人應當爲了什麼來教育自己，爲了什麼而努力呢？於是便提出了一個個人的理想；這個理想在這裡就是賢人。在一種倫理的、宗教的狀態中，個人發現人的天職已經存在在那裡面了。他的天職就是要公正、合乎倫理、篤信宗教；這一切都已經存在於民族的宗教、法律之中。可是等到分歧產生了，個人就必須深入自身，就必須在自身中去尋求他的天職了。

154

因此昔蘭尼學派的基本原則是感覺，感覺被當成眞與善的標準。我們特別從晚期的昔蘭尼學派那裡，尤其是從德奧多羅、赫格西亞和安尼切里斯那裡，聽到阿里斯底波的原則的進一步科學的發揮，直到它衰落和墮入伊壁鳩魯主義。但是考察昔蘭尼學派原則的進一步發展，卻是特別有趣味的，因爲這個發展透過事情的必然後果而完全跳脫這個原則；進一步的發展，眞正說來乃是原則本身的揚棄。感覺是不定的個別者。可是，如果另一方面著重了這個原則中的思維、理智、精神修養，那麼，透過思維的普遍性的原則，那個偶然性、個別性、單純主觀性的原則就消失不見了。

（二）德奧多羅

在晚期的昔蘭尼學派中，必須首先講德奧多羅，他被人稱頌爲教育家。他之所以出名，是由於「他否定神靈的存在並因而被逐出雅典」。[127]但是這樣一個事實是不會有多大興趣和思辨意義的，因爲德奧多羅所否定的流行的神靈，本身並不是思辨理性的對象。他的傑出之處，還在於他提出共相是那對意識而言是本質的觀念，因爲他「把快樂與憂愁規定爲最終目的；不過他卻認爲，快樂是屬於理智的，憂愁是屬於無理智的」。他將形式方面的善與實在方面和內容方面的目的分開；並且將形式的「善」規定爲「理智和正義，將惡」規定「爲善的反面，而認爲苦與樂是無足重輕的」。[128]如果進而意識到，個體事物、感性事物、

127　第歐根尼．拉爾修，第二卷，第九十七節；第一〇一－一〇二節。

128　第歐根尼．拉爾修，第二卷，第九十八節。

感覺，至少就其爲直接的事物而言，是不被視爲本質的，那麼就可以就，感覺必須用理智來享受，換句話說，那作爲感覺的感覺，感覺的直接性，便不是本質。作爲感覺的一般感性事物，不管在理論上還是在實踐上，都是一種完全不確定的事物，都是個別的事物；對這種個別的事物加以判斷是必要的，也就是說，必須把它放在普遍性的形式中來考察，這樣就必然重新得出普遍性來。因爲在個別性受到限制的地方，享有和諧的感覺和快樂，就等於是有教養、有普遍性，首先就應當超出個別性，推測到在哪裡找到更大的享樂。在許多的享樂中，究竟哪一種是最令人滿足的呢？就是哪種與我最爲和諧的享樂。我是什麼呢？我是一個多方面的人。與我相契合的最大的和諧，只是存在於我的特殊存在和意識與我的本質的實質的存在的一致之中。那麼，什麼是我的本質的實質的存在呢？就是理智、正義；人們就是依靠理智和正義才知道要在哪裡尋找享樂。如果說，必須用理智去享受，或者說，幸福必須用心思、思慮來尋找，那麼，這就是空話，就是毫無思想的言語。因爲感覺就包含了幸福，從它的概念說，它就是個別的、變化無常的事物，是沒有普遍性和穩定性的。普遍的觀念（理智）是作爲一個空洞的形式，附屬於一個與它完全不相稱的內容上的。

（三）赫格西亞

因此值得注意的是另一個昔蘭尼學派赫格西亞，他認識到感覺與普遍性之間的這種不相稱，普遍性與個別者是對立的，它既包含著適意的事物，又包含著不適意的事物。因爲他一般地更堅定地把握了共相，並且給它更重大的地位，因此對於他，全部個別性的規定是消失了，事實上個別性的原則是消失了。他開始認識到，感覺，這個個別的事物，並不是自在的事物。因爲他也把感覺、「把享樂當作目的」，所以感覺對於他乃是普遍的事物。如果享樂是目的，那麼就必須追問它的內容；如果研究這個內容，那麼每一種內容就都是特殊內容，都不與普遍的形式相適合。特殊內容的辯證法出現了；赫格西亞遵循昔蘭尼學派的原則，直到這種結果。這個普遍者是包含在他所宣布的一段話裡，這話我們常常聽到，就是說：「沒有」——沒有特殊者——「完滿的幸福。」他說：「身體受多種多樣的痛苦所侵擾，靈魂也同受折磨；因此選擇生或選擇死是無所謂的。沒有什麼事物本身是適意的或不適意的」，也就是說，把享樂說成自在的事物，乃是一句空話；因爲享樂毋寧是一個虛無的事物，本身並無任何規定，乃是客觀規定性的否定。適意與不適意這個標準，本身是個完全不確定的事物；因而被當成完全不確定的。「享樂的稀少、新鮮或過分，在有些人之中產生快樂，在另一些人之中則產生不快樂。貧與富對於適意來說，是毫無意義的；因爲我們看到富人並不比窮人享受更多的快樂。同樣情形，奴役與自由、出身的高貴與卑賤、有名與無名，對於適意來說，都是無所謂的。」[129]

「只有在愚人看來，生活才是一件重要的事，對於賢智之士，這是無關緊要的」，因此

129 第歐根尼·拉爾修，第二卷，第九十三—九十四節。

他是獨立無所待的；在如此被堅持的共相前面，一切特殊的事物，甚至生命，都消失不見了。「賢人只是自爲地生活著，爲自己的目的生活著；他不認爲別人有和他同樣的價值。因爲即使他從別人那裡」（如：朋友，從外面等等）「獲得最大的好處（享受），這也比不上他給予他自己的事物。」賢人的問題是，正如現在所問的那樣：我能夠認識什麼？我應當相信什麼？我可以希望什麼？什麼是主體的最高利益？並不是：什麼是正確的、自在自爲的、自身決定的眞理？而是：在個人的識見、信念、知識及其存在的方式中，什麼是眞實的和正確的？「赫格西亞和他的朋友們」（根據第歐根尼）「也揚棄了感覺，因爲感覺不能給人正確（準確）的知識。」這整個說來是懷疑論。他們還進一步說：「應當去做那有理由認爲是最好的事情。犯錯誤是可以原諒的；因爲沒有人會心甘情願地犯錯誤，只是由於被一種情欲所奴役了。賢人不怨恨，而只是勸告。他的努力一般說來不在於企求善，毋寧說在於避免惡；他的目的是無憂無慮地生活。」[130]

在赫格西亞這裡，我們看見思想的更大的一貫性的發揮。如果所講的是個別的事物，而思想始終是本質的事物，而且思想又是被包括在普遍性中的，那麼，一切屬於感覺的特殊性在思想中就都消失不見了；特殊性的總和或意識自身的個別性——適意、享樂等等的總和也同樣隨之消失了，總之生命便因之成爲不重要的了。個人自由的原則看來是完全走到個別的

130 第歐根尼．拉爾修，第二卷，第九十五節。

事物上面去了；如果這個原則被思想成普遍的，那麼全部特殊者就都瓦解了，都是無所謂的了。自我意識的這種普遍性和自由，赫格西亞把它提出來當作原則，他把它說成（由此產生出斯多噶學派和伊壁鳩魯學派的原則：「一切都是一樣的」）完全的漠然無動於衷，說成賢人的狀態；一種漠不關心的態度，我們看到，在這種態度之下將產生出這個時代（方式）的一切哲學系統——這是一種捨棄全部實在、完全退回生活自身之內的態度。據說赫格西亞曾住在亞歷山德里亞，曾被當時的托勒密王朝禁止講學，因為他煽惑許多聽眾，使他們具有這種漠不關心的態度，對生活厭倦，竟至自殺。[131]

（四）安尼切里斯

我們還要提到安尼切里斯和他的門徒們，在他們那裡，真正說來，昔蘭尼學派原則的特性是完全被拋棄了。普遍原則在這個學派中失去了，這個學派消沉了。安尼切里斯給予哲學文化以另一個方向，這個方向後來在亞里斯多德學派和西塞羅那裡也出現了；這是一種通俗的文化。據說，「他們承認日常生活中的友誼，以及對父母的感謝和尊敬，和為祖國做事情」乃是人的目的和志趣。「賢人雖然經受種種困難，負擔種種工作，他卻依然能夠幸福，

131 西塞羅，《杜斯古里問題》，第一卷，第三十四節；Val. Max. 第八卷，第九節。

哪怕他自己在其中很少得到享樂。友誼的目的並不只是爲了利益，而是爲了從其中產生出來的善意；而且那出於對朋友的愛應當擔負起重擔和困難。」[132]因此便過渡到了具有更多道德形式的通俗的事物；理論上的思辨成分便失去了。一種道德哲學興起了，這種哲學在西塞羅和晚期逍遙學派那裡占據優勢，情形正如亞里斯多德的哲學在西塞羅的時代一樣。

因此我們看到昔蘭尼學派的歷程是這樣的：一個轉變是對原則本身的揚棄、忽視；另一個轉變是進入通俗的事物，對於思維的一貫性，在那裡是不再有興趣了。標準和賢人這兩個名詞，現在變得非常習見；*ηατήριον*（標準）就是判斷，現在即是一般的規定性。自我意識的個別性被理解爲本質，不過是一般地理解爲本質，因此是被理解爲一般的：於是就產生了人們慣常所謂賢人的理想；這是個別的事物，但被設想爲普遍的。這種關於賢人的說法在斯多噶學派、伊壁鳩魯學派那裡是共同的，不過並無概念；這種理想只是賢人的個別目的，並不是世界的普遍目的。眞理、正義代替了關於自在自爲的客觀事物的科學，而這種眞理、正義是作爲內容，採取著一個存在著的主體的形式的。但是問題並不在於智慧的人，而在於宇宙的智慧，實在的理性。第三個規定是這樣的：普遍的一面是善；實在的一面則是享樂、幸福，這是個別的存在、直接的現實。這兩方面是怎樣調和起來的呢？各個哲學派別曾經提出了這兩個規定（這是更高的存在和思維）的聯繫。

---

132 第歐根尼·拉爾修，第二卷，第九十六—九十七節。

三、犬儒學派

關於這個學派沒有什麼特殊的事物可講。犬儒學派沒有什麼哲學的教養，也沒有使他們的學說成爲一個系統、一門科學；後來才由斯多噶學派把他們的學說提高爲一個哲學學科。犬儒學派和昔蘭尼學派一樣，方向是：要決定什麼應當是意識及其認識與行爲的原則。犬儒學派也把善設定爲普遍的目的：個別的人應當在哪裡尋求善呢？昔蘭尼學派是根據其一定的原則，把個人的意識或感覺當作意識的本質，犬儒學派則相反，他們以直接對於我具有普遍性的形式的個別性爲本質；也就是說，把我當作一個對一切個別性漠不關心的、自由的意識。他們首先就與昔蘭尼學派相對立；因爲當昔蘭尼學派認感覺爲原則時，由於感覺應當爲思想所決定，所以感覺就自然地被擴展爲普遍性和完全的自由，而犬儒學派的出發點，則是以完全的自由和獨立作爲人的天職。同樣地，也就是這種自我意識的漠不關心，被赫格西亞宣布爲本質；因此這兩個正相反的學派在它們的命題的結論中取消了自己的對立性，並且互相轉化。在昔蘭尼學派那裡，有著事物向意識的復歸運動：沒有一件事物對於我是本質；對於犬儒學派，意識也是以自身爲對象的，個別的自我意識也同樣是原則。犬儒學派至少在開始的時候，曾經提出以下這個原則來作爲人的天職：要使思想以及實際生活有自由，對一切外在個別性、特殊目的、需要和享樂必須漠然無動於衷；因此教育的目的不僅是達到自身獨立不倚，對一切個別性等漠然無動於衷，如像昔蘭尼學派那樣，而是達到斷然的自製、把需要限制到必需品上，限制到自然直接要求的事物上。犬儒學派把不受制於自然的最高度的獨立性定爲善的內容，也就是說，把最低限度的欲求定爲善的內容；這是逃避享樂，逃避感覺的愉快。否定在這裡則是決定性的事物，犬儒學派與昔蘭尼學派之間的這種對立，以後也出現在斯多噶學派與伊壁鳩魯學派之間。在這裡已經看得很清楚，犬儒學派是如何把否定當作原則，這個否定在昔蘭尼學派哲學所獲得的進一步發展中也出現了。

犬儒學派並無任何科學的重要性；它只構成對共相的意識中所必然要出現的一個環節：意識必須認識它自己的個別性是完全不依賴於事物和享樂的。（一個人如果依靠財富或享樂，在他看來，這種事物性就是眞實的意識，或者他的個別性就是本質。）然而犬儒學派把這個環節這樣地固定化了，以至於把自由視爲對所謂多餘贅物的實際克制；他們只認識這種抽象的無運動的獨立性，這種獨立性就是對日常生活中的享樂、興趣不染指。然而眞正的自由並不在於這種逃避享樂，逃避有關他人和其他生活目的的事務；相反地，自由乃在於意識**在投身於全部現實之中**時能夠超出現實，不爲現實所制。

（一）安提西尼

安提西尼是第一個作爲犬儒學派出現的人，是雅典人，並且是蘇格拉底的朋友。他在雅典生活和教學在「一個運動場中，這個運動場稱爲『居諾薩格』（狗窠）；他被人稱爲ἀπλοκύων，即單純的狗。他的母親是色雷斯人；這一點常使他受人譴責」，這種譴責在我們看來是很無聊的。「他答道：眾神的母親是一個佛里幾亞女人，那些以出生於雅典而十分自負的雅典人，並不比那些本地出生的蛤蜊和蚱蜢更高貴。他曾在高爾吉亞和蘇格拉底那裡受教育；他每天從畢萊烏港口進城，來聽蘇格拉底講學。」[133]他寫過不少著作，根據各種證據看來，他乃是一個有高度教養、高尚和嚴肅的人，他開始把生活上的外在的貧困認爲有其價值。人們講到過他的不少著作的題目。[134]安提西尼的原則是很簡單的；他的學說的內容仍然停留在一般性上面。對他的學說作比較詳細的述說，乃是多餘的事。他的學說就在他的那些美麗的言語（一般的規則）中，如像「美德是自足的，除了蘇格拉底的品格力量之外，便什麼都不需要了」。「無欲是神聖的；而盡可能地減少欲望乃是最接近神聖的」[135]。「善是美麗的，惡是可恥的。美德即在工作中，並不需要許多言語和論證，也不需要宣講。人的天職在於道德的生活，賢人是自足的；因爲他擁有別人似乎擁有的一切。他滿足於自己的美德；他以四海爲家。如果他缺乏名譽，他不把它看成不好，而把它看成好事」等等。[136]（昔蘭尼學派的學說與此相反，認爲只有透過思維才能在自身中找到快樂。）我們在這裡一

---

133 第歐根尼．拉爾修，第六卷，第十三節；一—二。

134 第歐根尼．拉爾修，第六卷，第十五—十八節。

135 第歐根尼．拉爾修，第六卷，第一〇五節；坦納曼，《哲學史》，第二冊，第九十二頁；第歐根尼．拉爾修，第二卷，第二十七節。

136 第歐根尼．拉爾修，第六卷，第十一—十二節。

再看到那些關於賢人的令人生厭的一般說話，這些說話被斯多噶學派以及伊壁鳩魯學派再加以引申，弄得更加冗長可厭；以及那些關於理想的話，理想中所涉及的是主體，是主體的天職、是主體的滿足，認爲要使主體得以滿足，就需把主體的需要加以單純化。

當安提西尼說美德不需要論證和講授時，他忘了自己正是透過他的精神教育而獲得這種精神的獨立性的；他之能夠摒棄人們所欲的一切，也只是教育的結果。我們同時也看到，美德曾獲得另一個意義。美德並不是無意識的美德，像一個自由民族的一個公民的直接美德那樣，他如祖國、等級直接要求的那樣盡了他對祖國、等級和家庭的義務。超出了自身限制的意識現在必須變爲精神，掌握全部實在，把實在當作自己的事物來認識，或者加以理解。但是像這樣一些狀態，如所謂靈魂的天眞或美麗之類，乃是幼稚的狀態，這些狀態在一定程度內是值得讚揚的，但是人由於是有理性的，所以必須脫離這些狀態，並且必須從那被揚棄的直接性中重新創造自己。

安提西尼在這種犬儒學派哲學中還具有一種高尚的、有教養的形象。但是這個形象卻很接近於粗魯、舉止庸俗、無恥；犬儒主義以後就是變成了這樣。對犬儒學派的種種譏嘲和戲弄，就是由此而來的。（個別人物的個人舉止和品格的力量使他們成爲有趣的人物。）關於安提西尼便已經有這樣的說法：「當他翻開外衣上的一個破洞時，蘇格拉底向他說：我從你的外衣的破洞裡看到了你的虛榮心。」[137]蘇格拉底向安提西尼說，他應當向美神獻祭。

137 第歐根尼·拉爾修，第六卷，第八節；第二卷，第三十六節。

（二）第歐根尼

西諾卜的第歐根尼，綽號 *κύων*（犬）。這些犬儒學派把他們的天職定爲自由與獨立；在他們看來這種自由應是消極的方式的，本質上就是摒棄一切。這種用最外在的方式來減輕欲望的束縛的辦法，只是一種抽象的自由。具體的自由在於對欲望採取漠然無動於衷的態度，但是並不躲避欲望，而是在這種滿足中自己享有自由，固守倫理，並且堅持參加公正的人的生活。抽象的自由則相反，它拋棄倫理，個人回到他的主觀性中，這種自由因此是非倫理的一個環節。

犬儒學派有一套簡單的行頭：「一根野橄欖樹的粗棍子，一件沒有下裝的襤褸的夾外衣，夜裡也當被子使用，一個裝生活必需品的討飯袋，和一只取水用的杯子」，[138] 這也就是這些犬儒學派示別於他人的服色。他們認爲有最高的價值的，乃是需要的簡單化；這樣只是遵從自然，看來好像是很可取的。需要似乎是對自然的依賴，這是與精神的自由相對立的；把對自然的依賴減到最低限度，這好像是一種適當的思想。但是這個最低限度本身也是不確定的；如果把這個價值放在限制自己於自然的需要這一點上，那麼，放在另一方面，放在摒棄別的事物那一點上的價值就太大了。這一點也是出現在僧侶作風的原則之中的。

138 第歐根尼·拉爾修，第六卷，第十三、二十二、三十七節；坦納曼，《哲學史》，第二冊，第八十九頁。

克制，否定，同時也包含著對被克制的事物的一個肯定方向；克制和被克制的事物的重要性，是被強調得太過了。蘇格拉底已經把犬儒學派的衣服說成是虛榮心。衣著不是一件要用理性來規定的事情；調節衣著的乃是需要。在北方，人們必須穿不同於非洲中部的衣服；不用說，人們在冬天是不穿棉布的衣服的。除此以外，是別無道理的；這乃是取決於偶然，取決於流行的意見的。對衣著有所發明，這並不是我的分內之事；謝天謝地，別人已經早就發明出來了。我的上衣的剪裁樣式是規定了的，我們關於這一點必須尊重一般的意見——裁縫是會去做的；主要的是人們所表現的那種對衣著的淡漠的態度：如果是無關緊要的事，就應當也把它當作無關緊要的事看待。（關於衣著，依賴時尚、習慣總是比依賴自然要好些。）在近代，古代德意志式的衣服就愛國主義的觀點說是重要的。把理智用在這類事情上是不對的；在這一方面，所需要的觀點只是那種無所謂的態度。人們在衣著方面花費心思，是想引人注意；違反時尚，乃是愚蠢的事情。在這種事情上，我不必自己規定，也不必把它放進我的興趣範圍之內；我只要看見它是如何規定的便如何去做。

犬儒學派的這一思想也關涉到其他的各種需要上。像犬儒學派這樣的一種生活方式，應當是教養的一個結果，本質上是以一般的精神教養爲條件的。犬儒學派還不是隱士；他們的意識本質上還是與其他意識處在聯繫中的。安提西尼和第歐根尼曾住在雅典，也只有在那裡他們才能生存。把文化帶到多種多樣的需要上，以及滿足需要的多種多樣的方式上，也是一般教化的分內之事。在近代，需要是大大地增多了；這是把那些一般的需要分割爲許多特殊的需要和滿足的方式。這是屬於理智的，乃是理智的活動；因此奢侈現在在理智的運用中有其地位。人們可以用道德的方式來反對它，但是在一個國家裡面，所有的傾向、所有的方向、所有的方式，都必須有其充分的活動範圍，都必須能夠舒展自如；每一個個人都能夠從心所欲地參與一份，只是必須大體上遵從一般的方向。主要的是不要把這種事重視到超過它們所需要的程度；換句話說，一般地對於占有它們或拋棄它們，一概不加以重視。

西諾卜的第歐根尼，這個最出名的犬儒學派，從他的外在生活方式，以及他犀利的、常常也很機智的插話，和尖刻、譏刺的辯駁來說，他比安提西尼還更特殊。[139]但是他也常常遇到同樣恰當的答辯。他被人稱爲犬，正如他稱阿里斯底波爲御犬一樣；第歐根尼常和野孩子們廝混，正如阿里斯底波常和國王周旋。第歐根尼只是因他的生活方式而著名；在他那裡，和在以後的人那裡一樣，犬儒主義的意義只不過是一種生活方式，而不是一種哲學。他限制自己於最少的自然需求上，嘲笑那些想法與他不同並且嘲笑他的生活方式的人。第歐根尼到處遊蕩，住在雅典街上、住在市場上、住在木桶裡面；並且慣常「在雅典天帝廟的廊子裡居住和睡覺：所以他說，雅典人給他造了一所華麗的住所」。[140]

關於他只有一些逸事可以講述。「他有一次在到愛琴娜島的航程中，落到海盜的手裡，據說被當作奴隸在克里特賣了。人家問他懂些什麼，他答道：命令人們；於是他便叫報告

139 第歐根尼．拉爾修，第六卷，第七十四節。

140 第歐根尼．拉爾修，第六卷，第二十二節。

員喊道：誰願意來買一個主人？有一個哥林特人克塞尼亞德買了他，他就當他兒子的教師。」[141]關於他在雅典的居留，有許多故事講到。他在那裡以粗暴和蔑視的態度與阿里斯底波的寄生哲學相對立。阿里斯底波不重視他的享受，也同樣不重視他的摒棄享受；第歐根尼則重視他的貧困。「有一天第歐根尼在洗菜，阿里斯底波從旁經過；他向他喊道：如果你知道親自洗菜，你就不用尾隨著國王了。阿里斯底波」很合適地「答道：如果你知道與人們往來，你就不用去洗菜了」。[142]「他有一次在柏拉圖的居所裡用汙穢的腳在美麗的地毯上走來走去，他說：我踐踏柏拉圖的驕傲。柏拉圖」同樣合適地「答道：是的，不過你是用另一種驕傲來踐踏」。[143]又說：「有一次第歐根尼被雨淋得全身溼透，站在那裡，周圍的人很憐恤他，柏拉圖說：如果你們憐恤他，就走開吧；你們應該記得他的虛榮心的根據，[144]這虛榮心使他向你們表現自己，攫取你們的敬佩，你們走開，他的虛榮心就失去根據了。」「有一次他挨了一頓打，」——這一類的逸事是常常說的，「他就在傷處貼了一塊大膏藥，並且把打他的人的名字寫在上面，使他們受人人責罵。」（第歐根尼把杯子丟掉的事，是大家都知道

141 第歐根尼．拉爾修，第六卷，第二十九—三十節、第七十節。

142 第歐根尼．拉爾修，第二卷，第六十八節。

143 第歐根尼．拉爾修，第二卷，第二十六節。

144 第歐根尼．拉爾修，第二卷，第四十一節。

的）「他試吃生肉；但是這對他很不相宜，他無法消化它。」[145]「年輕人圍著他，向他說：我們怕你會咬我們，他答道：放心，狗不吃蘿蔔。有一次吃飯的時候，一個客人丟給他一塊骨頭，就像丟給狗一樣；他就奔上去，向他搖頭擺尾，就像狗一樣。」[146]他向「一個僭主」給了一個很好的回答，「他問他，鑄像應當用哪種銅；他答道：用鑄哈爾摩狄奧斯和阿里斯托革頓的那種銅。」[147]他在年紀很大的時候死在街上，正如他活在街上一樣。[148]

（三）晚期犬儒學派

安提西尼和第歐根尼，我們已經說過，是很有教養的人。後來的犬儒學派由於一種極突出的無恥，也是同樣令人生厭，而他們常常不過是一些骯髒的恬不知恥的乞丐，在恬不知恥中得到他們的滿足，他們向別人顯示這種恬不知恥；他們在哲學上是不值得注意的。當時人們給予這個學派的狗這個稱號，他們完全當之無愧；因爲狗是一種恬不知恥的動物。•克•拉•底

145　第歐根尼·拉爾修，第二卷，第三十三—三十四節；第七十六節。

146　第歐根尼·拉爾修，第二卷，第四十五—四十六節。

147　第歐根尼·拉爾修，第二卷，第五十節。（這兩人是反對僭主庇西特拉圖的兒子的人物。——譯者）

148　第歐根尼·拉爾修，第二卷，第七十六—七十七節。

和希巴爾其婭，一個特拜地方的女犬儒學派，曾經在公共市場上舉行性交。[149]

犬儒學派所誇耀的這種獨立性，其實是依賴性。每一個別的活動生活的領域，都包含著肯定的自由的環節、精神性的環節。因此，犬儒學派的行徑就等於摒棄那可以在其中享受自由要素的領域。

169

149　第歐根尼·拉爾修，第六卷，第九十七節。

第三章　第一期第三階段：柏拉圖與亞里斯多德

這一段講的是哲學發展成爲科學，確切點說，是從蘇格拉底的觀點進展到科學的觀點。哲學之所以作爲科學，是從柏拉圖開始〔而由亞里斯多德完成的。他們比起所有別的哲學家來說，應該可以叫做人類的導師〕。[1]

壹、柏拉圖

柏拉圖也屬於蘇格拉底學派。他是蘇格拉底最著名的朋友和門徒。他把握了蘇格拉底的基本原則的全部眞理，這原則認本質是在意識裡，認本質爲意識的本質。這就是說，絕對是在思想裡面，並且一切實在都是思想——並不是片面的思想，或者是壞的唯心論所了解的思想，依照壞的唯心論的說法，思想又重新站到一邊，被認爲是意識著的思想，而與實在相對立，而乃是指這個意義的思想：在一個統一裡，思想既是思維，也是實在，它就是概念與它的實在性在科學發展的過程中。換言之，思想是一個科學的整體的理念。蘇格拉底把自覺的思想的權利提高爲原則，而柏拉圖則把思想這種僅僅抽象的權利擴張到科學的領域裡。他放

[1] 據英譯本，第二卷，第一頁增補。——譯者

棄了蘇格拉底認獨立自在的思想爲自覺的意志之本質和目的的狹隘觀點，而進一步認這種思想爲宇宙的本質。他曾經擴大了蘇格拉底的原則，並且發展了解釋和推演這原則的方式，雖說他的發揮未必完全是科學的。

柏拉圖的著作，無疑地是命運從古代給我們保存下來的最美的禮物之一。但是，他的哲學，在他的著作裡，並沒有特別用系統的形式發表出來，因此，要闡述他的哲學，困難主要不在他的哲學本身，而在於在不同的時代，他的哲學曾被加以不同的解釋，特別是在近代，經過許多笨拙的人，從多方面去摸索過，他們或者是把他們自己的粗糙的觀念帶進他的著作裡面，不能夠對於精神的事物給予精神的解釋；或者是把事實上不屬於哲學本身、而只是屬於想像方式的材料，當作柏拉圖哲學中最重要最值得重視的事物。但是眞正講來，只有對於哲學的無知，才加重了理解柏拉圖哲學的困難。

柏拉圖是具有世界歷史意義的人物之一，他的哲學是有世界歷史地位的創作之一，它從產生起直到以後各個時代，對於文化和精神的發展，曾有過極爲重要的影響；包含這一崇高原則於自身之中的基督教，曾憑藉柏拉圖早已做出的那個偉大的開端，進而成爲這個理性的組織，成爲這個超感性的國度。柏拉圖哲學的特點，在於把哲學的方向指向理智的、超感性的世界，並且把意識提高到精神的領域裡；於是，理智的成分便獲得了那屬於思維的超感性的、精神的形式，並且在這樣的形式下，得到了對意識的重要性，進入了自覺的階段，而意識在這個基礎上，也取得了一個堅實的立足點。基督教曾把人的天職這一原則當作聖潔的原則，或者它把人的內在精神本質乃是他的眞正本質這一原則，以其特殊方式作爲普遍的原則。可是將這個原則組織成一個精神世界，這件工作，柏拉圖和他的哲學卻有很大的貢獻。

首先，我們必須先提一下他的**生平**。「柏拉圖是一個雅典人，生於第八十七屆奧林匹克賽會的第三年，或者據多德威爾的說法，生於第八十七屆奧林匹克賽會的第四年（公元前四二九年），正當伯羅奔尼撒戰爭開始的時候，也就是伯里克里斯逝世的那一年。」（照這種說法，）他比蘇格拉底小三十九歲或四十歲。「他的父親名阿里斯頓，其家譜可以追溯到高德魯，他的母親珀克里提俄涅，是梭倫的後裔。他母親的叔父，是那著名的克里提亞斯。」（這裡附帶提一下）克里提亞斯曾有一個期間和蘇格拉底往來，「他是雅典三十僭主之一」，是其中最有才能、最出色、因而也是最危險和最招人怨的一個僭主。[1]蘇格拉底因此特別受人責怪，說他會有像他（按指克里提亞斯）與阿爾其比亞德這樣的學生，由於他們的輕佻，幾乎使雅典瀕於滅亡。因爲他既干預別人對他們兒童的教育，那麼別人就有權利要求他，不要把他教育青年時所要做的事拿到這裡來實施。克里提亞斯與昔蘭尼學派人德奧多羅和梅羅人第亞戈拉，常被古代人說成是否認神靈的人。塞克斯圖斯．恩丕里柯曾經保存下來他所寫的一首詩中一個很美的片段。[2]

柏拉圖既然出身於這樣高貴的家族，當然不缺乏受教育的機會，他曾經從最著名的智者

1　坦納曼，第一卷，第四一六頁，第二卷，第一九〇頁；第歐根尼．拉爾修，第三卷，第一—三節。

2　塞克斯圖斯．恩丕里柯，《反物理家》，第一卷，第五十一—五十四節。

們獲得被視爲一個雅典人應具有的關於各種藝術的教育。「在家庭裡面，他名叫亞里斯多克勒斯（Aristokles），後來他的老師才給他命名爲柏拉圖。有的人說，他得到這個名字，是由於他前額的寬廣；又有人說，是由於他的談論的豐富和廣博；又有人說，是由於他的體格健美。在他的青年時期，他學習作詩，並且曾寫過悲劇」，（很像我們現在的青年詩人，從寫悲劇開始），並曾寫過「頌神詩和讚美歌」（μέλη 歌曲、哀歌、銘文）。[3]在希臘詩歌的選本裡，尚保存有幾種他所寫的詩歌，內容大都是爲他所愛的人而寫的；其中有一首最著名的，是贈給他一個最好的朋友，叫做阿斯特爾（星）的，這裡面包含一個很美的想像：

「我的阿斯特爾，你仰望著星星，
啊，但願我成爲星空，
這樣，我就可以凝視著你，
以萬千的眼睛。」[4]

這意思也出現在莎士比亞的《羅密歐與茱麗葉》中。「在他青年時期，他一心一意想獻身於

3 第歐根尼・拉爾修，第三卷，第四—五節。

4 第歐根尼・拉爾修，第三卷，第二十九節。

政治」。[5]〔當他二十歲的時候，〕他父親帶他到蘇格拉底那裡。「據說在他去拜見蘇格拉底的前一晚上，蘇氏夢見一隻天鵝停在他的膝上，天鵝的翅膀很快地長大了，接著立刻就飛」（向天空），「唱著最優美的歌曲」。[6]古人談到許多這類的逸事，都足以表示當時以及後來的人，對於他那莊嚴靜穆、極度單純和令人仰慕的崇高品質，有著高度的尊敬和愛慕。這些品質使得他獲得「神聖」的稱號。柏拉圖並不完全滿足於蘇格拉底的智慧和教導。此外他還研究了古代的哲學家，特別是赫拉克利特。亞里斯多德[7]指出，在柏拉圖從蘇格拉底學習以前，「他曾經與克拉底魯往來，曾鑽研了赫拉克利特的學說。」他又研究過伊利亞學派，也特別研究過畢達哥拉斯學派，而且他又時常與最有名的智者往來。當他這樣地深入於哲學的研究時，他就失去對於政治〔和詩歌〕的興趣，他完全放棄了這些事物，而完全獻身於科學的研究。他和蘇格拉底一樣，曾經履行了作爲雅典公民的兵役義務，據說他曾參加了三次戰役。[8]

我們曾經提到過，在蘇格拉底被處死以後，「柏拉圖也如許多其他哲學家一樣，從雅典

5 《柏拉圖書信》，第七卷，第三二四頁（柏克爾本第四二八頁）。

6 第歐根尼·拉爾修，第三卷，第五節。

7 《形上學》，第一卷，第六章。

8 第歐根尼·拉爾修，第三卷，第八節。

逃出，投奔到麥加拉的歐幾里得那裡。（他從二十歲起就從蘇格拉底學習，共有八年。）不久之後，他又從麥加拉出發去遊歷，最初到非洲的昔蘭尼，他在有名的數學家德奧多羅指導下，特別鑽研了數學」，德奧多羅這個人，他曾經介紹到他的幾個對話中，作爲參加談話的角色。柏拉圖本人在數學裡不久就達到很高的成就，據說由神諭提出的德洛或德爾斐問題是他解答的，這問題和畢達哥拉斯定理相似，是與立方有關的。那問題是，求作一線段，使其立方等於二立方之和。這需要憑藉兩條曲線來作圖。值得注意的是，神諭那時所提出來的課題是什麼樣的性質。當人們去求神諭的時候，正當瘟疫流行，而神乃提出一個完全是科學的課題；神諭的精神所表示出來的變化，是很值得注意的。「柏拉圖從昔蘭尼又遊歷到埃及」，不久又從埃及「到大希臘」，在這裡他一方面結識了當時的畢達哥拉斯學派學者，有名的數學家，塔倫丁的阿爾基塔（和費羅勞等人）；他從他們那裡研究了畢達哥拉斯的哲學，此外他又用高價買了老輩畢達哥拉斯學派的著作。在西西里他結交了狄翁。「回到雅典，他開辦了一所學園（Akademie），這學園設在一個園林中，裡面有一個體育場，在這裡他向他的學生講學。這個建築是紀念英雄阿卡德摩斯（Akademos）的。」[9]但是柏拉圖才是這裡的眞正的英雄，他使得原來的名字失去意義，他掩蓋了那原來的英雄的聲名，他是那樣完全取代了他的地位，這英雄的名字在後代只是憑藉柏拉圖而得傳。

9 第歐根尼・拉爾修，第三卷，第六—七節；第九節。

柏拉圖在雅典的居住與工作，曾被他三次往西西里的旅行所打斷，他到了青年的狄奧尼修斯的宮廷，這人是敘拉古和西西里的君主。他與狄奧尼修斯的關係是他生平所發生的最重要的、即使不是唯一的外在關係；一部分由於他與狄翁的友誼，一部分更特別是由於他本人懷著一些高遠的希望，希望透過狄奧尼修斯他可以看見一個眞正的國家法制成爲現實，這就把柏拉圖拖進了這種關係，但是這關係並沒有產生什麼有永久性的結果。表面上看來，一個年青的君主，在他左右或者在他後面有一個智慧的人、哲學家來教導他、感召他，似乎是一個很好的想法，曾有千百個政治性的小說都建立在這種想法上面。但這樣想法本身就是空幻的。狄奧尼修斯最近的親屬狄翁，同別的有地位的敘拉古人，狄奧尼修斯的朋友，都受了對於狄奧尼修斯的空幻希望的欺騙。他們希望能對這個被父親嬌養長大、沒有受什麼教育的狄奧尼修斯灌輸一些哲學的觀念，並引起他對哲學的重視，因而使他渴想認識柏拉圖。他們希望狄奧尼修斯親近柏拉圖可以大大地獲益，而他的尚未定型的、看來並不很壞的天性，會受柏拉圖眞正的國家法制的觀念影響，這樣，柏拉圖的政治理想或許有透過狄奧尼修斯在西西里實現的可能。這樣就引誘得柏拉圖採取了錯誤的步驟而作西西里之行。[10] 狄奧尼修斯誠然很喜歡柏拉圖，他對柏拉圖表示尊敬，希望自己也爲柏拉圖所尊敬。但是這種關係並沒

10《柏拉圖書信》，第七卷，第三二四—三二九頁（柏克爾本第四二八—四三七頁）；《柏拉圖書信》，第三卷，第三一六頁（柏克爾本第四一〇—四一一頁）。

有維持多久。狄奧尼修斯是那種平庸的人，他誠然也企求榮譽和優異，但只是半途而廢，缺乏深度和眞誠，雖然裝作這樣，卻沒有堅強的性格；有了半途而廢的性格，縱然懷著好的願望，終不能達到，就好像我們近來舞臺上表演的諷刺劇所諷刺的人一樣，心想要做一個了不起的人物，但結果只落得做一個傻瓜。這樣的情況顯示的就只是這樣。僅僅三心二意地讓人領導，但也就由於三心二意而破壞了計畫，使得計畫的實行成爲不可能，以這種三心二意的態度去提出一些計畫，也同樣使得這些計畫不能貫徹。雖說由於柏拉圖和狄奧尼修斯的其餘環境的影響，也曾引起他對於科學和教育一定的重視，但是他對於哲學的關心也是同樣膚淺的，一如他對於詩歌的多次嘗試一樣。他想要樣樣都會，兼做詩人、哲學家、政治家。他又不能夠虛心接受他人的指導。他受了教育，但他卻又不能被帶進較深入一點的地方。這種不情願的情緒爆發出來，造成了人物間的分裂。狄奧尼修斯弄得與他的親戚狄翁不和，而柏拉圖也被牽連進去，因爲他不願意放棄他與狄翁的友誼。狄奧尼修斯是不能把友誼建立在互相尊敬和嚴肅的共同目的之上的，他之所以願意與柏拉圖做朋友，一部分是由於他個人的情感上的偏愛，一部分也只是由於一種虛榮心。但是狄奧尼修斯不能夠達到與柏拉圖緊密結合的願望，他希望能夠獨自占有柏拉圖，這種要求是柏拉圖所不能容許的。於是柏拉圖只能離開他。[11]等到離開了之後，他們兩人都覺得有會合的需要。狄奧尼修斯爲了要達到同他恢復友

11 《柏拉圖書信》，第七卷，第三二九—三三〇頁（柏克爾本第四三七—四三九頁）。

誼的目的，又召回柏拉圖。他不能夠忍受的是無法使柏拉圖與他自己緊密地結合，尤其不能忍受柏拉圖不願意拋棄他與狄翁的友誼。柏拉圖不只順從了他的家庭與狄翁的迫切要求，而且也特別順從了阿爾基塔以及別的從塔倫丁來的畢達哥拉斯學派中人的迫切要求，因爲他們曾受到狄奧尼修斯的請求，都很關心於調解狄奧尼修斯與柏拉圖和狄翁的關係；他們並且進而擔保柏拉圖的安全和離去的自由。但是狄奧尼修斯既不能容忍柏拉圖的離開，也同樣不能容忍柏拉圖的在場，他覺得柏拉圖使他不安。他們因此沒有建立很深的關係，他們的關係是不穩定的。他們再度接近又分離了。所以他第三次到西西里的居留還是得到一個很冷淡的下場，而他們之間的聯繫也沒有恢復。[12]這一次由於狄奧尼修斯與狄翁關係之惡化，情形異常緊張，當柏拉圖由於不滿意狄奧尼修斯對待狄翁的態度而想要離開西西里時，狄奧尼修斯就不願提供任何交通工具給他，甚至要用暴力迫使他不能離開西西里，直到最後塔倫丁的畢達哥拉斯學派中人出面干預，向狄奧尼修斯索回柏拉圖，讓他動身，回到希臘；而狄奧尼修斯害怕他與柏拉圖不能友好相處的惡劣消息傳出去，[13]這也有助於柏拉圖平安離開西西里。

12《柏拉圖書信》，第三卷，第三二七—三二八頁（柏克爾本第四一一—四一五頁）；《柏拉圖書信》，第七卷，第三三七—三四〇頁（柏克爾本第四五三—四五七頁）。

13《柏拉圖書信》，第七卷，第三四五—三五〇頁（第四六八—四七七頁）；（第歐根尼．拉爾修，第三卷，第十八—二十三節）；《柏拉圖書信》，第七卷，第三〇〇頁（第四五七頁）。

這樣一來，柏拉圖所有的希望都被粉碎了，而他依照自己的哲學觀念的要求透過狄奧尼修斯而制定國家法制的夢想，也成爲泡影了。後來，雖說別的國家，如昔蘭尼與阿卡底的人民曾經請求柏拉圖替他們立法，柏拉圖卻拒絕擔任立法者的職務。那個時候正當許多希臘城邦都感覺到它們的法制不很令人滿意，但是他們又不能制定任何新的法制。[14]現在，在過去三十年內，[15]人們曾經制定了很多的憲法，對於每一個從事這種工作很多的人，起草這種憲法，並不是難事。但是，單是一些理論並不夠用來制定一種憲法，因爲制定憲法者並不是個人，而乃是歷史造成的神聖的和精神的事物。世界精神的這種力量是如此強大，個人的思想與它對比起來簡直無關緊要。如果這類的個人思想有某種重要性，就是說能夠實現出來，那麼它們不是別的，而是這種普遍精神的力量的產物。柏拉圖應當做立法者的想法，是不適宜於那個時代的；梭倫和呂古爾各曾經是立法者，但在柏拉圖的時代，這類的工作已經不切合實際了。他拒絕再順從這些城邦的願望，因爲他們不同意柏拉圖所提出的第一個條件，這就是廢除一切私有財產。[16]這一原則，我們以後討論到他的實踐哲學時將再加討論。

---

14 《柏拉圖書信》，第七卷，第三二六頁（柏克爾本第四三二頁）。

15 這是黑格爾一八二五年的講演所說的。〔譯者按：指法國革命後三十年內的歐洲而言。〕

16 第歐根尼·拉爾修，第三卷，第二十三節；Aelian Var.Histor.II,42; 普魯塔克，*ad principem ineruditum,init.* p.779, ed. Xyl。

這樣，柏拉圖受到全希臘特別是雅典人的尊敬，他活到「第一〇八屆奧林匹克賽會」（公元前三四八年）；「死在他的生辰那天，在一個結婚的筵席上，享年八十一歲。」17

柏拉圖的哲學是從我們所擁有的他的著作中流傳下來的。他的著作的形式和內容都同樣對我們有引人入勝的重要性。但在研究他的著作時，我們須知：第一，什麼是我們應當在他的著作中尋求的，而什麼是我們在裡面能夠尋求到的哲學；第二，柏拉圖的觀點所不能做到的，他的時代一般地也不能做到。所以也許他的著作不能滿足我們，而我們追求哲學的需要也是不能滿足的。但即使我們不能完全得到滿足，也比我們把他的結論當作最後的〔眞理〕還要好些。他的觀點是確定的和必然的，但我們不能夠停留在他那裡，也不能退回到他的觀點，因爲理性還有更高的要求。如果把他的觀點當作我們必須接受的最高觀點，這是由於我們時代的軟弱，不能夠擔負人類精神所提出來的要求的偉大性，感覺到被這些要求的負擔所壓倒而想做怯懦的逃避。〔我們必須超越柏拉圖，這就是說，我們必須熟悉我們時代中有思想的頭腦的需要，也可以說，我們必須體會到這種需要，〕[2]一如現在在教育方面，努力教人以使人防禦世界的侵害，或者使自己保持在一個特殊的範圍內，譬如做會計工作，如果說得形象化一點，譬如種豆，在這種工作裡，他們既不知道世界，也不注意世界，於是

17 第歐根尼．拉爾修，第三卷，第二節；布魯克爾，《批判的哲學史》，第一冊，第六五三頁。

[2] 據英譯本，第二卷，第十頁增補。——譯者

在哲學裡便回到了宗教信仰，因而也就回到柏拉圖哲學。兩者都是有它們的重要觀點和地位的環節，但是它們並不是我們的時代所需要的哲學。我們有理由回到柏拉圖，藉以重新學習什麼是思辨哲學的性質，但是用過度的熱情把它說得多麼美妙優異，也有些無聊。我們必須站在這樣的地位，這就是說，我們必須認識我們時代的思維精神的要求，或者不如說，我們必須具有這種要求。再者，從語文學的觀點去研究柏拉圖，如史賴爾馬赫先生所作的評注那樣，對這個或另一個次要的對話去作批判的考察，看看眞僞（按照古代人的證據，絕大部分是無可懷疑的），這對於哲學也是多餘的，這也是屬於我們時代過分瑣碎挑剔的批判。

在進而闡述柏拉圖哲學時，我必須先說一說他的哲學所表現的直接方式。柏拉圖的著作本身的性質，是它的方面很多，向我們提供出各種不同的哲學理論形式。如果我們還保有柏拉圖的純粹哲學的（口授的）作品的話——布蘭狄斯的文章裡[18]提到過這些作品，這些作品的題目是「論哲學」，或「論理念」，曾經爲亞里斯多德引用過，當他描述柏拉圖哲學時，似乎手頭是有這些作品的，那麼，我們就會看到他的哲學的比較簡單的形式了。但是我們只有他的對話；而這種對話的形式，使得我們難以對他的哲學獲得一個觀念，做出明確的闡述。對話的形式包含著許多極不相同的成分和方面；我所說的形式，就是指這一種。在這種形式中，討論絕對存在的眞正的哲學理論，是與關於絕對存在的想像夾雜地混在一起的，這

18　布蘭狄斯，《亞里斯多德散失的著作論理念、論善或論哲學》，一—十三頁。

一情況便造成了柏拉圖著作之方面很多的性質。

柏拉圖哲學的另一個困難，據說在於區分「通俗」和「專門」的哲學。坦納曼[19]說：「柏拉圖利用了每一個思想家所享有的權利，即是在他的發現中只傳授他認爲適宜於傳授的那麼多，而且只傳授給某一些他認爲有能力接受他的學說的學生。亞里斯多德也有一個通俗的和專門的哲學，但是有一點不同，就是這種區別在亞里斯多德那裡只是**形式上的**，而在柏拉圖那裡則是**實質的**區別。」這眞是毫無意識的說法！這似乎是說，一個哲學家之占有他的思想與占有外在的物品是一樣的。但思想卻完全與此不同，不是哲學家占有思想，而是哲學思想占有他這個人。當哲學家討論哲學問題時，他必然要依照他的理念線索進行，他不能夠把他們的思想藏在他的口袋裡面。當一個人與別人說話時，如果他的語言具有任何意義的話，則理念必然包含在他的語言裡。把一個物質的事物傳遞給他人是很容易的，但把理念傳遞給他人，卻需要一定的技能。理念總是有一些專門性的，因此我們不會單有一些哲學家們的通俗的事物。所以，這種分別是很膚淺的看法。

此外，柏拉圖在他的對話裡，並沒有親自出來說話，而只是介紹蘇格拉底和一些別的人作爲談話者，在這些人中我們常常弄不清楚哪一位眞正代表柏拉圖自己的意見，這種外在的歷史事實也不能算是了解柏拉圖的思辨哲學的眞正困難。表面上看來，好像他只是歷史地特

19　《哲學史》，第二卷，第二二〇頁。

別表述蘇格拉底的方法和學說。像我們從西塞羅那裡得來的那幾篇蘇格拉底對話裡，我們是很可以考證出當時的人物來的；但是在西塞羅那裡不能提供出什麼有深遠興趣的事物。在柏拉圖這裡我們卻不能眞正說有這種模糊不清的地方，這種外在的困難也只是表面的。在柏拉圖的對話裡，他的哲學是十分明白地表達出來了的。因爲他的對話不是作爲許多人的座談的性質，在座談裡，有許多獨白，這一個人說出這樣意見，那一個人又說出另一種意見，並且各人保持他自己的意見。反之，在柏拉圖的對話裡，所提出來的不同的意見，都是經過批判的研究而達到了一個作爲眞理的結論；或者，如果那結果是否定的，則那整個認識的過程就代表了柏拉圖的思想過程。

另外一種足以表明柏拉圖思想的多方面性的歷史情況乃是：在古代以及近代都常有人說，柏拉圖在他的對話裡採取了蘇格拉底、採取了某個智者的思想，但特別地採取了畢達哥拉斯學派的著作，他顯然曾講述到許多古代的哲學家，這裡面有畢達哥拉斯和赫拉克利特的哲學思想，甚至也特別有伊利亞學派的思想方式；所以這些對話所討論的整個內容（材料）屬於這些學派，只有那外在的形式才屬於柏拉圖。因此我們必須區別開，什麼是特別屬於他的，什麼不是他的，或者指出對話中各個組成部分是否彼此相一致。但是關於這一點，必須指出：由於哲學的本質是一樣的，每一個後起的哲學家將要而且必須採取先行的哲學思想放進他自己的哲學裡，他進一步發展了的部分，那就是特別屬於他的。所以哲學並不是什麼個別的事物，像一件藝術作品那樣。而且即使在藝術作品裡，藝術家也只是把他從別人那裡學習來的技巧加以熟練運用。藝術家的創造只在於他的整個意境，和他所能夠掌握及聰明運用現成之工具；而在他的工作過程裡，也許會引起他無限多突發奇想的觀念和獨到的發現。但是哲學只有一個思想、一個實在作爲它的基礎，對於那同一眞理或實在的較早的眞的知識，我們不能提出什麼別的事物去代替，它必然同樣出現在較晚的哲學思想裡。我已經指出過，我們不能把柏拉圖的對話看成目的在於羅列多種不同的哲學而認之爲同有效準，更不能把柏拉圖的哲學看成從它們裡面產生出來的折中哲學。寧可說他的哲學是把這些抽象片面的原則在具體方式下眞正結合起來的樞紐。在討論哲學史的一般性質時我們已經看到，在哲學發展的進程裡，這種樞紐點必然會出現，在其中眞理乃是具體的。所謂具體的即是不同的規定、原則的統一。爲了把這些原則或規定加以發揮，並使其在意識面前明確起來，首先必須各就其本身加以陳述，加以發揮。因此對繼起的較高的階段說來，它們無疑地會具有片面的形式。但這較高的哲學並沒有消滅它們，也不是讓它們原封不動，而乃是吸收它們作爲它自己較高、較深原則的諸環節。在柏拉圖哲學裡，我們看見了多種多樣的早期哲學理論，但都被吸收並結合在他自己的原則裡面。這個情況足以表明，柏拉圖的哲學本身即是理念的總體；而他的哲學，作爲前此哲學的結果，包括有其他哲學的原理在內。柏拉圖常常只是陳述古人的哲學，好像並沒有做別的事；殊不知在他的獨特性的陳述裡，即已把古人的哲學加以發展了。我們有了一切證據[20]足以表明，他的《蒂邁歐篇》是我們現時還保有的畢達哥拉斯

20《蒂邁歐篇》釋文，第四二三—四二四頁（柏克爾版，《柏拉圖評注》，第二冊）。

學派著作的進一步發展。聰明過分的人甚至說，畢達哥拉斯學派的著作都是從柏拉圖那裡才形成的。他對於巴門尼德的發展也是這樣，他已把巴門尼德的片面性的原則揚棄了。

柏拉圖的著作大家都知道是對話，我們必須首先談一談柏拉圖表達他的理念所採取的形式，並說明這種形式的特徵；其次我們必須揭示出柏拉圖的哲學本身。**柏拉圖哲學的形式是對話體**。對話形式的美麗是特別有吸引力的。我們絕不可因此就認爲對話體是表達哲學思想最好的形式（雖說常有人認爲這是最完善的形式），這只是柏拉圖本人的特點，並且作爲藝術品來看無論如何是值得重視的。

屬於外部形式的首先就是背景和戲劇體裁。對話裡面的背景和個人會合的機緣都是寫得很生動的。對於地點和人物以及人物聚會的機緣，柏拉圖在對話中都給予一個當地的現實環境，這本身已經是很可愛的、開朗的和暢快的。他把我們帶到一個地方：帶到《斐德羅篇》[21]中的法桐樹下，帶到伊呂蘇明淨的水邊，蘇格拉底和斐德羅路過這地方；有時又把我們帶到運動場的廳堂裡、帶到學園裡、帶到宴會上。不過，他所設想出來的安排是外表的、特殊的，甚至是偶然的，而人物的聚會是奇特的。柏拉圖把他的思想純粹放在他人的口裡說出來，他自己絕不發表，因而充分避免了一切肯定、獨斷、說教的作風。我們看不見他作爲一個敘述的主體出現，就像修昔提底斯的歷史和荷馬的史詩裡一樣。克塞諾封便有時讓

21 第二二九頁（柏克爾本第六頁）。

他本人出現在對話裡——有時竟完全忘記了他的目的在於借實例以說明蘇格拉底的教導方法和生活。在柏拉圖這裡完全是客觀的、是藝術的。他用了一番藝術手腕，把事情說得與自己相距很遠，常常讓第三人或第四人出來說話（例如在《斐多篇》裡）。蘇格拉底是他的對話中的主要的談話者，此外還有別的人。很有幾個人成了我們所熟悉的明星：如阿嘉通、芝諾、阿里斯托芬。就對話中所敘述的內容來說，哪一部分屬於蘇格拉底，哪一部分屬於柏拉圖，那是用不著多去研究的。我們很可以確定地說，從柏拉圖的對話裡我們完全能夠認識他的體系。

談話中敘述個人態度時的語調充分表現了有教養的人最高尚的（雅典的）文雅風度。從這裡我們可以學習到優雅的態度。在這裡我們能看見那種懂得舉止文雅的社交場中的人。「禮貌」還不能完全表示這裡所謂「文雅風度」。禮貌意思較廣泛，另外還包含一個人所表現出來的尊敬、優越、義務感的憑證。文雅風度是眞正的禮貌，它是禮貌的基礎。但文雅風度容許與我們談話的每一個人有充分自由和權利自述和表現他的性格和意見。並且於說出反對對方、與對方相矛盾的話時，必須表明自己所說的話對於對方的話只是主觀的意見；因爲這乃是一種談話，是個人以個人的身分在那裡談話，而不是那客觀的理智或理性自己和自己談話。（許多這類的談話我們把它當作單純的諷刺。）無論我們多麼固執地表達我們自己，我們總必須承認對方也是有理智、有思想的個人。這就好像我們不應當以一個神諭的氣派來說話，也不應阻止任何別的人開口來答辯。這種文雅風度並不是寬容忍讓，而乃是一種偉大的雅量。這一特點使得柏拉圖對話優美可愛。

柏拉圖的對話並不是一種普通的漫談，因爲在漫談裡人們所說的話只有一種偶然的聯繫，並不需要窮盡題材的內容；當我們爲了消遣而漫談時，所談的當然包含著隨便偶然涉及的事物，照例都是任意地想到什麼說什麼。就對話的引子說來，對話有時也有這種漫談的方式，採取偶然進行的形式。但往後這些對話就成爲題材內容的發展，談話中的主觀成分就消失了，在柏拉圖這裡，整個談話的過程很好地表示了一個一貫的辯證進展的過程。蘇格拉底說話，做出結論，往下推論，進行論證，給論證以外在的轉折方向，這一切都採取發問的方式。他的大多數問題都是這樣提出來的，使得對方只能用「是」或「否」來回答。對話似乎是表達論證最適當的工具，因爲它便於往復辯難。論證的各方面分配給各個不同的人說出，這樣就使得題材內容更爲活潑生動。對話也有這樣的缺點，即它的進程好像是出自武斷任性似的；到了對話完結時，好像會令人感覺到，對於這個問題也可能有其他的結論似的。在柏拉圖對話裡，即使有這種武斷任性的地方，也只是表面的。不過武斷任性是被排除了的，因爲對話的發展僅只是題材內容的發展，並沒有留下題外枝節的話讓別人來說。這樣的人是談話中的可塑性的人物，他們的作用並不在於發表他們自己的見解。在教條問答裡，答案都是預先規定了的，在對話裡也同樣是如此。因爲作者只讓答者說他（作者）所要說的話。問題是提得很集中，只可能有一個十分簡單的回答。而這就是對話藝術的優美和偉大之處，而這種藝術同時也顯得那樣自然和單純。

其次，與對話中的人物這一外在方面相聯繫的，就是柏拉圖的哲學本身並未表明它自己是一特殊的領域，在自己特殊範圍內形成一特殊的科學（我們並沒有置身在一個特殊的基地上）。反之，我們被引入一般文化的普通觀念（像蘇格拉底常討論的那些觀念），有時引到智者學派，有時又引到早期哲學家，同樣地，於發揮這些觀念時，總是提示給我們常識裡面的一些例子和方法。在這種方式下我們不能得到對哲學的有系統的闡述。我們很不便於對它作一概觀，也沒有標準可以判斷所涉及的對象究竟是否說得詳盡無遺。這裡面有一個精神、一個確定的哲學觀點，但這個精神也沒有以合乎我們要求的那樣確定的形式出現。柏拉圖的哲學文化因此還沒有成熟。因爲那還不到時候，還沒有形成特殊科學工作的一般文化。理念還是新鮮的、新的；對於理念加以科學的系統的闡述，是直到亞里斯多德才發展起來的。所以柏拉圖的這種缺點也可以說是理念自身的具體規定方面的缺點。

在這些對話裡對於柏拉圖哲學中重要成分的闡述，亦即對於本質的單純表象和對於本質予以概念的認識（可以說是表象的方式和思辨的方式），還只是在缺乏聯繫的通俗的方式下混合著，特別是採用了表象方式的神話來表達（概念的、思辨的眞理）；這種混合，在哲學這門科學達到它的眞實形象的初期是必不可免的。柏拉圖崇高的精神對於精神本身具有著直觀或表象，憑藉概念深入了他的這種對象；但是他只是開始深入這種對象，還不能夠以概念總括精神的全部實在，或者說，表現在柏拉圖那裡的認識還沒有在他那裡充分實現其自身。於是就發生了這樣的情形：第一，有時對本質的表象與對本質的概念分離了，概念與表象對立著，而沒有說出唯有概念才是本質。這可以使我們誤把他用表象的方式對認識、靈魂所說的話當作是哲學。我們看見他說到神，並且又用概念說到事物的絕對本質不過是分開的，或者雖然連在一起說，但兩者也好像是分開的，把神當作是屬於表象的、當作是一個不可思議的存在。第二，有時爲了進一步發揮並闡明實在性，他用單純的表象代替了概念的進展，我們所看見的，只是些神話、自發形成的想像活動，或者從感性的表象拾取來的故事，他對這些故事雖加以思想的規定，但思想又沒有深入到這些故事的眞理性，一般而言，精神的事物只是透過表象形式予以規定。例如對於物體或自然現象有了感覺並且有了思想，但思想並沒有窮究這些現象的內容，對於它們並沒有透澈地加以思考，概念並沒有得到獨立的自身進展。

把這一點拿來與如何理解柏拉圖哲學的問題聯繫起來考察，我們就會看見，由於上述兩種情況，就發生了在他的哲學中或者是發現太多或者是發現太少的情形。第一，古代哲學家、所謂新柏拉圖學派發現得太多，（一）一方面由於他們將希臘神話寓言化，把它們當作理念的表達（無疑地，神話是理念的表達），並進而首先在柏拉圖的神話中去揭示出理念來，這樣他們才把神話弄成哲學原理，因爲哲學的功績在於用概念的形式表達眞理。（二）一方面他們對於柏拉圖用概念的形式以表達絕對本質的一面（如《巴門尼德篇》中關於神的知識的本質論部分），又以爲柏拉圖本人沒有做出表象和概念的區別。他們認爲：在柏拉圖的純概念裡表象成分還沒有被拋棄，或者沒有說過這些概念就是事物的本質，或者在柏拉圖看來，概念也不過是一種表象而不是本質。第二，特別是近代人在柏拉圖哲學中發現得太少，因爲他們主要地注重表象這一面，認爲實在是在表象中。凡是柏拉圖的概念或純思辨成分，他們都視爲是馳騖於抽象的邏輯概念之中或空虛煩瑣的詭辯，他們把柏拉圖用表象方式說出來的事物反而當作哲學原理。所以我們在坦納曼和其他人那裡發現一個頑強的努力，把柏拉圖的哲學歸結到舊的形上學，例如歸結到關於上帝的存在的原因和證明。[22]關於簡單的概念，柏拉圖曾經這樣說過：「它們最後的眞理性是神，它們是依賴的、暫時性的環節，它們的眞理性是在神裡面」；這是柏拉圖第一次提到神，他是把神看成一種表象。

爲了從柏拉圖的對話去理解他的哲學，必須把屬於表象的事物，特別是他求助於神話來表達哲學理念的地方，和哲學理念本身區別開來，必須區別開來的還有柏拉圖那種自由講述的方式，即從對於表象與意象的最深刻的辯證法研究，過渡到富於精神素養的人們的交談景象的描寫，以及自然景象的描繪。

柏拉圖用神話的方式來表達哲學思想，是很受到稱讚的。這和他的表達形式是相聯繫的。他讓蘇格拉底從某種場合出發，從個人的某些確定的表象、從個人的觀念範圍出發；這樣想像（神話）的形態和眞正的思辨思想就交織在一起了。柏拉圖對話的神話形式使得他的著作富於吸引力，但這也就是引起誤解的根源。而人們把柏拉圖的神話當作他的哲學中最優秀的部分，這已經就是一種誤解了。許多哲學思想透過神話的表達方式誠然更親切生動，但神話並不是眞正的表達方式。哲學原則乃是思想，爲了使哲學更純正，必須把哲學原則作爲思想陳述出來。神話總只是一種利用感性方式的表達方式，它所帶來的是感性的意

22 坦納曼，《哲學史》，第二冊，第三七六頁。

象，這些意象是爲著表象，而不是爲著思想的。當思想還不知道堅持思想的立場、還不知道從思想自身出發時，這正是思想的軟弱無力。像在古代那樣的神話的表達方式裡，思想還不是自由的：思想是爲感性的形象弄得不純淨了；而感性的形象是不能表示思想所要表示的事物的。神話有一種魔力足以引誘人去接觸內容。它有一定的教育意義。神話是屬於人類的教育方面的。只要概念得到了充分的發展，那它就用不著神話了。柏拉圖常說：「對於這個對象，很難〔用思想〕表達出來，因此他就要用神話來表達」，無疑地這要容易多了。

柏拉圖也常常採取表象的方式。一方面這是很通俗的，但另一方面也有其不可避免的危險，這種危險就在於人們會把僅僅屬於表象而不屬於思想的成分當作是本質的事物。區別開什麼是思辨，什麼是表象，這就是我們的任務。如果我們本身不知道什麼是概念、思辨，則我們就會從柏拉圖對話裡抽引出一大堆的命題，把它們當作柏拉圖的哲學原則，而其實這些命題只純粹是屬於表象的階段、屬於表象的方式。這些神話會使得我們引證出許多命題當作柏拉圖的哲學原則，而其實完全不是那樣一回事。但當我們知道這些命題只屬於表象時，則我們也就知道，它們不是本質的事物。例如：在他的《蒂邁歐篇》裡，當談到世界的創造時，柏拉圖就採用了這樣的形式說，神創造了世界，而精靈也在某種程度上參加了這項工作。[23]這完全是用想像的方式說出來的。假如把這點當作柏拉圖的一個哲學教義，認爲神

23《蒂邁歐篇》，第四十七頁（柏克爾本第五十四頁）。

創造了世界，而精靈、一種高級的精神性的事物也存在著，當神創造世界時，它們也有過助力，這誠然見諸柏拉圖的文字，但這卻不屬於他的哲學範圍。當他說到人的靈魂時，他說人的靈魂有理性的部分和非理性的部分，這同樣也只是一般地這樣說。但柏拉圖並不因此就肯定說，靈魂是兩個實體、兩種事物組合而成的。當他把認識表象爲回憶時，人們也可以把它說成是在人降生以前，靈魂已經先存在了。同樣當他談到他哲學的主要之點，即理念、共相時，他說它們是永久性的自存之物、感官事物的模型，於是我們很容易因此把他的理念按照近代理智範疇的方式，推想成爲實體，獨立存在於神的理智之中，如像天使那樣，存在於現實世界的彼岸。簡言之，舉凡一切用表象方式表達出來的思想，近代人就以這樣的辦法把它視爲哲學。假如人們要這樣來解釋柏拉圖的哲學，是很可以在柏拉圖的文字中尋得證據的；但是知道什麼是眞正的哲學的人，就不會耗費精神在那些文字詞句方面，而會力求去了解柏拉圖的眞正意思。現在我們就進而考察柏拉圖哲學的本身。

於闡述**柏拉圖的哲學**時，〔剛才所提到的〕兩方面是不能分離開的，但我們必須注意到這兩方面，並加以不同於近代人流行的看法的判斷。第一，我們必須闡明柏拉圖關於哲學和認識的一般概念；第二，我們必須對柏拉圖所討論到的哲學的特殊部門加以發揮。

第一是柏拉圖對**一般哲學的價值**所持的看法。一般說來，我們看到柏拉圖完全爲哲學知識的崇高性所浸透了。他對於思維自在自爲的存在的思想表示了高度熱情。昔蘭尼學派把存在與個人意識相聯繫，犬儒學派把個人當下直接的自由視爲實在，而柏拉圖則與他們相反，他注重意識與實在的自身協調的統一，注重知識。在他看來，哲學是人的本質。他隨處表示了他對於哲學的尊嚴之最崇高的看法：唯有哲學才是人應當尋求的事物，他對哲學具有最深刻的情感和最堅決的意識，而對於一切別的事物都表示輕視。他以很大的興奮和熱情談到哲學；我們今天是不敢那樣去談哲學的。在他看來，哲學是最高的財富。在許多地方他都是這樣談，我在這裡只從他的《蒂邁歐篇》中引證一段：「我們對於最完美的事物的知識是從眼睛開始的。白天和黑夜的區別、月分和星球的運行產生了關於時間的知識，並引起我們去研究整體的性質。這樣我們就贏得了哲學；上帝所賜予人類的禮物，從來沒有也永不會再有比哲學更偉大的事物。」[24]

關於這個問題，他在《理想國》所說的話最爲著名，同時也最受到反對，這些話最足以表明他的見解，同時也最違反人們通常的觀念。這段話涉及哲學與國家的關係問題，特別引人注意的，是由於它表明了哲學與現實界的關係。因爲在別的地方，無論你怎麼說哲學的價值，哲學卻始終停留在個人的思想裡面，但在《理想國》裡，哲學卻涉及了法制、政府、現實界。這裡柏拉圖在讓蘇格拉底說明眞正國家的性質之後，又讓格勞孔打斷蘇格拉底的話頭，要求蘇格拉底說明，這樣一個國家如何才可能實現？蘇格拉底東說西說、力圖閃避，不願接觸這問題，爲了想逃脫困難，他說道：「一個人在描述什麼是正義時，並沒有義務去說明正義如何可以成爲現實。不過我們縱然不能指出如何才可能完全實現，也必須指出如何才

24《蒂邁歐篇》，第四十七頁（柏克爾本第五十四頁）。

有接近實現的可能。」最後，在被追問得很緊時，他說：「那麼，我一定要說，即使洶湧的嘲笑和完全不相信向我衝來，我也一定要說。如果不是哲學家治理國家，或者現在的所謂國王和王公眞正地和充分地通曉哲學，因而政權和哲學結合在一起，而許多現在性情不同、彼此隔閡、各行其是的人，也都得到調協時，我的朋友格勞孔，我想各個國家的苦難，甚至全人類的苦難就不會有終結。」所以，只有這一點做到了，「我上面所說的那樣的國家才有產生出來、得見天日的可能。」他並且補充說道：「這是我長期遲疑徘徊不願說出的話，因爲我知道，這和普遍的想法太相違背了。」柏拉圖讓格勞孔回答道：「蘇格拉底，你必須認識到，你所說的這些話會使得許多人——並且不是壞人——脫下長袍，摩拳擦掌，抓住任何隨手可得的武器，或者單獨一人，或者合在一起，使勁向你打來。假如你沒有充分的理由去說服他們，你是很難對付他們的。」[25]

柏拉圖在這裡要求國家的統治者通曉哲學，他提出哲學與政治結合的必要性。對於這種要求我們可以這樣說：所謂治理就是規範現實的國家，根據事情的性質來處理問題。這就需要對事情的概念有所認識。於是就應該使得現實與概念相一致，也就是使理念成爲存在。另一方面，歷史的基地是不同於哲學的基地的。在歷史裡理念是得到實現的；因爲上帝統治著世界，理念是自己實現自己的絕對力量。歷史是理念以自然的方式實現其自身，不必意識到

25《理想國》，第五卷，第四七一—四七四頁（柏克爾本第二五七—二六一頁）。

這理念——雖說在歷史中當然有思想的活動，但也與確定的目的和環境有關係。歷史上的行爲雖說也遵循法律、道德、敬愛上帝等一般思想，理念卻是這樣透過思想、概念和直接的特殊目的混合在一起而實現的。這也是必然的；理念一方面透過思想而實現，一方面又透過行爲的媒介而實現。足見理念在世界內得到實現，並沒有什麼困難；因此並不需要統治者掌握理念。理念藉以實現的媒介好像常常與理念本身相違反，但這並不礙事。我們必須知道什麼是行爲：行爲即是主體爲了特殊目的所做的活動。所有這些目的都僅僅是實現理念的媒介，因爲理念是絕對的力量。

說統治者應該是哲學家、說國家的統治權應該交在哲學家手中，這似乎未免有點妄自尊大。不過爲了判斷這話是否正確，我們最好記著柏拉圖意義的哲學及當時對於哲學的了解，即把什麼算作哲學。哲學這一名詞在不同的時代裡有著不同的意義，有一個時代，人們把一個不相信鬼魂、不相信魔鬼的人叫做哲學家。當類似這樣的觀念已成過去的時候，再沒有人會把這類的人叫做哲學家了。英國人把我們叫做實驗物理學、實驗化學的事物叫做哲學。在他們看來，一個哲學家就是進行這種研究，具有關於化學和力學的理論知識的人。我們知道，柏拉圖這裡所了解的哲學，是與對超感官世界的意識，亦即我們所謂宗教意識混合在一起的；哲學是對自在自爲的眞理和正義的意識，是對國家的普遍目的的意識和對這種普遍目的的有效性的意識。自民族大遷徙以來的整個歷史裡（在這個歷史裡基督教變成了普遍的宗教），人們所努力從事的，不外是把那本來是獨立自在的超感官的意識、超感官的世界，那自在自爲的共相、眞理，也設想成爲現實性的事物，並據以規定現實。其後文化發展的任務一般講來就是如此。因此近代的國家、政府、憲法完全是另一回事，和古代的國家，特別和柏拉圖活著的時代的國家具有完全不同的基礎。大體而言，我們知道，那時的希臘人對於民主憲法和由民主憲法產生的情況（這種情況是使得憲法毀壞的先在條件），都很不滿意，表示反對，加以指斥。所有的哲學家都宣稱反對希臘國家的民主政治，在這種民主憲政之下，發生了群眾處罰將軍等等事件。有了這種民主憲法，大家正應當首先爲了國家的最高利益而行動；而當時偶然任性的意見卻占了上風，只是在短暫的期間由於傑出的個人才得到一些糾正。這些個人就是阿里斯蒂德、地米斯托克利、瑪律可·奧勒留等政治能手。在我們的國家裡，國家的目的、公共的最高利益，其浸透一切並發生效力，是與古代的國家很不相同的。法律的情況，法庭、憲法、精神生活的情況本身都是很確定的，只有臨時性的事體才有待決定；我們甚至可以問，是否還有什麼事物須待個人來解決的。瑪律可·奧勒留就是一個例子，足以表明一個哲學家登上王位可以做些什麼。我們只有關於他私人活動的一些記載，羅馬帝國並沒有因爲他而變得更好。腓特烈二世眞可稱爲一個哲學王。他是國王，他曾經從事於烏爾夫的形上學、法國哲學和詩歌的研究。因此，照他的時代來說，他就是一個哲學家。哲學好像是基於他的特殊嗜好的一件特殊的私人事情，同他是一個國王沒有什麼關係。但是在這樣一種意義之下他也是一個哲學王，即他以普遍目的、幸福、國家的最高利益作爲他的行爲和一切設施的原則；無論與別的國家簽訂條約，無論制定國內特殊法律，他都使其服從這自在自爲的普遍目的。及當他的設施後來多少成爲禮俗和習慣時，那些繼承的國王們就不能再叫做哲學家了，即使那同一的原則仍然存在著，政府，特別是制度，仍然建立在這原則之上。

由此得到的結果就是：當柏拉圖說哲學家應該管理國家時，他的意思是根據普遍原則來決定整個情況。這在近代國家裡業已更多地實現了，因爲本質上普遍的原則構成了近代國家（雖非所有國家，但卻是大多數）的基礎，有一些國家已經達到了這個階段，另一些國家正在爭取達到這階段。但大家都公認，這樣的原則構成政府和權力的實質。所以柏拉圖的要求就內容講來仍然是我們當前的要求。我們叫做哲學的，乃是純粹思想的運動，是涉及一種特別的形式（按：即理念）的。如果一個國家不以普遍性、自由、公正爲原則，那麼這個國家就沒有建築在這種形式上面。

在《理想國》裡，柏拉圖以形象化和神話的方式還進一步說到哲學教養和缺乏哲學教養的狀況之間的區別。那是一個詳盡的比喻，也是一個值得重視的光輝的比喻。他所採用的表象如下：「我們設想有一個地下室，有如一個大洞，有一條長的通道通向外面，向著陽光」，有微弱的陽光從通道裡射進來。「住在洞中的人緊緊地被鎖鏈縛著，脖子不能轉動，所以只能看見洞的後壁。在他們背後的上方，遠遠燃燒著一個火炬。在火炬和人的中間有一條隆起的道路，同時有一堵低牆。在這牆的後面」，向著火光的地方，「又有些」別的「人，這些人」的頭並不伸出高過這牆，但是「他們手裡拿著各式各樣的圖像、動物和人的偶像，把它們高舉過牆，就好像把傀儡高舉在燈影戲的戲幕上面一樣，讓它們做出動作，而這些人時而相互談話，時而又靜默不言。於是這些帶著鎖鏈的人只能看得見那些投映在對面牆壁上的影像。他們將會把這些影像」——這些影像看起來是與原形反轉的——「當作眞實的事物」。但他們卻無法看見實物本身；「至於那些擎舉著偶像的人彼此相互間所說的一些話，洞裡的人也只能聽見其回聲，並且會把這些回聲當作影像所說的話。假如有一個囚徒被鬆開了，因而能夠轉過他的脖子，他現在就可以看見事物本身了：但他將會以爲他現在所看見的只是非本質的夢幻，最初看見的影像才是眞實的。而假如有人把他從牢獄裡帶出來，放在陽光下面，他的眼睛將會爲陽光照耀感到暈眩，什麼也看不見，他將會恨那把他帶到陽光之下的人」，認爲這人使他看不見眞理，反而只是「給予他以痛苦和災難」。[26]

柏拉圖以很大的毅力，以科學所有的一切驕傲——我們一點也看不見一門科學對於別門科學的所謂謙遜，也看不見人對於上帝的謙遜——並以高度的自覺性，說出了人的理性是如何地接近神並且與神一致。但是，我們閱讀柏拉圖時，我們忍受著這點，我們把他當作一個古代人，而不是把他當作現存的人看待。

（一）這一神話與柏拉圖哲學特殊的性質有著密切聯繫：因爲它規定了感官世界，亦即人的表象所形成的現象與對超感官世界的意識、對理念的意識之間的區別。由此我們現在就可以進一步來談**認識的性質**，談理念，亦即柏拉圖哲學的本身了。哲學在他看來是一般地研究共相自身的科學。他用「理念」這個名詞來表達與個體對立的共相，這是他不厭反復重述的。

26《理想國》，第七卷，第五一四—五一六頁（柏克爾本第三二六—三二八頁）。

柏拉圖還更確切地把哲學家定義爲「渴欲觀賞眞理的人」。格勞孔說：「你說得不錯。但是你如何去說明這點呢？」蘇格拉底說：「我並不對每一個人都說這話。不過你將會同意我這點。」「同意你哪一點？」「即正當與不正當是相對立的，它們是兩回事。」「當然是兩回事」。「同樣，美與醜，善與惡，以及類似的其他理念，彼此都是對立著的，但每一個理念本身又是一。另一方面，由於和行爲或身體結合在一起，由於和雙方彼此之間的相反關係處處結合在一起，又表現爲多。」「你說得很對。」「所以現在我把好奇的人、愛技藝的人、實際的人與現在說到的唯一可以眞正叫做哲學家的人區別開來。」「這是什麼意思？」「我的意思是說，那些喜歡看和聽的人，他們愛聽美的聲音、愛看美的顏色、形象以及一切由聲音顏色的因素組成的事物。但他們的思想卻不能夠看見和愛好美的本性本身。」「確實如此。」「而那些能夠研究美的本身、能夠看見抽象的美的人，不是很稀有嗎？」「誠然是很稀有。」「現在，如果有人認美的事物爲美（或者認正當的行爲爲正當），但卻不能認識美本身（按：即美的理念）（或正義本身），並且即使有人指示給他關於美的知識（思想），他也不能了解，像這樣的人，你認爲他是在清醒中還是在夢寐狀態之中度過他的生活？」這就是說，那些不是哲學家的人們是和做夢的人一樣。「請看！一個人無論在睡時或醒時，把僅僅相似於某種事物（美、正義）的事物不當作只是相似於某種事物的事物，而認爲它所相似的某種事物本身，他不是在做夢嗎？」「像這樣的人我一定要說他是在做夢。」「反之，那清醒的人，則把美的理念（或正義的理念）當作實在，他知道分別開什麼是理念，什麼只是分有理念的事物，而絕不混淆兩者。」[27]

讓我們首先討論一下理念這個名詞。「當柏拉圖說到『桌子性』和『杯子性』時，犬儒學派的第歐根尼說道：我的確看見一張桌子，一個杯子，但是我沒有看見『桌子性』和『杯子性』。柏拉圖答道，你說得不錯。因爲你的確具有人們用來看桌子和杯子的眼睛，但人們用來看桌子的本質和杯子的本質的精神，你卻沒有。」[28]

蘇格拉底所開始的工作，是由柏拉圖完成了。他認爲只有共相、理念、善是本質性的事物。透過對於理念界的表述，柏拉圖打開了理智的世界。理念並不在現實界的彼岸、在天上、在另一個地方，正相反，理念就是現實世界。即如在留基伯那裡，理想的事物已經被帶到更接近現實，而不是超物理的事物了。但是只有自在自爲地有普遍性的事物才是世界中的眞實存在。理念的本質就是洞見到感性的存在並不是眞理，只有那自身決定的有普遍性的事物——那理智的世界才是眞理，才是值得知道的，才是永恆的、自在自爲的神聖的事物。區別不是眞實存在的，而只是行將消逝的。柏拉圖的「絕對」，由於本身是一，並與自身同一，乃是自身具體的事物。它是一種運動，一種自己回復到自己，並且永恆地在自身之內的

---

27 《理想國》，第五卷，第四七五—四七六頁（柏克爾本第二六五—二六六頁）。

28 第歐根尼．拉爾修，第六卷，第五十三節；參看柏拉圖，《理想國》，第六卷，第五〇八頁（柏克爾本第三一九頁）。

事物。對於理念的熱愛就是柏拉圖所謂熱情。

從這種對於哲學的定義裡面，我們就可以大致看見人們談論很多的柏拉圖的理念是什麼了。理念不是別的，只是共相，而這種共相又不能被了解爲形式的共相，比如說，事物只分有共相的部分，或者像我們所說，共相只是事物的特質，而應該認明白，這種共相是自在自爲的眞實存在，是本質，是唯一具有眞理性的事物。對於柏拉圖理念說的誤解有兩方面：第一，從只認感性事物爲眞實的形式思維方面來的誤解。對於這種思維方式，除了可感覺的事物和可用感覺表象的事物外，沒有任何存在。所以當柏拉圖把共相說成本質時，一般人總以爲（一）共相只是呈現在我們前面的特質，（因此只是我們理智中的一種思想）；[3]或者（二）以爲柏拉圖也把共相當作實體，當作獨立的本質，（存在於我們之外）。[4]那些人是把影子（感性事物）當作眞的；因此，（一）這個共相既不是特質，也不是（二）一個單純的思想，存在於我們之中，存在於我們的理性之中，而是（三）我們之外的存在、實體。當柏拉圖用這樣的語句說，感性事物相似於自在自爲的理念，或者說，理念是模型、原型時，很容易令人誤解爲：這些理念也是一種事物，不過這種事物在另外一種理智裡，在一種超世界的理性裡，跟我們隔得很遠，這些理念是一張一張的圖片，好像藝術家所摹寫的原型

[3] 據英譯本，第二卷，第三十頁增補。——譯者

[4] 據英譯本，第二卷，第三十頁增補。——譯者

一樣，依照這個原型，他去對一定的材料加工，把這原型印入這材料裡，並且這些理念脫離了被當作有眞理性的感官對象的現實性，也脫離了個別意識的現實性。人們會以爲1.這些理念即使不簡直就是〔事物，也是一種超越的存在〕，[5]居住在另外一個世界，爲我們所看不見，卻又是可以想像的事物或圖像；2.他們並且以爲〔理念也脫離了個人意識〕，[6]（而理念是個人意識的原始觀念，個人意識是理念的主體，）因而也就超出於意識之外，甚至被當作只是一種脫離了意識的事物。

流行的關於理念的第二個誤解，在於當理念不在我們意識之外時，人們便以爲理念好像是我們理性中的理想，這些理想或者是對我們的理性是必要的，但是這些理想的產物，卻是沒有實在性的，或者是某種不可能達到的事物。前一種誤解把理念當作一種在世界以外的彼岸，而這一種誤解則把我們的理性當作那樣一種在實在性之外的彼岸。而當這些理想被當作在我們〔意識〕之內的實在性的形式、直觀時，則又引起一種誤解，以爲這些理想好像是具有肉眼可以看見的性質。因而就把理念定義爲理智的直觀，以爲它們必然或者直接呈現在幸運的天才裡，或者直接呈現在一種陶醉或靈感的境界裡，這樣就把理念當作幻想的產物。但這卻不是柏拉圖的意思，也不合乎眞理。理念不是直接在意識中，而乃是在認識中。理念只

---

[5] 德文第一版有缺漏，意思不明，根據英譯本，第二卷，第三十頁增補。——譯者

[6] 德文第一版有缺漏，意思不明，根據英譯本，第二卷，第三十頁增補。——譯者

有當它們被當作概括性的認識之簡單性的結果的情形下，才是直觀、才是直接的，或換句話說，直接性的直觀只表示理念的簡單性那一環節。因此人們並不是具有理念，反之理念只是透過認識的過程才在我們心靈中產生出來。熱忱〔按：即陶醉、靈感〕只是理念最初的粗糙的產物，但是認識才把它們推進到明白的合於理性的發展的形態。但是它們〔理念〕同樣是眞實的；它們存在著，並且是唯一的存在。

因此柏拉圖首先把能認識眞理的知識與意見區別開。「像能認識眞理的那種思想，我們可以很正當地叫做知識；但另一種就是意見。知識建築在眞實存在上面；意見與知識正相反對，不過意見的內容並不是虛無（虛無即是無知），它意味著一定的事物。意見是介於無知與知識之間的中間物，它的內容是『有』和『非有』的混合物。感官的對象、意見的對象、個別的事物，只是分有美、善、公正〔等理念〕，分有共相。但它們同樣也是醜的、惡的、非公正的等等。一倍也同樣是一半。個別不僅是大或小、輕或重，不僅是這些對立面中之一面；而且每一個別事物既是其一，也是其他。個別、意見的對象就是這樣的『有』與『非有』的混合體」。[29] 在這種混合體中，對立的兩面還沒有消融在共相中。共相就是認識的思辨理念。我們通常意識的方式便屬於意見。

（二）作爲共相的認識對於個別意識的關係。在我們還沒有進一步考察認識（關於眞實

29《理想國》，第五卷，第四七六—四七九頁（柏克爾本第二六六—二七二頁）。

存在的認識）的內容（對象）以前，我們還必須先對認識的主觀方式予以細密的考察：一方面認識或知識本身，在柏拉圖看來，是怎樣存在的，亦即怎樣出現在意識中的；另一方面認識的內容是怎樣的或怎樣表現在表象裡作爲靈魂而存在的。也就是說，普遍性的認識如何表現爲個別的、屬於表象的認識。於是這裡就出現表象和概念的混合了。

1. 我們據以意識到神聖事物的源泉，在柏拉圖這裡和在蘇格拉底那裡是相同的。人的心靈本身就是這源泉；心靈包含著本質的事物在自身之內。爲了要認知神聖事物，人們必須把它從內心深處提到意識前面來。柏拉圖曾說過，教育人求得這種知識的，並不是一般的學習，因爲基本原理乃是內在於心靈、內在於人的靈魂的。因此，一個人所認識的，也就是他從他自身之內發展出來的。這一點蘇格拉底已經指出了。在蘇格拉底學派那裡，對於這種認識方式的討論一般是採取像這樣的問題的形式：道德是否可教？而關係到智者學派、普羅泰戈拉時，所提的問題則是：感覺是否眞實？這一問題是和科學的內容，並且和科學與意見的區別有著最密切的聯繫。我們表面上是在學習，其實只是回憶。柏拉圖常常回復到回憶這一問題；在《美諾篇》中他特別討論了這個問題。他認爲，一般而言，沒有事物可以眞正說是從學習得來，學習寧可說只是對於我們已知的、已具有的知識的一種回憶；這種回憶只是當我們的意識處於困惑狀況時才被激發出來的（以意識的困惑爲原因）。[30]

30《美諾篇》，第八十四頁（柏克爾本第三五五—三五六頁）。

柏拉圖對於這一問題立刻就賦予了一種思辨的意義，在這裡他所從事討論的乃是認識的本質，而不是關於獲得知識的經驗的觀點。因爲一般所謂學習是指接受一種異己的事物進入思維的意識，這乃是用事物去塡滿一個空的空間的機械聯合過程，而這些事物對於這空間乃是生疏的、不相干的。這種外在的增加的關係，把靈魂看作白板（就好像在有機體中分子的增加那樣），是不適合於心靈的性質的（乃是死的），而心靈乃是主觀性、統一性、存在於並保持在自身內。但是柏拉圖提出了意識的眞正性質，他認爲心靈即是以其自身爲對象的事物，或者自己爲自己而存在的事物。這裡就提出了在運動中的眞實共相的概念了；共相、類本身就是自己的生成。它是這樣的事物，它的生成（發展）即是它自己的潛在性的實現，它所變成的事物，即是它原先就已經是的事物。它是它自己的運動的起點，但它在運動的過程中絕不走出自身之外。心靈是絕對的類；凡是不潛在於它自身的事物，即是對它不存在的事物；它的運動只是不斷地返回於自身。依此說來，學習是這樣一種運動，在學習過程中沒有異己的事物增加進去，而只是它自己的本質得到實現，或者它自己的本質得到自覺。（凡是還不曾認識到的事物也仍是靈魂或意識，不過被想像成自然存在罷了。）那激勵意識去尋求知識的事物，就是這種假象，就是這種假象所造成的混淆：把自己的本質當作與自己對立的他物、當作自身的否定者——一種和自己的本質相矛盾的現象形態，因爲心靈具有（或者即是）一種內在確信，確信自身是一切實在。當心靈揚棄了這種作爲他物的假象時，它就把握住客觀的事物，也就是說，它直接就在對象中意識到它自身，於是就達到了知識。對於事物的表象誠然是從外界來的，特別是關於個別的、時間性的、變動不居的事物的表象，但共相、思想卻不是從外界來的。眞理在心靈自身中有其根源，並屬於心靈的本性；憑藉心靈可以拋棄一切權威。

在某一意義下，回憶是一個笨拙的名詞。這裡面包含把在別的時間內已經獲得的觀念重新提出的意思。不過回憶也還有另外一種意義，一種從字根衍生的意義，即內在化、深入自身的意義。[31]這是這個詞的深刻的有思想性的意義。在這意義下我們可以說，對共相的認識不是別的，只是一種回憶、一種深入自身，那在外在方式下最初呈現給我們的事物，一定是雜多的，我們把這些雜多的材料加以內在化，因而形成普遍的概念，這樣我們就深入自身，把潛伏在我們內部的事物提到意識前面。不容否認，在柏拉圖那裡，記憶這一名詞常常具有上面所說的第一種經驗的意義。

柏拉圖把意識本身就是知識的內容這一正確的概念，部分地用表象和神話的方式表達出來。我們已經提到過，他把學習稱爲回憶。爲了證明這點，在《美諾篇》中，他用一個沒有受過教育的奴隸作爲例子。蘇格拉底盤問這奴隸，讓他依照自己的意見回答，既不教給他什麼，也不肯定什麼是眞的；這樣一來，最後使得他說出了一個幾何學上關於正方形的對角線和它的兩邊的比例的定理。這個奴隸只是從他自身中引申出知識，所以就好像他只是回憶起某些他已經知道、只不過是忘記了的事物。當柏拉圖在這裡把這種知識從意識中出現

---

31 「回憶」德文是 Erinnerung，即是向內反省之意。——譯者

的事實稱爲回憶時，他這種說法已含有認這種知識從前已眞實地存在於意識中的意思，這就是說，個人的意識不僅就其本身說或按其本質說，具有知識的內容，而且即便作爲個人意識，不作爲普遍的意識，也已經具有這種知識內容了。[32]但是這種個別性的環節僅只屬於表象，這個人乃是一個感性的一般的人。因爲回憶只關涉到這個人之作爲感性的個別的人，不是作爲一般的人。回憶屬於表象，不是思想。因此在這裡知識的出現的本質是和個別性、和表象混合著的。認識在這裡表現爲靈魂的形式，表現爲潛在的本質、「一」的形式，因爲靈魂只是心靈的一個環節。而柏拉圖在這裡就過渡到神話、想像的領域（他用神話進一步發揮這種思想），而神話和想像的內容已不復是共相的純粹的意義，而具有個別性的意義。

於是柏拉圖便把心靈的這種潛在性描述爲在時間上的先在性，而認爲眞理必定已經在另一個時間內對我們存在過。不過同時必須指出，他並沒有把這種看法當作哲學的學說，而只是用傳說（神話）的形式陳述出來，「這些神話他是從那些自身能理解神聖的事物的祭司和女祭司那裡接受來的。類似的神話以及其他聖潔的人也曾講述過。按照這種神話，人的靈魂是不死的，它現時的停止存在就是人們所謂死亡，而它還可以再次出現，但絕不至於消滅。假如靈魂既是不死的，並且還常常再次出現，」（輪回）「它看見過現世以及陰間」（無意識地）「的一切，那麼，就不會更有什麼學習，只是回憶靈魂已經知道的事物、只是

32 《美諾篇》，第八十二—八十六頁（柏克爾本第三五〇—三五九頁）。

回憶它從前曾經看到的事物。」[33]這是從埃及神話借用來的。人們抓住這種感性特質，便以爲這是柏拉圖所確立、假定的思想。其實柏拉圖絲毫沒有確立那樣的事物。這種神話與哲學並無關係，也顯然不屬於柏拉圖的哲學。以後他所說的關於神的許多話，更是與哲學無關。

2. 在《斐德羅篇》裡，這一神話還進一步得到光輝的發揮。他仍然運用回憶的通常意義，即認人的心靈在過去時間內曾經看見過呈現在他意識內的眞理和絕對存在。但柏拉圖的主要努力在於指出，心靈、靈魂、思維是自在自爲的。所以他對於心靈的規定才採取這樣的形式，並且斷言，知識不是從學習得來，而只是對於已經存在於心靈內、靈魂內的事物的一種回憶。認爲靈魂是能思維的，並認爲思維本身是自由的，在古代哲學家中，特別在柏拉圖的觀念裡，與我們所謂靈魂不死是有著直接聯繫的。在《斐德羅篇》中，柏拉圖曾說到這點，「爲的是指出，愛是一種神聖的發狂，並且可以給予我們以最大的幸福。」這是一種狂熱的境界，這種狂熱對理念有一種強烈的、超過一切的傾向。——這種狂熱乃是基於對理想的一種意識或知識，而不是直觀、不是基於心情或感覺的狂熱。他說過：「爲了昭示什麼是愛，他必須闡明什麼是神的靈魂和人的靈魂的性質。」——「第一，靈魂是不死的。因爲凡是自身運動的事物就是不死的、不消逝的；而凡是由於別的事物而運動的事物就是要消逝的。自身運動的事物就是原則。因爲它具有它的來源和起始於它自身中，而不是出於別的事

33 《美諾篇》，第八十一頁（柏克爾本第三四八—三四九頁）。

物。而且它也同樣不能停止運動，因爲只有由於別的事物而運動的才能停止運動。」[34]因此柏拉圖首先發展了靈魂是自身運動者這一簡單概念，照這樣說來，靈魂就是心靈的一個環節。自在自爲的心靈的固有生命是在於意識到自我本身之絕對性和自由性。不死的事物就是不致遭受變滅的事物。

當我們說到靈魂不死時，我們總常常把靈魂當作有形體的、具有各式各樣的特質的事物，而這些特質是變化的，於是便以爲靈魂是獨立於這些特質的。我們把思維也視爲這類的特質，於是就把思維規定爲好像是可以消逝的、可以停止存在的事物。對於這一問題的提法就是從表象的觀點出發的。在柏拉圖那裡，靈魂不死是與靈魂亦即能思維者密切聯繫著的，因此思維並不是靈魂的一個特質。我們以爲，靈魂沒有了想像、思維等等仍可以存在、可以持續。靈魂不滅也就被視爲一件事物的不滅，被表象成像一個存在著的事物那樣。反之，在柏拉圖這裡，靈魂不死這一規定有著很大的重要性，即由於思維不是靈魂的特質，而是它的實質，所以靈魂也就是思維本身。猶如對於物體，我們說，物體是有重量的，重量就是物體的實質。重量並不是物體的質，因爲物體之所以是物體，即因爲它有重量。把重量從物體內抽離開，則物體便不復存在；同樣，把思維從靈魂內抽離開，則靈魂便不復存在。思維乃是共相的活動，但共相並不是抽象的，而是自己反映自己、建立自身同一

34《斐德羅篇》，第二四五頁（柏克爾本第三十八頁）。

的過程。這種過程發生在一切表象活動裡。既然思維是這樣的共相，即自己反映自己、自己保持自己的共相，所以它是自身同一的。但自身同一者即是不變化、不消逝的。所謂變化即是一物成爲他物，不能在他物中保持自己。反之，靈魂就能在他物中保持自身。例如：在直觀裡，它與他物、與外部的材料相接觸，並同時保持其自身。柏拉圖所講的靈魂不死和我們宗教觀念裡的靈魂不死，意義不同。柏拉圖所謂靈魂不死是和思維的本性、思維的內在自由密切聯繫著的，是和構成柏拉圖哲學出色之點的根據的性質、和柏拉圖所奠定的超感官的基礎、意識密切聯繫著的。因此靈魂不死乃是首要之事。

他繼續說：「要闡明靈魂的性質，乃是一個漫長的神聖的研究工作，但是從人來說，用一個寓言比較容易說明。」以下他就提出一個神話（寓言），不過這神話卻華麗而不夠謹嚴。他說：「靈魂就好像一輛馬車和御者聯合起來的力量。」這個形象對於我們沒有說明什麼。「那神靈的馬」（象徵欲望）「和御者是很好的，而且是出自良種。但我們的駕駛人」（御者）「最初掌握著轡繩；不過其中的一匹馬是美好的，而且出於良種，而另一匹馬則相反，而且出於劣種。這樣一來駕駛這輛馬車就感得困難而矛盾了。我現在試圖說明，一個有死的生物如何不同於不死的生物。一切靈魂關懷著無生命的事物，它漫遊整個天宇，由一個理念（種，εἶδος）過渡到另一個理念。當它〔靈魂〕是完善的並有翼能飛時，則它便往上升」（具有崇高的思想）「並且主宰整個世界。但當它的翅膀垂下時，則靈魂就飄搖不定，並往下墜，直至它達到堅實的土地爲止：於是它就取得一具泥土的軀體，而這軀體仍然爲它〔靈魂〕的力量所推動；這樣一個全體就叫做生物（ζῷον，動物），靈魂和肉體就這樣結合在一起，並且得到有死者的稱號」。[35]所以一匹馬表示作爲思維的靈魂，是自在自爲的存在；另一匹馬表示靈魂與物質的聯合。這種從思維到形體的過渡是很困難的，很難爲古代哲學家所了解；關於這點在亞里斯多德那裡還可看到更多。從上面所說的，我們可以看出人們對於柏拉圖哲學何以有了這樣的觀念，即以爲他認爲靈魂本身在今生以前便已經存在著，以後又墮落到物質中，與物質相結合，因而使自己受到玷汙，並且認爲靈魂的使命在於重新脫離開物質。精神實現或體現其自身這一見解，乃是在古代哲學家那裡未得到深刻研討之點。他們有了兩個抽象體：靈魂和物質，對於兩者的聯合，他們只是用靈魂墮落的形式表達出來。

柏拉圖往前繼續說，「不過關於不死的事物（按：即神），如果我們不按照一個能認識的思想，而憑藉表象去表達它，如果我們不洞見，也不充分理解神的性質，那麼，我們就會以爲神的不死的生命是一種具有肉體和靈魂的生命，而兩者是永遠一起產生的（合而爲一體的 *συμπεφυκότα*）」[36]肉體和靈魂本身既是永遠在一起的，所以就不是外在地湊合的。（靈魂和肉體兩者都是抽象物，但生命是兩者的統一，而神的本質照表象說來是靈魂和肉體之爲一體而不可分；但其實，神的本性是理性，是理性的形式——靈魂——和內容之爲一體而不

35《斐德羅篇》，第二四六頁（柏克爾本第三十九—四十頁）。

36《斐德羅篇》，第二四六頁（柏克爾本第四十頁）。

可分。）這乃是對於神的一個偉大的定義、一個偉大的觀念，與近代對於神的定義並沒有什麼不同，近代的定義爲：神是客觀性與主觀性的同一、理想與現實的不可分、靈魂與肉體的不可分。有死的或有限的事物被柏拉圖很正確地規定爲這樣的事物，其存在或實在不完全符合理念，或確定點說，不完全符合主觀性。

現在柏拉圖進一步說明，神性的生活是什麼樣子（他描寫了靈魂所表演的戲劇），以及「靈魂的翅膀又怎樣墮落。神靈的馬車列隊前行，指導隊伍進行的是眾神之主宙斯，他坐在有翼的馬車上領導著。還有別的神靈和女神跟隨著他的後面，排列成十一小隊。每一個神靈各自完成他的任務，他們進行著莊嚴神聖的戲劇。靈魂中無色的、無形的、不可感觸的本質需要思想爲其唯一的觀賞者，因而就產生了眞知識。因爲這樣靈魂就看見了眞實存在，並生活在對於眞理的觀察中，由於它循著不斷地回復到自身的」（理念的）「圓周而行。在這個」（神靈的）「圓周裡，它觀認到正義、節制和知識，它並不是看見了人們所謂事物，而是看見了眞正的自在自爲的存在」。柏拉圖是把這戲劇當作曾經發生過的來描寫的。「當靈魂從這樣的觀賞回來時，御者把馬安置在廄裡，飼之不死之藥，飲之神聖之酒。這就是神靈的生活。但是，其他的靈魂，由於御者的過失，或由於馬陷入泥淖，便離開那種天界，不復能看見眞理，以意見作爲食物來充饑，並墮落到地上。由於各個靈魂各自看見的眞理有或多或少的不同，它們在這裡所處的地位也就有或高或低的不同。不過在這樣的情況下，它們還保持著它們對已經看見過的事物的回憶，當它們一看見某種美的、善的事物時，它們就會忘掉自己，發生狂熱。於是兩翼也就重新贏得了力量，靈魂回憶起它從前不僅看見某種美的善的事物，而且看見美的理念、善的理念本身的境界。」[37]因此神靈的生活是只有靈魂才可享受的，它在個別的美的事物裡可以回憶起那普遍的事物。這就包含著，在作爲自在自爲的靈魂裡，那作爲自在自爲的美、善、正義的理念，也具有自在自爲的普遍性。這就是柏拉圖思想的基本原則和普遍基礎。

這裡我們可以看見，柏拉圖在什麼意義下說到知識是回憶。他明明白白地說，這只是在比喻和寓言的意義下那樣說的，並不是像神學家那樣地認眞去問，靈魂是否在誕生以前即已存在，以及存在在什麼地方。我們絕不能得出結論說柏拉圖有了這種信仰或意見。關於這點，他從來沒有說過在意義上與神學家所說的相同的話。他絕沒有說往來一個圓滿的境界墜落下來的話，譬如說，人必須把現世生活當作囚禁的生活；但他卻意識到，這只是一個比喻的表象。他當作眞理表達出來的，乃是意識本身在理性中就是神聖的本質和生活，人在純思想裡看見並認識這本質，而這種認識的本身就是居住並運動於天界中。

在論到靈魂不死的地方，那作爲靈魂的認識形式才更明確地表達出來。在《斐多篇》中柏拉圖對靈魂不死的觀念有進一步的發揮。在《斐德羅篇》中，神話與眞理被規定爲分離的，並且也顯得如此，而在《斐多篇》中便很少這樣，《斐多篇》是柏拉圖讓蘇格拉底談論靈魂不死問題最著名的對話。至於柏拉圖把關於靈魂不死的討論和蘇格拉底之死的戰事相結

212

37《斐德羅篇》，第二四六—二五一頁（柏克爾本第四十—五十頁）。

合，是永遠值得讚揚的。讓不死的信念從一個正考慮著要放棄生命的人的口中說出，使不死的信念由於這臨死的一幕而活躍生動起來，反過來，蘇格拉底之死也由於這種不死的信念而活躍生動了，這種安排實在最適當不過了。同時必須指出，所謂適當，必須具有這樣的意義，即首先必須特殊地適合於那臨死者，所涉及的必須是他本人而不是普遍的人，是他自身作為個別的人的確信，而不是普遍眞理。所以我們在這裡所碰見的，絕少是表象形式和概念形式的分離，不過這裡所涉及的表象，遠不同於那種陷入粗笨的想法，把靈魂表象為一種實物，並且按照實物的方式去問它能綿延或持續多久。例如：我們看見蘇格拉底在這樣的意義下說：「對於追求眞理——這是哲學的唯一任務，肉體或與肉體有關的事物乃是一種障礙，因為感性的直觀不能表明任何純粹的事物像它本身那樣，而眞理必須在靈魂遠離肉體的情形下才可以被認識。因為正義、美和同類的理念是唯一的眞實存在，不會遭受任何變化和毀滅；這些理念不是憑藉肉體所能認識，只有透過靈魂才看得見。」[38]

我們看見，即在這種分離中，靈魂的本質也沒有被看成實物式的存在，而是被當作共相。這種思想，在下面柏拉圖證明靈魂不死時，我們還可看見更多。這裡的主要思想是已經考察過了的，即認為「靈魂在今生之前已存在，因為學習只是一種回憶」。[39]這話包含

38《斐多篇》，第六十五—六十七頁（柏克爾本第十八—二十三頁）。

39《斐多篇》，第七十二頁（柏克爾本第三十五頁）。

著：靈魂已潛在地具有它所實現的事物。這裡我們絕不可以把它想成是天賦觀念那種壞的看法，天賦觀念包含著認理念為一種自然存在的說法，好像以為思想一方面已經是天生就固定那樣的，一方面具有一種自然的存在，即不首先透過心靈的活動便自己產生出來似的。但柏拉圖認為靈魂的不死主要地在於「複合的事物是要遭受分解和毀滅的，反之單純的事物是不會被分解和毀滅的；而那永遠自身相等、自身同一的事物就是單純的。美、善、相等，由於是單純的事物，所以是沒有任何變化的，反之，包括這些共相於其中的事物，如人、事物等則是有變化的，是能被感官感覺的，而單純的事物〔按：即共相〕則是超感覺的。因此在思想中的靈魂轉向思想，儼如以思想為親屬，並且與思想有所交往，它也必定被認為具有單純的本性」。[40]

這裡更足以說明，柏拉圖不是把單純性當作事物的單純性，譬如化學元素的單純性等，這樣的單純性是不能當作有自身區別的，這只是抽象的同一性或抽象的共性，作為一種存在的單純物。

但最後共相本身又具有存在的形式。例如說：「我們聽見的和音，它不外是一個共相、一個單純的事物，一種殊異事物的統一。不過這種講和是與感性事物相連結的，並且與此感

---

[40]《斐多篇》，第七十八—八十頁（柏克爾本第四十六—五十一頁）。

性事物一同消逝，如像笛子的音樂與笛子一同消逝一樣。」[41]柏拉圖指出：「靈魂也不是這種樣式的和諧，因爲這種感性的和諧乃是在事物之後，跟隨著事物而來，但靈魂的和諧乃是自在自爲的，先於一切感性存在的。感性的和諧有各種不同的音階，而靈魂的和諧卻沒有量的差別。」[42]

由此可以明白，柏拉圖完全把靈魂的本質當作是共相，不是從感性的個別性中去肯定它的眞理性和存在，而對於靈魂不死，他也不是像我們所假想那樣，在表象的意義下，把靈魂當作個別事物。至於以後在神話中也說到靈魂於死後居住在另一個較輝煌莊嚴的世界，在前面我們已經看到，這裡所謂天界是什麼樣的性質。

3. 至於說到靈魂的**教育和修養**，這是和前面所說的靈魂的性質相聯繫著的。我們絕不要把柏拉圖的唯心論當作主觀唯心論，當作近代所想像的那種壞的唯心論那樣，好像人什麼事物也不能學習，完全不受外界的決定，而認爲一切觀念都從主體產生出來。常常有人說，唯心論是這樣的一種學說，即認爲個人從他自身創造出他的一切觀念——甚至當下直接的觀念，並從自身裡面建立一切。這乃是一種反歷史的、完全錯誤的想法。如果對於唯心論作這樣粗糙的了解，那麼，事實上在所有的哲學家中，將沒有一個人是唯心論者了。柏拉圖

41 《斐多篇》，第八十五—八十六頁（柏克爾本第六十二—六十三頁）。

42 《斐多篇》，第九十二—九十四頁（柏克爾本第七十四—八十頁）。

的唯心論也同樣是和這種形態的唯心論距離很遠的。

單就學習〔按：即認識〕而論，柏拉圖是預先假定了那眞正有普遍性的事物，理念、善、美都早已潛伏在心靈自身之內，只是從心靈中發展出來罷了。在他的《理想國》（卷七）裡，聯繫到我已提到過的這點，他曾說到教育、學習是怎樣的性質。他說：「我們必須認爲，知識和學習（παιδείας）的性質不是像有些人所主張的那樣」（他是說不要像智者學派那樣），「那些人於說到教育時，以爲知識彷彿不是包含在靈魂之內，而彷彿是被放進靈魂之內，就如像把視覺放進瞎了的眼睛裡面那樣」，好像眼科醫師施手術去醫治眼睛中的翳障那樣。認爲知識完全來自外面這一看法，在近代有了極其抽象、粗糙的經驗派哲學家爲代表，他們斷言，人對於神聖事物所知道的、所認之爲眞的一切，皆由於教育和習慣而來，靈魂、心靈只是一種完全無確定性的可能性。這個學說推到極端，就是認爲一切都是從外界給予的啓示說。在新教裡，還沒有這樣抽象的、粗糙的觀念；新教認爲信仰本質上是精神的證驗，這就是說，它認爲個別的主觀的精神本身就具有建立和製作那僅僅以外部事物的形式給予它的規定。柏拉圖也反對那樣的觀念。他說道（這關涉到上面所提到的僅只是基於想像的神話）：「理性教導說，每一個人在他靈魂內都潛伏著一種內在的性能，他本身具有藉以學習的官能。譬如說，人的眼睛不能夠由黑暗轉向光明，除非隨著他的整個身體轉過來，同樣地，我們的整個靈魂必須掉轉方向，離開那變動著的現象界」，亦即轉離開偶然的事物，偶然的觀念和感覺；「靈魂必須轉向眞實存在，直到它能夠經受得住陽光、能夠觀看眞實存在之明朗和光明。不過我們說，這個眞實存在就是善。認識眞實存在的藝術就是教育的藝術。而教育也只是一種使靈魂轉向的藝術——也就是用什麼方式可以使這一轉向來得最容易、最有成效，並不是把視覺放進（ἐμποιῆσαι，弄進）人裡面，而乃是使視覺發揮其作用，因爲他已經有了視覺，不過沒有適當地轉向自身，因而沒有看見他所應該看見的對象。靈魂的其他美德與肉體比較接近；它們不是先在於靈魂裡，乃是透過練習和習慣得來」，因此這些美德也就可以加強和削弱。「反之，思維作爲神性的〔美德〕絕不會失掉它的力量，它之變好或變壞只是由於轉向的方式。」[43]

這就是柏拉圖所確立起來的關於內在和外在的關係。類似這樣的觀念，認爲心靈由自身而決定善的性質，對於我們遠比〔對於柏拉圖〕更爲熟習，不過在柏拉圖那裡這些觀念是初次被確立起來。

（三）**認識的差別**，**知識的方式**。柏拉圖認爲唯有由思想產生出來的才有眞理性。認識的源泉是多方面的；感情、感覺、感性的意識就是源泉。最初的是感性意識；感性意識是我們所熟習的、我們的認識從此開始。至於認爲眞理是由感覺給予的，乃是智者學派的學說，而爲柏拉圖所一貫反對的。在普羅泰戈拉那裡我們曾看到這種學說。「感情」這一名詞容易引起誤會。一切都包含在感情中，例如柏拉圖所謂愛美的狂熱（*μανία*）。眞理在這裡表現爲感情的形態；不過感情本身只是人們藉以把武斷的意志當作眞理的特性的一種形

43《理想國》，第七卷，第五一八頁（柏克爾本第三三三—三三四頁）。

式。而眞理的眞實內容並不是透過感情給予的，因爲在感情裡面任何內容皆有其地位。雖說最高的內容必然是在感情中，不過感情並不是眞理的眞實形態。感情是完全主觀的意識。我們在記憶中、在理智中所具有的，不同於我們在感情中、在心情中所具有的，亦即不同於在我們的內在主觀性、自我、「這一個」〔按：即個體性〕之中的事物。當一個內容是在心情中時，我們可以說，它是第一次處在最眞實〔適當〕的地方，因爲它是完全和我們的特殊個體性相同一的。但錯誤的了解在於認爲一個內容既然在我們的情感中，因而就說它是眞實的。因此柏拉圖的學說之偉大，就在於認爲內容只能爲思想所塡滿，因爲思想是有普遍性的。普遍的事物〔即共相〕只能爲思想所產生，或爲思想所把握，它只有透過思維的活動才得到存在。柏拉圖把這種有普遍性的內容規定爲理念。

柏拉圖還進一步規定了我們意識、知識中的各種區別。在《理想國》第六卷篇末，他揭示出感性知識和理智知識的區別。柏拉圖把理智知識、思維、共相區分爲兩種：像幾何學那樣的知識就是思維（διάνοια）；但純粹的思維就是理智（νόησις）。感性的知識也有兩方面：（一）「在感性知識裡，第一是外部現象，反映在水中的形象，以及反映在堅實、平滑、放光的物體中的影像。第二種感性知識則包括那些影像所映現所近似的實物：動物、植物」，這是具體的有生命之物，「人們所製造成的器物」（全部製成品屬於此類）。（二）理智的知識也有兩方面的內容：第一，「靈魂利用上面所說的那種〔反映的〕形象」（感性的、雜多的形象），必須根據初基〔假設〕來進行研究，因爲它不能追溯到原始（原理，ἀρχήν），而需往下尋求末端（結果）。另一種理智知識是靈魂在自身內所思想的事物，在這裡靈魂從初基、從假設出發達到一個不是基於假設的原理，並且也不需要反映的形象，像前一種假設的知識那樣，而是透過理念（εἴδεσι）自身、透過方法（μέθοδον）。在幾何學、算術以及類似的科學裡，人們預先假定了相等與不相等、圖形、三種不同的角等等。並且當人們從這樣的初基（假設 ὑποθέσεις）出發時，人們相信用不著加任何說明，因爲這乃是人人熟知的事物。此外你知道，人們雖是運用那些看得見的圖形，並談論那些圖形，然而「他們在思想中所保有的卻並不」（僅僅）「是這些圖形，而是理想〔的原型〕，這些可見的圖形僅是一些摹本，因爲人們所思維（規定 λόγους）的乃是四邊形自身〔即絕對的四邊形〕以及四邊形的對角線自身，而不是他們所畫出的〔感性的〕形象。關於其他事物，情形亦復如此。」人有一個確定的圖形在他前面（他是這樣來進行工作的）；但他〔思想中〕所意想著的圖形卻不是那特定的圖形，借這一個三角形，我意想著一般的三角形、那普遍的三角形，我所從事研究的並不是一個感性的事物。「人們所描畫的那些圖形（這些圖形也可以產生影像並在水中反映出形象），他們僅只運用一切圖形作爲反映的形象，他們總力求看見這些形象的原型，這些原型人們只有憑藉思想、反思才看得見」，而非感官所能看見。不過思想的這種對象卻不是純理智的存在。——「確實如此！——這就是上面我提到的那一類的思想對象，要研究這樣的對象，靈魂必須運用假設，因爲它沒有追溯至〔第一〕原理，這是由於它不能超出假設」（一種預先的假定），「不過這些次要的形象是被靈魂運用來當作和那些原型完全相似，並且完全被規定爲這樣。我知道，你所說的，乃是在幾何學及別的類似的相關科學中發生的情形。現在試著認識理智知識的另一部門，這是理性本身所涉及的知識，在這裡理性透過辯證法的力量（性能）運用假設，不是把假設當作原理，而是實際上只當作假設，當作階梯或出發點；由此直至理性，達到無假定的事物、萬有的〔第一〕原理」，這就是自在自爲的存在，「掌握住它、並掌握住依存於它的事物，於是又推究至最後，因爲這樣它完全不需要任何感性的事物，只需要理念本身，所以它就這樣透過理念自身最後達到理念。」認識理念就是哲學的目的和任務。理念應該從純思想本身去探討，而純思想只運動於這樣的純思想之中。「我明白了這點，但還不夠充分。你似乎是想要斷言，從辯證法這一科學去考察存在和知識，所得來的概念，較之那以假設作爲原則的科學（在這些科學裡，考察這些對象的人們，也必須用理智，而不要用感官）所得來的概念還更爲明白些（σοφέστερον 正確些）。因爲他們在考察時沒有提高到絕對的原理，而是從假設出發去思辨：所以他們似乎沒有用思想去處理這些對象，雖說有了第一原理，這些對象是可以被思想認識的。幾何學及其同類的科學的方法（思維方法）你似乎叫做『抽象理智』（διάνοιαν），因而抽象理智」（推論，反思的認識）「便是介於理性（νοῦς）和意見（δόξα）之間。你了解得完全正確。相應於這四個區別，我將要提出靈魂的四種性能：（一）形成概念的思維（νόησις）占最高地位；（二）理智（διάνοια）居第二；（三）第三叫做信仰（πίστις）」，這是關於動物、植物的信仰，因爲它們是有生命的、與我們是同性的、同一的——這是眞的意見；（四）最後爲表象或圖畫式的知識」（εinασία imaginatio,assimilatio）。「這就是眞理性和明晰性的等級。」[44]

這樣，柏拉圖就把感性知識規定爲最初的形態，並把反思規定爲另一形態，所謂反思即是有感性意識混雜在內的思維。這裡，據他說，就是一般科學出現的地方。科學建築在思維、普遍原則的規定、基本原理、假設上面。這些假設本身不是感官所能觀察，其本身也不是感性的；它們無疑地是屬於思維。不過這還不是眞正的科學；眞正科學在於觀察那絕對普遍的事物，那精神性的共相。柏拉圖把感性的意識，特別是感性的表象、意見、直接的知識都包括在「意見」（δόξα）這一名詞之內。介於意見和眞正科學中間的是抽象理智的認識、推論的反思、反思的認識，這種認識作用從感性認識中構成普遍的規律、確定的類（即概念）。最高的認識是自在自爲的思維，這種思維以最高的（理念）爲對象。這種區分是柏拉圖（認識論）主要的基礎，並且在他那裡得到較詳細的說明。

現在我們由認識進而考察認識的**內容**。在這裡，理念進一步得到組織或系統化，並被建立爲特殊領域；這一特殊領域構成關於理念的科學體系。這個內容在柏拉圖這裡開始分爲**三部分**，我們可以區分爲思辨哲學、自然哲學和精神哲學。思辨的或邏輯的哲學古代哲學家叫做**辯證法**。第歐根尼·拉爾修以及其他古代的哲學史家曾明白說過，在伊奧尼亞派創立了自然哲學、蘇格拉底創立了道德哲學之後，柏拉圖又加上了辯證法。這種辯證法並不是我們前

221

44《理想國》，第六卷，第五〇九—五一一頁（柏克爾本第三二一—三二五頁）。

些時候所看見的那樣的辯證法，不是把觀念弄混亂的那種智者學派的辯證法，而是在純概念中運動的辯證法，是邏輯理念的運動。柏拉圖哲學的第二部分是一種自然哲學，特別是在《蒂邁歐篇》裡。在《蒂邁歐篇》裡理念得到了具體的表達。第三部分是精神哲學；關於精神的理論方面，如他如何區分認識的種類，已經一般地討論過了，因此還需考察的只是他的實踐哲學，主要地是他對於一個完善的國家的闡述。我們想要按照這三部分的區分，來詳細地考察柏拉圖的哲學。

在先行提示了柏拉圖辯證法的組成部分之後，還需指出：柏拉圖哲學的全部內容雖分爲三部分，但實際上在《理想國》以及《蒂邁歐篇》這些著作裡是聯繫在一起的。此外還應該加上《克里提亞斯篇》，不過這篇僅只流傳下頭一部分，是人類或雅典的一個理想的歷史。這三個對話被柏拉圖當作一個有聯繫地進行著的談話。此外還必須列入《巴門尼德篇》，這樣，這幾篇對話合在一起，便構成了柏拉圖哲學的整個體系。

一、辯證法

形式的哲學思維只能把辯證法視爲一個使表象，甚至使概念混亂並表明其爲虛無的藝術，以致辯證法的結果僅只是消極的。這種辯證法我們在柏拉圖那裡常常見到：一部分是在那些比較眞正屬於蘇格拉底式的、道德的對話裡，一部分也是在許多涉及智者學派關於知識的看法的對話裡。但是眞正辯證法的概念在於揭示純概念的必然運動，並不是那樣一來好像把概念消解爲虛無，而結果正好相反：它們〔概念〕就是這種運動，並且（這結果簡單地說來即：）共相也就是這些相反的概念之統一。在柏拉圖這裡，對於辯證法的這種性質的完全的意識，我們誠然還找不到，但是我們的確在其中找到了辯證法，這就是說，我們發現了：絕對本質在純概念的方式下被認識了，並且純概念的運動得到了闡明。

使得對柏拉圖辯證法的研究感到困難的，乃是他把共相〔概念〕是從表象中發展出來和揭示出來的。這種從表象開始的方法好像使得認識更爲容易，其實使得這個困難更爲增大，因爲這種方法把我們引進不同於理性的、有著完全另外一個標準的領域，並且使得這個領域出現在我們面前；與此相反，如果認識只是在純概念裡進行著、運動著，則表象就完全不會被記起。正由於這樣，概念才贏得較大的眞理性。因爲不然的話，純粹邏輯的運動似乎很容易成爲一個獨立存在的獨特的領域，而另外有一個同樣有效準的領域和它並列著。但是由於這兩個領域在柏拉圖那裡被結合在一起，於是思辨的事物才表現在它的眞理性裡，亦即被表明爲唯一眞理；這是由於把感性的意見轉變成思維而達到的。

前面談到蘇格拉底時已經指出，蘇格拉底式教育的主要意義首先在於把共相提到人的意識前面。這一點從這時期我們可以當作已經完成了，並且只需指出，柏拉圖的許多對話目的僅僅在於使一個普通的表象得到意識，關於這點我們用不著費力多談了；所以柏拉圖文字的冗長常常令人厭倦。

在我們意識內首先有個別的事物、直接的個別的事物、感性的實在，或者也有理智的範疇，這些範疇被我們當作最後的眞實的事物。於是我們便把那外在的、感性的、眞實的事物當作與理想的事物相對立。但是理想的事物是最眞實的、唯一的實在；而認理想的事物爲唯一實在，便是柏拉圖的洞見：有普遍性的事物乃是理想的事物，眞理是有普遍性的事物，思想在性質上與感性的事物相反。許多對話的內容都在於指出：凡個別的事物、多數的事物都不是眞實的事物；我們必須在個別內只去考察共相。共相首先是不確定的、是抽象的，並且由於這樣，它本身不是具體的；但是主要問題在於對共相本身加以進一步的規定。這種共相現在柏拉圖就叫做理念（εἶδος），我們有時把它翻譯成「類」、「種」。無疑地理念也是類、種，不過這只是爲思想所把握、爲思想而存在的。因此我們絕不可以把理念想成某種超越的、遠在他方的事物，理念並不是在表象中實物化、孤立化了的事物，而乃是類。理念我們通常稱之爲共相。美、眞、善本身是類。如果單就我們的理智看來，類只是表現給我們的外在特徵，是爲方便起見而綜合出來的，類乃是相同的特性、許多個別事物經過我們的反思而綜合：像這樣，我們所得到的只是在純全外在形式中的共相。動物是類，動物是有生命的，它屬於有生命的這一類，有生命就是它的實質的、眞的、實在的事物；奪去了動物的生命，動物就不存在了。

所以柏拉圖的努力就在於給予這種共相一個定義。他的另外一個洞見是認爲感性的事物、直接存在的事物、現象不是眞的事物，因爲它們是在變遷中的，是爲他物所決定的，而不是由自身決定的。這是柏拉圖經常據以出發的一個主要方面。感性的、受限制的、有限的事物只是與他物處在關係中，只是相對的；即使我們對於它們有了眞的表象，它們也沒有客觀意義的眞理性，它們本身就不是眞的，它們既是它們自己，又是它們的對方，而這對

224　225

方也被當作存在著的。因此它們有了矛盾，而且是不可消除的矛盾。它們存在著，而對方有力量支配它們。柏拉圖的辯證法是特別針對著這種形式的有限事物而提出的。前面已經提到過，柏拉圖辯證法的目的在於攪亂並消解人們的有限的表象，以便在人們意識中引起對認識眞實存在的科學要求。柏拉圖的許多對話都具有這樣的目的，並且以並未提出積極的內容宣告結束。他常常討論的一個內容，就是他要表明美德就是知識，只有一種美德、只有一個眞理。於是他就從特殊的美德中推究出普遍的善。到此爲止，辯證法的目的和作用在於攪亂那特殊的事物。其進行的辦法在於揭示出特殊的事物的有限性及其中所包含的否定性，並指出特殊的事物事實上並不是它本身那樣，而必然要過渡到它的反面，它是有局限性的，有一個否定它的事物，而這事物對於它是本質的。假如你試指出並堅持這個特殊的否定的方面，則它就消逝了，就變成一個異於你所認定的事物了。這個辯證法就是思想的運動，爲了使得共相、不死的事物、自在自爲的事物、不變的事物在外在方式下出現在反省意識的前面，這種辯證法是非常必要的。爲了消解特殊的事物以形成共相，這種辯證法不是眞正的辯證法、不是辯證法的眞形式。這是柏拉圖和智者學派共同具有的一種辯證法，智者學派是很懂得如何去使那特殊的事物解體的。

於是那進一步的辯證法的使命，就在於對那由攪亂特殊的事物而產生的共相，即在其自身之內予以規定，並即在共相之內消解其對立。因而這種對於矛盾的消解就是一個肯定的過程。所以共相就被規定爲在自身中消解著並且消解矛盾和對立的事物，同時也就被規定爲具體的或本身具體的事物。在這種較高意義下的辯證法就是柏拉圖所特有的辯證法。因此這種辯證法是思辨性的，並不是以一個否定的結果告結束。反之，它表明了兩個互相否定的對立面的結合。不過從理智看來感到困難之處就從這裡開始了。但是柏拉圖的辯證法仍然採取形式論證的方式；他的方法的形式還沒有純粹獨立地發揮出來。他的辯證法常常只是從個別的觀點出發的形式論證。它常常只有消極的結果，甚至沒有結果。但另一方面，柏拉圖本人是反對這種僅屬形式論證的辯證法的，不過我們也看得見，這並不是沒有困難的。他費了很大的力氣企圖去適當地揭示出其間的差別。

說到柏拉圖的思辨的辯證法，這是從他這裡開始的辯證法，是他著作中至關重要的，但也是最爲困難的部分。所以當人們平常研讀柏拉圖的著作時，大都不知道他有所謂思辨的辯證法。柏拉圖哲學中最重要之點坦納曼正好完全沒有掌握住，他只是湊集了一些有關辯證法的命題當作乾燥的本體論的規定。〔一個哲學史家〕[7]在柏拉圖那裡只看見什麼是於己有利的事物，眞可說是沒有頭腦。

思辨的辯證法所達到的思想究竟是些什麼樣的思想？〔理性的〕純粹思想是什麼？因爲柏拉圖很明白地把它和理智（διάνοια）區分了。只要我們是有思想的，我們可以對許多事物有許多思想，但這不是柏拉圖所意味的思想。柏拉圖眞正的思辨的偉大性之所在，他在哲學史上，亦即一般地在世界史上劃時代的貢獻，是他對於理念的明確規定，這種關於理念的

[7] 據英譯本，第二卷，第五一三頁增補。——譯者

知識在幾百年後一般地是醞釀成世界歷史和形成人類精神生活的新形態的基本因素。

他對理念的明確規定，從前面所說的看來，可以作這樣的了解：（一）柏拉圖把絕對了解爲巴門尼德的「有」，但是這個「有」是和「無」相同一的共相，正如赫拉克利特所說，「有」與「無」沒有什麼區別，兩者皆統一於「生成」。（二）畢達哥拉斯數理上的三一概念是用思想的方式表達出來了；一般講來，絕對被理解爲「有」與「無」的統一、「一」與「多」的統一。柏拉圖聯合了上述各原則：第一，「有」既被視爲普遍的、善的、眞的、美的事物，遂被規定爲理念、目的，這就是說，它是支配著特殊、複多的事物，並浸透著、產生著這些事物的共相。不過理念的這種自我產生的能動性在柏拉圖那裡還沒有被發展出來，他常常陷於外在的目的性。第二，規定性、區別、畢達哥拉斯學派的數。第三，赫拉克利特的變化和伊利亞學派的辯證法。後者的辯證法是主體揭露矛盾的外在活動，現在赫拉克利特的辯證法乃是客觀辯證法，事物在它們自身內的變化和過渡，這就是理念的變化和過渡，這就是事物的範疇的變化和過渡，這不是外在的變化，而乃是從自身出發、透過自身的內在的過渡。第四，柏拉圖發展了蘇格拉底的思想，把蘇格拉底只是爲了主體的道德的反省而提出來的思想發展成客觀的事物——理念，理念是有普遍性的思想，同時也是眞實的存在。上述的各派哲學消逝了，不是因爲它們被推翻了，而是因爲它們被吸收在柏拉圖哲學裡面了。

柏拉圖的研究完全集中在純粹思想裡，對純粹思想本身的考察他就叫辯證法。[45]他的許多對話都包含這樣意義的辯證法。這些純粹思想是：「有」與「非有」、「一」與「多」、「無限」與「有限」。這些就是他獨立地予以考察的對象，因此這乃是一種純邏輯的、最深奧的研究；這種研究顯然和我們對於柏拉圖的美麗、優雅、暢快的內容的觀念適成強烈的對比。在他看來這種研究是哲學的最高點。

柏拉圖所說的關於眞正的哲學研究和對眞理的認識一般就是這樣；這裡面他就提出了哲學家和智者的區別。與此相反，智者只觀看現象（在意見中堅執著現象），這種對現象的意見也是思想，不過不是純粹思想，不是自在自爲的思想。許多人研讀柏拉圖的著作之後感到不滿意而拋開了它們，這也是一個原因。令人愉快的導言應許你循著一條長著鮮花的途徑走進哲學，逐漸導入最高的、柏拉圖的哲學。但長著鮮花的路徑很快就走完了。看吧，於是就來到最高的部分、關於「一」與「多」、「有」與「非有」的研究。這是你原來沒有想到的，於是你便靜悄悄地走開了。你還會感覺得很奇怪，何以柏拉圖會在這種地方去尋求知識。因此要研究柏拉圖的對話必須具有一個不計較利害得失的頭腦。當一個人開始讀一篇對話時，他發現輝煌的導言、美麗的景色，他發現裡面有令人嚮往、特別對青年有引誘力的事

45 《理想國》，第七卷，第五三八—五三九頁（柏克爾本第三七〇—三七一頁）：「憑藉辯證法，一個人可以把他從前輩那裡聽來的美的事物轉變成醜的；因此必須到了三十歲才能讓他學辯證法。」

物。如果你被那最初一部分所引誘，那麼，你就會來到那眞正的辯證法和思辨的思想。譬如在《斐多篇》中情形就是這樣。《斐多篇》曾被孟德爾森加以現代化，並轉變成爲烏爾夫式的形上學。這篇對話首尾都很美麗、很令人嚮往，而中間卻放進了辯證法。如果你被那些美麗的景色引起嚮往之情，那麼到了這裡你就必須放棄這種熱情，而讓自己爲這些形上學的荊棘所紮刺。爲了透澈理解柏拉圖的對話，需要各式各樣的心靈品質，並且需要對各種不同的興趣一視同仁。如果你用思辨的興趣去讀它，那麼你就會忽略了那最美麗的方面；如果你的興趣是在那鼓舞人、教導人的地方，那麼你就會忽略了那思辨的方面，覺得它還是不適合你的目的。這就有點像《聖經》中所傳述那個青年，這個青年在做了許多善事之後去問基督：爲了追隨他學道，他還應該做些什麼。但是當主命令他說：賣掉你所有的財物，並且把財物施捨給貧窮的人時，這青年就悲愁地走開了；因爲這是出乎他的意料之外的。同樣有許多人對於哲學有好感，他們的心坎中充滿了眞的、善的、美的事物，希望認識它們、看見它們，並且知道應該做什麼；於閱讀福里斯和另外一些天知道的人的著作之後，他們的心坎中也洋溢著善意。

思想中的辯證運動是和共相有關係的。這種運動是理念的規定；理念是共相，不過是自己規定自己的、自身具體的共相。只有透過辯證的運動，這自身具體的共相才進入這樣一種包含對立、區別在內的思想裡。理念就是這些區別的統一；於是理念就是規定了的理念。這就是知識的主要方面。蘇格拉底停留在善、共相、自身具體的思想上面；他沒有發展這些概念，沒有透過發展的過程把它們揭示出來。透過辯證的運動並且把它們的矛盾歸結到應有的結果〔按：即統一〕，我們就得到規定了的理念。在柏拉圖那裡缺點在於兩者〔按：即規定性和普遍性〕還是彼此外在的。他談到正義、善、眞。但他卻沒有揭示出它們的起源；它們不是〔發展的〕結果，而只是直接接受過來的前提。只是意識對於它們有了直接的信念，相信它們是最高的目的，但是它們的這種規定性卻還沒有找到。因此許多對話僅僅包含一些消極的辯證法；這就是蘇格拉底的談話。爲了喚醒對於知識的要求，於是就對個人的目的、表象、意見加以攪亂。這使得我們感到不滿足，因爲到終局只有這種紊亂，而且因爲這裡所研究的乃是具體的表象，而不是純粹的思想。在別的對話裡柏拉圖闡述了純粹思想的辯證法，特別是在《巴門尼德篇》內。柏拉圖關於理念的口頭講授的著作是散失了；他於口頭講授時還是進行得很有系統的。不過現在也還保留下一些關於理念這一對象的對話，正因爲這些對話是涉及純粹思想的，因此它們也就是最難讀的：例如《智者篇》，《菲力帕斯篇》，特別是《巴門尼德篇》。我們看到，這種抽象的思辨的理念首先在《智者篇》，其次在《菲力帕斯篇》裡是以純粹概念的方式表達出來的。在《巴門尼德篇》中就缺少對立之結合爲一，以及對這種統一的純概念的表達。在別的對話裡還有更多這樣的僅屬消極的結果。但在另一些對話裡，在《菲力帕斯篇》和《智者篇》中，柏拉圖也說出了這種統一。

在《智者篇》中柏拉圖研究了「動」與「靜」、「自同一」與「差別」、「有」與「非有」等純概念或理念（εἴδη，種；因爲事實上理念不外是種）。這裡他與巴門尼德正相反，證明「非有」存在，同樣地，單純者、自同一者分有差別，單一分有複多。關於智者們，他說他們停留在「非有」裡，並且再次駁斥了智者，因爲他們的整個觀點是非有、感覺、複多。因此柏拉圖就這樣去規定共相，認眞實的事物爲一種統一，譬如「一」與「多」、「有」與「非有」的統一。但他同時又避免或者努力避免了我們說「有」與「非有」等的統一時所包含的歧義。當說這話時我們是把重點放在統一上面。於是差別就會消失，好像我們把差別抽掉了似的。柏拉圖復力求保持「有」與「非有」的區別。《智者篇》對「有」與「非有」做了進一步發揮：一切事物皆存在，皆有其本質，但也不存在，「非有」亦屬於一切事物。由於事物是不同的，一物是他物的他物，因此裡面便包含著否定的性質。所以他說：眞實存在者分有「有」，但同樣也分有「非有」；分有者因而具有兩方面於一體，於是它既不同於「有」，也不同於「非有」。

首先在《智者篇》中柏拉圖對於作爲抽象共相的理念有了較明確的意識：如果理念僅僅是抽象共相，那麼它們就站不住腳，因爲這是和理念與其自身的統一相違反的。柏拉圖同樣駁斥了（一）認感性的事物爲本質的說法，（二）認理念爲本質的說法。這兩種看法的前一種就是後來所謂唯物論，認爲「只有有形體的事物才是實體，除了人們的手可以摸得著的事物如石頭、橡樹外，沒有實在」。柏拉圖批評第二種看法說：「讓我們看一看持另一種說法的人，持理念說的朋友。他們的看法是：實體是無形體的、純理智的；他們把變化的世界和理念分離開，認爲感性事物屬於變化生成的世界，而共相則是獨立自存的。他們把理念了解爲無運動的，既不主動也不被動。」[46]柏拉圖提出反對的意見道：「我們不能否認眞實存在具有運動、生命、靈魂和思維，如果『心靈』（νοῦς）是沒有運動的，則它便不可能在任何地方在任何事物記憶體在。」[47]柏拉圖明白意識到他「比巴門尼德更進了一步」，因爲巴門尼德斷言：「『非有』是絕不會存在的；你必須使你的思想遠離這一條道路。」[48]

這個辯證法主要地向著兩方面作鬥爭：第一反對一般的辯證法，通常意義的辯證法。關於這種辯證法我們已經說過了。在智者們那裡這種錯誤的辯證法的例子特別多，而柏拉圖也常常討論到。（但關於這種辯證法和眞正辯證法的區別他卻沒有充分明白地加以討論。）智者學派、普羅泰戈拉和別的人曾經這樣說：沒有獨立存在的事物；苦並不是客觀的，對於某些人是苦的事物，對於別的人是甜的。同樣，大小也是相對的，大的事物在別的情況下可以是小的，小的事物可以是大的；多少的關係也是如此。因此沒有什麼規定是固定不移的。柏拉圖反對這種說法。柏拉圖在一定的方式下把純粹的辯證法知識（按照概念、本質而得的洞見）和對相反的事物的通常看法區別開來。一般講來對立的統一是出現在每個意識前

46 這句照第一版原文直譯應作「看到主動和被動的規定」，意思不明。茲依英譯本，第二卷，第六十三頁譯出。——譯者

47 《智者篇》，第二四六—二四九頁（柏克爾本第一九〇—一九六頁）。

48 《智者篇》，第二五八頁（柏克爾本第二一九頁）。

面的，但在理性尚未在其中達到自覺的通常意識裡，它總是會把相反的事物割裂開。對於每一個事物，我們說一切是一：「這是一，我們同樣也可以指出它是多，因爲它有許多部分和特性。」但是，〔在《巴門尼德篇》中，柏拉圖反對這種的對立統一，〕[8]他的意思是說：「一物在一個觀點下爲一，在另一觀點下爲多。」在這裡「一」與「多」這兩個概念並沒有結合起來。於是這兩個觀念、兩個名詞就翻來覆去。這種觀念的翻來覆去如果是在意識中進行，它就成爲一種空疏的辯證法，這種辯證法沒有把對立面結合起來，並且沒有達到統一。

關於這點，柏拉圖說：「假如有人自己很高興，以爲他彷彿是做了艱巨的發現，當他能夠反覆地從這一概念推到那一概念去運用思想（尋求根據）時，我們便可以說，他並沒有做出什麼值得稱讚的事。」他錯了，因爲他只是指出了一個概念的缺點，否定了一個概念，便推到另一個概念。「因爲他所做的既不是什麼卓越的工作，也不是什麼困難的工作。」這種揚棄一個概念而建立另一個概念的辯證法是不正確的。「困難而眞實的工作在於揭示出另一物就是同一物，而同一物也就是另一物，並且是在同樣的觀點之下；按照同一立場去指出事物中有了某一規定，它們就有著另一規定。（這就是說，同一物就是另一物，另一物就是同一物。）反之，去指出同一物在某一方式下是另一物，另一物在某一方式下也是同一物，大的也是小的，」（例如：普羅泰戈拉的骰子）「相似的也是不相似的，於是任憑自己

[8] 據英譯本，第二卷，第六十四頁增補。——譯者

高興，在思想裡面（推求根據）總是去找出相反的一面，這樣做並不是眞正的洞見（考察ἔλεγχος），這正顯然足以證明作這種思維的人只是開始接觸本質的問題，在思維中必然是一個完全的生手。把一切事物彼此分割開乃是缺乏教養的非哲學的意識的拙劣辦法。讓一切事物彼此外在，實無異於完全消滅一切思想，因爲思想正是理念的結合。」[49]柏拉圖就這樣明確地反對這種認爲每 個事物都可從任何一個觀點來加以駁斥的（詭辯式的）辯證法。

我們看見，就內容而論，柏拉圖所闡述的，只不過是叫做異中之無異，像「一」與「多」、「有」與「非有」等絕對相反者之異及其統一；他並且把這種思辨的認識和通常的肯定的和否定的思維相對立。肯定的思維不能把這些思想（按指對立的概念）結合起來，而是讓其一、也讓其他分別地有效準；否定的思維誠然意識到兩者的統一，但只是一個表面的外在的統一，在這統一體中兩個環節仍然是在不同的方面分離開的。

第二，柏拉圖所反對的就是伊利亞學派的辯證法和他們在本質上與智者學派相同的一個命題，即：「只是『有』存在，『非有』完全不存在。」這一命題，正如柏拉圖所指出的那樣，在智者學派那裡是意味著：否定的既然不存在，而只有「有」存在，那麼就沒有任何虛假的事物了。一切皆存在，凡不存在的，我們不能認知、不能感覺到。一切存在的都是眞的。這樣就和詭辯相聯繫了：凡是我們所感覺、所表象的，我們所提出的目的，都是肯定的

49《智者篇》，第二五九頁（柏克爾本第二二〇—二二一頁）。

內容；凡是對於我們存在的事物都是眞的，沒有虛假的事物。柏拉圖斥責智者學派，說他們取消了眞假的區別，因爲他們說，沒有任何虛假的事物；對於智者學派一切都是正確的。（因此柏拉圖的目的在於指出「非有」也是存在的事物的基本的特性：「一切事物，不論是普遍的或是個別的，都是在不同的方式下存在，也在不同的方式下**不存在**。」）有許多有較高教養的人（因爲這只是意識的不同程度的差別）還贊同智者學派所許諾要說的話：即舉凡個人依照他自己的目的而提出來的事物，依照他的信仰、他的意見當作他自己的目的的事物，都是肯定地眞的、正確的。這樣，人們就不能說：這是不對的、邪惡的、罪過的；因爲這就表明這個道理、這個行爲是錯誤的。人們也不能說：這個意見是虛假的；因爲照智者學派看來，他們所持的命題包含著這樣的意思，即每一個目的、每一種興趣，只要它是我的目的、興趣，就都是肯定的，因而也就是眞的和正確的。這個命題本身好像是很抽象的、很天眞的；但是只要我們看見這個抽象命題表現在具體形象裡，我們就可以看出它所包含的實際意義了。照這一天眞的命題說來，就沒有邪惡、沒有罪過。柏拉圖的辯證法和這種形式的辯證法有著本質上的區別。

柏拉圖進一步認爲理念、自在自爲的共相、善、眞、美都是獨立自存的。前面引證過的神話已經足以表明，當我們說善良的行爲、美好的人時，我們不能把行爲、人當成主詞，而把善良、美好這些特性當成謂詞；而必須把那些在這裡作爲謂詞出現的表象或直觀當成獨立自存的事物、當成自在自爲的眞實事物。這種看法是和上面論述過的辯證法的性質相聯繫的。一個行爲，根據經驗的表象看來，我們可以說是正當的；從另一方面看來，我們也可以指出這行爲具有相反的特性。但眞、善這些理念卻是獨立自存的，沒有那樣的個別性，沒有那樣經驗的具體的特性，而是唯一的眞實存在。靈魂，按照（《斐德羅篇》所說的）神話式的戲劇看來，墮落在物質世界之中，它很樂於觀賞美的、正義的對象；但眞實的事物乃是道德、正義、美之自身，只有這些理念才是眞的。這樣，柏拉圖的辯證法進一步規定的乃是獨立自存的共相。共相又表現爲各種形式，但這些形式本身仍然是很抽象的和一般性的。柏拉圖的最高形式是「有」與「非有」的同一：眞實的事物是存在的，但存在的事物並不是沒有否定性的。於是柏拉圖指出，「非有」是**存在的**，而單純的、自身同一的事物分有著對方，單一分有著複多。這種「有」與「非有」統一的思想智者學派也是有的，不過柏拉圖的思想還不僅如此。於進一步研究時柏拉圖達到這樣的結論：「『非有』加以進一步規定就是對方的本質」（統一、自身同一，和差異）；「理念」——共性，有時又叫理想——「是混合的，是綜合的」（「有」與「非有」的統一，同時也不是「有」與「非有」的統一），「『有』與對方貫穿一切並且相互貫穿；對方分有『有』，內在於『有』，[50]並且透過這種內在過程，對方並不等同於它所內在的事物，而是一個不同的事物，並且由於它是『有』的對方，它必然是『非有』。『有』既然內在於對方，所以不同於別的理念，不是任何別的理念；因此在無限多的方式下『有』可以是不存在的，同時另外無限多的事物（分有『有』的事物）

50 李美爾：「μετέχον，爲共相寓於其中的具體物（所分有）。」

又可以在無限多的方式下是存在的。」所以柏拉圖指出，對方一般是否定性的事物，而否定性的事物也是和它自身同一的事物；對方是非同一者，而非同一者在同樣情形下正與對方同一。它們不是殊異的方面，它們不是處在矛盾中，相反地，在同一觀點下，它們乃是一個統一體。這就是柏拉圖特有的辯證法的主要特點。

認神聖的、永恆的、美的事物的理念爲獨立自存的，乃是把意識提高到精神領域並達到共相是眞理的意識的開端。對於表象，只要有了美的和善的事物的表象，就可以引起感動，得到滿足；但是思維、思維的認識要追問那永恆事物和神聖事物的規定〔即概念〕。而且這種規定本質上只是一種自由的規定，這種規定完全不妨害其共性；這種規定乃是一種限制（因爲每一規定都是一個限制），這種限制同樣讓共相保持其獨立自由的無限性。自由只在於回復到自身中，無差別性的事物乃是無生命的事物；因此那活動的、有生命的、具體的共相乃是自己在自身中發生差異，並在差異中保持自由。理念之所以具有這種特性，乃在於：「一」在對方中、在「多」中、在差異中和自身是同一的。在叫做柏拉圖哲學的事物中，這種對立的統一是唯一使眞實的事物眞實並使認識具有意義的要素。如果我們不知道這一點，則我們便不知道主要之點。柏拉圖自己的說法是這樣的：那對方的事物是同一的，是自身同一的；那與自身不相同一的對方也是同一的，那自身相同的事物也是對方，並且還在同一關係內是對方。這種統一並不是在於：譬如當人們說，我或蘇格拉底是「一」。每個人都是「一」，不過他又是「多」，他有許多肢體、器官、特質等等；他是「一」並且也是「多」。所以我們很可以說蘇格拉底具有兩方面，他是「一」，他與他自身相同，並且他也是對方，是「多」，與他自身不相同。這個見解或說法也出現在通常意識裡。人們把它了解爲這樣：他是「一」，從另一方面看來，他也是「多」；於是就把這兩個思想割裂開了。但在思辨的思維裡這兩個思想是結合的。我們必須把兩者結合起來，這是思辨的思維所要達到的目的。這種相異者、「有」與「非有」、「一」與「多」等等的結合，因而並不僅只是由「一」過渡到對方，這乃是柏拉圖哲學最內在的實質和眞正偉大的所在。不過並不是在所有的對話裡柏拉圖都達到這一規定；這個較高意義的辯證法特別包含《菲力帕斯篇》及《巴門尼德篇》中（坦納曼書中一點也沒有提到這些）。這是柏拉圖哲學中的專門部分，而另一方面則是他的哲學中的通俗部分；不過，這乃是一個很糟糕的區別。我們必不可以做出類似這樣的區別，好像柏拉圖有著兩個那樣的哲學：一個哲學是講授給世俗的、眾人的；另一個哲學是對內的、保留給他所信賴的入室弟子的。專門部分就是那思辨的、寫出來和印出來的部分，不過對於那些沒有興趣去努力鑽研的人卻是隱祕的。它並不是什麼神祕，不過它是隱祕的。剛才所提到的兩個對話就屬於這一類。

在《**菲力帕斯篇**》中柏拉圖研究快樂的性質。[51]他把第一個對象、感性的快樂規定爲無限的。[52]從反思看來，無限的是最優美的、最高尚的；但是無限的同樣也是一般性的不確定

51《菲力帕斯篇》，第十二頁（柏克爾本第一三三—一三四頁）。

52《菲力帕斯篇》，第二十七—二十八頁（柏克爾本第一六六—一六七頁）。

的。無限的誠然可以在多種方式下予以規定；不過這被規定的乃是個別的、特殊的事物。我們把快樂表象爲直接的、個別的、感性的事物；但是從另一觀點看來，快樂是不確定的，它僅僅是初步的事物，像水、火那樣，而不是自身規定的事物。只有理念才是自身規定的、自身同一的。柏拉圖提出有限、限度來與那不確定的快樂相對立。在《菲力帕斯篇》中他特別考察了無限與有限、無限制和限度的對立。[53]我們有了這種對立的看法，我們就不會以爲透過對於無限的和不確定的事物的性質的知識，同時也就可以決定快樂的性質了；快樂是個別的、感性的、短暫的，而限度是形而上的。但是這些純粹的思想才是實質的，一切事物，無論多麼具體，無論多麼遼遠，都必須根據這些純思想來決定。當柏拉圖把快樂和智慧對立起來加以考察時，他也就考察了無限和有限的對立，表面看來，限度（πέρας）是較壞於無限（ἄπειρον）。古代的哲學家也是這樣看法。在柏拉圖這裡，卻完全與此相反；他表明，限度才是眞理。無限制的事物還是抽象的，那有限制的、自身規定的、有限度的事物是較高者。快樂是無限制的事物，是無自身規定的事物；只有心靈（νοῦς）才是能動的規定作用。無限的是不確定的，是可以多些也可以少些的事物，可以強些也可以弱些、可以冷些也可

53 《菲力帕斯篇》，第十六—十七頁（柏克爾本第一四二—一四三頁）；第二十三頁（柏克爾本第一五七頁）。

以熱些、可以乾些也可以溼些的事物。[54]反之，有限的是限度、比例、尺度，[55]是內在的自由的規定，有了限度並且在限度之中也就有了自由，同時自由也就得到了存在。智慧既是限度，也就是優秀的事物所以產生的眞正的原因；限度是尺度和目的的建立者，同時也是自在自爲的目的和目的的規定者。

柏拉圖得到了這樣的結論：無限的就是那自身要向著有限的過渡的事物，有限需要質料以實現它自身，或者說，有限者由於它自己建立自己，所以它是一個有差異的事物，是那被限制者（質料）的對方；無限的即是無形式的，那作爲活動性的自由形式乃是有限者。並進一步探究：由於有限和無限兩者的統一就產生了例如健康、熱、冷、燥、溼，以及音樂中音調的高低、運動的疾徐的諧和，一般而言，由於這樣的對立的統一產生了一切美的和完善的事物。[56]健康、美等等，就其爲對立面的相關聯而言，因此乃是被產生的事物；它們表現爲對立面的混合體。古代哲學家常常不用個體性這個名詞，而用混合、分有等詞。在我們看來，這些字眼都是不確定、不嚴密的說法。這樣，健康、幸福、美等等便表現爲由於這種對立的聯合而產生出來的事物。但是柏拉圖又說：這樣（即對立的聯合）產生出來的事物必須

54《菲力帕斯篇》，第二十四—二十五頁（柏克爾本第一五八—一六〇頁）。

55《菲力帕斯篇》，第二十五頁（柏克爾本第一六〇頁）。

56《菲力帕斯篇》，第二十五—二十六頁（柏克爾本第一六〇—一六三頁）。

假定一個造成第三者的原因；這個前提較之那第三者賴以產生的對立面還更爲優勝。於是柏拉圖便得到四個規定：第一，無限者、不確定者；第二，有限者、尺度、規定、限度，這是智慧所屬的事物；第三是兩者的混合體，僅由於兩者而產生出來的事物；第四就是原因，[57]而原因本身正是相異者的統一、主觀性、力量、克服對立的權力、能夠忍受對立於自身之內的力量。那有權力的、有力量的、精神性的事物就是能忍受對立於自身之內的事物；精神能夠忍受最高的矛盾，而那軟弱的肉體便不能忍受矛盾，只要有一個別的事物（對方）接觸它，它便消逝了。這裡所說的原因就是心靈（νοῦς），心靈主宰這世界；表現在空氣、火、水以及一切有生命之物的世界中的美都是由心靈產生出來的。[58]因此絕對就是有限與無限之統一於一體。

但是眞正辯證法的詳細發揮，則包含在《巴門尼德篇》中，這是柏拉圖辯證法最著名的傑作。在這裡巴門尼德和芝諾被表述爲與蘇格拉底在雅典相會。這篇對話的主題是借巴門尼德和芝諾之口所說出來的辯證法。一開始辯證法的性質就以如下的方式詳細地提出了。柏拉圖讓巴門尼德這樣稱讚蘇格拉底：「我注意到你和亞里斯多德」——一個在場參加談話的人；這如果是指那位哲學家倒很適合，不過他出生於蘇格拉底死後十六年——「談話，

57 《菲力帕斯篇》，第二十六—二十七頁（柏克爾本第一六三—一六五頁）。

58 《菲力帕斯篇》，第二十九—三十頁（柏克爾本第一六九—一七二頁）。

你努力想規定美、正義、善以及每一個這樣的理念的性質是什麼。你的這種工作」（任務）「是美的、神聖的。但是我希望你在年輕的時候，對於這種好像無用，而爲眾人稱爲」形而上的「無聊的空談，多多學習、多多鍛鍊；不然，你就求不到眞理。蘇格拉底問道，這門學問的本質在哪裡？我很高興你曾經說過，我們必定不要停留在考察感性事物及其騙人的假象上面，而必須考察那只有思維能把握的並且唯一眞實的事物」。前些時候，我已經指出，人自來就相信眞理只有透過反思才可發現；透過反思我們可以得到思想，把我們由表象和信仰的方式所得來的事物轉變成思想。現在蘇格拉底答覆巴門尼德道：「這樣我相信我可以更好地洞見相等與不相等以及事物其他的普遍的規定。巴門尼德答道：很好！不過當你從那樣一個規定」（相似、相等）「開始的時候，你必須不要僅僅考察從那一個前提推出的事物，而還必須考察，如果你假定了那樣一個規定的反面，將可以推出什麼樣的結論。例如：先假定了『多』存在，則你必須研究：『多』與『多』自身的關係和『多』與『一』的關係會產生什麼樣的後果。」（這樣一來，每一個規定就會恰好把它自身倒轉過來，「多」會轉化爲「一」，（「一」會轉化爲「多」）[9]，因爲它是在它應被考察的規定中得到考察的；這乃是一個人於思維時可以遇著的奇異的現象，如果他單就那個規定自身來看的話。）「同樣，『一』與『一』自身的關係和『一』與『多』的關係會產生什麼樣的後果」，這是必須研

[9] 據英譯本，第二卷，第五—七頁增補。——譯者

究的。「但是還必須研究，假定『多』不存在，那麼對於『一』和對於『多』，兩者自身和兩者相互間會產生什麼樣的後果。同樣，對於『同』與『異』、『靜』與『動』、『生』與『滅』，甚至對於『有』與『非有』本身也必須加以這樣的考察，必須問：每一個範疇就其本身來看是怎樣，於承認了這一或那一範疇時，其關係又是怎樣。對於這點有了完善的訓練之後，你就可以認識本質的眞理了。」[59] 由此足見柏拉圖對於辯證法的考察估價很高的。這並不是對於外表事物的考察，而乃只是對於被當作規定或範疇的考察。這些規定乃是純思想，它們即是內容；對於它們的考察是活生生的，它們不是死的，它們是運動著的。而這些純思想的運動在於使得它們自身成為它們的對方，因而表明，只有這些純思想的統一才是眞正的眞理。

關於「一」與「多」的統一的意義，柏拉圖讓蘇格拉底說：「假如有人證明給我看，說我是『一』又是『多』，則他並不會令我驚訝。因為他指明了我是『多』，並指出我有左右兩邊，上面和下面、前面和後面：所以『多』是內在於我。再則，我是『一』，因為我是我們七人中的一人。同樣，石頭、木頭等等也是『一』和『多』的統一體。但是如果有人首先單就這些理念本身如『等』與『不等』、『多』與『一』、『靜』與『動』等等各個予以規定，然後又指出這些理念的本身如何可以既是同一的，又可以是有區別的，那我就會感到驚

59《巴門尼德篇》，第一三五—一三六頁（柏克爾本第二十一—二十三頁）。

訝了。」[60]

《巴門尼德篇》中對辯證法研究的整個結果最後是這樣總括的：「『一』不論存在或不存在，不論『一』自身以及別的理念」（「有」、「表現」、「生成」、「靜」、「動」、「生」、「滅」等等），「不論就它自身或就它與別的理念的關係而言，總之，一切理念既存在又不存在，既表現又不表現。」[61]這個結論看來好像很奇特。我們依照通常的表象，很難把這些十分抽象的規定「一」、「有」、「非有」、「表現」、「靜」、「動」等等視為理念。但是這些共相柏拉圖卻視為理念。真正講來這個對話才是柏拉圖純粹的理念論。柏拉圖指出，關於「一」，不論這「一」存在或不存在、自身相同或自身不相同，不論它指「一」在運動或靜止中、在生成或毀滅中，它都是既存在又不存在。換言之，統一以及所有這些純理念既存在又不存在，「一」既是「一」也是「多」。在「『一』是『一』」這一命題裡也包含「『一』不是『一』而是『多』」的意思。反之，在「『多』是『多』」這一命題裡也說出了「『多』不是『多』而是『一』」。這些理念被表明為辯證的，本質上是與其對方同一。這就是眞理的所在。以生成為例：在生成中包含著「有」和「非有」，兩者的眞理就是生成。生成是「有」和「非有」這兩個不可分卻又有區別的理念的統一。因為「有」不是生

60《巴門尼德篇》，第一二九頁（柏爾克本第九－十頁）。

61《巴門尼德篇》，第一六六頁（柏克爾本第八十四頁）。

成，而「非有」亦不是生成。

這裡所得到的結果似乎有否定的性質，因爲結果——同時應該是眞正的第一、在先者——並沒有被當作肯定的，並不是否定之否定，這樣的肯定在這裡還沒有發揮出來。《巴門尼德篇》所達到的這樣的結果或者還不能令我們滿意。不過新柏拉圖學派，特別是普羅克洛，正好把《巴門尼德篇》的這些發揮視爲眞正的神學、視爲上帝的一切祕密之啓示。而這個看法是再正確不過了。（雖說表面上看來，好像並不是那樣。提德曼[62]說，這並不是那樣說的，只是新柏拉圖學派的一些狂誕囈語罷了。）因爲我們把上帝了解爲一切事物的絕對本質；這個絕對本質的單純概念正是這些純本質、「一」與「多」等理念的統一和運動。上帝的本質就是一般的理念，無論這理念表現在感性意識中也好，或抽象理智中、思維中也好。就理念之爲絕對的自我思維者而言，它就是思維自身的活動。辯證法並不是別的，只是自我思維在自身中的活動。新柏拉圖學派把這種聯繫僅僅看作形上學的聯繫，並且從這裡面認識到神學，上帝的祕密之發展。

但是對於剛才所提到的歧義，現在必須加以明確的解釋，即：關於上帝和事物的本質，可以有兩種不同的了解。（一）如果我們這樣說：事物的本質，並把事物的本質當作「一」，而這個「一」同樣又直接是「多」，當作「有」而這個「有」同樣又直接是「非有」、

62《柏拉圖的論證》，第三四〇頁。

變化、運動等：這樣似乎僅僅規定了直接的客觀事物的直接本質，而這種本質論或本體論還不同於我們所了解的神學或關於上帝的知識。這些單純的本質以及它們的關聯和運動似乎只表示客觀事物的諸環節（這些環節本身是單純的直接的），而不表示精神。因此關於本質的這種想法就缺乏我們藉以思維上帝的一個重要成分。但是精神、眞正絕對的本質並不僅僅是單純的直接的事物，而乃是自己反映自己的事物，對於它，在它的對立裡存在著它自身和它的反面的統一。但那些環節和它們的運動並沒有表現出這種自身反映[63]的精神特性，它們顯得是沒有這種反映作用的抽象概念。

（二）如果一方面把這些單純的抽象概念當作單純的本質，直接的、缺乏自身反映的本質，另一方面它們便也可以被當作純粹的概念，純粹地屬於自身反映。它們缺乏實在性。於是它們的運動也只是在空洞的抽象概念中空洞地推來推去，這些抽象概念只是屬於反省；而沒有實在性。〔爲了解除這一矛盾，〕[10]我們必須研究認識和知識的本性，以便對其中所包

63 按「自身反映」（das sich in sich Reflektierende 或 die Reflektion in sich）此處及以下出現多次，這是黑格爾客觀唯心論特有的名詞，意思是指絕對的本質、精神或自我沒有外在於它的事物，其對方只是它自身的映現，亦即它在相反於它的對方裡正是表現或映現其自身。換句話說，對方只是絕對本質的外化的映現，精神的自由即在於借對方而映現自己並回復到自己。上面緊接著的一句話：「在它（精神）的對立裡存在著它自身和它的反面的統一」，就是「自身反映」這一概念的確切的解釋。——譯者

[10] 據英譯本，第二卷，第六十一頁增補。——譯者

含的一切獲得概念。不過我們必須了解，這裡所謂概念眞正講來並不僅僅是直接的事物，雖說它是單純的，而乃是精神的單純性，本質上是回復到自身的思想（只有當前的紅色、白色等等才是直接的）——亦不僅僅是自身反映的事物、意識的事物，而乃是自身存在，亦即客觀的存在。單純性就是直接性，自身存在因此就是一切實在。柏拉圖關於概念的本性的這種了解這裡還沒有十分明確表達出來，因而也就還沒有確認，事物的本質即相同於神的本質。對於神的本質，我們正要求本質或存在具有這種自身反映，自身反映具有本質或存在。不過關於這種思想，柏拉圖只是沒有在字面上說出來罷了，因為無疑地他是具有這種思想的實質的。所謂字句上的區別，也只是用表象的方式和用概念的方式來表達的區別罷了。

現在，一方面，這種自身反映、精神性、概念是出現在柏拉圖的思想中的。因為「多」與「一」等等的統一也正是這種殊異中的個體性，這種在對方中的自身回復，這種在自身中的對方。世界的本質在本質上就是這種自身回復者回復到自身的運動。

但是另一方面，正因為如此，在柏拉圖那裡，這種自身反映的存在只是按表象方式被當作神，因而仍然是與神分離的。在《蒂邁歐篇》中，在他對於自然的生成的闡述裡，神和事物的本質就顯得是區分開了的。關於世界的本質，在柏拉圖的自然哲學裡我們將要進一步加以認識。

因此柏拉圖的辯證法從任何觀點看來都還不能當作完備的。他的辯證法特別著重於揭示：例如：當我們只假定「一」時，「一」中便包含著「多」的規定，或者當我們考察「多」時，「多」中也包含著「一」的規定。我們不能說，在柏拉圖所有的辯證運動裡都包含著這種嚴格的方式；反之，一些外表的看法卻常常影響著他的辯證法。例如：巴門尼德說：「『一』存在，由此推知，『一』和『存在』的意義是不同的，因此『一』與『存在』是有區別的。於是在『一』存在這一個命題裡就有差別存在；所以『一』裡面就包含著『多』，所以我說，有了『一』即有了『多』。」[64]這種辯證法誠然是正確的，不過不是十分純粹的，因爲它開始於兩個規定的這樣結合。

當柏拉圖說到善、美時，善、美都是具體的理念。但是只有一個理念。當我們從這樣的抽象概念如「有」、「非有」、「一」、「多」開始時，離那些具體理念（如善、美）還遙遠得很。柏拉圖沒有把這些抽象思想推進到美、眞理、倫理方面；他的辯證法缺乏這種發展、提高。不過即在這些抽象概念的知識本身裡，至少已包含有具體事物的標準和源泉。在《菲力帕斯篇》中，他已經那樣去考察感覺和快樂的原則了；這原則已經是具體的了。古代哲學家都十分知道，在抽象的思想裡也包含著具體的事物。譬如在原子論的「一」、「多」的原則裡我們就看見了國家結構的源泉。在這種國家原則的最後的思想範疇也正是邏輯的原則。古代哲學家於作這樣的純哲學思考時一般都沒有像我們所有的那樣的目的，他們一般都沒有提出形上學結論的目的，不但沒有提出這樣的目的，也沒有提出這樣的問題。我們有具體的形式、質料，我們願意把這質料加以正當的處理。在柏拉圖看來，哲學給予個人以他所

64《巴門尼德篇》，第一四二頁（柏克爾本第三十五—三十六頁）。

需遵循的方向，以便認識個別事物；但是柏拉圖一般地把對於神聖對象的考察（在生活中）當作絕對幸福或幸福生活的本身。[65]這種生活是靜觀的，彷彿是無目的的，一切實際利益都消除了的。在思想的王國裡自由地生活，在古代希臘哲學家看來，是絕對目的的本身。他們認識到，只有在思想裡才有自由。柏拉圖也開始進一步努力去認識比較確定的事物；開始對於認識的一般性的材料予以區分。有些對話涉及純粹的思想；在《蒂邁歐篇》中所討論的是自然哲學，在《理想國》中所討論的是倫理學。

二、自然哲學

在《**蒂邁歐**篇》中，理念的特殊性得到較詳細的闡述。柏拉圖的自然哲學的基本思想都包含在《蒂邁歐篇》中。不過篇中的細節和特殊的地方我們不能詳加討論，即使討論也沒有多少意義。從畢達哥拉斯學派那裡，柏拉圖吸納了不少事物；究竟有多少是屬於畢達哥拉斯學派，也無法確切判明。無疑地，《蒂邁歐篇》是根據原來由一個畢達哥拉斯學派所寫的著作加工改造而成的。也有人說，這篇對話只是一個畢達哥拉斯學派從柏拉圖一篇較大的著作中所摘要出來的。不過，前一個說法的可能性比較大些。《蒂邁歐篇》自來就被當作柏拉圖對話中最困難、最晦澀的對話。（特別是當他討論到生理學時，他所說的話和我們現

65《菲力帕斯篇》，第三十三頁（柏克爾本第一七八頁）。

在的知識完全不相符合，雖說其中柏拉圖有不少中肯而被近代人所誤解的思想，使我們感到驚奇。）這種困難一部分是由於我們在上面已提到過的概念知識與表象知識的外在混合，正如我們立刻就可以看見的混雜於其中的畢達哥拉斯學派的數。但主要的是由於內容題材的哲學性質本身，對於這種性質柏拉圖本人也還沒有意識到。另一困難在於整個對話的結構組織。關於這點最顯著的是柏拉圖自己多次打斷他論證的線索，常常倒轉過來，好像又重新從最初開始。這就使得許多不知道對這篇對話從哲學來認識的批評家，如哈勒大學的沃爾夫[66]及其他的人，不知道把《蒂邁歐篇》當作哲學著作來處理，而把它當作許多殘篇的集結和湊合，或者只把它當作幾個著作被外在地編排在一起，或者認爲其中除柏拉圖原有部分外又摻雜了許多外來材料。（沃爾夫以爲這篇對話最初是基於口頭談話，並沒有寫下來，如同荷馬詩歌一樣、後來是由不同的篇章湊合來的。）這種聯繫誠然顯得缺乏方法，對於這種紊亂柏拉圖本人也做過不少辯解，不過整體而言，我們可以看出，這篇對話是有其必然的次序的，而篇中之重回到開始，也是有其必要的，因爲對於多次重回到開始的寫作方式，我們也可以找得出較深刻的理由的。

在闡明自然的本質或世界的生成時，柏拉圖是以如下的方式開始的：「神就是善」（τὸ ἀγαθόν，善是柏拉圖理念世界的頂點，正如亞里斯多德於討論柏拉圖學說時關於理念

---

66 一八〇五—一八〇六年的講演錄。

和關於善所寫的那樣），「但是善本身在任何方式下均不帶有任何嫉妒，因此神願意使得這世界和它最相似。」[67]神在這裡還沒有得到明確規定，（還只是一個對於思想沒有什麼意義的名字，）不過在《蒂邁歐篇》中，柏拉圖一再重新回到篇首的話，（於是我們就看見他對於神有了更明確的概念。）[11]說神沒有嫉妒，無疑地是一個偉大的、美的、眞實的、樸素的思想。在古代希臘人那裡則相反，奈美西、狄凱，亦即命運、嫉妒，乃是神靈們的唯一特性，因此神靈們把偉大的貶抑成渺小的，他們不能容忍有價值的、崇高的事物。後世的高尚的哲學家們反對這種觀點。在奈美西的單純觀念中，最初還不包含道德的特性。懲罰最初還不是尊重道德反對不道德，而只是貶抑那越出限度的事情；但是這個限度還沒有被當作道德。柏拉圖的思想比多數近代的觀點高得多，當他們說神是一個隱藏著的神，不曾啓示其自身，因而人們不認識神時，他們是把嫉妒算作神性。因爲如果我們對神嚴肅虔敬的話，爲什麼神不啓示其自身？一個火炬如果點燃了別的火炬，並不失掉它的光明。因此在雅典對於那不讓人接火的人要予以處罰。如果不准許我們對於神有知識，那麼我們便只能認識有限事物而不能達到無限，則神就是一個有嫉妒心的神，若不然它便只是一個空名。因爲近代這種看法只是意謂著：我們自願把神的高尚方面拋在一邊，而去追求那渺小的利益和意見等等。這

67《蒂邁歐篇》，第二十九頁（柏克爾本第二十五頁）。

[11] 據米希勒本，第二版，英譯本，第二卷，第七十三頁增補。——譯者

種謙卑是瀆神，是對於聖靈的一種罪惡。

所以照柏拉圖看來，神是沒有嫉妒的。他繼續說道：「神發現那看得見的事物（παραλαβών）」——一個神祕的詞句，這是由於必須從直接當下的事物起始而提出來的，不過這種直接當下的事物就它所呈現的那樣，我們是不能視爲有效準的，「看得見的事物不是靜止的，而是無規律、無秩序地運動著；神把可見者從無秩序帶進秩序，因爲神認爲秩序較優美於無秩序。」由此可見柏拉圖似乎是把神只當作 δημιοῦργος，即物質的整理者，而把物質視爲永恆的、獨立的、爲神所發現的一團混沌。但是這種看法不是柏拉圖的哲學理論、原則，他對於這種說法也不太認眞。這只是按照表象說出來的，這些語言是缺乏哲學內容的。這只是對於研究題材〔按：即自然哲學〕的一個導言，目的在導入像物質這樣的一些範疇。必須知道，假如我們於討論哲學時從神、存在、時間、空間等範疇開始，我們也只能用直接方式談到這些概念，這些概念依照其性質也是一個直接的內容，而且首先僅僅是直接的內容。並且必須知道，這些範疇既是直接的，同時也就是不確定的了。所以這樣意義的神也還是不確定的，對於思想是空洞的。於是柏拉圖進展到較高的範疇。這些範疇就是理念。我們必須注意柏拉圖的思辨的理念，〔而不要太重視前面提到的按照表象的說法〕。[12]他說，神認爲秩序較優美；這是一種樸素的表達方式。在現時，我們會立刻要求首先證明

[12] 據英譯本，第二卷，第七十四頁增補。——譯者

神；同樣地，我們也不默認那看得見的事物。在柏拉圖那裡，他首先用樸素的方式肯定了看得見的事物；由此才進而證明那眞實的範疇，那出現得較晚的理念。他繼續說，神「考慮到，關於看得見的事物（感性的事物），無理智的事物不可能比理性的事物更美麗，但是理智（νοῦς）沒有靈魂就不能存在於事物中，基於這個理由，神遂把理念放進靈魂之中，而把靈魂放進肉體之中」，因爲理智不能存在於沒有肉體的看得見的事物中；「並且使靈魂與肉體結合在一起，於是世界就成爲一個有靈魂（有生命）的世界、一個有理智的生物。」[68]（在《斐德羅篇》中，也有類似的說法。）我們有了實在性和理智（νοῦς），靈魂就是這兩個極端的聯結；這就是整個眞理或實在。

「但是，世界只是唯一的這樣的生物。因爲如果有了兩個或更多的話，這些生物便只是那唯一生物的一部分。」[69]

於是柏拉圖便立即進而規定那有形體的存在的理念：「因爲世界應該是有形體的、看得見的、摸得著的，但是沒有火就看不見任何東西，沒有堅實性的東西、沒有土就摸不著任何東西，所以神在太初時立即造了火與土。」柏拉圖就以這樣天眞的方式做出了他的自然哲學的導言。「但是兩個東西如果沒有第三者就不可能被聯結起來，而必須有一個結合雙方的紐

68《蒂邁歐篇》，第三十頁（柏克爾本第二十五—二十六頁）。

69《蒂邁歐篇》，第三十一頁（柏克爾本第二十七頁）。

帶作爲中項」——這是柏拉圖的一個簡單的說法，「但最美麗的紐帶是那把它自身和它所聯結者形成最高的『一』的事物」。這話很深刻；因爲裡面包含有概念、理念。這紐帶是主體、是個體、是力量。它統攝著它的對方，使它自身和對方合而爲一。「比例（固定的關係）極好地實現了這種結合。」因爲比例是這樣的：「假如有三個數目或體積或力量，其中的中項與後項的關係相當於前項與中項的關係，並且中項與前項的關係相當於後項與中項的關係」（a:b=b:c），「那麼當中項變成前項和後項，並且反過來，當後項和前項兩者變成中項時，其結果所有各項便都按照必然性成爲同一的事物」（這就是說，沒有差異）；「但當它們成爲同一之物時，則一切合而爲一」。[70]這個思想很好，這個思想至今還保持在哲學裡面。

柏拉圖據以出發的這種分裂，就是我們所熟知的邏輯中的推論。這個推論保留著通常三段論法的形式，但是在這裡卻具有理性的內容。差異就是兩極端，同一就是這兩極端之結合爲一。在思辨性的推論裡，這思辨的理念在兩極端中自身與自身相結合，並且貫穿在它的各項或各階段。在推論中包含著——至少外在地——整個合理性、理念。因此把推論說得太壞，不承認推論是最高的絕對形式，那是不正確的。反之，對於抽象的理智推論加以排斥，這又是應該的。這種形式的推論沒有那樣的［按：即結合兩極端的］中項；每一個差異

252

70《蒂邁歐篇》，第三十一－三十二頁（柏克爾本第二十七－二十八頁）。

都是獨立的，各自有其不同的形式，有其與對方相反對的特殊的規定。這種推論在柏拉圖哲學裡是被揚棄了；思辨的理念在其中構成了特有的、眞正的推論形式。中項使兩極端得到最高的統一；兩極端相互間和對於中項都不是獨立的。中項可以轉化爲兩極端，兩極端可以轉化爲中項；於是從而推出：所有各項皆按照必然性是同一的，因而形成了統一體。反之，在理智的推論裡，這種統一只是本質上不同內容的事物的統一，這些不同內容的事物老是保持其差異性。在這裡，一個主體、一個範疇透過中項和另一個，或簡單地「一個概念和另一個概念」湊合在一起。但推論中的主要問題是同一性，亦即是說，一個主體在中項裡和它自己結合在一起，而不是和另外一個事物結合在一起。所以在理性推論裡，假定著一個主體、一個內容透過對方，即在對方中自己和自己結合起來；這乃是由於兩個極端變成了同一的，其一和其他結合起來，而把對方當作和祂自身同一。換句話說，這就是上帝的本性。如果把上帝〔按：即聖父〕當成主體，那麼就會這樣：上帝產生了祂的兒子〔按：即聖子〕、世界，祂自己實現自身於這個好像是祂的對方的現實世界，但是就在這現實世界中它保持和祂自身的同一，否定了祂的墮落，使自身在對方裡只是和自身相結合；這樣，上帝才是精神〔按：即聖靈〕。假如一個人把直接性提高到高於間接性，並因而說，上帝的效果是直接的：當然他也有其很好的理由；不過具體的眞理是：上帝是一個自己和自己相結合的推論〔按：即推移、發展的過程〕。因此在柏拉圖哲學裡包含了最高的思想。誠然那只是純粹的思想，不過這些思想包含著一切於其自身之中；而且一切具體的形式皆單獨依賴於思想範疇。但是這些形式自柏拉圖以來已被忽視了兩千年了；它們並沒有以思想的形式傳入基督教裡，它們甚至被當作錯誤地採取過來的觀念，直到近代，人們才開始理解，這些範疇裡包含著概念、自然和精神。

柏拉圖又繼續說：在看得見的事物這一範圍內就以土和火爲兩極端，一是堅實的，一是有生命的。「因爲堅固的事物〔按：即土〕需要兩個中項」（這是重要的思想，在自然事物裡，我們所有的，不是三而是四，中項應是雙重），「它不僅有寬度，而且也有深度」（眞正講來是四度，因爲點透過線和平面與固體相結合）：「所以上帝在火與土之間建立了空氣和水」（這也是具有邏輯深度的一個規定，因爲這個中項，作爲相異者，在它的差異中轉向那兩極端，必須在自身中區分爲二）；「並且還按照一定的比例，使得火與空氣相當於空氣與水的關係，再則空氣與水相當於水與土的關係。」[71]這樣我們就發現一個分裂爲二的中項；而這裡出現的四這個數在自然裡是一個基本數。其所以在理性的推論裡只有三，而在自然裡便發展爲四，原因在於自然事物的性質，因爲在思想裡是一的，在自然裡便相互外在分裂爲二了。這作爲對立物的中項是雙重的。第一是上帝，第二是中介者、聖子，第三是聖靈；這裡的中項是很簡單的。但是在自然裡，這作爲對立者而存在的對立者本身就是雙重的；所以計算一下我們就得到四。這種推論的過程也發生在我們對於上帝的看法裡。當我們應用這個推論於世界時，則我們便以自然作爲中項，而以存在著的精神作爲由自然回復到理

254

71《蒂邁歐篇》，第三十二頁（柏克爾本第二十八頁）。

念的道路；這種回復的過程就是精神。這種活生生的過程——這種分化、由分化而與自身同一的過程——就是活生生的上帝。

柏拉圖進一步說：「透過這種統一，那看得見、摸得著的世界就被造成了。由於上帝給予這世界完整而不可分的元素」——火、土等等，在這裡其實已沒有什麼意義——所以「這世界是完善的、不老的並且是不病的。因爲老和病只是起源於這些元素過多的分量從外部去影響一個物體。但是世界的情形卻並不如此；因爲世界包含著這些元素的整體於自身之內，沒有事物可以從外部去影響它。世界的形狀是球形的」，（正如巴門尼德和畢達哥拉斯所說的那樣），「而球形是包含一切別的事物於其自身的最完善的形狀；球形是完全平滑的，因爲在它之外更無任何事物，它與對方沒有差別，它不需要肢體。」任何對象的有限性都在於它有差異和外在性。在理念中誠然也有規定、限度、差異、他在性，不過這些特性又同時在一中被消除、被包含、被保持了。所以在理念中有了差異並不因而就產生有限性，而有限性乃是被揚棄了的。有限性因此便包含在無限性自身內，這乃是一個偉大的思想。「上帝給予世界以七種運動中最適合的一種運動，即是最足以與理智和意識相諧和的圓周運動；上帝把其他六種運動從這世界分離開，使它得以免除這些運動的不規則的本質」[72]（向前和向後的運動）。這只是一般的說法。

72《蒂邁歐篇》，第三十二—三十四頁（柏克爾本第二十八—三十一頁）。

再則：「神既然願意把這世界造得和它相似，使世界也成爲神，所以它賦予世界以靈魂，並且把靈魂放在中間，使靈魂彌漫於全世界」（世界靈魂），「並使整個世界爲靈魂所圍繞」（由於這樣所以世界是一個整體）；「這樣一來，它就使得這世界成爲自身滿足、不需求任何別的事物、自己認識自己、自己與自己相友好的存在。透過這一切，於是神就把這世界造成爲一個有福祉的神。」[73]我們可以說：這裡柏拉圖對上帝有了一個確定的觀念，這裡我們第一次有了關於理念的眞理和知識。但是那第一個上帝還是不確定的。我們必須有意識地採取這個道路，有意識地承認，那第一個，不論是存在或上帝，乃是不確定的。這個被創造的上帝才是眞理；那第一個上帝只是一個名詞，由於開始按照表象的方式說話，只是被當作一個假設、一個表象的前提。當上帝僅僅是善時，則它便僅僅是一個名詞，還不是自身規定的、確定的存在。因此中項便是眞理。由此看來，當我們首先從物質開始，倘有人因而便以爲柏拉圖是把物質當作獨立自存的事物，那麼，依照剛才所引證的看來，這乃是錯誤的。只有這個上帝、這個同一性才是自在自爲的存在，才是幸福的。

柏拉圖又說：「我們現在雖然最後才說到靈魂，卻不能因此便認靈魂是最後的，我們這樣做只是由於我們說話的方式。靈魂乃是主宰者、統治者，那服從它的有形體的事物」並不是獨立的、永恆的。這只是由於柏拉圖天眞的想法才把這種先後的次序歸之於說話的方

73 《蒂邁歐篇》，第三十四頁（柏克爾本第三十一頁）。

式。這裡表面上好像是偶然的次序，而其實也是必然的次序：即先從直接的事物開始，然後才進入具體的事物。因此我們可以像已經提到過那樣，在柏拉圖的那些闡述裡揭示出矛盾；不過這完全要看他所提出的眞理的標準是什麼。我們將進一步在下面看出柏拉圖的理念的性質。柏拉圖這樣說：「靈魂的本質是按照如下的方式創造成的。」這裡所說的和關於有形體的事物的本質所說的，其實是同一思想。以下所引證的乃是柏拉圖對話中最著名、最深刻的一段：「從不可分的和永遠自身同一的存在，也從可分的亦即有形體的存在，神創造了第三種存在作爲聯合兩者的中介，它具有自身同一的性質和他物或對方的性質。」柏拉圖又把可分的叫做對方、非某物。「於是神就把它造成不可分的和可分的事物之共同的中介。」這裡就來到了這些抽象範疇：一是同一，對方是多或非同一、對立者、差異。假如我們說，「神、絕對是同一者與非同一者的同一」，人們是會說我們野蠻和煩瑣的。這樣說的人們也可以很高地稱讚柏拉圖；不過他乃是這樣規定眞理的。「被當作差異的這三種存在，全部爲神所聯合爲一個理念」（它們不是三個事物；那第三者對其餘兩個說來不是第三者），「因爲神用力量迫使那具有嚴重的混雜性質的對方適合那自我同一者。」無疑地這就是概念的力量，概念能夠理想化那麼多的、彼此外在的事物，把它設定爲理想的事物。這也同樣是理性的概念施諸抽象理智的力量，當人們把某種事物放在理智前面時。在單純的自身反省裡，在單純地回復到它們還在分離著的開端時，這三個環節：自身同一者（本身作爲一環節）、對立、第三者，亦即似乎是可以分解的，它並不回復到最初統一的聯合。用不著問物質（對方）是不是永恆的。「把自身同一者與對方和本質（οὐσία）混合，使三者成爲一體，神又把這個整體分爲適合它自身的許多部分。」[74] 若我們試著把這個靈魂的實體與看得見的世界的實體相比較，便可見得，後者和前者是相同的。而這個唯一的整體現在才是系統化的實體、眞正的物質或本質、絕對的質料，這質料自身是有著區分的（是「一」與「多」之持久的不可分的統一）；我們必不可以再去追問別的本質了。

柏拉圖於是又把這種主觀性加以區分，他根據數的規定來表明這種區分的方式和種類。這裡就摻雜有畢達哥拉斯學派的觀念了。（教父們曾經在柏拉圖這裡發現三位一體；他們想要在思想裡把握、證明三位一體，從思想裡產生三位一體。眞理在柏拉圖那裡誠然具有著和三位一體相同的特性。不過我們必不可停留在柏拉圖的表象階段，認神是可以發現的、可以假想的；反之我們必須達到概念。柏拉圖這裡所說的神不是思想，而是表象。）這種區分包含著有名的柏拉圖式的數（正如對數毫無所知的西塞羅所說的那樣），這些數無疑地是起源於畢達哥拉斯學派的，對於數，古代人和近代人，還有克卜勒在他的《世界的和諧》（*Harmonia Mundi*）裡都曾費了很多力氣去探討，但是沒有人對它有眞正的了解。了解數，這意味著兩方面：一方面是認識數的思辨的意義、數的概念。不過，正如已提及的那樣，在畢達哥拉斯學派那裡，只給予數的區別一個不確定的區別的概念，而且只是在最初的一些數之中才做出了區別。但一到了較複雜的數的關係時，他們一般就不能進一步指明其區別。另

74 《蒂邁歐篇》，第三十四—三十五頁（柏克爾本第三十一—三十二頁）。

一方面，由於它們是數，所以它們僅可以表達體積的區別、感性事物的區別。現象界的體積系統——這一部分是天體的系統，在這系統裡體積顯得最純粹、最自由，不受質的束縛，而在所有別的系統裡，體積大都是必然定在，必須符合於數。不過這些有生命的數的區域本身也是許多環節構成的系統：距離的遠近、速度和尺寸的大小。這些環節中沒有任何一個環節，作爲一系列的簡單的數，可以和天體區域的系統相比擬；因爲這個系列只能包含所有這些環節的系統作爲它的部分。假如柏拉圖的數也是每一個那樣的系統的環節，則需考慮的將不僅是這一環節，而且需對在運動中有著區別的各環節間的關係，作爲一個全體——眞正有意義的、合理性的全體加以把握。我們必須簡短地對主要的內容加以歷史性的揭示。關於這個問題最澈底的研究是波克所著的論文（《論柏拉圖〈蒂邁歐篇〉中世界靈魂的結構」），見道卜與克勞澤的研究（第三卷（二十六頁以下））。[13]

那基本的系列是很簡單的。「最初神從全體中取出一部分；然後取出第二部分，是第一部分的兩倍；第三部分是第二部分的一又二分之一，是第一部分的三倍；其次的一部分是第二部分的兩倍；第五部分是第三部分的三倍；第六部分是第一部分的八倍；第七部分比第一部分大二十六倍。」因此這系列是這樣的：1；2；3；$4=2^2$；$9=3^2$；$8=2^3$；$27=3^3$。「於是神填滿了二倍（1:2）和三倍（1:3）的間隙（比例），由於它又從全體裡面割下了一些部分。

[13] 據英譯本，第二卷，第八十一頁增補。——譯者

它把這些部分放進那些間隙裡面，以使得每一間隙裡面有兩個中項（或中介），一個中項以同一倍數大於和小於每一個極端，但另一個中項以同樣多的數目大於和小於兩極端」；前者是一個不變的幾何關係，後者是算術關係。第一個中項是透過方根而產生（$1:\sqrt{2}:2$）；另一個中項例如 $1\frac{1}{2}$ 是介於一和二之間的中項。由此就產生了新的比例關係；而這些比例關係又是以某一特殊的更困難的方式插入最初那些比例關係之間的，但這樣一來，「到處都有某種事物省略了。而最後一個數對數的比例是256:243」，或者$2^8:3^5$。

憑藉這些數的關係我們是不會有多大進展的；它們不能提供什麼內容給概念或理念。自然的關係或法則是不能夠用這些枯燥的數來表明的。這些數的關係是經驗的關係，不能構成自然的尺度之基本特性。現在柏拉圖說：「神把這一整個系列按其長度分割爲兩部分，並把這兩部分交叉著放成X形，使其兩端彎曲成爲一個圓形，並用齊一勻稱的運動去包圍它們，這樣就形成一個內部圓形和一個外部圓形，它（指神）叫外部圓形的運動爲自我同一者的轉動，而叫內部圓形的運動爲他在者（即對方）或自身不同一者的轉動，而認前者爲主宰者、不可分者。但是它又按照同樣的比例把內部轉動分成七個圓形，就中三個以同一的速度轉動，四個以不相同的速度（四個彼此之間與前三個的速度並不同）轉動。這就是靈魂的系統，一切有形體的事物都是在靈魂之內形成的。靈魂是中心，浸透著全體，並且從外面去包圍那全體，自己在自身中運動。這樣它（指靈魂）就具有著一個永不停息的、合理的生活之

260

神聖的根據在它自身內。」[75]

這種說法並不是完全沒有紊亂。柏拉圖於談到有形體的宇宙的理念時，即引進了認靈魂爲無所不包的簡單的事物的看法。現在僅就那一般的來看。（一）靈魂和形體的本質是差異中的統一。（二）這種本質又有兩方面：第一，這本質本身自在自爲地被假定爲在差異中，在「一」之內，它系統化自身爲許多環節，而這些環節即是運動；第二，這本質即是實在性；本質和實在性兩者均屬於靈魂和形體在對立中的全體，而這全體也還是一。精神是穿透一切者、圓球的中心、廣大無垠、無所不包者；有形體的事物是在精神之內，這就是說，有形體的事物既與精神相反對，是和精神有差異的，又是精神自身。

這就是那被建立在世界中並主宰著世界的靈魂的一般規定。就作爲物質的實質看起來和靈魂相似而言，則靈魂便肯定了它自身的同一性。靈魂與看得見的宇宙是同一的本質。構成靈魂的實在性的就是這些環節。（那作爲絕對實體的神除了它自身外是不看見任何其他事物的。）於是柏拉圖便這樣描述靈魂與客觀存在的關係道：「如果靈魂接觸到客觀存在的任何一個環節，無論這環節是可分的或不可分的實體，它就會借此自己反思著自己，說出什麼事物和它相同或不相同這兩方面的差異，以及個別事物如何、在何地、在何時彼此間的關係和對於共相的關係。當感性事物的圓周運動循正軌運行，並把自己顯示給整個靈魂去認

75《蒂邁歐篇》，第三十五—三十六頁（柏克爾本第三十二—三十四頁）。

識時，就產生了眞的意見和正確的信念」（這時世界行程的「不同的」軌道就表明和精神的內在本質相諧和）。「但當靈魂轉向理性的對象時，則這自身同一者的周行運動就被認識到，於是思想便愈趨完善而達到科學知識。」[76]

這就是世界的理念、本質，亦即本身幸福的神的理念、本質。在這裡，遵循著這個理念，世界才第一次出現，在這裡，全體的理念才第一次得到完成。前此所討論的只是感性事物的本質，還沒有討論到作爲可感覺的世界。他在前面誠然談到火、水等等，他說的只是本質。在這裡柏拉圖好像又從以前已經討論過的開始，但他前面曾經討論過的只是本質；像火、水等等名詞他最好是略去不用。

現在柏拉圖更繼續討論下去。他又把這神性的世界叫做「那單是在思想中並永遠自身同一的模範」。他又提出一個與這個全體相對立的「第二個世界，這是那原始模範的摹本，這是一個有生滅並看得見的世界」。[77]後者是天體運動的系統，前者是「永恆的生命。那有生成變化的世界是不可能模仿得和它完全相似的」（和那最初的理念、永恆的生命相似）。「但是它是被造成爲保持在統一中的永恆之運動著的圖像；這個按照數的關係而運動著的永恆圖像，就是我們所謂時間。」關於時間，柏拉圖說：「我們習慣於把過去和將來叫做時間

---

76 《蒂邁歐篇》，第三十七頁（柏克爾本第三十五頁）。

77 《蒂邁歐篇》，第四十八頁（柏克爾本第五十七頁）。

的一部分，並且把區別那在時間中運動著的變化的段落轉變為絕對的存在。但眞正的時間是永恆的，或者說，它是現在。因爲本體既不會年老些，也不會年輕些；這作爲永恆之直接圖像的時間同樣也不是以將來和過去作爲它的部分」。[78]時間是理想性的，正如空間一樣，兩者皆是精神的客觀形式；時間、空間沒有什麼感性的成分，它們是精神表現爲客觀存在的直接形式，是感性的非感性的形式。

時間——絕對存在在時間性事物內運動的原則——的眞實環節乃是變化出現在其中的事物：「太陽、月亮和別的五個星球；它們之被上帝創造，爲的是用來規定和保持時間的數的關係」[79]——在這些星球裡面時間的數量便實現了。因此天體的運動（眞正的時間）才是保持在統一中的永恆者的圖像，或者在天體的運動中永恆者保持其自身同一的特性。因爲一切事物都在時間中，亦即在一種否定性的統一中，這種統一不容許任何事物隨便在自己裡面生根，因而不使任何事物按照偶然性而運動或被推動。

但是這種永恆者又是在別的實在的特性裡，在自身變化和自身迷誤的原則（這個原則的普遍概念爲物質）的理念中。屬於時間的世界是永恆的世界摹本；但是與這時間的世界相對立，另外有一個世界，變化本質上內在於此世界。自身同一者和它的對方是我們前面所有的

78《蒂邁歐篇》，第三十七—三十八頁（柏克爾本第三十六—三十七頁）。

79《蒂邁歐篇》，第三十八頁（柏克爾本第三十七頁）。

抽象對立。那永恆的世界表現在時間裡，於是就有了兩個形式，自身同一的形式和自身異化、自身迷誤的形式。[80]表現在最後這一原則（領域）的三個環節爲：（一）那單純的被創造的存在，「產生的事物」（確定的物質）；（二）「這種存在被產生的」地方；（三）「被創造的事物的原始模型」。[81]柏拉圖又加以這樣的列舉：「本質、地方和產生」，其中本質是產生的養料、實質。[82]我們便有了這樣一個推論：（一）本質、共相；（二）地方（空間），中項；（三）個體，個別的產生。假如我們試把這個原則和具有否定性的時間相對立，則本質（ὄν）這一單純的環節——亦即作爲一個普遍原則的異化原則——乃是「一個容納的」媒介，「像一個『乳母』似的」，保持一切，使一切獨立自存，讓一切爲所欲爲。這一原則是沒有形式的，但又能接受任何形式，是一切有差異的現象的普遍本質〔按：即材料〕。這就是壞的被動的物質，當我們說到物質時，我們所了解的物質就是這樣。物質在這裡是相對地有實體性的事物、是一般的自存、是外部的定在，是抽象的孤立的存在。在我們的反思裡，我們是把形式和這種物質區別開的。據柏拉圖看來，唯有首先透過「乳母」形式才取得自存。我們所謂現象都是基於這一原則；因爲物質正是這種個別產生的支持者，在這個別產

[80] 《蒂邁歐篇》，第四十八—四十九頁（柏克爾本第五十六—五十七頁）。

[81] 《蒂邁歐篇》，第五十頁（柏克爾本第六十—六十一頁）。

[82] 《蒂邁歐篇》，第五十二頁（柏克爾本第六十三—六十五頁）。

生的過程中二元化便建立起來了。不過這裡所謂現象不可以被當作個別的地上的存在，必須當作本身有其特殊性的普遍性的事物。作爲有普遍性的物質既是一切個別事物的本質，於是柏拉圖首先要我們記著，我們不可以把物質說成火、水、土、空氣等（這裡他又提到火等等）感性的事物；因爲這樣一來就會把物質說成一個固定的特定的事物了，但是這些特定的事物卻有其保持不變的特性，這種特性也只是它們的共性，或者只有火性、土性等等才是共相。[83]

現在柏拉圖[84]進一步闡述事物的確定的本質或事物的簡單的特性。在這個變化的世界裡，形式是空間的圖形。正如在那個作爲永恆性的直接摹本的世界中，時間是絕對的原則，所以在這裡那絕對的觀念性的原則或純物質本身是空間的存在。（一）物質；（二）空間；（三）產生：空間是這個現象世界的觀念性的本質，是聯合肯定性與否定性的中項；而空間的特性就是圖形。誠如在空間的各度裡，必須把平面視爲眞的本質，因爲平面是空間裡線和點的中項，並且在它的最初眞實的限度裡它是三；所以三角形也是空間各種圖形中之第一個圖形，而圓形本身卻是沒有限度的。於是柏拉圖於發揮其圖形學說時，便以三角形爲基本原則。因此感性事物的本質就是三角形。他以畢達哥拉斯學派的方式這樣說：這些三角形

83《蒂邁歐篇》，第四十九—五十頁（柏克爾本第五十八—六十頁）。

84《蒂邁歐篇》，第五十三頁（柏克爾本第六十六頁）以下。

按照原始的數的關係之聚集或聯合便構成感性的成分。這些三角形的聯合就是它們的理念（屬於中項）。這就是基本原則。至於他如何規定這些成分的圖形和三角形的聯合，我現在就省略了。

柏拉圖[85]從這裡又進而討論到物理學和生理學，這我們不想跟著他繼續講下去，只可以視爲一個開端，一個在雜多裡面去把握感性的現象的幼稚嘗試，而且這種嘗試也還是很膚淺和混亂的。只是考察感性現象，例如身體的各部分和四肢等，並且在對這些現象的說明中混雜著接近於我們所謂形式解釋的思想，而這些思想事實上是缺乏概念的。我們應當堅持理念的崇高性，這是優越的事物；至於說到理念的實現，柏拉圖只是感覺到並表達出這種要求罷了。我們也常常在他那裡看見思辨的思想，但他對這些思想的研究又大半是很表面的，例如目的性等等。他於處理物理學時，情況與我們不同，他在這一方面還缺乏經驗知識。現代的物理學卻與他相反，所缺乏的乃是理念。柏拉圖雖說與忽視生命這一概念的近代物理學不相一致，雖說以幼稚的態度用外在的比喻來談自然，但是如果按照生命的觀念來考察自然有其一定的地位的話，那麼柏拉圖的自然哲學在個別地方還有很深刻的、令我們重視的識見。同樣，他討論生理現象和心理現象的聯繫部分也值得我們重視。其中有些部分包含某些普遍性的成分，例如他關於顏色的說法；[86]由此出發，他又過渡到比較一般的考察。值得注意的是

85　《蒂邁歐篇》，第五十七頁（柏克爾本第七十四頁）以下。

86　《蒂邁歐篇》，第六十七—六十八頁（柏克爾本第九十三—九十五頁）。

在這裡他常常是重新從以前的地方開始；這並非由於《蒂邁歐篇》是一篇雜湊的事物，這是有著內在必然性的著作。我們必須從抽象的概念開始，藉以達到眞理、達到具體的事物，後者較晚才出現；當人們得到具體的事物時，在外貌和形式上好像又有了一個開始，在柏拉圖這種欠謹嚴的風格裡，特別顯得好像是從具體的事物開始。

當柏拉圖談到顏色時，他說到區別和認識個別事物的困難，認爲在觀察自然時「應區別開兩個原因：必然的原因和神聖的原因。在一切事物裡我們必須尋求神聖的原因，以便達到我們本性所能容許的幸福的生活」（這種尋求本身就是目的，它裡面就包含著幸福）；「必然的原因只是爲了神聖事物才去尋求的，因爲沒有必然的原因」（知識的條件）「我們就不能認識神聖的事物。」尋求必然的原因是指對於對象、對象的聯繫、關係等等的外部考察。「神聖事物的創造者就是神本身。」神聖事物屬於那最初的神聖〔永恆〕世界，並不是遠在彼岸，而是即在當前的事物。「對於有死的事物的創造和管理，神是交給它的助手來擔任的。」這是由神聖事物過渡到有限的、地上的事物的一個簡便容易的辦法。「這些助手模仿那神聖的事物，因爲它們自身承受著靈魂的不死的原則：所以它們造成了一個有死的軀體，並且放進另一個有死的靈魂（這有死的靈魂是靈魂的理念的肖像）到這軀體裡面。這個有死的靈魂包含著強烈的和必然的激情：快感、痛苦（憂愁）、勇氣、恐懼、憤怒、希望等等。這些情緒全都屬於有死的靈魂。爲了不要無謂地玷汙了神聖的事物，所以這些低級的神靈把有死的靈魂和那神聖事物的住所分離開，讓它住在軀體的另一部位。所以就在頭與胸之間設置了頸子作爲地峽和界限。」情感、激情等在他看來是居住在胸中、在心裡（而我們認爲不死的事物在心裡），而認爲精神性的事物居住在頭腦內。但是爲了使得情感盡可能地完善，「這些助手們」譬如說「在爲憤怒燃燒著的心的兩邊，又設置了兩葉肺以作救濟，而肺是柔和的、無血的，並且裡面充滿了像海綿似的孔穴，以便吸取空氣和飲料，藉以使得心臟涼爽、呼吸順暢、熱氣減輕。」[87]

特別值得注意的是柏拉圖關於肝所說的話：「由於飲食的欲求是靈魂的無理性的部分，不聽從理性，所以神創造了肝，以便由理性而來的思想力量下降於肝中，好像在一面鏡子裡一樣，接受原始的形象」，對它們（無理性部分）「也反映鬼影和恐怖的形象，可以震懾靈魂。因此，當靈魂的這一部分寧靜時，在睡夢中時，它就可能想見著一些〔理性的〕形象。因爲創造我們的那些神靈，謹記著天父要把人類造就得盡可能地好這一永恆命令，它們於安排人體中較低劣的部分時，也要使得這些部分可以分享一定程度的眞理、領悟一些聖言（*το μαντεῖον*）。」所以柏拉圖把領悟聖言的能力歸在人的無理性的肉體方面。雖說人們常常以爲柏拉圖給予理性以接受啓示、聖言等等的能力，這乃是錯誤的。他說，啓示、聖言乃是在無理性中的理性。「神把領悟聖言的能力給予人的無理性部分，這一點可由這事得到充分證明，即：沒有人當他理性清明時會得到聖言或靈感。或許只有當一個人在睡夢之中，他的理智受阻礙之時；或者當一個人在病態或狂熱中他忘其所以之時，他才會得到聖言或靈感。」

87 《蒂邁歐篇》，第六十八—七十頁（柏克爾本第九十六—九十九頁）。

因此柏拉圖認爲通靈比起有意識的知識來是較低級的知識。「只有當人於神志清明時才能回憶並說明他所得到的聖言靈感等，因爲當他還在狂熱狀態中，他是不能判斷的。古人說得好：只有神志清明的人才能夠認識他自己並做他自己的事。」[88]因此人們把柏拉圖當作單純狂熱的護衛者乃是完全錯誤的。這些就是柏拉圖自然哲學的主要環節。

三、精神哲學

一方面，我們已經看見了柏拉圖哲學的思辨本質（不是精神的意義，亦即沒有在精神和自然中實現的思辨的理念）；但另一方面我們發現在柏拉圖那裡對於理論精神的有機性還沒有明確的了解。他雖然區別了感覺、記憶與理性，但對於精神的這些環節既沒有嚴密的規定，也沒有說明它們的聯繫、它們相互間的必然關係。（對認識的種類做出區別誠然很重要，但是這已經引證過了。）然而意識的實際的、實踐的方面乃是柏拉圖的非常輝煌的方面。而柏拉圖精神哲學中最令人感興趣的是他關於人的道德本性的思想。（他的思想沒有採取這樣的形式：即他沒有大費力氣去建立一個像現時所謂最高的道德原則，這種原則雖被相信爲無所不包，其實是空無內容；他也沒有大費力氣去討論自然權利，這種自然權利只不過是對現實的實踐存在、對法律的一種瑣碎的抽象。）在他的《**理想國**》的各卷裡，他闡明

88《蒂邁歐篇》，第七十—七十二頁（柏克爾本第九十九—一〇二頁）。

了這種道德本性。在我們看來人的道德本性和國家似乎距離很遠。但是在柏拉圖看來，精神——就精神之與自然正相反對而言——的實在性是表現在它的最高眞理中作爲一個國家的組織。他並且認識到道德的本性（合理性的自由意志）只有在一個眞正的民族裡才得到它的權利，得到實現。

必須進一步指出，柏拉圖在《理想國》一書裡，於導言部分指出研究的對象應該是什麼是**正義**。於許多反復論辯之後，並且於考察了幾個關於正義的定義而加以否定之後，柏拉圖最後以簡單的方式說道：「這個研究的情況很有點像是，要一個人從遠距離去讀小字，如果有人指出，說同樣的字也在較近的地方以較大的字體寫著，則他無疑地將寧願先讀那寫得較大的字，然後就可以更容易去讀較小的字。我們現在將用同樣的辦法去研究正義。正義不僅是在個人裡，而且也在國家裡，而國家大於個人。因此正義是用較大的字體寫在國家上面，而且更容易辨認。」這和斯多噶學派關於賢人所說的話是不相同的。「因此我們寧肯考察表現在國家中的正義。」[89]這是一個素樸而可愛的導言。柏拉圖就是這樣用比喻由關於正義的問題轉移到對於國家的考察。這是一個很素樸的過渡，雖說好像是武斷了點。但是這個偉大的見解把古代哲學家引導到了眞理。柏拉圖在這裡說得好像平淡無奇，實際上已接觸到事情的本性了。因爲正義的實在性和眞理性只表現在國家裡。法律是自由的具體表現，是自

---

89 《理想國》，第二卷，第三六八—三六九頁（柏克爾本第七十八頁）。

我意識的實現，是精神的實在的一面和實在的形式。國家是法律的客觀實現。法律是精神之自在的和自如的存在，是有其確定的存在的，是能動的。法律是自己實現其自身的自由。譬如，這財物是我的，這就是說，我在這外在的財物裡建立起我的自由。精神一方面是能認識的，另一方面它又是有意欲的，這就是說，它要使它自己成爲現實。全部精神浸透在其中的實在性就是國家，國家不僅是對於我這個個人的知識。因爲由於自由合理的意志規定其自身，所以就有自由的法律；不過這些法律也正是國家的法律，因爲合理的意志存在和實際出現的地方正是國家。在國家裡這些法律是有效力的，它們是國家的習俗、國家的倫理。因爲在國家內武斷任性仍然直接地存在著，所以這些法律不僅僅是倫理，而且必須同時又是反對武斷任性的威力，有如法律之表現在法庭上和政府內一樣。這就是國家的本質。憑藉這種理性的本能，柏拉圖特別注意這些特徵以及國家如何表達正義的這些特徵。

自在的正義通常被我們用自然權利的形式來表明。說到自然權利，在一種自然狀態中的權利，我們立刻知道，這樣一種自然狀態乃是一個道德上不可能的事情。凡是自在的事物就會被那些沒有達到共相的人視爲自然事物，正如心靈的一些必然環節被他們視爲天賦觀念一樣。自然也就是應該被精神加以揚棄的事物，自然狀態有了權利，那只意味著精神絕對沒有權利。國家是現實的精神。精神在它簡單的、還沒有實現的概念裡就是那抽象的自在。自在這一概念無疑地必須先行於它的現實性的構造；而人們所了解的自然狀態卻正是這構造。我們習慣於從虛構一個自然狀態出發，而這種自然狀態實際上並不是精神的狀態、合理的意志的狀態，而乃是動物與動物之間的狀態。一切人對一切人作戰，正如霍布士很正確地指出的那樣，就是眞正的自然狀態。這種自在狀態或不現實的精神概念同時是個別的人；他作爲一個個別的人而生存。因爲在一般的表象裡共相和個體是分割開的，彷彿只要個體一有了存在，它就可以獨立自存，彷彿共相並不把個體造成它所確實是的事物，共相也不是個體的本質，而且彷彿個體的特殊性本身就是最重要的事物。自然狀態的虛構，是從人的個別性、人的自由意志以及依照他的自由意志去對待別人開始。在自然狀態中，所謂權利，都是指個人所有的、爲著個人的權利而言。人們把社會和國家的狀態僅僅當作個人的工具，而個人才是主要的目的。反之，柏拉圖以實體性的、普遍性的事物作爲基礎，甚至認爲個人本人必須以普遍性的事物爲他的目的、爲他的倫理、爲他的精神，並且認爲個人的意志、行爲、生活、享受都是爲了國家，而國家便是他的第二天性、他的習慣、他的倫理。這個倫理的實體構成個體的精神、生命和本質，是個體的基礎，它把自身系統化在一個活生生的有機的全體裡，並且同時把自身分化在它的各個組成部分中，而這些組成部分的活動正是爲了產生全體。這種概念和它的現實性的關係，柏拉圖當然還沒有明確意識到。我們在他那裡沒有看見這樣的哲學的構造，即首先提出自在自爲的理念，然後在理念自身中揭示出實現其自身的必然性，並揭示出這種必然實現的過程。

因此，柏拉圖在他的《理想國》裡提出了一個國家制度的理想，這理想已經是有口皆碑地被了解爲一個幻想。換言之，人們對於柏拉圖的理想國有這樣的意見，即認爲像柏拉圖所描寫的那樣的國家無疑地是卓越的，意思是說，在頭腦裡這是想得很好，這種國家觀念在思想中本身是眞的，而且這個理想國也是可以實行的，不過唯一的條件僅在於要有卓越的人，也許要像月亮裡那樣的人；但是一說到地球上的人，那麼他的理想就不可能實現了（我們必須正視人的本來面目，由於人的邪惡，理想是不能得到實現的），因此這樣一個理想完全是虛幻的。

（一）說到這裡，首先必須指出，在基督教世界一般流行著一個完善的人的理想，這理想肯定地是無法在眾人裡、在一個國家的群眾裡實現出來的。假如我們發現這理想在僧侶那裡，或在教友派教徒那裡，或類似的虔誠信教的人們那裡得到實現，這樣一小撮憂鬱愁苦的生靈也是絕不能形成一個國家的，正如蝨子（或寄生植物）只能生存於一個有機的軀體內，不能單獨生存一樣。假如這樣的一批人要構成一個國家的話，那麼他們的羔羊式的善良、他們那種只知關切自己個人、自己愛護自己、自己永遠看到和意識到自己的優點的虛榮心就必須全部掃除乾淨。因為那在公眾中的生活和為了公眾的生活並不需要那種軟弱的怯懦的善良，而正需要一種強毅的善良，不要求只關心自己和自己的功罪，而要求關心公眾和怎樣為公眾服務。而一個懷有那種壞理想的人，自然會老是覺得人類充滿了弱點和墮落，理想永遠不能實現。因為他們把稍有理性的人都不會重視的微小瑕疵看得無比重要，並且以為這些弱點和缺點即使被他們忽視了，也仍然存在。不過我們不要太尊重他們的豪邁，反之，我們必須於他們所謂的弱點和缺點裡看出他們自己的墮落。一個有了弱點和缺點的人，只要他絲毫不珍視它們，他就會立刻把自己從這些弱點和缺點裡解脫出來了。罪惡之所以是罪惡，只是因為人們把它當作本質的事物；墮落之所以是墮落，亦只是因為人們把它當作本質的事物。

眞理絕不是幻想。懷抱願望當然是完全可以容許的。不過假如人們對於偉大而眞實的事物也僅僅懷抱著虔誠的願望，那就是不信神的。一個人如果不能有所作爲，也同樣是不信神的，因爲一切事物都是神聖的、完美的，而他不能欲求任何確定的事物，是因爲一切確定的事物都有其缺陷。所以，那樣的理想，無論其形式如何美妙，都不應阻擋我們的路，就是僧侶和教友派教徒也不能阻擋我們的路，不過像這種棄絕感性事物和否定行動的精力的原則就會把許多在別的情形下認爲有價值的事物拋棄於地。要想保持所有一切關係，是矛盾的；在別的情況下，有價值的事物總會有一方面遭受著反對。我前面已經提到過的關於哲學與國家的關係就足以表明，柏拉圖的理想絕不可以當作這種意義的理想。當一個理想由於理念、由於概念而有其本身的眞理性時，它便不是幻想，而是眞實的。這樣的理想也不是空虛的、軟弱無力的，而是現實的。眞實的理想並非**應該**是現實的，而**乃**是現實的，並且是唯一現實的事物。人們是首先這樣相信的。如果一個理想太美妙了，以致在現實中並不存在，那麼這個理想本身就必定有缺陷。因此，如果柏拉圖的理想國是一個幻想的話，那並不是因爲人類缺乏他所描述的那些卓越的事物，而是因爲這個卓越的事物對於人類來說還不夠好。現實性是很好的；凡是現實的事物就是合理的事物。但人們必須知道並區別開什麼是眞正地現實的事物；在日常生活裡一切都是現實的，但現象界與現實性之間卻存在著區別。現實的事物也有其外部的存在；這表現出武斷性和偶然性，如像在自然界中樹木、房屋、植物雜湊在一起那樣。倫理生活中的表面現象，人的行爲有著很多壞事物，在許多情形下這些事物本來可以更好一些。如果我們要認識實體的話，那就必須透過表面深入去觀察。世間老是有邪惡的、墮落的人，但那不是理念。在表面上各種情欲鬥來鬥去；這卻不是實體的現實性。時間性的、暫時性的事物的確存在著，甚至能給人造成不少的苦惱，但是儘管如此，那絕不是眞正的現實性，正如一個主體的特殊性、願望、嗜好等不是他的眞正的現實性一樣。

和這個說法相聯繫，必須回想一下上面討論到柏拉圖的自然哲學時所作的區別：那作爲幸福的神自身的永恆世界便是現實性，不在上界、不在彼岸，而即是就其眞理性看來的當前的現實世界，並不是像它呈現在聽覺、視覺等裡面那樣。所以如果我們考察柏拉圖理念的內容，便可看出，事實上柏拉圖已經表達出希臘人倫理生活的實質了。希臘人的政治生活構成了柏拉圖的理想國的眞實內容。柏拉圖並不是一個玩弄抽象理論和抽象原則的人，他的眞實精神曾經認識了並表述了眞實的事物。這不能是別的，而只能是他生活於其中的世界的眞實事物，也只能是那唯一很好地活在他本人和希臘裡面的〔時代〕精神的眞實事物。沒有人能夠跳出他的時代，他的時代的精神也就是他的精神；但問題在於認識到時代精神的具體內容。

（二）另一方面，對於一個國家說來可以當作完善的法制，卻並不見得適用於每一個國家。這樣看來，假如有人說，一個眞正的法制是不適合於現在這樣的人們的，那麼 1. 我們必須謹記，一個國家的法制愈優良，也就會使得那個國家更加優良；但反之，2. 由於倫理〔按：即風俗禮教〕是活生生的法制，同樣也就沒有獨立自存的抽象的法制，而法制必然要與倫理相聯繫，並且必然洋溢著一個民族的活生生的精神。因此絕不可以說一種眞正的法制可以適合於每一個國家。例如對於伊洛克人、俄羅斯人、法蘭西人這樣的人，情形便是如此，並不是每一種法制都適用。因爲一個民族是存在於歷史中的。但是正如每一個個人在國家中得到教養，就是說，他是由個體性提高到共性、由孩童成爲成人的；同樣地，每一個民族也是受到教養的，例如從野蠻狀態亦即從一個民族的孩提狀態過渡到一個合理的狀態。而且人們不總是像他們現在這樣，而是在變化著；同樣他們的法制也在變化著。這裡的問題是：什麼是國家所必須走向的眞正法制；正如問題是在於什麼是眞正的數學科學，或什麼是眞正的別的任何一門科學，而不是在於兒童或小孩應不應在現時掌握這門科學，但是他卻應該受教育，以便能夠掌握這門科學。同樣，一種眞正的法制乃是出現在一個歷史的民族前面，以便作爲它趨赴的目標。每一個國家在時間進展的過程中必須對於它現存的法制作如許的改變，以便可以愈來愈接近那眞正的法制。一個民族的精神自身達到了成年，法制就是對它自在的本性的意識，是眞理的形式、對於自身的理解的形式。如果一個國家的法制所表示的眞理已經不符合於它的自在本性，那麼它的意識或概念與它的現實性就存在著差別，它的民族精神也就是一個分裂了的存在。有兩種情況可以發生：這民族或者由於一個內部的強力的爆破，粉碎了那現行有效的法律制度，或者較平靜地、較緩慢地改變那現行有效的、但卻已不復是眞的倫理、已不能表現民族精神的法律制度。或者一個民族缺乏理智和力量來作這種改變，因而停留在較低劣的法律制度上；或者另一個民族完成了它的較高級的法制，因而就成爲一個較卓越的民族，而前一種民族必定會不再爲一個民族，並受制於這較卓越的民族。

因此最重要的是知道什麼是眞的法制；因爲凡是與眞法制抵觸的法制就不能持久，就沒有眞理性，就必然要被推翻。這樣的法制有其一時的存在，但不能保持很久；有其效力，但不能長久有效。它之必然要被拋棄即包含在法制的理念之中。關於法制的理念的見解，只有透過哲學才達得到。如果有了這樣的普遍性的見解，則國家雖發生變革，也不致有劇烈的革命。在不知不覺中（舊的）制度被取消了、放棄了，每個人都同意放棄他的權利。但是政府必須知道這種變革的時間是否已經成熟。假如一個政府不知道什麼是眞理，死抱住那暫時性的制度，把非本質的事物當作有效而加以維護來反對那本質的事物——而本質的事物是包含在理念內的——則這個政府本身就在那急迫前進的精神前面被推翻，政府的解體也就是國家本身的解體；一個新政府興起了，或者是政府和那非本質的事物占了上風。

作爲柏拉圖理想國的根據的主要思想，就是可以當作希臘倫理生活的原則的那個原則：即倫理生活具有實體性的關係，可以被奉爲神聖的。所以每一個別的主體皆以精神、共相爲它的目的，爲它的精神和習慣。只有在這個精神中欲求、行動、生活和享受，使得這個精神成爲它的天性，亦即第二個精神的天性，那主體才能以有實體性的風俗習慣作爲天性的方式而存在。這無疑地就是一般的基本特性、實體。與這實體——個人對風俗的實體性的關係——對立的特性是個人的主觀任性，道德；個人的行爲並不是基於對國家、祖國的制度之尊重和敬畏，而是基於自己的信心，按照道德的考慮而做出決定，並依據這決定來規定自身。這種主觀自由的原則是一種晚出的原則，是近代開明的時期的原則。這種主觀自由的原則也出現在希臘社會裡，但卻是作爲敗壞希臘國家、希臘生活的原則而出現。這個原則之所以被當作敗壞的原則，是因爲希臘的精神、政治制度、法律不打算也不可能打算容許這種主觀自由的原則出現在它們之內。兩者是太不協調了；所以希臘人的風俗習慣必然要瓦解。柏拉圖認識並理解他的時代的眞精神，並且給予確切的規定和發揮，因而他排斥了這個新的原則，並使之在他的理想國裡成爲不可能。所以柏拉圖是採取了一個實體性的觀點，因爲他是以他的時代的實體性作爲基礎；不過這觀點也只是相對地如此，因爲那只是希臘人的觀點，而他是有意識地排斥了新近的原則。這就是柏拉圖關於國家的理想的一般概念；我們必須從這個觀點出發去考察它。從近代觀點出發去探究這樣一個理想的國家是否可能或是否最好的國家，只會陷入謬誤的見解。在近代國家裡人們有了良心的自由，每一個人有權利要求順從他自己的興趣；但這在柏拉圖國家的理念裡卻被排斥了。

第一，現在我願意對有哲學意義的主要環節加以進一步的發揮。柏拉圖闡明了國家的本質和什麼是眞正的國家。不過我們將會知道這個國家有一個限度：即個人並不在形式的權利上和這種共性相對立，像在法治國家的死板憲法裡那樣。內容只能是全體，個人的本性，不過是反映其自身於共相中，並不是固定的、絕對有效的。前面已經指出，出發點是正義，柏拉圖說過，在國家中來考察正義是很方便的。但是引導他作這種研究的卻並不是方便，而乃是由於只有這樣做才有可能發揮正義，因爲人是國家的一個成員，人之爲人本質上是倫理的。正義意味著那合乎正義的人只是作爲國家一個倫理的成員而生存著。照柏拉圖看來，正義就是實體性的精神之成爲現實性。至於這種現實性是如何產生的，柏拉圖首先揭示出國家中的實踐本質（或倫理的實質），其次又揭示出個人的實踐本質。理念是具體的，同樣倫理生活也是具體的。於是他以較細密的研究方式分析了這個倫理共同體[90]的有機性，這就是說，他分析了存在於這倫理的實體中的種種差異，這個倫理的實體生活並生存於這些差異中。他揭示了存在於〔國家〕這個概念中的諸環節。這些環節不是獨立的，而是保持在統一體中。柏拉圖從三方面來考察這倫理有機體的諸環節：第一，把它們當作國家中的各個等級來考察；第二，把它們當作倫理生活的各種德性、各種因素來考察；第三，把它們當作個別主體的各個環節或意志的經驗活動的各個環節來考察。柏拉圖並不是在作道德說教，他只是揭示出，那倫理的實體如何活生生地在自身中活躍著，並展示這倫理實體的功能及其內部結構。它具有像有機體那樣的內在的系統性，而不是像金屬那樣的凝固的死的統一體，它有其自身的生命，自身運動著，它正是透過構成它自身的那些差異（內部結構的各種功能）而出現。

（一）沒有等級，不把民眾區分為幾大群，國家就不是一個有機體。這些重大的區分就是實體性的區別。作為國家事務和國家生活的共相〔按：即共同體〕與為個人而生活而工作的個體之間的對立便立刻發生了。這兩種事務是這樣區分的，即一個階級或等級從事於一種事務，而另一個階級或等級便從事另一種事務。於是柏拉圖陳述了實現這倫理實體的三個體

90　按：共同體（Gemeinwesen）一詞此後多次出現，指國家、民族、社會而言，有「集體」的意思。這樣的共同體黑格爾也叫做「共相」。英譯本作 Commonwealth。——譯者

系：1.立法、謀劃的任務，一般講來，爲了公共、爲了全體的利益而行動、而預爲籌畫的任務；2.保衛共同體的安全，抵抗外來敵人的進攻；3.照顧個人，滿足個人的需要：農業、畜牧、房屋的建築，衣服、器具的製造等等。大致說來，這是非常正確的，不過這似乎太按照外在的必然性、按照所發現的某些需要來區分了，而沒有從精神本身的理念中發展出來。再則這些不同的功能被分配給不同的體系，被分配給一群特殊擔任此項事務的個人。這樣就產生了國家中不同的等級，因爲柏拉圖也反對一個人兼管一切的那種膚淺的想法。柏拉圖提出了三個等級：1.統治者、有學問有智慧的人；2.戰士；3.供應必需品的人：農人、手工匠人。第一類人他又叫做監護者，主要的是指具有眞正科學知識富有哲學教養的政治家。[91]柏拉圖這種等級的區分並不是演繹出來的，這些差異是有其必然性的。每一個國家必然是把這些體系包括在自身之內的一個體系。在這樣的方式下，等級的區分就形成了柏拉圖的國家的法制。由此柏拉圖更進而討論到一些個別的規定，未免失之瑣碎，最好不去管它。例如他甚至對第一等級的人規定了一些特殊的稱號，[92]並說到保姆應該擔負些什麼樣的任務等等。[93]

（二）接著柏拉圖指出，在這些等級中實現的各環節，乃是個人所具有的一些特質，可

91《理想國》，第三卷，第三六九—三七六頁（柏克爾本第七十九—九十三頁）。

92《理想國》，第五卷，第四六三頁（柏克爾本第二四一頁）。

93《理想國》，第五卷，第四六〇頁（柏克爾本第二三六頁）。

以稱之爲倫理的本質，是簡單的倫理概念之區分爲各種特性，是有普遍性的。柏拉圖由於用這種方式來區分等級，便得出這樣的結果，即透過這樣一種有機體，一切美德都活生生地表現在共同體裡。他列舉了四種美德；人們曾稱之爲主德。

1. 第一種美德是「智慧和知識。這樣一個國家將必是有智慧有謀略的。之所以有智慧有謀略，並不是因爲它具有關於個別業務的一般的雜多知識，這乃是群眾所特有的，如煉鐵、耕地等知識（簡言之，技術和財政方面的知識），而是眞正的知識，那對內對外能夠最好地知道普遍原則、能夠統籌全域的領袖和統治者的知識，這種知識眞正說來只是一小部分人所具有的。這種識見在有謀略的（統治者）這一等級得到實現」。[94]

2. 第二個美德是「勇敢」，柏拉圖是這樣規定勇敢的：「勇敢是對於正當的合理的意見的堅持，對於有威力的偉大的事物的畏懼，是不爲情欲、享受所動搖的堅定精神。和這個美德相適應的是戰士等級。」[95]

3. 第三個美德是「節制，節制是對於情感欲望的克制，節制有如和諧，其力量遍及全體，能使得柔弱的人和堅強的人，不論理智高下、力氣大小、人數多寡、財產貧富，以及其他方面情形如何不同，都要一起向著同一目標，並且要彼此相互一致。這一美德不像智

---

94 《理想國》，第四卷，第四二七—四二九頁（柏克爾本第一七九—一八二頁）。

95 《理想國》，第四卷，第四二九—四三〇頁（柏克爾本第一八二—一八五頁）。

慧和勇敢只限於一部分人（第一等級），而是統治者與被統治者共同分享的諧和，是一切人應具的美德」。[96]其實節制乃是第三等級的人的美德。這使得所有的人向同一目標努力的和諧初看似乎並不完全適合於第三等級的人（供應必需品和從事勞動）。但是所謂節制正是指沒有任何環節、任何特性、任何個體被孤立起來而言（在道德方面，沒有任何需要被提高到絕對的地位，因而成爲過惡）。勞動正好是局限在個別事物上面的一種活動，而個別事物是要回復到普遍的，是爲了普遍而存在的。這個美德是有普遍性的；不過它特別適合於第三等級，因爲第三等級不像別的等級那樣，自身沒有存在著絕對調協，而是首先應當促其調協的。

4.最後，第四個美德是「**正義**，這是一開始就曾提出來討論過的」。正義就是在國家中做正當的事，「當每一個個人只做一種對國家有關的工作，而這個工作又是最適合於他的天性時，這個國家就有了正義。這樣一來，每個人不必兼多種職業，而是各人做其特殊適合的工作，不論老幼、男女、自由人、奴隸、手工人、統治者和被統治者都是這樣」。這裡必須指出：(1)柏拉圖這裡把正義和其他的環節（美德）平列在一起；正義似乎是第四個美德，是四個規定中的一個。但是他又保留了，他認爲「正義能給予那些屬於國家法制的其他的美德——節制、勇敢、智慧，以及那些被統攝在這一普遍的觀點之下的德性以存在和繼續存在

96《理想國》，第四卷，第四三〇—四三二頁（柏克爾本第一八五—一八八頁）。

的力量」。因此他又說：「無論何處，只要你發現了其他的美德，你必然會碰見正義本身也已經在那裡。」[97]說得更明確一點，正義這一概念是全體的基礎、理念，而這全體本身有著有機的分化，每一部分只是全體中的一個環節，而全體又透過部分而取得存在。所以各個等級和特質都只是全體中的一些環節。正義就只是這普遍的、浸透一切的美德，但是每一部分有其獨立性，而且國家也容許每一部分有其獨立性。(2)由此可以明瞭，柏拉圖所了解的正義並不是指財產的權利，像一般的法律學所了解的那樣，而是指精神在它的全體性裡享有其應分的權利，得到實現。我的人格、我的十分抽象的自由高度抽象地表現在財產裡。這種法律學上的種種規定，柏拉圖[98]認為完全是多餘的。甚至在《法律篇》裡，他主要地也是在考察倫理的問題；不過他也多少涉及了一點財產的權利。由此可見，在柏拉圖看來，正義是整個本質，就個人說來，正義就是每個人做適合於他的天性的工作，並做得很好。只有這樣他才有正當權利成為確定的個體性，他是在國家的集體中，他屬於普遍〔即集體〕精神之中，投入他自己的集體中作為一個個體。法律是有確定內容的共相，是一個形式的共相。它的內容是整個確定的個體性，不是這個或那個事物、偶然的財產。而一個人真正的「財產」乃是有教養地保有和發揮他的天性。正義容許每一特殊規定享有它的權利，同時又使每一特殊規

97《理想國》，第四卷，第四三二—四三三頁（柏克爾本第一八八—一九一頁）。

98《理想國》，第四卷，第四二五頁（柏克爾本第一七六頁）。

定回復到全體。（一個個人的特殊性必須予以發展，使它得到實現，享有其應分的權利。這樣，每個人便站在自己的崗位上，每個人就完成了自己的使命。所以每個人都享受他應分的權利。）正義的眞正概念就是我們所謂主觀意義的自由。在正義裡，合理的得到了實現，保持其存在。自由成爲現實的這種合法權利，乃是有普遍性的。因此，柏拉圖把正義當作全體的特性，並認爲合理的自由只有透過國家這一有機體才能取得存在，這種存在是必然的，是自然的一種形態。

（三）那特殊的主體，作爲主體，也同樣具有這些特性。主體的這些環節相應於國家的三個眞實環節。柏拉圖以如下的方式規定了這些環節在其中得到說明的第三個形式。（理念在國家中是一個節奏、一個典型，這是柏拉圖式的國家的一個偉大而美麗的基礎。）「首先，在主體中表現出需要、欲望（ἐπιθυμία），如饑渴等，每一個欲望指向著某種確定的事物，並且只是指向這個事物。爲了滿足欲望而勞動，相當於第三等級的使命。其次，但是同時在個人的意識裡也存在著一種足以停止或阻礙欲望的滿足的某種別的事物，對於欲望的引誘有克制之力。這就是邏各斯（λόγος）、理性。與理性相應的就是統治者等級、國家的智慧。再其次，除了靈魂的這兩個理念之外還有一個第三者，憤怒（θυμός激情），憤怒一方面是和欲望相關聯，但是也同樣可以與欲望鬥爭，站在理性這一邊。有時一個人做了一件對不起別人的事，那人便使得他遭受饑餓和寒冷，而他又覺得那人是應分地使得他遭受痛苦的，那麼在這樣情形下，他愈是高尚，他就愈少對那人表示憤怒。有時，他遭受無理的待遇，於是他就勃然大怒，堅持正義，願意忍受違反欲望的饑餓、風霜以及別的艱難困苦，並努力克服這些困苦，不願放棄正義，直至他貫徹了他的意志，或者死了，或者爲理性所說服，如像牧羊人制服他的獵犬那樣，因而平靜下來。憤怒相當於國家中勇敢的保衛者那一等級。一如勇士爲了國家的理性目的而拿起武器，同樣，憤怒如果沒有爲壞的教育所敗壞的話，它就能支持理性。」[99]

「所以國家的智慧和個人的智慧是相同的；同樣，國家的勇敢和個人的勇敢也是相同的。其餘的美德也都是這樣：節制是天性中的個別環節的調協；正如外在行爲，正義是每個人做他分內的事，同樣，在內心生活方面，正義就是精神中的每一個環節享有它應分的權利，不讓別的成分干涉它的事務，讓它們各如其分，各安其所。」[100]這樣我們就得到了三個環節的論式：（一）普遍性；（二）中項，主觀的憤怒反對那客觀的事物，它是一種回復到自身的消極的自由，或者可以說，是消極地自身活動的自由；（三）特殊性。柏拉圖在這裡也還是沒有意識到他的抽象理念，一如在《蒂邁歐篇》裡一樣，而理念的眞理性卻內在地表現在他那裡，而且一切都是按照理念而成的。這就是柏拉圖如何布置全域的方式。對於這全部結構的發揮只是些細節，本身沒有更多的興趣。

第二，柏拉圖之後提出了保持國家的方法。這方法就是教育、文化。一般而言整個共同

99 《理想國》，第四卷，第四三七—四四一頁（柏克爾本第一九八—二〇六頁）。

100 《理想國》，第四卷，第四四一—四四三頁（柏克爾本第二〇六—二一〇頁）。

體建築在風俗禮教上面，而以風俗禮教成爲個人精神的天性，表現在每個人方面作爲倫理的行爲和意志。現在要問：柏拉圖究竟怎麼做到使得個人的使命實際上能夠成爲他們自己的存在和意志並且怎樣使得每個人（遵守節制）令他的生活和意志從屬於他的崗位或任務呢？主要的事情就是教育個人使達到這目的。他要把這種風俗禮教直接在個人中間培養起來，首先是並且特別是在監護人之中培養起來。既然監護人有責任培養這種風俗禮教，所以必須特別注重對於他們的教育。其次就需注重對於戰士們的教育。至於對工商業階層的教育，國家並不很關心。「因爲如果鞋匠變得很壞和墮落，沒有眞正成爲他們應該的那樣，這對於國家並不是很大的不幸。」[101]對於統治者的教育才是全體中最重要的部分，才是教育的基礎。但是這種教育應該是科學的教育，關於哲學知識、關於共相和絕對存在的知識，而關於共相和絕對存在的科學就是哲學。於是柏拉圖就列舉了特殊的教育手段：宗教、藝術、科學。柏拉圖又很詳細地談到，在什麼情況下必須容許音樂和體操作爲教育手段。但是他把詩人、荷馬及海希奧德從他的理想國中排斥出去，因爲他發現他們對於神靈的表象是沒有價值的。因爲從那時起，已開始認眞的考察宙斯和荷馬故事的信仰，把個別的敘述當作普遍的通則和神聖的法則。在教育的一定階段上，兒童故事是沒有什麼害處的。但是如果把這些故事當成倫理生活的眞理性的根據，當作當前有效的法則，如以色列人的著作、《舊約聖經》中所載的諸

101　《理想國》，第四卷，第四二一頁（柏克爾本第一六七—一六八頁）。

民族的殄滅被當作民族權利——如大衛這個上帝的人所做出的不可勝數的下流行爲，以及祭司撒母耳對掃羅所做出的並且得到認可的種種暴行。那麼現在該是把它們貶降到一個已過去的、僅只是歷史上的事物的時候了。柏拉圖討論體育和音樂，而且特別著重地談到哲學。[102]再則他認爲國家頒布的勸誡公民各盡職守的法律必須附以序言，以便增強公民對法律的信心。[103]教育，選擇最好的事物，簡言之，倫理，乃是柏拉圖所特別強調的。

（因此監護者是警衛法律的，而法律又是特別和他們相關聯的。在柏拉圖那裡我們誠然也看見關於財產、員警等等的法律，但是他說：「對於高尚和優秀的人物是用不著費神去給他們制定法律的。」[104]其實，當質料本身僅包含著偶然性時，人們如何可以發現神聖的法律呢？）

但是這裡就出現了一個循環：公共的國家生活靠風俗禮教來維繫；反之，風俗禮教又靠機構制度來維繫。風俗禮教是不應該獨立於機構制度的。換言之，機構制度只是透過教育設施和宗教才影響風俗禮教。機構制度必須被視爲使風俗禮教成立的第一個條件，而風俗禮教

102《理想國》，第二卷，第三七六頁至第三卷，第四一二頁（柏克爾本第九十三—一五五頁）；第五卷，第四七二頁至第七卷末（柏克爾本第二五八—七二三頁）。

103《法律篇》，第四卷，第七二二—七二三頁（柏克爾本第三六七—三六九頁）。

104《理想國》，第四卷，第四二五頁（柏克爾本第一七六頁）。

又是使機構制度具有主觀性的方式。柏拉圖本身就讓我們明白他會碰到多少責難。直到現在還有人常常說柏拉圖的缺點在於他太理想了；毋寧說，他的眞正缺點乃在於他太不夠理想了。因爲如果理性是一普遍的力量，而這力量本質上是精神的，則精神的事物必然具有主觀的自由。這種主觀的自由，乃是已出現在蘇格拉底那裡並被他大加提倡的那個原則，它是作爲一個造成希臘的墮落的原則而活動著。希臘奠立在一個實體性的倫理的自由上面，它不能夠忍受主觀自由的繁榮滋長。所以理性應該是法律的基礎，並且整個講來也確是如此。但另一方面，良心、自信，簡言之，一切形態的主觀自由——本質上是包含在理性之內。主觀性與法律、國家有機體誠然是正相反對的。法律、國家之中的那種理性是一絕對的力量，這種力量透過需求的外在的必然性——這裡面有著自在自爲的理性，要求同化家庭中的個人。個人是從自由任性的主觀性出發，和全體相聯繫，選擇一個崗位，把它提高到倫理的使命。但是這一環節，個人的這種行動，主觀自由的這一原則，卻不爲柏拉圖所重視，有時甚至被他有意地抹殺了。他只是考慮到什麼樣的國家組織是最好的，而沒有考慮到什麼樣的主觀個體性是最好的。柏拉圖哲學即在超出希臘倫理生活的原則之中，同時又掌握了這個原則，並且甚至把它更向前推進一步。

至於說到**另一**觀點，即排斥主觀自由原則的觀點，乃是柏拉圖的理想國中之主要特徵。國家的基本精神在於從各方面使固定了的個性消融於共性之中，把所有人僅僅當作一般人。

（一）也就是依據排斥主觀性原則這一規定，所以柏拉圖（特別地）不容許個人**選擇他的等級**，而我們則認爲這乃是自由所必不可少的。不過個人等級的劃分並不是一生下來就決定了的。每一個人需受國家執政者的考試，這些執政者是第一等級的元老，掌握著教育個人的權力。按照每個人天賦，這些元老們加以選擇，做出決定，並且分配給每個人一個確定的職務。[105]（第一等級是執政者，國家的智慧，並且把戰士聯合在他們這邊作爲支持。但這並不是說文職等級與武職等級彼此分裂，而是兩者聯合，所以元老們就是監護者。）[106]這好像完全和我們的原則相矛盾。因爲即使可以正當地說，有某種特殊才能和技巧的人應該屬於某一等級，不過究竟一個人屬於哪一等級仍然要看他個人的傾向，有了這種傾向——顯然是一種自由的選擇——才使得各個等級有其獨立自爲性。這不容許由另一個人用命令的方式說：「因爲你沒有其他更好的用處，所以你應該做一個工人。」每個人都可以自己嘗試。必須容許他作爲一個主體，憑主觀的方式，憑他自己的意志並考慮到外部的環境，做出決定說：「我願意獻身於學術研究。」

（二）此外從這一個規定就引申出這樣一點，即柏拉圖在他的《理想國》裡[107]同樣取消了一般的私有財產的原則。因爲在私有財產制之下，個人、個人意識成爲絕對的，或者人格是被視爲自在的，無任何內容的。在法律裡，我被當作獨立自爲的個人，所有人皆同等被當

105《理想國》，第三卷，第四一二—四一五頁（柏克爾本第一五五—一六一頁）。

106 參看黑格爾，《論研究自然權利的科學方式》（《全集》，第一卷，第三八〇頁以下）。

107《理想國》，第三卷，第四一六—四一七頁（柏克爾本第一六二—一六四頁）。

作獨立自爲的個人。我有這種權利，只是因爲人人都同等地有這種權利，換言之，我的權利是有共同性的。但是這個共同性的內容就是固定的個體性。當處理法律問題時，我們所注重的是法律本身，法官在處理法律案件時，他毫不理會究竟這筆房產是屬於這一個人或那一個人的，同樣那爭執的雙方也完全不是爲占有某項財產而爭執，他們的爭執乃是爲法律而法律（正如道德是爲義務而義務一樣）：這樣他們就堅持著這一抽象概念，並且是從現實性的內容裡面抽象出來的。但是哲學中的共相卻不是抽象，而乃是共相和現實性或內容的統一的本質。因此，只有經共相予以否定才建立起來的內容，以及在回復到共相的過程中的內容，才是有效準的、單獨孤立的內容，自身是沒有眞實性的。只有當我使用事物時——不是當我享有事物，事物對我只是一個存在著的、對我只是一個固定不動的事物時，事物才會成爲我的財產和所有物。但是（另外一個）即第三等級的人[108]進行手工業、商業、農業，供應公共的必需品，而自己卻不能從他的勞動中贏得財產；而整個國家乃是一個大家庭，每個人在裡面都有其指定的職務，但是勞動的產品是公有的，從他自己的以及所有的人的產品中，他可以得到他所需要的事物。財產是屬於我這個個人的所有物，由於有了財產，我這個個人本身才取得存在，取得現實性。根據這種理由，柏拉圖便取消了財產，但是他沒有說明，在發展工商業的過程裡如果沒有獲得財產的希望，如何會產生對於生產積極性的刺激。我之所以能夠

108　參看黑格爾，《論研究自然權利的科學方式》（《全集》，第一卷，第三八一頁）。

占有財產，即在於我是一個個人。柏拉圖[109]以爲，私有財產廢除之後，一切爭端、傾軋、仇恨、貪婪等都可以消除，這是大體上可以想像的。但與那較高的和合理的財產所有權的原則比較起來，這只是一個次要的結果。唯有個人有了財產，他才有自由。這樣我們就看見，柏拉圖本人有意識地把主觀自由從他的理想國之中排斥出去了。

（三）根據同樣的理由，柏拉圖又取消了**婚姻**，因爲婚姻是不同性別的兩個人之間的結合，這種結合在單純的自然關係——也可以稱之爲「相互利用」——之外，還保持雙方相互的依屬。柏拉圖不容許他的理想國有家庭生活，即不容許使家庭成爲一個獨立的整體的那種特性。家庭是擴大了的個人，家庭是自然倫理之內的一種排斥其他關係的倫理關係。這誠然是一種倫理關係，不過乃是屬於個體的個人的倫理關係。按照主觀自由的概念，家庭也與財產一樣，對於個人是必不可少的，甚至是神聖的。與此相反，柏拉圖主張嬰兒於出生之後立刻就從他們的母親那裡帶走，把他們放到一個特別的機構（羊圈）中，讓另外一些生了小孩的母親做乳母去養育他們。這樣一來，沒有一個母親可以認得她所生的小孩，這些小孩受著共同的教育。同樣地，妻子也由公家分配。他也贊成舉行婚禮，給予每個男人妻子；不過夫妻同居並不建築在個人的意向上，決定夫與婦的相互恩愛並不以個人的特殊愛好爲準。女人二十到四十歲期間應該生育，男人從三十歲到五十五歲期間應該有妻子。爲了避免血親

109《理想國》，第五卷，第四六四頁（柏克爾本第二四三—二四四頁）。

通姦，凡是一個男子為大期間所生的子女，都應叫做他的子女。[110]那本來以家庭生活為主要任務的婦女，在這裡解除了她們這方面的工作。因此在柏拉圖的理想國裡，由於家庭解散了，女人不再管理家務，於是她們也不是私人了，也採取男人的生活方式作為國家中的一般的個人。因而柏拉圖讓女人也和男人一樣做男人所做的一切工作，[111]甚至參加戰爭的工作。這樣他便把女人和男人放在差不多平等的地位，不過他對於女人的勇敢並沒有什麼信心，於是主張把她們放在後方，但並不是後備軍，而是「作為後衛，以便由於人數的眾多，至少可以引起敵人的恐懼，而且於必要時也可以趕快增援」。[112]

這就是柏拉圖的理想國的基本特徵，其主要之點在於壓制個性。表面上看來，好像理念要求提高共性壓抑個性，而哲學之所以和一般的表象方式相對立，彷彿也正在於此，一般的表象方式過於重視個人的地位，並且在國家中和在現實的精神〔按：即社會意識〕中，竟認為財產權、個人和個人財產的保護是一切國家的基礎。柏拉圖理念的局限性即在於它只是一種抽象的理念。但是事實上真正的理念是這樣的，即其中每一環節都充分是實現出來的、得到具體體現的、自身獨立的，而每一環節的獨立性對於精神來說同時又是被揚棄了

110《理想國》，第五卷，第四五七—四六一頁（柏克爾本第二三〇—二三九頁）。

111《理想國》，第五卷，第四五一—四五七頁（柏克爾本第二一九—二三〇頁）。

112《理想國》，第五卷，第四七一頁（柏克爾本第二五七頁）。

的。照這樣看來，個性必須按照理念充分實現出來，個人必須以國家爲他活動的範圍和領域，但卻又必須消融其自身在國家之中。家庭是國家的元素，這就是說，家庭是自然的、無理性的國家。這元素本身是必須存在的。其次，理性國家的理念必須把它的概念的各個環節實現出來，以便每一環節成爲一等級，倫理的實體區分成許多部分，正如人的身體區分成臟腑和器官一樣，其中的每一個器官都過著自己獨特的生活，但全體合在一起又只構成一個生活。國家、全體必須浸透一切。同樣，正義的形式原則作爲人格的抽象的共性，而以個人的權利作爲現存的內容，亦必須浸透全體。而一個等級特別屬於一個全體。所以必然也有一等級，在其中直接的財產就是永久的財產，一塊土地的占有也正如身體的占有一樣。其次，另有一等級則不斷地在尋求財產之中，而沒有那樣的直接的財產，而只有一種老是在轉移變化的財富。民族讓個性的原則在這作爲它自身的一部分的兩個等級裡支配，並讓法律在這裡統治，在這個可以說是在變動性的原則中去尋求經常性、共相、自在性。這原則必須獲得它完全充分的現實性，且必須表現爲財產。這才是眞的現實精神，這個現實精神的每一環節都有其充分的獨立性，並且它完全可以在無論任何存在中獲得它的外在化。自然界，除非在大的體系中，是不能發揮出它的諸多部分的獨立生活的。[113]

正如我們在別的地方可以看見的那樣，這就是近代世界大大地超出於古代世界的地方，

113　參看黑格爾，《論研究自然權利的科學方式》（《全集》，第一卷，第三八一頁，三八三－三八六頁）。

在古代世界裡客體獲得較大的絕對的獨立性，但因而就愈難於回復到理念的統一性。缺乏主觀性也就是希臘倫理觀念本身的缺點。在蘇格拉底那裡開始的〔主觀自由〕原則，到此為止，只是以次要的地位出現。現在它也必須成為絕對的原則、理念本身的一個必然的環節。

由於廢除了財產和家庭生活，由於取消了對於職業的任意選擇，簡言之，由於排斥了一切與主觀自由這一原則相關聯的這些規定，柏拉圖相信他可以關閉一切通向情欲、仇恨、爭執等等的大門了。他很好地認識到，希臘人生活的墮落是由於個人本身開始堅持其目的、傾向、利益，並使得個人的利益支配了公共精神。但是既然這主觀自由的原則透過基督教成為一必要的原則，在基督教裡個人的靈魂是絕對目的，因而被當作在精神的概念裡必要的事物而進入這世界。所以我們看出柏拉圖的國家法制是次要的，不能夠滿足一個倫理有機體所需要的較高要求。柏拉圖不曾承認個人的自立、知識、意志、決定，不知道把它們和他的理念聯合起來。正義既要求這些個人的特性有其正當權利，同樣也要求把這些特性消解在較高的理念裡與共相相諧和。與柏拉圖的原則正相反對的是個人的自覺的自由意志原則，這原則近來特別被盧梭提到很高的地位：認為個人本身的意志、個人的表現是必然的。於是盧梭這一原則便走到對立的極端，以極其片面性的姿態出現。與盧梭這種自由意志和教育對立，我們必須有自在自為的共相和被思維的原則，卻並不把它當作賢明的統治者、倫理，而是把它當作法律，並且同時又是我的本質和我的思想，換言之，我的主觀性和個體性。人們必須從他們自身裡按照自己的利益和情欲產生出合理的事物來，正如理性必須透過急迫的需要、偶然的機會和外在的環境方成爲現實性一樣。

我們還沒有引證《克里提亞斯篇》，這是一個殘篇，和《蒂邁歐篇》有聯繫，《蒂邁歐篇》研究人和自然的思辨的起源，而《克里提亞斯篇》則闡述人類文化的歷史（有哲學意味的歷史）作爲雅典人的遠古的歷史，像埃及人所保存下來的那樣。[114]

我們還可以簡短地考察一下柏拉圖哲學中一個著名的方面：即美學，關於什麼是美的知識。關於這點，柏拉圖也同樣抓住了唯一的眞的思想，認爲美的本質是理智的、是理性的理念。當他談到精神的美時，我們應該這樣去理解他，即：美之爲美即是感性的美，並不是在人所不知的無何有之鄉；不過在感性上是美的事物，也正是精神性的。美的理念一般也是這樣的情形。正如現象界的事物的本質和眞理是理念，同樣現象界的美的事物的眞理也是這個理念。[115]對於肉體的關係，就其爲各種欲望間的關係，或者舒適的事物或有用的事物間的關係而言，並不是美的關係；這僅只是感性的關係，或個別與個別之間的關係。[116]而美的本質只是在感性形態下作爲一個事物而出現的簡單的理性的理念，這個美的事物除了理念外沒

114《蒂邁歐篇》，第二十頁以下（柏克爾本第十頁以下）；《克里提亞斯篇》，第一〇八頁以下（柏克爾本第一四九頁以下）。

115《大希庇亞篇》，第二九二頁（柏克爾本第四三三頁）。

116《大希庇亞篇》，第二九五頁以下（柏克爾本第四三九頁以下）。

有別的內容。[117]美的事物本質上是精神性的。（一）它不僅僅是感性的事物，而是從屬於共相、眞理的形式的現實性。不過（二）這共相也沒有保持普遍性的形式，而共相乃是內容，其形式乃是感性的形態，一種美的特性。在科學裡面共相又復有普遍性或概念的形式。但是美表現爲一個現實的事物，或者在語言裡表現爲表象，在這種表象的形態下，那現實的事物便存在於心靈中。美的本性、本質等等以及美的內容只有透過理性才可以被認識，美的內容與哲學的內容是同一的；美，就其本質來說，只有理性才可以下判斷。因爲理性在美裡面是以物質的形態表現出來的，所以美便是一種知識；正因爲如此柏拉圖才把美的眞正表現當作是精神性的（在這種美的表現裡理性是在精神的形態中）、是在知識裡。

這就是柏拉圖哲學的主要內容。他的觀點是：（一）偶然的形式，談話的形式，有高尚精神的人們、自由的人們的談話，這些人除了理論和精神生活外沒有別的興趣；（二）人們來到這裡，被內容所吸引，進入最深刻的概念，美麗的段落，深刻的思想，正像碰著寶石一樣，不是在沙漠裡，當然是在乾燥的途徑、在長滿了花的原野裡，但是需透過辛苦的道路（寶石、花以及明朗的自然）；（三）沒有系統的聯繫，但有著一個一貫的意義；（四）一般而言缺乏概念的主觀性，但是（五）有著實體性的理念。

柏拉圖的哲學有著兩個階段，循著這兩個階段它必然會發揮和發展到較高的原則。第

117《大希庇亞篇》，第三〇二頁（柏克爾本第四五五—四五六頁）。

一，那在理性中的共相必須二元化成堅強的無限的對立，在孤立自爲的個人意識的獨立性裡。於是在新學園派那裡，自我意識回復到自身，而成爲一種懷疑論；一種一般地反對一切共相的消極的理性，不懂得去發現自我意識和共相的統一，因此老停留在自我意識裡。第二，新柏拉圖學派卻完成了這種回復，這種自我意識和絕對本質的統一。對於他們，神是直接呈現在理性中，理性的認識本身就是神性的心靈，而理性認識的內容就是神的本質。往後我們將要考察這兩派。

貳、亞里斯多德

關於柏拉圖，我們就談到此爲止；我們很捨不得離開他。當我們進而敘述他的學生亞里斯多德的時候，恐怕我們還得更加詳細些；因爲亞里斯多德乃是最多才、最淵博（最深刻）的科學天才之一，他是一個在歷史上無與倫比的人。而且由於我們擁有他的許多著作，所以關於他的材料也就更豐富。但是亞里斯多德所應該得到的詳盡的敘述，可惜我卻不能保證給予他。對於亞里斯多德，我們將要限於對他的哲學作一般的陳述（柏拉圖和亞里斯多德應當稱爲人類的導師，如果世界上有這種人的話）；我們只將特別注意亞里斯多德在他的哲學中，在理念的深度及廣度這兩方面，如何把柏拉圖的原理所開始了的事物向前推進一步。亞里斯多德深入到了現實宇宙的整個範圍和各個方面，並把它們的森羅萬象隸屬於概念之下；大部分哲學科學的劃分和產生，都應當歸功於他。當他把科學這樣地分成為一定概念的一系列理智範疇的時候，亞里斯多德的哲學同時也包含著最深刻的思辨的概念。沒有人像他那樣淵博而富於思辨。但整體而言，他的哲學卻不像是一個次序及聯繫皆屬於概念的有系統的整體，而是各個組成部分都從經驗取來，被擱在一起；部分單獨被認為一定的概念，但概念卻不是產生聯繫作用的運動。不過，雖然他的系統似乎沒有在它的各部分中被發展出來，而各部分只是彼此並列著：但這些部分仍然是眞正思辨的哲學的全部總和。

之所以必須詳細敘述亞里斯多德，有一個理由在於：雖然他許多世紀以來乃是所有哲學家的老師，但卻沒有任何一個哲學家曾被完全沒有思想的傳統如此這般嚴重的歪曲過，這些關於他的哲學的傳統說法，過去一直被保持著，到今天情形還是如此。人們把與他的哲學完全相反的觀點歸之於他。柏拉圖的著作被廣泛地閱讀；亞里斯多德則直到最近幾乎還未被認識，所流行的乃是關於他的一些最錯誤的偏見。他的思辨的、邏輯的著作差不多沒有人認識；他的關於自然史的著作，最近曾得到較多的公平待遇，但他的哲學的觀點便不然了。有一個極普遍流行的（很習見的）意見，認為亞里斯多德和柏拉圖的哲學乃是正相對立的，後者是唯心論，前者是實在論，而且是最不足道的實在論。柏拉圖以理念、理想為原理，使內在的理念從自己創造自己；而依照亞里斯多德，則靈魂乃是一個白板，它的一切規定是完全被動地從外界接收過來的，他的哲學乃是經驗論，而且是最壞的洛克式的經驗論等等。

但我們即將發現事實完全不是這樣。實際上，亞里斯多德在思辨的深度上超過了柏拉圖，因爲亞里斯多德是熟識最深刻的思辨、唯心論的，而他的思辨的唯心論又是建立在廣博的經驗的材料上的。就是在現在，在法國還存在著關於亞里斯多德的完全錯誤的見解。傳統如何盲目地重複一些關於他的說法，而不去在他的著作中觀察是否如此，這一點可以舉這一個例子來說明：在舊的美學中，戲劇的三種統一——行爲、時間和地點的統一——被當作亞里斯多德的規則、健康的學說來讚揚。但亞里斯多德卻只談到行爲的統一，[118]並偶爾談到時間的統一，[119]而關於第三種統一，即地點的統一，他完全沒有提到。

關於生平。亞里斯多德生於斯塔吉拉，這是一座臨斯特呂摩尼亞海灣的色雷斯城市，也是一個希臘殖民地；所以他雖則出生於色雷斯，卻是一個希臘人。這個希臘殖民地和色雷斯其他地方一樣，落到馬其頓國王腓力的統治之下。亞里斯多德的生年是第九十九屆奧林匹克賽會的第一年（公元前三八四年）。柏拉圖生於第八十七屆奧林匹克賽會的第三年（公元前四三〇年）；這樣，亞里斯多德比柏拉圖年輕四十六歲，也就是生於蘇格拉底死（第九十五屆奧林匹克賽會的第一年，即公元前四〇〇年）後的第十六年。他的父親尼各馬可是一個醫

118 亞里斯多德，《詩學》，第八章（柏克爾本）。

119 亞里斯多德，《詩學》，第五章。

師，為腓力的父親馬其頓國王阿明塔的御醫。[120]亞里斯多德很早就失去雙親，在他們死後，他就由普羅克塞那（他的親戚）所撫養，他對此人永遠感激不盡，並終身以最大的敬意懷念著他，並且立像來紀念他。亞里斯多德後來又將普羅克塞那的兒子尼加諾爾撫養，並收為己子，並且立他為自己的遺產繼承人，以報答普羅克塞那對自己的撫養教育之恩。十七歲時亞里斯多德來到了雅典，在該地停留了二十年，與柏拉圖相處。[121]他因此有機會完全確切地認識柏拉圖的哲學；這樣，如果有人說他不了解柏拉圖的哲學，這種說法，單就顯然的事實來說，就顯出是任意的毫無根據的假定了。

關於柏拉圖與亞里斯多德之間的關係，特別是關於柏拉圖不選擇亞里斯多德而選擇一個近親斯珀西波斯為他的學園的繼承人這件事，第歐根尼[122]曾給我們留下一大堆無稽的互相矛盾的傳說。如果柏拉圖的學派的繼續，是企望能在其中把柏拉圖自己所主張的哲學更確切地維持下去，那麼，柏拉圖當然不能任命亞里斯多德為其繼承人，而斯珀西波斯才是最適宜的人選。但是，事實上柏拉圖卻是得到亞里斯多德為他的繼承者，因為亞里斯多德是以柏拉圖

120 第歐根尼．拉爾修，第五卷，第一、九節；布勒，《亞里斯多德傳》（《亞里斯多德全集》第一冊），第八十一－八十二頁。

121 安莫紐．薩加，《亞里斯多德傳》（布勒，《亞里斯多德全集》，第一冊），第四十三－四十四頁；第歐根尼．拉爾修，第五卷，第九、十二、十五節。

122 第五卷，第二節。

的意義理解哲學的，不過亞里斯多德的哲學是更深刻、更完善的，因之也就是同時把它推進了一步。據說，由於不滿這次繼承問題上的被忽略，亞里斯多德於柏拉圖死後（第一〇八屆奧林匹克賽會第一年，即公元前三四八年）就離開雅典，而到米西亞的阿塔爾尼亞的統治者赫爾米亞那裡住了幾年。赫爾米亞曾在柏拉圖那裡和亞里斯多德同學，並且當時與亞里斯多德有很親密的友誼。亞里斯多德在他那裡度過了三年。赫爾米亞，一個獨立的君主，和小亞細亞其他的許多專制的希臘君主國和共和國一同被一個波斯的總督所征服了；赫爾米亞被擒解到波斯王阿塔澤爾士那裡，阿塔澤爾士立刻命人將他釘上了十字架。爲了避免遭到相同的命運，亞里斯多德就和他的妻即赫爾米亞的女兒比提婭逃往米底勒尼，並在該地居住。他爲赫爾米亞在德爾斐立了一個紀念像，並刻有銘文，此銘文至今尚存。從這銘文我們得知赫爾米亞是被奸計和叛逆所害才落於波斯人之手的。亞里斯多德並在一首歌頌美德的美麗頌詩裡面讚揚赫爾米亞的名字，此詩也傳到今日。[123]

從米底勒尼，他（第一〇九屆奧林匹克賽會的第二年，即公元前三四三年）被馬其頓國王腓力召去當亞歷山大的教師，當時亞歷山大是十五歲。腓力有封著名的信邀請他去任教，這封信至今還保存著。腓力寫道：「我有一個兒子，但我感謝神靈賜我此子，還不若我感謝他們讓他生於你的時代。我希望你的關懷和智慧將使他配得上我，並無負於他未來的王

---

123 第歐根尼．拉爾修，第五卷，第三—四、七—八節；布勒，《亞里斯多德傳》，第九十—九十二頁。

國。」[124]在人類歷史裡，當一個亞歷山大的教師，顯然是一種光輝的命運；在這個宮廷裡，亞里斯多德充分享受了腓力及其王后奧林比婭的恩寵和尊敬。亞里斯多德的這個學生後來如何，已是眾所熟知的事；至於他的教育的結果怎樣，則亞歷山大的精神和事業的偉大以及他對他的先生的持久的友誼，就是亞里斯多德的最好的鑒定——如果亞里斯多德需要這樣的鑒定書的話；這些事實爲他的教育精神做了見證。亞里斯多德在亞歷山大身上，比柏拉圖在狄奧尼修斯身上，找到了一個不同的、更有價值的學生。柏拉圖所關心的是他的共和國、所關心的是一個理想的國家，至於那個個人只不過是手段而已；他和這樣一個人建立關係，只想透過他來實現自己的理想國，那個個人乃是無足重輕的。相反地，在亞里斯多德就沒有這個目的；他面前只有一個個人，他的目標就是把這個人的人格培養和發展起來。亞里斯多德是以一個深刻的、精通的、有抽象思維能力的形上學家見稱的；他之所以很認眞地來對待亞歷山大，乃是很顯然的事。亞歷山大的教養，有力地駁斥了關於思辨哲學對於實踐無用的那種流行說法。對於亞歷山大，亞里斯多德不採用近代一般的淺薄的教育王子的方法來教育他，關於這一點，只要看看亞里斯多德的誠懇認眞，就可以很自然地意料到；亞里斯多德是知道什麼是眞理，什麼是眞的文化教養的。此外，從另一件事實也可以顯然看到這個，那件

124 《亞里斯多德全集》（一六〇七年 Pac., Aurel. Alobrog. 版），第一冊，末尾：亞里斯多德殘篇（參看施塔爾，《亞里斯多德》，第一部，第八十五—九十一頁）。

事實就是：當亞歷山大深入亞細亞在征戰過程中聽到了亞里斯多德把他的哲學中的奧祕的部分在一些（形上學的、思辨的）著作中發表出來時，他就寫給他一封責備的信，信裡說，他不應該把他們兩個人一起工作而獲得的事物，向一般普通人披露。亞里斯多德這樣答覆亞歷山大：「雖然發表了，但它還是和未發表時一樣不被人認識的。」[125]

我們不能在這裡把亞歷山大作爲歷史人物來加以評價。在亞歷山大的教育裡面，那能夠歸功於亞里斯多德的哲學教化的是：亞歷山大的精神秉賦的特有的偉大、那自然的本性，得到了內在的解放，被提高到完滿的、自覺的獨立，而這乃是我們在他的目的和事業中所看到的。他達到了這種對自己的完滿的確信，這種確信是只有思想的無限勇敢才能給予的；他達到了不爲特殊的、狹隘的計畫所限，並將這些計畫提高到一個完全普遍的目的，去將世界建設成一個普遍地互相往來的社會生活，建立一些不受偶發的個性所控制的國度。亞歷山大實現了他的父親所考慮過的計畫，領導希臘人的歐羅巴來對亞細亞復仇，使亞細亞臣服於希臘，正如唯有在特羅亞之戰時希臘才團結一致一樣，〔他團結了整個希臘世界〕——那一次是在眞正的希臘世界的開端而這一次是在其終局。這樣他就同時報復了波斯人加在亞里斯多德的朋友赫爾米亞身上的背信和殘酷。亞歷山大把希臘的文化傳布到亞細亞，爲了把這個粗野的、專事破壞的、本身是一個四分五裂的極端野蠻的混合體，而且深陷在完全的委

125 奧拉·格利烏，《雅典紀事》，第二十卷，第五章。

靡、否定和精神墮落裡面的亞細亞，提高到一個希臘的文化世界。而如果人們說，亞歷山大不過是一個征服者，他並不懂得如何建立一個持久的國家，因爲他的帝國在他死後立刻又分裂了，這個說法也是對的，假如只是淺薄地來看這件事，即是他的家族沒有能夠維持這個統治，但是，希臘的統治卻繼續下去了。亞歷山大沒有爲自己的家族建立一個帝國，而是在亞細亞建立了一個希臘民族的廣大的帝國；希臘的文化、希臘的科學在那裡生根。小亞細亞的希臘國家，特別是埃及的希臘國家，變成了許多世紀期間科學的中心；它們的影響可能一直到達印度和中國。我們不知道，是否印度人由此獲得他們科學知識中最好的部分；很可能印度人的天文學中較精確的部分是由希臘人那裡得來的。而那深入亞洲遠至巴克特里亞（希臘人的巴克特里亞國〔按：即大夏〕）的敘利亞王國，無疑地是這麼一個地方，從這個地方再透過拓殖在那裡的希臘殖民地，那極少量的科學知識就被傳到亞洲內地、傳到中國，這點科學知識在那裡就帶著一個傳統的外貌維持下去，不過在中國卻沒有繁榮起來。中國人是笨拙到無法創造一個曆法的，他們自己好像是無法運用概念來思維的；他們也顯示出他們有些古老的儀器，而這些東西是與他們的日常作業配合不上的，所以，最自然的猜測就是：這些東西乃是來自巴克特里亞。對印度人和中國人的科學知識估計太高乃是錯誤的。

據李特說，[126] 亞歷山大的遠征並不是純粹爲了征服，而是具有自己是主人這個觀念。

126 《地理學》，第二冊，第八二九頁（第一版）。

我不認爲亞里斯多德將這個目的連同另外一個東方式的概念灌輸在亞歷山大的腦子裡面；（這個東方式的概念就是：在東方，亞歷山大的名字是作爲伊斯班德，並作爲杜爾克阿爾納因，雙角的人，朱比特·阿蒙，古代東方英雄的形象而流行著；）我也不認爲馬其頓諸王自命爲古代印度諸英雄家族的後裔（狄奧尼修斯）並應有統治權；我也無法同意這樣一段話：「這個知識乃是那占有了這個青年英雄的靈魂的眞正的宗教的基本觀念，當他在出發遠征亞洲之前，在依斯特河〔按：即多瑙河〕下游找到了一些印度的爲巫師所統治的國家，在這些國家裡面靈魂不朽的學說是被宣揚著的，並且他**無疑地不是**沒有接受那曾在畢達哥拉斯和柏拉圖那裡學得了印度人的智慧的亞里斯多德所勸說，而開始對亞洲的遠征，而且，先在阿蒙（現在是濕婆）教的神諭那裡問卜，然後擊破波斯帝國，燒毀印度宗教的老敵人波斯波里，爲對大流士所加於佛教徒及他們的同宗信徒們身上的暴行復仇。」這是一個由於透澈熟知東方和印度的觀念之間的聯繫而來的天才理論，並且是從更高的歷史觀點而來的；但它卻是不適當的。第一，我是根據歷史事實的；第二，亞歷山大的遠征有著一種完全與此不同的歷史的、軍事的、政治的性質，此外，它與印度人並無多少牽涉，它完全是一般的征戰。亞里斯多德的形上學和哲學是絕不承認這種愚蠢的荒誕幻想的。第一，亞歷山大在東方人的想像中被捧成一個公認的英雄、一個神，這是不足爲奇的。達賴喇嘛現在還是這樣；神與人通常並不是相去甚遠。第二，希臘本身亦趨向於一種神變成了人的觀念，這種神不是一個遙遠的、生疏的雕像，而是在這無神的世界裡面的一位活生生的神。法勒魯姆的德米特里和別的一些人，在雅典往後不久也就被當作神來尊敬和崇拜。第三，此外，無限也存在於意識裡面。第四，佛教徒並未引起亞歷山大的興趣，在他的印度遠征中，看不出有什麼事物和佛教徒有關。至於波斯波里的焚毀，當作希臘人對澤爾士毀壞雅典及希臘的神廟的報復，便已有充分理由。

當亞歷山大這個站在希臘頂峰上的最偉大的人完成了這個偉大的工作時，他同時還經常地記住藝術和科學。正如我們在現代也看到軍人在他們的戰鬥中也記掛著科學和藝術一樣，亞歷山大當時命令人作這樣的安排：凡在亞細亞發現了什麼有關新的動物和植物的材料，便必須把原物或該物的繪圖或詳細的描述寄送給亞里斯多德。亞歷山大的這種關懷使得亞里斯多德有了一個很好的條件，來收集他對自然研究的寶貴資料。普林尼[127]記述說：「亞歷山大命令近一千個以打獵、捕魚、捕鳥爲生的人，波斯帝國境內動物園、禽鳥園、魚塘的監督者，經常供給亞里斯多德每個地方值得注意的事物。」這樣，亞歷山大在亞洲的征戰對於亞里斯多德有了進一步的作用，使得他能夠成爲博物學的始祖，而且據普林尼說，他著了五十部博物學的書。

亞歷山大開始了他對亞洲的遠征之後，亞里斯多德回到了雅典成爲公眾的教師，在一個叫做呂克昂的公共場所講學。這個地方是伯里克里斯原來爲訓練新兵而建造的遊樂場；它包括一座爲呂克歐（*Λύκειος*）的阿波羅而建的神廟、許多林蔭路（*περίπατοι*），有樹木、噴

127《自然史》，第八卷，第十七章（Bip. 版）。

泉和杜廊裝點著。也許就是由於這些供散步的林蔭路之故，他的學派獲得了逍遙學派這個名稱，而並非由於亞里斯多德本人喜歡走來走去，如人們所說的那樣，特別喜歡一邊走一邊講學。他就在雅典定居講學十三年。亞歷山大死後，一個以前大概由於懼怕亞歷山大而未發作的風暴爆發了。亞里斯多德被控以不敬神之罪。關於詳細內容，各人所傳不同；就中並有一項，即他給赫爾米亞的獻詩以及那刻在赫爾米亞紀念像上的銘文也被當作他的罪過。當他看到風暴將要爆發時，他就逃到優卑亞的加爾西斯去（此地今名尼格羅班特），以免如他自己所說的讓雅典人有機會再一次對哲學犯罪。他於次年死在那裡，死時年六十三歲，即第一百一十四屆奧林匹克賽會的第三年（公元前三二二年）。[128]

研究亞里斯多德的哲學的原料，是他的著作；不過，如果我們考慮到這些著作在外面遭遇的命運及它們的情況，那麼似乎要從它們來認識他的哲學，就會困難重重。關於他的著作，此地我不能詳細加以探討。第歐根尼．拉爾修[129]提及很多的這些著作，但從它們的題目看來，我們卻不能確定地知道，現在我們所有的亞里斯多德著作中哪些乃是他所指的，因為

128　第歐根尼．拉爾修，第五卷，第五—六節；蘇以達，參考「亞里斯多德」題目下，布勒，前引書，第一〇〇頁；安莫紐．薩加，《亞里斯多德傳》，第四十七—四十八頁；梅納鳩注第歐根尼．拉爾修，第五卷，第二節；施塔爾，前引書，第一〇八—一〇九頁，布魯克爾，《批判的哲學史》，第七八八—七八九頁。

129　第歐根尼．拉爾修，第五卷，第二十一—二十七節。

題目很不相同。第歐根尼所給出的行數，是四十四萬五千二百七十行；如果以一個字母代表一萬行，則可以得四十四個字母，而我們現在所有的他的著作，大概等於十個字母，這樣，就差不多只是原來的四分之一。至於亞里斯多德的原稿的命運，從傳說看來，似乎我們實在不可能或極少希望得到了他眞正的不被損壞的著作；對於它們的眞實性的懷疑一定會發生，而且我們還應該很驚奇，看到它們還很像現在這樣流傳到我們這時。據傳說，亞里斯多德在活著的時候很少讓他的著作被人知道，他把他的著作連同他的豐富的藏書遺留給他的繼承人德奧弗拉斯特。他的藏書可以說是第一個頗有可觀的藏書，是由於他自己的財力和亞歷山大的幫助而蒐集來的，由此可見亞里斯多德的博學。後來這些藏書（一部分書籍或抄本）被帶往亞歷山德里亞，成了托勒密王朝圖書館的基礎，這個圖書館在凱撒大帝占領亞歷山德里亞時被付之一炬。至於亞里斯多德的原稿，則傳說德奧弗拉斯特在遺囑中把它們傳給一個叫奈勒烏的人，從此人手中又流入一些無知識的人手裡，這些人既是全不關心又毫不懂得它們的價值而把它們擱置著；又據說（據另外一些人說）是奈勒烏的後裔爲了使它們不落於酷愛蒐集藏書的柏加孟諸王之手，而把它們埋藏在一個地窖裡，在那裡它們被忘記了，竟被擱置了一百三十年，因此變成一塌糊塗。經過了這一段時期之後，德奧弗拉斯特的後裔們在多次找尋之後終於再發現它們，並將它們賣給德約斯地方一個叫阿柏康利的人，此人把蟲蛀的和腐爛的地方補上了，但對於這件工作這個人實在是沒有足夠的學識和本領來做。因此，又有別人來做此事，按照他們的心意填在空白上，把被破壞的彌補起來；這樣，這些著作就被大幅的改變了。但這還不打緊，阿柏利康剛一死，羅馬人蘇拉就侵占了雅典，而在他送往羅馬的虜獲物中，亞里斯多德的著作也是其一。那些羅馬人剛剛開始曉得希臘的科學和藝術，對於希臘的哲學卻還沒有加以重視，他們不懂得去從這些著作中吸收教益。以後一個叫提蘭尼奧的希臘人在羅馬獲得允許去利用亞里斯多德的這些原稿，並發表它們，他編了一個本子，但這個本子也被指責爲不夠準確；在這裡，這些作品又遭到這樣的命運，被書商交到一些無知識的抄寫人手中，這些人又加進了一大堆訛誤。[130]

這就是關於亞里斯多德哲學材料的情況。亞里斯多德於他活著的時候曾讓他的許多著作問世，如亞歷山德里亞圖書館的那些原稿；但看來它們並不曾被廣泛傳誦。事實上亞里斯多德的許多著作都頗有訛誤、遺漏、不完全之處。有些著作（如關於形上學的著作）某些部分像是由許多著作拼湊而成的；這樣一來，那高級的批評〔按：即考證校勘〕就能儘量賣弄它的聰明，因而照某人看來，很可能事情能夠這樣來解釋，而另外一個聰明人則又能用不同的解釋來反對這個解釋。有一點是很清楚的，就是：它們都有訛誤損壞，常常在個別著作裡（如《詩學》），而且在大部分別的著作裡不相連貫契合；更常見的是，有時整段文章幾乎一字不改地重複出現。既然禍害由來已久，當然也就不能希望有什麼根本解救的辦法。不過事情也不完全像上面的描寫所透露的那樣糟糕。有很多重要著作可以視爲完整無恙的；某些

130 《斯特拉波》，第十三卷，第四一九頁（卡索邦一五八七年版）；普魯塔克，《蘇拉傳》，第二十七章；布魯克爾，《批判的哲學史》，第一冊，第七九八—八〇〇頁。

別的作品雖然個別地方受了損壞，並且次序布置得不理想，但這對於他的哲學的主體，並沒有像表面看來那樣大的損害。我們現有的資料已經足夠使我們對於亞里斯多德的哲學全貌以及它的許多細節能夠獲得一定程度的了解。

但還有一個有歷史性的區別要注意。有這麼一個古代的傳統，認爲亞里斯多德的學說是有雙重性質的，並且寫了兩類的著作——一類是奧祕的或深奧的，一類是通俗的，這是在畢達哥拉斯學派那裡也發生過的一種區別。他在呂克昂每天上午講授奧祕的學說；〔晚間講授通俗的學說〕；[14]那通俗的學說是關於修辭學、辯論術的訓練和公民事務的知識的：另外一種即奧祕的學說則是關於內在的更深刻的哲學、自然的考察和辯證法本身的。131這種情況是不關重要的。人們自己立刻看出來哪些作品是眞正思辨的和哲學的，另外哪些作品只是經驗性質的；就內容來說，它們不應被認爲是互相對立的，好像有些是爲人民大眾的，有些則是爲自己人的似的。

第一，首先應指出，亞里斯多德哲學這個名稱是有多種意義的，就是，人們所稱爲亞里斯多德哲學的事物，曾有各種不同的形式，在不同的時代很不相同。它首先是指亞里斯多德本來的哲學。至於亞里斯多德哲學的其他形式，則：（一）在西塞羅的時候，寧可說它是一

[14] 據英譯本，第二卷，第一二九頁增補。——譯者

131 格利烏，《雅典紀事》，第二十卷，第五章；施塔爾，同上引書，第一一〇—一一二頁。

種通俗的哲學，特別注意博物學方面和道德方面；它似乎對於亞里斯多德的眞正思辨的哲學並不發生興趣，在西塞羅那裡，對於亞里斯多德哲學的思辨的方面，毫無理解。（二）它的次一個形式乃是那個最高度思辨的亞歷山德里亞哲學的形式，也就是那被稱爲新畢達哥拉斯學派、新柏拉圖學派哲學的事物，它也同樣可以稱爲新亞里斯多德學派哲學；即是亞歷山德里亞的學者們當作與柏拉圖哲學等同、並這樣來探討的形式。（三）另外一個重要的意義是指得名於中世紀的那個形式，當時人們由於知識不足，把經院哲學稱爲亞里斯多德哲學。經院學者曾對亞里斯多德哲學有過很多鑽研；但是，亞里斯多德哲學在他們那裡獲得的形式，我們卻不能把它當作亞里斯多德哲學的眞正的形式。我們在他們那裡所見到的一切發揮以及全部的理智形上學和形式邏輯，並不屬於亞里斯多德。經院哲學不過是從亞里斯多德的學說的傳統引申出來的。（四）只有當亞里斯多德的作品在西方被認識了之後，一種與經院哲學部分地對立著的亞里斯多德哲學才被形成——它出現在經院哲學時代行將告終之時，即文藝復興時代。只有在宗教改革之後，人們才回到了亞里斯多德的本源去。（五）最近出現的一些對亞里斯多德哲學的錯誤的看法和理解。那個偉大的坦納曼過於缺乏哲學的才能，無法把握亞里斯多德的哲學；在他的譯文裡面，原作的意義常被弄錯，直到與原意正相反。

人們所有的關於亞里斯多德哲學的一般想法，是以爲它乃是建立在經驗之上，以爲亞里斯多德把人們所稱爲經驗的作爲知識、認識的原理。雖然這個觀點在一方面說來是嚴重錯誤的，但發生這種錯誤的原因也可以在亞里斯多德的哲學思考方式中找尋到。有一些在這方面被提出來而差不多也是人們所唯一懂得的特別章句，被利用來證明這個看法。

前面已對亞里斯多德的哲學思考方式的一般性質做了說明。我們不必在亞里斯多德那裡找尋一個哲學系統。亞里斯多德詳述了全部的人類概念，把它們加以思考；他的哲學是包羅萬象的。在整體的某些特殊部分中，亞里斯多德很少以演繹和推論邁步前進；相反地他卻顯出是從經驗著手，他也論證，但卻是關於經驗的。他的方式常是習見的論證方式；但有一點卻是他所獨具的，就是當他在這樣做的時候，他是始終極爲深刻地思辨的。

第二，首先得談談**亞里斯多德方式的特性**。這個方式是這樣的：對於他，最重要的是處處去關心確定的概念，將精神和自然的個別方面的本質，以一種簡單的方式，即概念形式加以把握。由此有了最豐富、最完全的各個方面，這就表示這個方式擁有整個現象世界在自己面前，即使是最普通的事物也不摒棄。知識的一切方面都進入了他的精神，所有的事物都使他發生興趣，而他也深刻而詳盡地處理了一切。抽象工作在處理一種現象的經驗內容時，很容易陷入困境，無從施展；它可能只是片面地進行，而不能窮盡其一切細節。亞里斯多德最多地把握了現象；他確實地表現出自己只是一個思想著的觀察者，他考慮了宇宙的一切方面。但他主要是以一個思辨哲學家的態度來對待那些個別細節，並這樣來研究它們，使最深刻的思辨概念由之產生。此外，我們看見過，思想最初是由感性的事物出來的，而在詭辯術裡，它通常仍然直接在現象上下工夫。在知覺、表象裡面，出現了範疇；那絕對的本質，那對這些環節的思辨觀點，是常常在表述知覺時被表達出來的。亞里斯多德考察了知覺的這個純粹的本質。當亞里斯多德相反地從普遍、從簡單者出發而予以規定時，他同樣也好像是在把普遍、簡單者的各種意義一一列舉出來，並且在這堆意義中，他又透過所有的方式，甚至是最平常和最感性的方式，一一予以考察。亞里斯多德就是這樣對他所處理的對象進行考察，看看其中出現著什麼個別的規定。例如他考察了本質、*ἀρχὴ*（原理）、*αἰτία*（原因）、同時（*ὁμοῦ*）等等；他說：本質是在這個意義上、在那個意義上、在許多意義上被述說，於是就出現了這些規定。他考察了每一個觀念：思想；考察了物理學中的觀念：運動、時間、地點、暖、冷。這些對象以經驗的方式被列舉出來；他並考察了哲學家們所曾有過的各種思想，常常用經驗的方式反駁他們或擁護他們，以許多種方式加以論證；然後，他達到了那眞正的思辨的規定。逐一去跟隨他這種無必然性的單純的列舉，在某種程度上的確常常使人發生厭倦。而有時一系列的意義，僅就其本質看來，似乎是有共同性的，但又沒有依照其特殊性，它們顯得只是外在地被把握而已。但是這個方式一方面也完備地提供了各個環節，一方面也刺激人去自己找尋並發現必然性。從這種羅列，他又進一步去把它們思辨地加以考察；而這種就各方面來規定對象，使得概念，即思辨的概念，簡單的規定由之產生，亞里斯多德之具有眞正的哲學思想而同時又有最高的思辨思想，就在於此。

亞里斯多德所從事的，不是去把一切還原爲一個統一體，或是把諸多規定歸結到一種對立的統一上；正相反，他卻是要緊緊抓住每個事物的特殊性，而且這樣去跟隨它。第一，前一種方法從一方面說可以是淺薄的，譬如易怒和敏感、強壯和虛弱都只是空洞的特性；但第二，也有必要在那簡單的特性中來把握實在；但當然不以這種方式作爲出發點。在另外一個範圍裡，亞里斯多德放棄了這個規定，在那裡，它不再有這個形式；不過他指出來它在這裡是怎樣的，或者它曾發生了什麼運動、變化。在他的眞正的思辨裡面，亞里斯多德是和柏拉圖一樣深刻的，而且比他發展得更遠、更自覺；對立也獲得了更高的明確性。當然，在亞里斯多德這裡，缺乏柏拉圖那種形式之美，那種語言（像談天一樣）的可愛，那種對話的藝術，它是那樣生動，又是那樣文雅而近人情。不過，在我們看見柏拉圖把他的理念思辨地（以論題的形式）表現出來的地方（在《蒂邁歐篇》裡），我們也同樣看見了缺點和不純，純粹的事物離棄了它，而亞里斯多德的表達則既純粹而又清楚。我們明確地知道了那對象，並認識了這個對象的確定的概念。他竭力把每個對象加以規定（ὁρίζειν，闡明〔ὅρος〕）；但他更進而思辨地深入到對象的本性裡。這個對象卻停留在它的更具體的規定裡；他甚少把它歸結到抽象的範疇上面。對亞里斯多德的研究，是無窮無盡的。要把它陳述出來是困難的，因爲他不追溯到更一般的原則。爲了闡明亞里斯多德的哲學，我們應該詳述每種事物的特殊內容。假使一個人眞想從事哲學工作，那就沒有什麼比講述亞里斯多德這件事更值得去做的了。

這種將諸多規定歸結爲一個概念，以及論證進程的簡明，和將判斷用極少的話說出——這乃是亞里斯多德的偉大和巨匠風度之所在。這是一種很有效能的哲學思考方法，它在我們這個時代亦曾被應用，例如在法國人那裡。它值得更廣泛地應用；因爲將對一個對象的通常看法的諸規定導向思想，然後將它們在一個統一裡、在概念裡結合起來，這方法乃是很好的。但是這個方法從某一方面看來就顯得是經驗的，之所以是經驗的，乃是就這一點而言：對象在表象中是怎樣，就照樣接納過來；在那裡，必然性是沒有的。

正如他處理個別事物一樣，亞里斯多德也用這種方式來處理整體。宇宙的整體、精神世界和感性世界的整體，他就是這樣處理的；但是這一大堆事物只是被當作一系列的對象列舉出來，這裡沒有定義、結構等等；我們不能要求當時的哲學概念去指出必然性。這裡所有的是把對象逐一加以考察，這是一種經驗方面的考察；但這寧是屬於外表的方式，此外還有極深刻的思辨。亞里斯多德不是系統地進行的，亦即不是從概念自身發展出來的；他的進行方式卻是基於上述的方式，這同樣是從外面開始的。因此就發生了這樣的情形，即他常常是一個又一個地討論每個規定，而沒有指出它們之間的聯繫。

第三，**其次**是關於他對理念的規定。首先，要把那一般的理念連同那些特殊的重要環節指出來。大體上，可以這樣說，亞里斯多德乃是一般地從哲學開始，並在《形上學》第一卷第二章首先就談到**哲學的價值**：「哲學的對象是那最可認識的」，即是「那最初的和原因。因爲透過了這個和由於這個，其他的一切就被認識」，那就是最合理的：「原理並不是借基質（主體ὑποκείμενα）而被認識的」，這裡面就存在著與通常相反的觀點。亞里斯多德更宣稱「研究的首要主題，那最主要的知識，乃是對目的的認識；而目的乃是每種事物的善，而一般說來，是整個自然中的至善。」這一點是和柏拉圖與蘇格拉底一樣的；但目的卻是那眞實的、具體的，與那抽象的柏拉圖的理念正相反。接著他談到哲學的價值：「既然人是爲了免於無知而開始哲學的思考，很顯然，人乃是爲了知識而追求知識，而不是爲了一種功用或用途（χρήσεως）。這也可以從全部外表的進程（κατὰ τὸ συμβεβηκός）看得到。因爲，只有當人們已經具備了一切必需（需要）的事物以及能使生活安適的事物之後，人們才開始去尋求這樣一種（哲學的）認識。因此，我們不是爲了另外的效用而去找尋它。因此，正如我們說，那個爲了自己而不是爲了別人的人乃是一個自由的人，同樣地也只有哲學才是科學中眞正自由的科學，因爲只有它才是爲了自己」，才是爲認識而認識。「因此，人們就不能很公正地把它當作人的一種所有物」；它並不屬於一個人所有。「因爲人的本性在許多方面說來乃是不獨立的（δούλη）」；而哲學卻是自由的。「所以，照西蒙尼德說，只有神才擁有這個獎品（γέρας），但是，不去尋求那適合於他（賦予給他）的知識，也是人所不應爲的。但如果詩人所說的是對的，嫉妒乃是神靈的本性，則一切企望崇高事物的人們，就一定會遭到不幸。」復仇女神懲罰那高出平常之上的任何事物，而使一切歸於平等。「但神靈不能是忌妒成性的」，就是說，不願把他們所有的分給人類共用（正如光並不因點火而消失一樣），以致科學不來到人間；「而且，俗語說，詩人多說謊；也不能以爲還有什麼比哲學更値得尊敬（更應被崇敬）的了。因爲凡是最神聖的事物，就是最可敬的」；凡是具有和分享最優越的事物的，就被尊敬，因此神靈應被尊敬，因爲他們有這種知識。「神被當作一切的原因和原理；因此只有神具有這種知識，或具有得最多。」但正因爲這樣，想去尋求這適合於他的最高的善——這屬於神的知識，也不是人所不應爲的。「其他的知識可能是比哲學更爲需要的，但沒有一種是比哲學更優越的。」

詳述亞里斯多德哲學的細節，是困難的；理解他比理解柏拉圖要難得多。柏拉圖作品中有些神話，但人們能夠越過他的辯證法而仍然能說自己已經讀了柏拉圖；在亞里斯多德那裡，人們一開始就立刻進入思辨的事物。亞里斯多德看來常常只是在個別的、特殊的事物上面作哲學思考，而不談說絕對者、普遍者、神是什麼；他總是從個別進到個別。他列舉了表象世界的全部，逐一檢查：靈魂、運動、感覺、記憶、思想——這是他的日常工作，正如一個教授處理他的半年的課程那樣；他好像只認識了特殊裡面的眞理、認識了特殊的事物、一系列特殊的眞理，他沒有把那普遍的提取出來。這就沒有什麼輝煌的事物；他好像沒有升高到理念、共相上面，如像柏拉圖那樣談及理念、談及它們的高貴；他沒有把個別事物歸結到理念、共相。（一）他沒有把那普遍的理念邏輯地提升出來，他的所謂邏輯學乃是另外一種事物——否則他也許就會把那作爲一切概念中的概念的普遍概念當作方法來認識了；（二）沒有什麼被當作唯一絕對者，它（神的理念）卻像也是在自己位置上的一個特殊事物，在其他的特殊事物旁邊，不過它是全部眞理。「有植物、動物、人，也有神，那最優越的。」如上所說，亞里斯多德詳論了整個系列的概念；從這些概念中，我們只想挑出個別的、特殊的一些來加以進一步的論述。

我將**首先**談談他的**形而上學**及其諸規定；**然後**，指出**自然**的基本概念在亞里斯多德那裡是怎樣構成的；**第三**，我將談談關於**精神**、靈魂的一些事物；**最後**，還將特別談談他的**邏輯**的概念。

一、形上學

現在來談談他的概念的總的方面。他的思辨的理念，首先得在他的《形上學》一書中去找尋。不過，這本書包含著一個特殊的困難，就是它乃是編纂起來的；它可能是由幾篇事物合成一書的；就算從它的前後貫穿的聯繫看來書的主要部分是統一的，但依然不能說，這部書行文清楚，有條不紊。《形上學》一名不是亞里斯多德自己所起的名稱，古代人也沒有把他這部作品稱爲《形上學》；我們稱之爲《形上學》的，亞里斯多德叫它做 *πρώτη φιλοσοφία*（「第一哲學」）。[132]

亞里斯多德毫不含糊地把純粹哲學或形上學與其他的科學區別開來，認爲它是一種「研究存在之爲存在以及存在的自在自爲的性質的科學。」[133]亞里斯多德所最注意的，就是規定這個存在是什麼，就是認識**實體**（*οὐσία*）。[134]在這個本體論或者用我們的話來說這個邏輯學裡面，他詳細地研究和區分了四個原則：（一）一物之爲一物的特性或質的本身；（二）質料（*ὕλη*）；（三）運動的原則；（四）目的或善的原則。[135]

亞里斯多德的理念〔按：即形式〕是和柏拉圖的理念不同的。雖然柏拉圖把理念規定爲善、目的、最普遍的共相，亞里斯多德卻更進一步。我們曾經說過，柏拉圖的理念本質上是具體的、確定的。既然理念本身是確定了的，則它裡面的各個環節間的關係，就應該較詳細

---

132 《形上學》，第六卷，第一章。《物理學》，第二卷，第二章；第一卷，第九章。

133 《形上學》，第四卷，第一章。

134 《形上學》，第七卷，第一章。

135 《形上學》，第一卷，第三章。

地加以確定並指出；環節間的這種彼此相互的關係，現在就被理解爲**活動性**。我們慣於意識到理念、共相、思想、概念這一類僅僅自在地存在著的事物的缺點。共相就其爲共相而言，還沒有實在性；實現的活動還沒有被設定，自在的事物只是惰性的事物。所以理性、法則等等是抽象的；但那自己實現著自己的合理的事物，我們則認爲是必然的，爲了對這種共相、這種理性、這種法則表示重視。柏拉圖的理念一般地是客觀的事物，但其中缺乏生命的原則、主觀性的原則；而這種生命的原則、主觀性的原則（不是那種偶然的，只是特殊的主觀性，而是純粹的主觀性），卻是亞里斯多德所特有的。

亞里斯多德也同樣把善、目的、共相作爲基礎，作爲實體；他主張這個共相、目的，堅持著它去反對赫拉克利特和伊利亞學派。赫拉克利特的生成是一個正確的、重要的規定；但變化還缺乏那自身同一性、確定性、普遍性的規定。河流永遠在變化，但它仍是同一條河流、是同一的樣子，是一個普遍的存在；由此可見，亞里斯多德顯然主要地是爲了反對赫拉克利特和其他一些人而說了這句話的：「『有』與『無』並不是同一的。」或者以這句話來證明那著名的矛盾律：「一個人不能同時是一隻船。」[136]顯然，亞里斯多德所指的並不是那純粹的「有」或「無」，這種抽象的事物不過是一物向其對方的轉化；他所謂**存在**或者**有**，主要地是指實體、理念。亞里斯多德只尋求什麼是推動者；而這，他說是λόγος（理性）、

136《形上學》，第四卷，第三—六章。

目的。正像他堅持著共相來反對單純的變化一樣，他又用活動性來反對畢達哥拉斯學派和柏拉圖，反對數。活動性也是變化，但卻是維持自身等同的一種變化，它是變化，但卻是在共相裡面作爲自身等同的變化而被設定的：它是一種自己規定自己的規定。反之，在單純的變化裡面，就沒有包含著在變化中維持自身。那共相是積極活動的，它規定自己；目的就是體現出來的自身規定。這就是亞里斯多德所最關切的主要思想。

其次，就是那兩個主要的範疇，他把它們規定爲（　）可能性（δύναμις，potentia）和（二）現實性（ἐνέργεια，actus），後者更確定地說就是隱德來希（ἐντελέχεια），它自己就是目的和目的的實現。這就是那貫穿在亞里斯多德全部思想中的諸範疇，[137]要理解亞里斯多德，就得認識這些範疇。關於實體的主要思想是：實體並不只是質料。[138]一切存在的事物都包含著原料，一切變化都需要一個基質（ὑποκείμενον），變化就在這個基質上進行。質料自身只是潛在性，是一種可能性，它只是潛能——不是現實性，形式才是現實性；質料之成爲眞實的，要歸功於形式、活動性。[139]潛能在亞里斯多德那裡不是指力量（力量毋寧說是形式的未完成的狀態），而卻是一種可能性、能力，不是那種不確定的可能性；能力或

137 《形上學》，第九卷，第一—七章；等等。

138 《形上學》，第七卷，第三章。

139 《形上學》，第八卷，第一—二章。

現實性則是那種從自身產生出來的純粹實效性。對於整個中世紀，這幾個概念具有重要的意義。在亞里斯多德那裡潛能是基礎，是自在之物，是那客觀的事物；然而抽象的共相、理念，則僅是潛在性。只有能力、形式才是活動性，才是那實現者，那自己對自己發生關係的否定性。反之，當我們說存在時，這裡也還沒有設定活動性；存在只是自在的，只是可能性，沒有無限的形式。質料只是那自在的事物；即使它能夠採取一切的形式，它自身還不能就是那賦予形式的原理。這樣，那本質上絕對的實體就有著不互相分開的可能性和現實性、形式和質料。質料只是可能性，形式給它以現實性；但是形式不能沒有質料或可能性，質料在日常生活中一般地被看作是實體性的事物。能力更具體地說是主觀性，可能性就是那客觀的事物；但眞正客觀的事物本身當然也含有活動性，正如眞正的主觀的事物也含有可能性一樣。

從這種規定就可以看出亞里斯多德的理念和柏拉圖的理念之間的一種對立。亞里斯多德常常攻擊「數」和「理念」。柏拉圖把存在表達爲共相，這樣，在他那裡就缺少了實在性的環節，或者說，實在性的環節至少也是被置在腦後。而事實上，這個否定的原則〔按：即實在性的環節〕也沒有被直接地表達出來，而它主要地只是被包含在這一點之中，即當它被當作對立的統一的時候；因爲這個統一主要地是對這些對立面的否定；它消除了它們的各自存在和對立，把它們引回自身。被稱爲現實性、能力的事物，正是這種否定性、活動性、積極的作用；它自己擊破了這種自爲的存在，取消了統一性，而建立了分裂，不再是自爲的存在，而是變爲「爲他的存在」，因此也就是對統一的否定。理念則不僅如此：它是對立面的取消，而對立面之本身卻是統一。如果說在柏拉圖那裡，最主要的事物是那肯定的原理、那抽象地自身等同的理念，那麼，在亞里斯多德這裡，所增加的和強調的乃是否定性的環節——不是作爲變化也不是作爲虛無，而是作爲區分、規定的否定性的環節。[140]

亞里斯多德用來反對柏拉圖的理念的理由很多。[141]他發現這個原理是不能令人滿意的。（我們在上面已經看見亞里斯多德也提出了共相、目的，但主要還是個體化的原理。）在柏拉圖的理念裡面，不能找到活動性、現實性；說現實的事物「分有」（παραδείγματα）理念，只是一句空洞的話，一種詩意的比喻。有多少事物，就有多少規定性。假定有獨立的類，這種說法就包含著矛盾：譬如蘇格拉底既是人，也是兩足的，也是動物。

在實體方面，當活動性和可能性這兩個環節還顯得不是同一而是分開的時候，亞里斯多德區別出若干多樣的環節。更進一步規定形式對質料、能力對可能性的關係和這種矛盾的運動，就給出了實體的各種不同的方式。在這裡亞里斯多德逐一考察各種實體；他顯然只是把各種不同的實體一一列舉出來加以考察，而不是把它們組織在一個系統裡。這些實體裡面主要的有下列三種：

140　參看《形上學》，第七卷，第十三章。

141　《形上學》，第一卷，第七、九章。

（一）「感性的可感覺的實體」[142]按照那個具有一種質料的形式，這只是有限的實體；這裡形式是與其質料有別的。而且是在質料之外的。通常這就構成了有限的實體的本性：形式、外在的事物與質料的分離，對於質料，形式也是作用者，活動性屬於形式，不過此處它乃是外在的，是與質料區分開來的。「感性的實體，」亞里斯多德說，「是具有變化的；不過這變化乃是使它轉化爲對方。對立面之一存留著，另外一個則消滅了；這兩個對立面之外的第三者，那保持不變、在變化中繼續存在著的就是質料。」他所說的「主要範疇分爲四種，即：1.本質上的（*κατὰ τὸ τί*）」——即 *εἶδος*（理念）、目的、簡單的規定；2.「性質上的（*ποιόν*）」，更進一步的特質；3.「或者量上的（*ποσόν*）；4.或者地點上的（*ποῦ*）」。這樣就有了這幾個範疇：1.「本質上的發生和消滅」，即一定的存在的發生和消滅；2.「量上的增加和減少；3.性質上的變化」——即 *ποιόν* 方面的變化；4.「空間的運動。質料乃是」僵死的基質、主體、「基礎，變化就發生在它上面，」質料承受變化。「變化乃是自己從可能性變爲現實性；可能的白色變爲實在的白色。不是事物偶然地從無中產生；而卻是一切都是從一種存在物產生，」——這就是同一性。「因此可能者本身就是存在者；」它既然本身是普遍存在著的事物，就帶來了這些規定，而不是其一規定產生自其他規定。「質料是簡單的事物，可能性」，更確切點說，「仍是同一事物，不過作爲對立面；

142《形上學》，第十二卷，第一—二章；第七卷，第七章。

質料在現實性中成爲某物，此物也不過是質料按照可能性說原來已經就是它的那個事物。」因此，就設定了：1.質料，普遍的存在，變化的基質，它對於各個對立面是中立的；2.規定性，相互的否定；3.推動者，純粹的活動性。這樣，感性的實體的各環節就顯出不同，不過還沒有向自身的回歸，而活動性則是否定者，它在其自身裡以觀念的形式包含著對立面（其一被揚棄），同時也包含著那將要生成的事物。

（二）**較高的一種**[143]**實體**是包含有活動性在其中的事物，有能力、一般的活動性（actus）、抽象的否定者，不過這否定者乃是包含著那將生成的事物；它的感性的形態只不過是它的變化方面。因此就活動性包含著那將生成的事物來說，它就是**理性**（νοῦς）；理性的內容就是目的（εἶδος），而目的則是由活動性、能力設定來加以實現的。如果把這些環節進一步加以規定，則質料就是變化的主體，這樣我們就有了質料、δύναμις（可能性）。兩個極端就是質料（可能性）和思想（效果、作用），一個是消極的共相，另一個則是積極的共相。在這兩個環節本身裡面，沒有變化發生；因爲它們是自在的存在、在對立形式中的共相。「被變化的是某物」（規定性），「它從一物轉化爲他物」（爲對立物），「爲他物所推動；在其中」（場所），「即在質料裡面變化：而所變成的某物——理念」，目的，共相。（這個共相就其爲推動者而言，就稱爲原因、ἀρχή〔原理〕，但就其爲目的而言，就稱

143《形上學》，第九卷，第二章；第七卷，第七章；第十二卷，第三章。

爲根據、*αἰτία*（因由）。）[144]但形式乃是這兩者的統一，由質料或基質和活動性所構成；亞里斯多德沒有進一步說明它們如何統一於活動性，它們乃是作爲將被揚棄的事物和將被確立的事物而對立著的。那積極活動者把它的內容實現出來，內容是前後一樣的。但此處還有質料，它是與活動性不同的，雖則兩者是聯結著的。在感性的實體那裡，那積極活動者還是完全與質料不同的。但 νοῦς（理智）卻是自在自爲地規定了的，這個內容將變爲 actus（實在）；但理智仍然需要質料，雖然它和質料還不是同一的，它卻把質料當作前提。在亞里斯多德那裡通常稱爲能力的，也被稱爲「隱德來希」。這個「隱德來希」其實就是和能力相同的範疇，不過是就其爲自由的活動性而言，就其具有目的於自身之中、爲自己設定目的，並積極爲自己確立目的，就其爲規定、目的的規定、目的的實現而言，就叫「隱德來希」。靈魂本質上就是「隱德來希」、「邏各斯」，普遍的規定，自己設定自己並自己運動的事物。

（三）最高之點卻是可能性、現實性和「隱德來希」都被統一了的地方。絕對的實體、眞理、自在自爲的存在，在亞里斯多德[145]那裡進一步被規定爲「不被推動的」、不動的「和永恆的」，而同時都又是「推動者」、純粹的「活動性」、actus purus。這就是普遍的環節。要是說在近代，將規定絕對的存在爲純粹的活動性看成很新鮮，我們可以知道那乃是出

144 《形上學》，第五卷，第一—二章。

145 《形上學》，第十二卷，第六章（參看第九卷，第八章）；第十二卷，第七章。

於對亞里斯多德思想的無知。經院哲學家把這個視爲神的定義，乃是對的；神是純粹的活動性，是那自在自爲的事物；神不需要任何質料，再沒有比這個更高的唯心論了。或者另外一種說法：他乃是那在自己的可能性中就具有實在性的實體，實體的本質（可能性）就是活動性自身，在這活動性中，可能性和實在性不是分開的；在它之中可能性不是與形式不同的，它乃是自己產生自己的內容和自己的規定的。在這裡，亞里斯多德就不同於柏拉圖，他從這個理由出發來進行論戰，以攻擊數、理念和共相，因爲「如果這事物」是不動的，是自在自爲的，「不是被規定爲活動性、實效性的，就沒有什麼運動了」；它不是被理解爲與純粹的活動性同一，而卻是被理解爲靜止的。柏拉圖的靜止的理念、數不能實現什麼事物；絕對者在它的靜止中同時也是絕對的活動性。亞里斯多德也把能力稱爲「隱德來希」；它自身有一個目的，而不僅是形式的活動性，在形式的活動性裡面，內容是從別的地方來的。「很可能，具有可能性的事物」（就可能性說存在著的事物，自在之物，亞里斯多德完全不談這些空洞的抽象物），「不是活動的（實在的）；所以，將實體永恆化，像柏拉圖的理念」和畢達哥拉斯學派的數，「乃是無補於事的，如果沒有一個能推動的（能規定的）原理包含在裡面。如果 ἀρχὴ（原理）是不動的，它就不是活動的，它的實質就只是一種可能性；那就可能性說是存在的事物，也可能不是實有的。因此，必須有這樣一個原理，它的實質必須被理解爲活動性（運動）」，實效性就是它自身所具備的；所以在精神那裡，能力就是實體自身。

「這個最高的實體並且是**沒有質**料的；」因爲質料作爲質料乃是被設定爲被動者，變化就發生在它身上，因此它並非直接地（簡直）就是與純粹的、本質的活動性相同。在這裡正像在別的地方一樣，又是另一個「否認一個謂語」的例子，但他認爲是眞理的，卻沒有說出來；質料是不動的存在的那個環節。「但這裡好像就發生了一種疑問。因爲一切活動的都是可能的，但並不是一切可能的都能積極實現出來；因此，好像可能性才是第一性的」，可能性才是普遍的。一切有能力的都有可能性，但卻有些可能性並不具有能力；這樣，人們就會認爲可能性的地位比較高些。「但如果是這樣，那麼就沒有什麼事物能夠存在；因爲很可能一件事物雖有存在的可能，卻並未存在過。能力較之可能性是更高的，在先的」（prius），關於這點亞里斯多德這樣說：「因此就不應該像神學家一樣，說在無限長的時間裡最初是一片混沌」（Kronos）「或者黑夜」，質料是最初的存在物——「或者像那些自然哲學家一樣，說最初一切的事物都同時混在一起。因爲如果沒有什麼事物就現實性說是原因，怎能夠有某種事物存在？因爲質料自己並不能運動，而是匠師使它運動。留基伯和柏拉圖都說，運動是一向存在著的，但他們沒有說明理由。純粹的活動性先於可能性，不是就時間來說的，而是按本質來說的。」時間是一個從屬的、遠離那普遍者的環節；因爲絕對的最初的存在乃是「那個在相同的實效性中永遠同一的事物。」假定一個混沌等等爲前提，就會設定了一種作用於他物而不是作用於自身的實效性；但混沌只是可能性。

因此，就必須把那自己在自己中、「圓圈中運動的」，設定爲本質、眞理；「而這不單在思維的理性中顯得如此，而且在事實上也是如此」，也就是，它在可見的自然界裡面存在著、實存著。把絕對的存在規定爲活動者、實現者、客觀化者，就必然達到這個結論。作爲可見的自身等同的事物，這個絕對的存在就是「永恆的天」；表述絕對者的兩種方式，就是思維的理性和永恆的天。天被推動，但自身又是推動者。因爲球體乃是「推動者和被推動者，因此它是一個中點，它推動，但卻不被推動，它同時是實體和能力」；這個中點，亞里斯多德認爲規定了那自身回歸於自身的理性的圓圈，這和近代的規定在意義上是相同的。不動的推動者，這是一個偉大的規定；那永遠自身等同者、理念，推動著而自己卻只對自己發生關係。他以下面的話來說明這點：「它的推動是以下面這種方式來規定的：被渴望和想念的，就是推動者；這個被渴望和想念的事物，自己卻是不動的」，靜止的。它就是目的；這個內容或者目的卻就是渴望和想念本身；這種目的就是美、善。「被渴望的，是那顯得是美的事物」（令人喜歡的），「第一性的事物」或目的，「意志所欲求的事物，乃是美的事物。」它是被設定爲客觀的存在，「我們因爲它顯得美而渴望它，而不是因爲我們渴望它，它就顯得美。」因爲，如果是這樣，則它簡直就是活動性所設定的；但它乃是自身獨立的，我們的渴望只不過是被它所喚醒。但「那個」眞的「原則」在這裡卻是「思維；因爲思想只是被那被思維的事物所推動」。思想有對象；它的對象是不動的推動者。但是這個內容自身卻又是一個被思維的事物，因此它自身乃是思想的產物；它是不動的，因此完全與思維的活動性相同。這裡在思維中就有這種統一存在；被推動者和推動者乃是同一的事物。「不過這個被思維的事物」（人們極不相信自己的眼睛）「自身卻是另外一個自在自爲的系列，自身是它自己的因素」，那個作爲客觀地被設定的自在自爲的思想；「而這個另外的因素的實體乃是最初的：最初的原因是單純的，不是『一』，是純粹的活動性。」這思想的 οὐσία（本質）就是思維；因此，這個被思維的事物就是那絕對的原因，它本身是不動的，但卻與那爲它推動的思想同一。「美和至善」（義務、自在自爲的存在者、最終目的）「正就是這個」，不動的推動者。「概念指出來，目的因是屬於不動者的。」——「那被推動的事物也可以有不同的狀態。推動（φορά）一般是最初的變化；最初的運動則是圓圈式運動，而後者是爲前者推動的。」前者，即概念，認識上的原理（principium cognoscendi），亦即是推動者，存在上的原理（principium essendi）；亞里斯多德稱之爲神，並指出了它和個別意識的關係。

「第一因是必然的。必然一詞有三種意義：（一）爲強力所迫，違反事物自然的傾向去加以強制；（二）第二種是這樣的：缺乏了它，善就不存在；（三）不能以其他方式存在，而絕對要這樣存在。天和整個自然界就依賴著不動者這樣一種原理」，天是那可見而永恆的，自然界是那可見而變化著的。這個系統永遠繼續著而且永遠這樣。「對於我們」，作爲個體，「只被允許在這個系統中短時間的逗留，過一種美好的生活。而那整個系統則永遠如此；對於我們這卻是不可能的。而因爲它的」（天的）「活動自身也就是一種歡樂，因此警醒、感覺和思維就是富於歡樂的。」與睡眠正相反；「因爲這個緣故，希望和記憶」（才是歡樂），因爲它們乃是活動。「但純粹的自爲的思維，乃是關於那絕對美好的事物的思維」，絕對的最終目的本身。這個最終目的就是思想自身；因此，理論是最美好的。「思想由接受被思維的事物而思維著自己，」將被思維的事物作爲對象，因此思想只是接受：「思想被思維，只是當思想接觸和思維著的時候；這樣，思想和被思維的事物，乃是同一物。」對象轉變爲活動性、能力。

亞里斯多德哲學中的主要環節，是思維與思維的對象的同一，客觀的事物和思維（能力）乃是同一個事物。「因爲思想能接受思維的對象和本質。」思維乃是**思維的思維**。關於思維，亞里斯多德說：「思維活動著，只當它占有的時候，」（或者說：它的占有和它的實效是同一的）；「因此前者」（動作、活動性）「比起那自以爲**占有**了神聖事物的思維理性（νοῦς），是更爲神聖的」（νοητόν 理智的）。那較優越的並非是思維的對象而卻是思維的能力自身。「因此思辨是最使人愉快的」（最幸福的 ἥδιστον），「也是至善的」（最高的）。「如果神永遠在思辨之中，而我們則只偶爾思辨」，對於我們思辨只是個別的情況，而神則是這個永恆的思維自身：「則神就是值得讚美的；愈多思辨，就愈值得讚美。」（人類是經由讚美——預感、直觀、認識一種更高的存在——而走到哲學的。）[146]「而神就是以思維而存在的。但神也具有生命。因爲，思想的實效就是生命。」還不如說：因爲思想的生命就是實效性。「但神是實效性；指向自身的實效性就是他的最好的和永恆的生命。而我們卻說，神是一個永恆的和最好的生命。這個實體並且是沒有大小的。」

照概念說來：眞理乃是主觀和客觀的統一，因此既不是這一個也不是那一個，同時又

146《形上學》，第一卷，第二章。

是這一個也是那一個。亞里斯多德曾在這種深刻的思辨形式裡面反復工作著。自在者、對象，只不過是 *δύναμις*、可能者；對於亞里斯多德，眞理乃是這個統一自身。「統一」一詞不太好；它是一種抽象，單純的理智抽象。哲學不是「同一哲學」〔按：指像謝林的哲學〕；那是非哲學的。在亞里斯多德那裡，不是枯燥的同一性；這枯燥的同一性不是那 *τιμιώτατον*（尊貴者）、神，能力才是神。能力是活動性、運動、斥力，因此不是死的同一性；能力在差別中同時也與自身等同。假使亞里斯多德是把無生氣的理智的同一性或經驗（思想中沒有什麼事物不是原先曾在感覺中存在過的 —— nihil est in intellectu,quod non fuerit in sensu）作爲原理，那麼他就絕對不能夠達到這樣富於思辨性的理念（*νοῦς* 和 *νοητόν*）。可能性和實在性是同一的；*νοῦς*（理性）也就是 *δύναμις*（可能性），但是可能性不是那個更普遍者 —— 因之也就是更高者 —— ，個體，活動性才是更高者。他區別兩方面的 *νοῦς*，主動的和被動的。作爲被動的 *νοῦς* 不外就是那自在之物，被視爲自在性的絕對理念、天父；但只有作爲積極活動的事物時它才被設定。不過這個最初者、不動者，當從活動性區別開時，雖是被動的，但作爲絕對者時，卻是活動性自身。這個 *νοῦς* 本身乃是自在的一切；但它只有透過活動性才具有眞理性。

思維對於亞里斯多德乃是一種對象，正像其他的對象一樣，是一種情況。他沒有說唯有思維才是眞理，一切都是思想；但是他說，它是第一性的、精力最充沛的、最受尊敬的。我們說，思想，作爲對自己發生關係的事物，乃是存在的，是眞理。我們還說，思想是一切的眞理；亞里斯多德並不這樣說。同樣，我們的看法是把感覺等等也和思維一樣當作是實在的。亞里斯多德沒有用現代哲學的語言來表達他的思想；但根本上，觀點是一致的。這正是亞里斯多德的思辨的哲學：思辨地去考察一切，把一切轉變爲思想。亞里斯多德思維著對象，而當對象是以思想的姿態存在時，它們就是眞實的；這就是它們的 οὐσία（本質）。這並不是說，因此自然界的對象自身就是能思維的。對象是被我主觀地思維著；於是我的思想也就是事物的概念，而事物的概念就是事物的實質。在自然界裡面，概念不是作爲具有這種自由性的思想存在著，而是有血有肉的；但它有一個靈魂，而這靈魂就是它的概念。亞里斯多德認識到自在自爲的事物是什麼；那就是事物的本質。概念不是獨立自爲的；它乃是受到外在性的限制的。眞理的通常定義是：「眞理是觀念和對象的符合。」但觀念自身只是一個觀念，我和我的觀念（它的內容）還不是完全相符的。我表象房子、屋梁，但那還不就是我，我和房子的觀念還是彼此不同的。只有在思維裡面，才有客觀和主觀的眞正的相符；**那就是我**。這就是亞里斯多德哲學中的最高點；人們不能希望認識比這更深刻的事物了。但亞里斯多德使人常常得到這個印象，好像他乃是從觀念談起的，從思維的各種經驗情況談起的，例如：從睡眠、疲倦；然後他從這些經驗的事實把思維分離出來。亞里斯多德只談 νοῦς（理性）而不是談理性的一個特殊的性質。

這裡亞里斯多德[147]還解決了許多疑難，例如思想是否是複合的，知識是否就是知識的

147《形上學》，第十二卷，第九章（拉丁文題詞是 de mente divina〔論神的心靈〕）。

對象自身。「關於理性，還產生了一些疑難（ἀπορίαι），因爲理性似乎是一切裡面最神聖的；但要想像在什麼條件或情況之下（理性在什麼狀況下，使得）它是最神聖的——那是有些困難的。（一）如果它不思維什麼，而是像一個睡眠者一樣，那麼，它怎麼會更優越呢？（二）如果它思維，而同時有另外一個事物統治著它；那麼，它的實質就不是一個思想，而卻是一種思想的能力（可能性、力）了。」如果一切都是思維，一個永遠不停息的思維；我們就不能發現任何思維了。「這樣，理性就不是那最好的實體；因爲只是由於思維，」「理性才有那樣高的地位。（三）究竟理性的實質是思想（νοῦς）呢？還是思維（νοήσις）呢？他怎麼看法呢？理性的實質是它自己本身還是別的事物呢？如果是別的事物，是永遠同樣的事物呢？還是另外的事物呢？思維美的事物或者思維偶然的事物，是否有分別呢？」

「（一）如果 νοῦς（理性）不是思想（νοήσις），而只是能力（δύναμις），那麼持續的思維就會使理性困倦」；力是自行消耗的。「（二）其次」，如果思想不是這個眞理，則「就有另一個事物會比理性更優越，那被思維者（νοούμενον）；而思維和思想就會存在於那思維著最壞的事物者之中，這是應該避免的。因爲有些事物是不看比看還好；這樣思想就不是那最好的事物了。因此，理性乃是思維著自身的，因爲它是最優越的（最有威力的）；理性是思想，是思想的思想。因爲知識、感覺、意見和深思熟慮，好像經常有一個不同於自己的對象，或者只是偶爾以自己爲對象。（三）再次，如果思維和被思維是不同的，那麼，善應屬於其中的哪一個呢？因爲善對於思維和被思維的事物並不是同一的。或者，對於一些事物，關於事物的知識就是事物本身嗎？——在實踐方面，善是實質和目的的規定性，在理論方面，善則是根據（λόγος）和思想（νόησις）。因此，既然被思維者和理性在沒有任何ὕλη（質料）這一點上並無不同，所以被思維者和理性乃是同一物；這樣，就只有**一個被思維者的思想**。」

「此外還有一個疑難，就是思維者是否是一個複合體。因爲思維者在整體的各部分中可能有變化。善（目的）卻不是在這一部分或那一部分裡面，而是整體中的至善，並且與它不同」，與整體不同。「思想就這樣永恆地和自己處在這種關係中」——正如宇宙中的至善。

亞里斯多德[148]還駁斥一些別的思想：例如：他指出很難以爲一切乃是由互相對立的事物產生出來的。在《形上學》一書中他進而更詳細地討論理念是什麼，原理是什麼；不過看起來這些事物只是很散漫地一個跟著一個被討論，雖則後來被一個完全思辨的概念所統一。

這個思辨的理念卻是至善的和最自由的。這個理念在自然（作爲天）中以及在思維的理性中皆可以看得到。亞里斯多德就從這裡轉到可見的神即天方面來。神作爲有生命的神，就是宇宙；在宇宙裡面，神作爲有生命的神，顯現出他自身。在這裡他以體現自己者或推動者的姿態出現。而只有在這種體現中，才出現了運動的原因和受推動者之間的區別。「原理」、原因、天，「本身是不動的，但卻是推動者，在永恆和均一的運動中」；這就是恆星天。「在宇宙的單純的運行、不動的第一實體的運動（天的運行）之外，我們還看見別的永

---

148 《形上學》，第十二卷，第十章。

336 恆的運動，行星的運動。」[149]接著亞里斯多德就談到行星；但我們不能在這上面更多談了。

關於整個**宇宙的組織**形式，亞里斯多德[150]這樣說：「必須考察宇宙的性質是以哪種方式包含著善和最高的善的；是否它乃是外在於宇宙並自在自爲的，抑或是作爲一種秩序；抑或是兩種都對，像軍隊的情形一樣。因爲一個軍隊的善在於它的秩序也在於它的領袖，並且領袖更爲主要；因爲領袖不依賴於秩序，而秩序卻依賴於他。」領袖一般地就代表秩序；正如他乃是執行秩序者又是遵守秩序者。「所有的事物都是以某一種方式安排好的，但卻不是以同一方式安排好的。」——（不同類的器官）——，「例如：能游水的動物和能飛的動物和植物；它們並不是互不相干的，而是發生一定的關係的。因爲一切的事物都被安排在一個體系裡面，正如在一個家庭裡面，自由的公民最不能隨意做什麼（做偶然的事），而卻是，凡他們所做或他們所做的大部分的事情」，「乃是服從於一定的法則的。（受法則所支配的），反之，奴隸和家畜則甚少做有益於公眾的事，而是做了許多許多隨意的事情」（任意和偶然性），所以，按照普遍的規律、思想、理性行事，才是最優越的。「因爲每一事物的原理就是它的本性。同樣地，一切都獲得有差別的地位（判斷、裁判），也是必然的；但有
337 些事物卻是這樣構造的：它們和其他一切共同形成了一個整體。」——亞里斯多德這樣反對

149《形上學》，第十二卷，第八章。

150《形上學》，第十二卷，第十章開端。

數和理念：

「多頭的統治是不善的，只讓一個人統治吧！」[151]

亞里斯多德所從事的各種專門科學。以後談到靈魂時，我們還會再回到關於思維的問題。亞里斯多德有許多關於物理學的著作，又有關於靈魂（精神）和它的屬性的著作。這以後我們將談到他的邏輯學的著作。至此爲止所引的亞里斯多德的話，都出自《形上學》一書（在第十一卷和第十二卷的最後幾章裡面）。在關於靈魂的學說中，亞里斯多德的思辨的原則又出現了。

二、自然哲學

亞里斯多德的物理學或自然哲學，包含在整整一系列的著作裡面，這些著作形成一個相當完整的系統，包括自然哲學的內容（整個範圍）。我們將先說一說它們的大概。他的第一部著作是他的《物理學》（Φυσικὴ ἀκρόασις），共八卷，或稱《論原理》（περὶ ἀρχῶν）。在這書裡面，他討論關於自然的一般概念，關於運動、空間和時間的學說；這是很恰當的。絕對實體的最初顯現是運動和它的諸環節，即空間和時間，實體的顯現的概念首先在物體中實現出來，是共相，共相首先在有形的世界裡轉化爲個體化的原理。（亞里斯多

151　見《伊利亞德》，第二卷，第二〇四行。

德的物理學在現在的物理學家看起來，應該說是關於自然的形上學；現在的物理學家只說出他們看見了什麼，他們製造了什麼精巧的極佳的儀器，而不是說出他們所思維的。）因此，跟著這部著作之後就是他那幾卷《論天》的著作。此書討論一般物體的性質，討論那最初的眞實的物體、地球和一般的天體，討論有形的物體彼此之間經由機械的重輕所發生的一般的抽象關係（引力），和抽象的眞實物體或原素的規定。接著的是他的《論生滅》一書，討論物理的過程，正和以前所討論的觀念上的過程、運動相對應。在這裡，除物理的原素之外，還出現了只有在過程本身中才被設定的環節：熱、冷等等；那些物理的原素乃是實存的眞實的成分，維持不變的，而這些則是只存在於運動之中的有生有滅的環節。接著是他的《氣象學》；此書討論在最眞實的形式中表現出來的一般的物理的過程。這裡出現了特殊的規定：雨、海的鹽性、雲、露、霰、雪、霜、風、虹、沸騰、烹煮、烤、顏色等等。關於有些事物，例如顏色，他寫了專門的文章。什麼都沒有被遺漏，但是表述方式則是經驗的羅列。《論宇宙》是此書的最後一篇，據說是僞造的，是爲獻給亞歷山大而寫的一篇獨立論文，部分地包含著已經包含在其他各篇中的關於事物的共相的學說，可見它並不屬於這組作品。最後，亞里斯多德轉到有機界方面。他這方面的著作中包含生理學，不僅有自然史（按或譯博物學），而且有解剖學；例如：他的作品《論動物的行動》、《論動物的部分》，乃是解剖學著作。他談及「動物的產生」，這是一種生理學，《論動物的一般的運動》；之後，他討論「青春和老年」的區別，「睡和醒」的區別；他又有《論呼吸》，《論夢》，《論長壽和短命》等等。他的這種論述有一部分是經驗的，有一部分是比較有思辨性的。最後來了他的《動物史》，卻不只是一般的自然史，而是關於動物的概要，也許可以說是一種兼有生理學和解剖學性質的解剖學。還有一部《論植物》（περὶ φυτῶν）的生理的植物學著作也被認爲是他寫的。這樣，這些著作就包含了自然哲學的外在的內容的整個領域。

關於亞里斯多德哲學的大體情形，我們曾經說過，它那不同的部分乃是按照一系列各自獨立的確定的概念而劃分的。在他的自然哲學這裡，情形也是一樣，所以我們只能挑出其中一部分來談談；其中有些事物並沒有一般性，不足以包括另外的一些：因爲它們是各自獨立的。但下面所談的，在很大程度上只是關於個別的事物，已不再在概念的統治之下：正相反，只是膚淺地說出一些理由，和用最接近的原因來加以解釋，正如我們在我們的物理學中所見到的一樣。

就大體的計畫而言，我們不是說像這樣的次序不是考察自然哲學或物理學所必需的次序。物理學久已接受了亞里斯多德所遺留下來的這種概念形式和傾向，這種物理學乃是一種從整體推論出它的各部分的科學，以致那還不是思辨的事物也保持這種聯繫作爲外表的次序。這當然比我們的物理學教科書裡面的次序更可取，這些教科書只是許多偶然湊合起來的學說的完全不合理的聯接；當然，它是更適合這種完全不管概念和理性而去把握自然的感性現象的考察自然的方式的。在這以前，物理學還包含著一些形上學，但是由於不能成功地解決形上學問題所得來的教訓，就使得物理學盡可能地避開了它，而去專心對付他們稱爲經驗的事物，因爲他們以爲在經驗這裡有正確的眞理，不受思想的腐蝕，而是從自然的手裡剛剛出來的，剛剛到達了他們手邊和眼前的。他們當然不能絕對不要一些概念；不過，由於一種默契，他們就承認了某些概念，如由部分組成、力等等，並且加以利用，但卻完全不知道這些概念是否有眞理性，以及如何有眞理性。就內容來說，他們卻絕少談出事情的眞理，而只是談出感性現象。

亞里斯多德和古代哲學家們一般地把物理學理解爲對自然的理解，尋求自然的一般概念；物理學被稱爲關於原理的學說。因爲在自然現象裡面所出現的，正是原理和它的後果、現象的差別，這種差別只有在眞正的思辨中才被揚棄。

關於亞里斯多德的**自然哲學**。亞里斯多德的物理學著作主要地是哲學的，而不是實驗的，他一個一個地探求每個對象的一定的概念，列舉出許多關於它們的思想，指出爲什麼這些思想是不能令人滿意的，以及什麼才是**每個**對象的單純的理智規定。亞里斯多德在他的物理學裡面好像是採用了經驗的方式。他考察一個對象的各方面情況，如時間、空間、運動、熱度，各種經驗，各種現象；而其結果剛好變成思辨的研究，彷彿是表象裡面諸環節的一種統攝。人們可以說，亞里斯多德是一個**完全的經驗主義者**，並且是一個有思想的經驗主義者。他是一個**經驗主義者**，因爲他採納了所考察的對象的許多規定，如我們在通常意識裡面關於這對象所認識到的（如時間的概念）；[152]他反駁那些經驗的表象和以前的哲學理論，他緊緊抓住經驗裡面必須保留下來的事物。而因爲他緊緊地把所有這些規定聯結、結合

152 見本書，第三四三—三四九頁。

341

起來，他就形成了概念，他就是高度思辨的，雖則看起來他好像是遵循經驗的方式。這完全是亞里斯多德哲學的特點。他的經驗是**全面的**；就是說，他沒有漏掉任何細節，他不是抓住一個規定，然後又抓住另外一個規定，而是把它們同時把握在一起；他不像普通理智思維那樣，以同一性爲規律，只能借它之助來思維，常常由於注重一個規定就忘掉和拒絕另外一個規定。如果我們從「空間」抽出了那些經驗的規定，這就變成爲高度思辨的；**經驗的事物**，**在它的綜合裡面被把握時**，就是**思辨的概念**。

（一）**自然的規定**，普遍概念。從他的物理學裡面，我至少要舉出主要的概念。關於自然的理解，我們應該說，自然是被亞里斯多德以一種最高最眞實的方式表述了的，這種方式只有到了近代，才由康德重新提起，雖然是以主觀的形式，這種主觀的形式構成了康德哲學的本質，但卻也是完全眞實的。

按照亞里斯多德，[153]在自然的理念裡面，主要有兩個規定：1.「目的性的概念」和2.「必然性的概念」。亞里斯多德立刻在原則上把握住它們的實質。這就成了從那時起傳留下來的必然性（causae efficientes，作用因）和目的性（causae finales，目的因）之間的古老的對立和不同觀點。必須注意，在關於自然事物的概念的考察方式中，有著兩個環節：第一種方式是按照外在的必然性來考察，其實這等於按照偶然的機緣，即是：自然事物

153 《物理學》，第二卷，第八章。

通常是被認爲受外界規定，根據自然的原因來考察。另外一種考察方式是目的論的；但目的性有雙重的意義，內在目的和外在目的。在近代的教育中，談到目的時，首先是外在目的性占上風；自然久已被以這樣的方式來考察。人們在這兩種考察方式之間擺來擺去，找尋外在的原因、找尋這個規定那個關係等等有什麼目的，又和外在的目的論周旋，這種目的論是把目的放置在自然事物之外的。這些規定亞里斯多德是熟悉的，他並且透澈地考究了它們是怎麼樣的，有什麼意義。亞里斯多德的自然的概念，比起現在的這種概念要來得優越；因爲在他那裡，主要的事情是把目的規定爲自然事物本身的內在決定性。在這個問題上面，最近以來，又提出了這種合理的看法，這個事實恰好足以他人再一次記起亞里斯多德的思想，證明它的正確。

亞里斯多德把自然規定爲一種必須與機緣和偶然區別開來的原因：首先是必須把它視爲這樣一種原因，這類原因乃是爲了某種事物而活動的，有一個目的和傾向的（由此它就顯得與必然性相反，但它本身也包含著必然性）；然後，他討論在自然事物裡面必然性是怎麼樣的。考察自然時，人們通常總是首先想到必然性，而且認爲凡是不受目的規定的，就是本質上是自然的。長久以來，人們總以爲把自然限制於必然性上面，就是在哲學上眞正地規定了它。現在，一個汙點從對自然的看法上面擦掉了，因爲借著這個目的性，它超出了常識的見解。既然在實體那裡基本上有兩個環節，其中理念的環節是活動性（εἶδος），所以在這裡也先得考察活動性。

亞里斯多德的主要思想是：他把自然理解爲生命，把某物的自然〔或本性〕理解爲這樣一種事物，其自身即是目的，是與自身的統一，是它自己的活動性的原理，不轉化爲別物，而是按照它自己特有的內容，規定變化以適合它自己，並在變化中保持自己；在這裡他是注意那存在於事物本身裡面的內在目的性，並把必然性視爲這種目的性的一種外在的條件。

第一、**目的性的概念**。亞里斯多德從這一點著手，即自然保持著自己；在自然中，有一種自我保持。所有的困難就在這上面。「**首先就**發生了這樣的疑難（ἀπορία）：什麼事物阻止自然依照一個目的行事，依照那較好的行事。」而卻是如我們所說的，自然行事「猶如宙斯大神降雨；降雨並非爲了使穀物生長，而是出於必然性。上升了的水蒸氣冷卻了，被冷卻的水就成爲雨落下來」。下雨根本是它本身的事；「穀物因此而茂盛起來，那乃是偶然的。正如假定穀物因此受害，也不是雨點爲了使它們受害而落下，雨點不過是無意地造成災害而已。」這是偶然的事；就是說，它有一種必然性的聯繫，但這種聯繫乃是外部的關係，而這就是偶然性。既然原因是偶然的，結果也就是偶然的。亞里斯多德問道，「但如果是這樣的話，那又是什麼阻止我們去認爲那些作爲部分而出現的事物」，例如動物或植物的各部分，「就其本性說也可能是」偶然的呢？——認爲它們彼此之間的關係乃是偶然的，那合目的性的事物也是偶然碰在一起的呢？「例如：門齒銳利而宜於咬斷食物，臼齒寬闊而適於磨碎食物，這樣的事也是能夠透過外部的必然性而產生的；它們是偶然碰在一起的，並非由於有一個共同的目的而必然產生的。關於其他各部分也是如此；所以，在這裡那個由於在它身上這一切偶然地結合而成爲合乎目的性的事物（生物）」，因爲一旦曾是這樣，

「現在就這樣保持下來，雖則最初乃是偶然地按照必然性而產生出來的。恩培多克勒特別有這種思想」，並且把最早產生的事物表述爲一個充滿各種奇形怪狀的事物的世界：「獸身人面」，形形色色的獸形混在一起，「但這些事物不能自己保持下來而都消滅了」（因爲最初沒有配合得宜於保持下來），直至合目的性的都湊在一起；且不必說這些古代人的神話性的怪物，我們自己也知道有些動物的種類現在都已經絕跡了，正是因爲它們不能保持自己。因此，在現在的自然哲學裡面，人們用發展（無意識的進化）這個名詞。自然哲學很容易達到這樣一個觀念，以爲最初產生出來的事物乃是自然的嘗試品，其中顯出不合目的性的，就不能保留下來。自然是「隱德來希」，自己產生自己的事物。

亞里斯多德答覆說：第一，「不可能持這樣的見解。因按照自然而發生的事物，將永久那樣發生，或者至少常常那樣發生」，它是經常不變的（外在的一般性，乃是經常的重複出現；眞正的存在裡面的一般性乃是那消失了的事物的重新出現）；「但是由機緣和偶然而發生的事物卻沒有一件是這樣的」。第二，「凡其中具有一個目的（τέλος）的事物，那先前的和以後的都會服從於這個目的」，原因和產品都服從於這個目的，所有個別的效果都是合乎目的的，和這個統一性相關聯的；「因此，當它」（當某物按照一個目的）「被造成時，目的就是它的本性」，內在的普遍性和目的性。所以稱爲本性，即由於當某物生成時，它即已在開始時存在；這就是目的性；那實現了的目的，正是它的本性。「每件事物的本性是怎麼樣，它就怎麼樣生成；它就變成爲怎麼樣的事物」，其中所包含的部分，例如四肢、牙齒等等，情形也一樣；「因此，都是爲了」目的。相反地，「誰如果承認那種偶然的形狀，就是取消了自然和自然物；因爲自然物具有原理在它自己裡面並且運動著，自然就是那達到自己的目的的事物。」在這些規定裡面，包含著眞正的概念。每一事物的本性乃是一個普遍的事物，一個自己和自己等同的事物，它從它自己出發，實現自己、產生自己（再產生）；但那被產生出來的，本身正是根據，就是說，是目的、自在的類，在它成爲現實之前它同樣又作爲可能性而存在。人生產人；被生產的，也就是那生產者，產品就是那生產者。眞理就是在外化中它的現實性和它的概念的同一；它的概念就是現實性的產生者。自然事物本身必須被視爲是自身目的；被假定爲思想上的一定統一性的理念自身實現著。生物的本性是：本身具備著最初的特性，依照它們去活動；由之產生產品、後裔，但後裔也就是祖先、開始者，生物只產生它自己。化學的產品就並不是在反應之前已有了和自己相似的事物，例如酸和鹽基；在化學作用中就會出現第三者；但是，在這裡，這兩者的本質、共相，乃是這個關係（聯繫），而這個關係就是產品；這個關係也是早已存在的，不過在這裡產品只是一件物品，而此物的概念，在反應之前乃是作爲可能性而存在的。而那種保持自己的活動，就是說，那僅僅產生自己的活動卻是在一切方面、一切關係中都是這樣做的。生命是能力，是保持自己的「隱德來希」。這裡所說的其實也已包含在某些這樣了解自然的人的話裡面，這些人是這樣說的：凡是構造得好像合乎目的的事物，就會保持下來。因爲這種能保持自己的事物正是一種自己產生自己的活動，正是自然。所以，亞里斯多德對自然是有眞正的理解的。

亞里斯多德並指出這種目的和媒介、手段的關係。關於手段，他說道：「如果燕子築巢，蜘蛛織網，樹木植根在泥土裡以便從土裡吸取養料，這乃是因爲在它們裡面」（在它們骨子裡）「有這樣一種保持自己的原因或目的。」因爲這種行爲的本能產生了一種保持自己的動作，一種手段，並回歸到自己裡面去（它是使得自然的本質把自己保藏起來的媒介），因此，在自然裡就有這個「隱德來希」，一種自己產生自己的一定的內容。手段是目的所固有的一個觀念，是一種活動性或可能性對現實性的關係，也可以說是純粹現實性的產品。在亞里斯多德的這個名詞裡，包含著生命的概念；但亞里斯多德對自然、對生命的這個概念，在近代對自然和生命的看法中，已經消失而不復存在了，在這方面，人們把壓力、衝動、化學關係——一般地即把外在的關係當作原理。只有在康德哲學裡，亞里斯多德的概念才重新出現：生物本身就是目的，必須被視爲自身目的。誠然，在康德那裡，它是帶有主觀形式的，好像所以如此，乃是爲了我們主觀的思考的緣故；但是，其中也有眞理，即認自身目的是產生者，產生自己，取得自己，而這就是有機體的自己保持。因此，這就是「隱德來希」，就是亞里斯多德所稱的能力。

此處所說的與上面那些一般觀念的關係。亞里斯多德早已說過，「自然本身是兩重的」（或者說有兩個環節），「一個是質料，另外一個是形式；形式是目的，是某物爲了它或向著它生成的事物」，是自己推動自己的事物，可能性則是質料、基質（它和活動性的統一就是現實性）。不過現實性有一個內容，這個內容正是可能性的內容；或者說，可能的事物就是活動性作爲活動性的內容，這就是說，它正是目的，不是一種空洞的抽象的行動。人們現在很冷酷地對待這個目的，（現代人對它有反感），這就是說，反對目的這個概念，反對視行爲帶有目的性，這就是說，反對視行爲爲這種一定的概念的手段，使諸環節透過概念而建立起來。目的乃是作爲使自己在別個裡面得到復生的概念。植物、動物的起因，其所以是這樣構造，是因爲它們生活在水裡、在空氣中；它們之所以是這樣構造，是爲了能生存在空氣中、在水裡。這樣，魚之有鰓，就可以用生活在水中來解釋，反過來，就可說因爲它一度在水中變成有鰓，所以它以後就老是有鰓。這種改變形狀的活動，在生物身上不是偶然地發生的；這種活動乃是由外界的力量所引起的，但只有當適合於動物的靈魂時，它才發生。

亞里斯多德更提醒我們，「在這裡，情形也」（常常）「和在技藝中一樣；文法家在寫作時也」（常常）「出錯誤，醫生也配錯藥劑」（醫生們寫了錯誤的藥方，藥劑師取錯了藥盒和藥瓶）。「同樣地，在自然界也有同樣的情形，它有時不會達到它所企圖達到的；它的錯誤的結果就是畸形的事物，但是這些錯誤乃是這樣的錯誤，它們還是按照目的而行動的。動物和植物生產時，並不是有一個動物立刻產生，而卻是先有胚種，在這個尚未獨立的胚種裡面，可能發生腐敗」，它是一個媒介，它還不是那堅固的、獨立的、不受他物左右的、自由的現實性。

亞里斯多德順便比較了自然和技藝（τέχνη），後者是按照目的而使結果和原因聯繫起來的。在這裡，人們所注意的是外在的目的性、目的論的看法。亞里斯多德反對這種看法，他再次提醒我們說，如果自然正是按照一個目的去活動，或者說它就是那本身普遍的東西：「那麼，因爲看不見那推動者本身曾有過思索和考慮，就不願認爲是一種有目的的行動，就會是一種荒謬的看法。」理智帶著目的的規定和它的工具來到質料上並對它加工；而我們就把這種外在的目的性的看法帶到對自然的看法上面去。「但是即使技藝，」他說，

「也並不思索。假如雕像的形式是石頭的內在的原理，那麼它也就會是石頭的本性了」；它會是與那**按照**目的的動作、那種外在的目的性相反。「自然的行爲最像一個動物恢復健康時那樣應用技藝。」由於內在的本能，一個動物避開有害的事物而做有益於它自己的事；但健康本質上乃是這樣存在於它裡面的，不是一個有意識的目的，卻是一種不自覺的成就的過程。理智不只是有意識的思維。這個見解裡面，包含著對自然、生命的完全的、眞正而深刻的理解。

對自然的這種眞正的理解，從兩方面說已經不存在了：第一，由於機械論哲學，這種哲學永遠只看到外在的原因（和外在的必然性），這些原因本身也仍是事物。天、衝擊、力等等看來誠然像是內在的，但卻不是出自自然本身，不是出自物體的本性，而是一種添加上去的異己的附屬品，如像液體裡面的顏色。第二，神學的物理學把原因看作是理智，自然之外的思想。至少在關於有機體方面，康德已把這個概念在我們中間重新喚起了。自然產物乃是本身就具有的目的，以本身爲目的的目的，是一種自己對自己發生關係的行爲，這樣的原因，它有一個效果，這個效果卻又是那個原因的原因，如像植物。葉、花、根這些東西產生了植物，回到植物裡面；它們所實現的，是早已作爲普遍者、作爲個別的種子這樣的東西而存在的，前後兩者是相同的。自然本身就具有它的工具，這個工具也是目的。自然裡面的這個目的就是它的 λόγος（理性），眞正合理的事物。

第二，同樣正確的是**另一**方面，即**自然裡面的必然性**。對於純粹外在的必然性，亞里斯多德還有另一點批評。154他這樣說：「人們設想必然件是以這樣的方式產生的，猶如人們以爲一間房子之存在由於必然性，因爲重的事物向下面，輕的事物向上面，各依其本性如此，因此基礎和石頭因爲它們的重量就位於泥土下面，而泥土因爲較輕，就位置較高，而木頭因爲最輕，就位置最高。」亞里斯多德把這個關係這樣規定：「房子誠然非有這些」（材料）「不能築成，但卻不是爲了這個」（關係）「的緣故」它才這樣築成。「在所有要成爲某物（自身有一個目的）的事物那裡，情形也是一樣；它如果沒有那依其本性乃是有必然性的事物，就不能存在，但它卻不是由於這種事物才存在，相反地，這種有必然性的事物只是一種質料。必然的事物之所以是必然的，只是因爲它是被假定的，而不是因爲它是目的；必然性在質料那裡，但目的卻是在根據（*λόγῳ*）裡面。」或者：「必然性存在於自然物那裡，因爲自然物是質料及其運動；兩者」——目的和質料（必然的事物）——「都必須視爲原理，但目的是較高的原理」，高於質料。目的是眞正的根據，是推動者，它無疑地必須要有那有必然性的事物，但卻把它統治著，不讓它爲所欲爲，就是說，把外在的必然性控制住。質料的原理在根據裡面被轉變了；目的就是這種必然性的顚覆，借著它自然物就在目的裡面保持自己。必然性乃是它的被分開的諸環節的行爲的客觀表現；鹽基和酸乃是兩個極端，它們的本質在這裡乃是它們的關係的必然性。這是關於自然物的基本概念。

154《物理學》，第二卷，第九章。

（二）另外所論述發揮的是關於自然的各種對象的概念——思辨的哲學的材料——：首先是關於運動，然後是關於空間，在這方面，亞里斯多德駁斥了那種空虛的空間的假定，又駁斥了關於時間、變化、原素的過程的假定，他既不把這些原素看成是從同一種事物產生出來的，也不把它們看作固定不變的，而是認爲它們乃是互相從對方產生出來，又轉化爲對方的，等等。關於這些問題，他的考察是很難懂而深刻的。他耐心地一一討論所有的見解、問題，例如關於空虛的空間、關於空間是否有形等等。從對這些規定的研究中，就得出了那鞏固的、回歸到本身的規定性，那思辨的概念。對運動、原素，他都是這樣耐心地考察；他經常把經驗的事物引回到思辨的水準上。

1. 然後亞里斯多德[155]就轉到運動的問題上面來；他說：「需要有一種討論運動的自然哲學。」關於運動他這樣說：「理解運動是困難的」，最困難的概念之一。於是他著手去做這件難事；他一般地來把握運動，不單單是那在空間和時間中的運動，而且是那眞實的運動。第一，他這樣來規定運動，(1)「它是活動性，實效性（『隱德來希』）。」這是一個熟知的字眼，在談靈魂時已經提到，就是它乃是能力，是從可能性轉化爲實在性；(2)但卻不是作爲實在的事物的一種實效性，而是「作爲一種可能性的事物的實效性。」他這樣來解釋這一點。「按照可能性，銅是一個雕像，但那使它成爲雕像的運動，卻不是銅本身的運動，而

155《物理學》，第三卷，第一—二章。

是具有可能成爲雕像的銅的運動。」第二，「因此這種活動性是一種不完全的（無目的的）活動性；因爲那僅屬可能的事物的活動性即是運動，這種事物乃是不完全的（ἀτελές〔無目的的〕）。」絕對實體則是活動性本身，是它的活動性的內容和對象。亞里斯多德在這上面加以區別，他認爲「推動者也被推動」，這就是自然運動；「它被推動，這是它的作爲運動的可能性的那方面。」它作爲推動者，裡面卻並沒有一個不動者，像我們在目的那裡所見到的那樣，〔目的〕是作爲存在者，亦即天的根據的；〔反之，在這裡卻〕有著這種對立的形式。但是他對這種對立做了更詳細的規定；這兩個規定是在形式上互相對立的。第三，「運動在其中發生的事物，它的不動性是靜止；因爲，加於靜止的事物本身上面的活動性就是運動」，因爲靜止乃是被推動的可能性。「但是運動乃是在接觸中發生的，所以它就同時被設定爲被動的。」第四，「運動同時常常具有一種自在的目的」，（內容）〔就是要變成〕「一個事物，或一種質，或一個量，當它運動的時候，這乃是運動的原理和原因；正像那照活動性說是人的人，從那照可能性說是人的人，造出一個人來」。

「因此，運動是在被推動者裡面，它是被推動者的活動性，從可動者（κινητικοῦ）那裡取得的；但可動者也並不是有另外一個活動性，活動性是屬於兩者的。按可能性說，是可動的；按活動性說，卻是推動者：但活動性乃是被推動者的活動性，所以只有一個兩者所共同有的活動性：正如一對二的關係也就是二對一的關係，正如向上傾斜和向下傾斜乃是同一個關係，或者說，從特拜到雅典的道路也就是從雅典到特拜的道路」，活動性。「活動性和被動性原來並不是同一的，但在它們存在於其中的事物、在運動裡面，它們乃是同一的。」（它是觀念中的環節。）「活動性既然是這個事物裡面的這個事物的活動性，並且也是這個事物從這個事物取得的活動性，所以按照概念說乃是不同的。」[156]在這個事物裡面，就是說在被推動者裡面；從這個事物，也就是說從那被推動者本身，這個規定是永遠轉換著的。然後亞里斯多德[157]談到「無限」。

2. 亞里斯多德[158]說：「物理學家討論場所（τόπος，空間），也同樣是有必要的」，在此處也出現許多的規定，其中有一般的空間，和作爲場所的特定空間。「場所是不是一個物體呢？它不能夠是一個物體，否則，在同一場所就會有兩個物體。它也不能夠是這個物體的場所和所在地（χώρα），因爲如果是這樣，同樣的情形就會發生，即在同一場所就會有兩個物體。作爲這個物體的場所，它包含這個物體的邊緣；現在，那被當作水的邊緣的事物同時也就是空氣的邊緣。點作爲這個物體的界限，與這個點的場所是無分別的；所以如果它不是點的場所，它也就不是界限的其他形式的場所，它也不屬於一個個體（物體）。它絕不是什麼原素，」普遍的物體性，「不是有體積的，也不是無體積的；因爲它有大小，但卻不是任何有體積的原素。物體的諸原素本身就是有體積的，但那沒有體積的思想上的原素卻沒有大

156 《物理學》，第三卷，第三章。

157 《物理學》，第三卷，第四—八章。

158 《物理學》，第三卷，第一—二章。

小。空間不是事物的質料，因爲沒有什麼事物用它構成；空間也不是概念，不是目的，因爲空間並不推動事物；……但空間卻又是某種事物。」

亞里斯多德[159]這樣規定 τόπος（空間）：「空間是包容者的第一個不動的界限，作爲第一個不動者……它包含著物體，但它卻不能僅僅被規定爲物體的界限；因爲場所不單屬於這個物體所有，而且也屬於那包容者所有……界限作爲界限乃是否定者，是能夠有變化的；但場所卻同時是不變的。」或者說，在思想上被設定的界限，當被揚棄時，就是分立、差別，這就是界限。每個物體都在一個不同的場所，這就是它的差別；但同時也完全沒有差別存在，而是不動的連續性。

亞里斯多德在討論空間時只談到上下，而沒有談到三度性，這種上下之分是與作爲包容者的天和作爲最低下的地有關的。在一個物體外面有一個包容它的事物存在，則這個物體就是在空間中：「某物的包含者（περιέχον），就是此物的場所，而沒有此物的內容。第一個場所（ὁ πρῶτος τόπος）既不是」（ὁ πρῶτος 以前是 ἴδιος，與天，即普遍的空間，是有區別的）「較大，也不是較小」——空間、場所、形狀是不是——「可以與內容分開」？[160]

從這裡，亞里斯多德轉到關於空虛的空間的問題上面來，這是一個古老的問題，關於這

159 《物理學》，第四卷，第四章。

160 《物理學》，第四卷，第四—五章，第二章。

個問題，現在的物理學家們也還不能正確解決；其實，如果他們研究一下亞里斯多德，他們可能就會有辦法，可是，對於他們，正好像世界上根本就沒有這種思想和什麼亞里斯多德存在似的。「空虛，按照人們普通的看法，乃是一個不包含物體的空間；又因爲他們認爲物體才是實存的事物，因此他們就稱那其中什麼也沒有的爲空虛的空間。空虛的空間的假定，特別根據：1.人們認爲它」——否定者——「乃是運動所必需的（因爲一個物體不能在充實的空間裡面運動」，物體運動所向的地方，一定要什麼事物都沒有）；2.特別也在於：「物體受壓縮時，物體的成分向著空虛的小孔擠進去」，[161]這是一個關於不同的密度及其變化的概念，按照這個概念，相等的重量具有數目相等的部分，但是爲空虛所分開的，則有更大的容積。

亞里斯多德很中肯地反駁這些理由。首先他指出：「充實的空間裡面能夠有變化，並且，即使在物體之間沒有空虛把它們分開，它們也能彼此掉換位置。物體、液體和固體都一樣，是由於那本來包含在他們之內的事物被趕掉而增加了密度的，正如當水被壓縮的時候，其中的空氣就被趕掉。」[162]

1.更深刻的是他反對「空虛乃是運動的原因」這種說法。第一，亞里斯多德指出，「空

161《物理學》，第四卷，第六章。

162《物理學》，第四卷，第七章。

虛其實倒會把運動取消，在空虛裡面，會只有一個普遍的靜止；它將完全不介意某物運動了多遠，在空虛中，是沒有任何差別的。」……「空虛是純粹的否定，沒有任何物體，任何差別，沒有任何造成靜止或向前進行的理由。反之，物體乃是作爲有差別的事物才在運動中」——運動是一種積極的關係，而不是與什麼事物都不發生關係。第二，「據說，必須在空虛裡面才有運動，因爲只有空虛才有退讓」，但是，在空虛中並沒有這樣的事情；「由此，被設定的就」不是一個運動，而是「一種向一切方向的運動」，這將是全盤的毀滅，絕對的屈服，將沒有什麼事物留給物體，沒有半點聯繫。「再者，一個重量或物體由於兩種原因，就運動得或快或慢」，即有一定的速度：「或者是因爲它所透過的媒介（空氣、水、土）是不同的，或者是因爲運動著的事物本身由於較重或較輕而有差別。」(1)由於媒介密度的不同而運動的速度不同。「物體所透過的媒介，當其阻礙著物體時，乃是（使速度不同的）原因，阻力最大的是當媒介向著物體相反的方向運動時（靜止時阻礙便少些），那不易被分開的媒介，阻力也最大。速度的大小，與媒介例如空氣和水的比重，成一定的比例；如果比重小兩倍，速度就增加兩倍。但是空虛對於物體卻沒有這樣的比重關係。物體不能比空虛大若干，正如線不能比點大若干，除非線乃是由點集合構成的。空虛和充實是不成比例的。」(2)「至於那應該認爲是物體本身所有的重和輕之間的差別，則是：經過相等的空間，重的東西比輕的事物運動得快些。但是這個差別只在充實的媒介中發生；因爲那個較重的物體用它的力量把充實的媒介分開得快些。」[163]（重的事物和輕的事物運動速度相等，純粹的重、重量、物質——乃是一種抽象的觀念，彷彿這些事物本身就是相同的，只是由於空氣的偶然的抗阻才不同。）這個見解是極爲正確的，並且特別足以糾正我們的物理學裡面盛行的許多觀念。

2. 亞里斯多德[164]現在來到第二個問題，即關於比重的差別的關係。「很多人以爲，因爲有稀薄和濃厚，所以有空虛」，稀薄和濃厚就是比重小和比重大；前者被認爲是一個空疏的物體，後者是一個充實的連續體；或者可以說兩者的區別是由於密度的大小不同。「當氣從水蒸發出來時，等量的水必定變成大小相同的氣，否則就必定是因爲有空虛的空間存在其間；因爲只有借空虛的空間的假定，壓縮和稀化才是可理解的。較爲稀薄的東西就是那包含許多被分開的空虛的空間的東西。」(1)「但是如果空虛是不能被分開的，」它的確是不能被分開的，因爲如果能被分開那它身上就會有一種差別，「也像空間是不能被分開的一樣」（否則就有純粹的空間，在純粹的連續性裡面，普遍的否定者，確實的否定者）：「那麼，稀薄的東西就不能發生。」(2)「如果他們承認空虛的空間是不能分開的，但卻以爲物體裡面有些空虛的東西」（滲透著空虛的空間）：「那麼，就會有兩個結果：①只能承認向上的

163《物理學》，第四卷，第八章。

164《物理學》，第四卷，第九章。

運動；因此輕的就是較稀薄的」，「所以火」，那永遠向上運動的東西，「因此就是稀薄的（μανόν）」；②「其次，空虛不能夠是運動的原因，不能夠有東西在它裡面運動，而卻是像革囊一樣，把那貼近囊口的東西帶上去。但怎麼能夠有一個會運動的空虛，或者會有一個空虛所處的場所呢？因爲這個空虛的運動所指向的地方，就會是空虛的空虛了。……一般而言，正如在空虛裡面不會有運動一樣，空虛自己也不會運動。」

亞里斯多德反對這種看法，提出了問題的眞正的實質，一種大體上是想像中的對自然的看法。認爲「對立物，如熱和冷，以及其他的物理的對立，都具有同一種質料，並且從那個按照可能性」（即以和今天所說的意義不一樣的動能的方式，今天所指的是一種深度、程度）「而存在的東西，生成了一種按照實在性而存在的東西；質料（是不可分開的，並且）不會變成別的東西，而是在數目上（量上）保持同一的東西，儘管它取得了一種顏色、熱度、冷度。同樣地，一個小的和一個大的物體的質料是同樣的，當氣從水生成時」（動態的、性質的變化），「質料是保持同一的；質料變成這個，不是因爲它取得些別的東西，而是按照可能性它所是的東西，現在變成了現實性的東西。同樣地，它從一個較小的變成一個較大的，或從一個較大的變成一個較小的。許多空氣被壓縮，由一個較大的容積變成爲一個較小的容積，或是反過來，它被擴大了；這單純是可能性的變化，質料是保持不變的。熱度的增加或減少以及熱之變爲冷，都是一樣的（沒有什麼「熱素」增加或減少）。所以同一的東西是既濃厚又稀薄」，這是完全與一些物理學的概念不同的，這些概念認爲在較密或較疏的東西裡面，有較多或較少的質料，把比重的不同看作是質料的外在的加多；亞里斯多德卻是完全動態地來看這問題，不過不是像現在的動力學那樣以較大的強度來解釋，而是以作爲普遍概念的眞正的強度、可能性來解釋。差別當然必須認爲是大小的差別，但卻不是增加或減少，不是質料的絕對量的變化。強度就是指力而言，指可能性而言；說「這是有強度的」，就等於說這現在是有動力的，有一個更大的可能性，它的現實性已被減少，按亞里斯多德說，是一個可能的 ὄν（存在）。力量如果與質料離開，可能性就是一個思想物。強度再次向外面與別的東西比較時，就成爲力、程度；因此大小就出現了。不論稱爲強度或廣度，都是一樣的：用較大的強度的熱，不論較多或較少的空氣都能夠被加熱到相同的程度，或者說，同樣多的空氣，用較大的強度就能熱得更厲害。

3. **時間**。在研究時間的時候，亞里斯多德[165]說：「如果人們外在地來考察時間，就可能會引起人懷疑時間是否眞的存在，或者會認爲它差不多並不存在，而只是一種彷彿存在的東西。」換言之，時間只是可能的。「因爲時間的一部分已過去了，現在並不存在，另外一部分將要到來，現在也並不存在；但是由這些部分，卻又構成了那無限的和永遠存在的（眞正的）時間。但是時間不可能由這樣不存在的部分構成。而且，就一切可分的東西說，如果它存在，那麼，它的一些部分或所有的部分也必須存在。而時間正是可分的東西；但它的一些部分卻已經過去了，另外的部分將要到來而還沒有存在。因爲『現在』並不是部分。因爲

165《物理學》，第四卷，第十章。

部分有度量」，即量的規定；但「現在」卻是不可度量的。「整體必須由部分構成；但看起來」「現在」「和時間都不是由部分構成的」，「現在」是不可分的，不是量的。「並且也不容易斷定，『現在』是停留著的呢？還是總在變成另外一個東西又另外一個東西的呢？」。「再者，時間不是運動，不是變化。因爲運動和變化是發生在一個運動著和變化著的東西裡面的，或者是發生在運動和變化所在的地方的，但時間卻是到處一樣存在的。此外，變化和運動是可以或快或慢的，但時間卻不是這樣。」

「但時間卻又不是沒有變化和運動的」，時間是運動的環節，是運動的純粹否定性；「在我們感覺不到變化的地方，好像就沒有時間，如在睡眠時。時間是在運動裡面的，但卻不是運動本身。」亞里斯多德這樣來規定時間：「當我們在運動裡面注意到前前後後時，我們就說有時間；因此它這樣顯示出自己來，使得我們總把它當作另外一個又另外一個……，而且在這些之間，又再有另外一個作爲中項。當我們設想到推論的兩端與中項不同，而且靈魂把『現在』認爲包含兩個環節，一先一後的時候，我們就說，這就是時間。用『現在』來加以規定，並且被視爲根據的，我們就稱爲時間。反之，當我們感覺到『現在』只是『一』」（同時），「而不是在運動裡面的『先』和『後』時，或者感覺到它本身，不把它當作早於或晚於某物時，對於我們就好像沒有什麼時間存在；沒有運動，就沒有時間。」（這是值得注意的，我們部分地感到「現在」，部分地想到先後。）無聊的感覺就是永遠同一。「因此，時間乃是按照先後得出的運動的數目；它不是運動本身，只是當運動有數目時才有它。多量或少量是用數目來判定，大的或小的運動則是用時間來計算。但是我們把被計數的東西和用來計數的東西，都同樣稱爲數目；但時間卻不是用來計數的數目，而是被計數的數目，是統一，是同一的，只當我們想著它是另外一個又另外一個時，才是不同的。……『現在』正像數目的單位。此外，時間是由『現在』而有連接（連續性）和區別（分離性）的。……『現在』和將來是同一的（它們全是時間）；但就其爲實存而言，則它又是不同於將來的。」[166]「一」，作爲普遍者，乃是僵化了的「現在」；它永遠是同一的，普遍性。

「『現在』是時間的連續性，並且是它的分割，或者說是先後兩個環節的劃分。由此，它和點相同」（因爲點也是線的連續性和它的劃分，它的原理和界限）；「但『現在』卻不是像一個常存的點。因爲『現在』是按可能性劃分時間的」，「現在」乃是可分性，各環節只是思想上的環節；「就其可分性來說，它永遠是另外一個。但同時它又永遠是同一的；當我們把線加以劃分時，對於我們的思想，永遠產生了另外一個點，再另外一個點；但就其爲『一』而言，就只有一個點。因此，『現在』按照可能性說，既是時間的劃分，又是先後兩者之間的界限和統一」，作爲一個劃分的一般的點，而這個一般的「一」當其爲實在時，它只是「一」；但這個實在不是一個靜止的「一」，而卻永遠永遠是另外一個，所以個別性包含著普遍性在自己裡面，作爲自己的否定性。「但它卻又是同一的，而且在同一意義上又

166《物理學》，第四卷，第十一章。

是劃分和聯結」，[167]在同一關係裡面，被設定者的絕對反面直接地存在著；相反地，在空間那裡各環節不是被設定爲**實存**的，而是在它裡面才出現這個存在及其運動和矛盾。因此，依照亞里斯多德，理智的同一性絲毫不是原理；同一性和非同一性對於他乃是相同的。時間乃是：第一，「現在」只是現在；第二，過去和將來是與「現在」不同的，但它們也必然地聯接著，「現在」不是沒有先和後的，先後乃是知覺；第三，因此，先後聯接爲『一』，即「現在」，它乃是它們的界限，就是說，是它們的結合和劃分。

（三）接著，亞里斯多德轉到關於實現了的運動或變化，即**物理的過程**這個問題上面來。

1. 在亞里斯多德[168]所探討的另外許多細節中，我將只提出他關於推移和關於變化與運動的區別這幾點。「在運動裡面首先有一個推動者，再有一個被推動者、一個時間、運動的所在地；此外，有運動所要去的東西，所自來的東西。因爲一切的運動都是從一物來向一物去；因爲第一個被推動者，和運動所向著去的，和運動所自來的，並不相同：例如：木材、溫暖、寒冷。」前邊所談的是純粹的運動，這裡所談的乃是事物裡面的運動。「運動是在木材裡面，不是在形式裡面，因爲形式、場所和大小既不運動也不被推動；但」（依它們出現的次序），「卻有被推動者、推動者和運動所向著去的東西。**變化**（μεταβολή）的名稱

167《物理學》，第四卷，第十三章。

168《物理學》，第五卷，第一章。

是按照終點而不是按照起點來定的。因此，『消滅』（φθορά）乃是變爲無，雖則那消滅的東西是從實有的東西開始變化的；發生則是從無到有的變化。」這個見解的意思是：變化乃是在眞正實在的東西身上的運動；因此那最初的、觀念性的變化，乃是本然的運動，只有那種正在成爲實在的東西的運動才稱爲變化；這就是說，正是以終點的關係，而不是以起點的關係，才稱爲變化，因爲這個起點正是變化還沒有實存，而仍然只是運動的地方。

2. 此外，運動和變化的區別還有另一種形式。亞里斯多德把變化區分爲四種：「或是從主體變爲另一個主體；或是從非主體變成非主體；或是從非主體變成主體；或是從主體變成非主體。第一，從非主體變爲非主體的那種變化」，在作全面的分類時，雖然可以有它，但它「絕不是變化，」它純粹是思想中的東西；「因爲它不包含任何對立」，但卻是臆想的東西、思想、非主體的環節，而亞里斯多德所考慮的則是眞實的現象。第二，「從主體到主體的變化，乃是本然的運動；」在那裡推移著的東西仍然保持同一不變，沒有什麼眞實的東西變爲別的東西，變化純粹是形式上的。第三，「從非主體變爲主體乃是產生。第四，從主體變爲非主體乃是消滅」。現實化的運動（變化）和純粹形式上的運動之間的區別，是值得注意的。

3. 從這裡他（《物理學》，第四卷）轉而考察芝諾關於運動和變化的辯證法——關於無限可分性，這是上面我們已談到過的。亞里斯多德提出共相來解決這問題：運動和變化正是這個矛盾，正是那個自己與自己對立的共相；使運動和變化的環節得以解除的那個統一性，不是一個無。不是沒有運動和變化；而卻是一個具有否定性的共相，否定者本身又再被設定爲肯定者，這就是可分性。

4. 爲了反對原子及其運動，亞里斯多德169又說道，「不可分的東西是沒有運動和變化的」；他以與芝諾相反的方式來論證。〔芝諾從原子的不可分性來反對運動，亞里斯多德從運動來反對原子。〕[15]之諾說，只有簡單的、不可分的存在，沒有運動。亞里斯多德說了同樣的話來反對原子：原子是單純的、不可分的存在，因此，原子不能有變化，要是有變化，原子的假設就絕不是眞理。變化不能發生於原子本身，也不能從外面的衝擊得來；原子本身自在自爲的運動是沒有眞理性的。

5. 變化的純粹觀念性，或者說，變化完全屬於形式。這一個規定也是重要的：「變化的東西才是感性的、可感覺的；形式和形狀、習慣（習性，如像德性和邪惡）是不變化的。形式等出現或消失於一物之上；但出現和消失的東西並不變化。」或者說，變化的內容是不變的；變化作爲變化只是在於純粹形式上面。「習慣或爲德性，或爲邪惡。德性乃是某物實現其本性時的一種完成（τελείωσις）、一種目的的達到；邪惡卻是此物的消滅或挫折。德性和邪惡並不是變化，它們只是出現或消失。」170或者說，區別成爲存在和不存在的區別，感

169《物理學》，第六卷，第十章。
[15] 據英譯本，第二卷，第一七四頁增補。——譯者
170《物理學》，第七卷，第三章。

性的區別。

6. 第一個**眞實的或物理的實存的**運動。從這些概念，亞里斯多德現在進而討論實在。第一，「運動的第一個實體本身是不運動的；」[171]第二，「絕對的運動是**圓周運動**。這種運動是不包含對立的。（一個無限的直線運動乃是一個空洞的幻象，因爲運動必然是向某物，向一個目的。）因爲從乙向甲和從甲向乙乃是一樣的；而運動是必須按照其起點和終點來考察的。」[172]有一種看法，認爲天體如果不是偶然走進了太陽的吸力範圍，本來會自由地以直線向前繼續運動：這是一種空洞的想法。亞里斯多德[173]指出，「整個天既不是產生出來的，也不會消滅，而是永遠是一個天：在永恆的時間裡面，是既無開始也無終止的，正相反，它是把無限的時間包含在自己本身裡面的。」所有其他的見解都是感性的，這些見解以爲是在談論本質的東西，但卻只看見感性的表象；在這些表象裡面永遠存在著它們以爲已經排除了的那些東西。第一，產生的發端——以前是空虛——正是那靜止的、自身等同的東西；這就是說，是永恆的質料，不是產生出來的，是被設定爲存在於產生之前的。第二，在產生之前沒有什麼東西存在（這一點他們絕對願意承認），只有在產生時才有某種東西；

171 《物理學》，第八卷，第六章。

172 《物理學》，第八卷，第八—九章；《論天》，第一卷，第四章。

173 《論天》，第二卷，第一章。

這就是說，運動是和某物聯繫在一起的，有現實的地方，才有運動；但他們不把那個空虛的、自身等同的、永恆的物質和這個「無」集合在一起。

7.「那具有這種」絕對的「圓周運動的東西，既不是重，也不是輕。因爲所謂重的東西乃是向下運動的東西，所謂輕的東西乃是向上運動的東西。」在現在的物理學裡面，天體卻是具有重量的，而且本來會投奔到太陽上面，不過因爲有一種別的力量影響它，才沒有這樣做。如上所述，「天乃是不會消滅的和不被產生的，沒有增大和減小的，沒有任何變化的；……天與土、火、空氣和水不同；天乃是古代人所稱爲乙太的東西，是最高的地方，在無限的時間裡做永恆的運動。」[174]但亞里斯多德這種經驗的羅列開始愈來愈顯著了。

8. 這好像就是那永恆的物質，在我們上面對天的看法中，它沒有被明確地規定出來，而是依然如故。亞里斯多德[175]指出，「原素不是從一個物體產生出來的，而是從彼此產生的。因爲在產生時，它們或是從一個無形的東西，或是從一個物體產生出來。如果是從一個無形的東西，則這個東西必然是那特定的形體的空虛；因爲空虛正是那個直接的無形體。但原素也不能是從一個物體產生的，因爲如果是這樣，這個東西本身就已是一種有形的原素。」因此只剩下一個可能，就是原素乃是從彼此產生出來的。應該注意，亞里斯多德所理

174《論天》，第一卷，第三章。

175《論天》，第三卷，第六章。

解的發生乃是實在的產生，而不是從普遍到個別性的推移（他根本不考慮普遍者如何本身就包含著否定者；否則普遍者就會正是絕對的質料，它的普遍性作爲否定性就被設定，或者就是實在的）：正相反，他所說的產生乃是從一個一定的物體的產生，不是從它的根據產生，而是從它的對立物本身的產生。

9. **四種原素的演繹**。從這裡，他來到原素的問題上面，做了一種關於它們的產生的演繹。這是值得注意的。亞里斯多德用下列的方式證明應該只有四種原素。他從重和輕（吸引力和離心力）出發，這兩者乃是根本的規定。「物體在運動中或是向上，或是向下，或是輕，或是重，並且不是在關係中（相對的）才如此，而卻是絕對的輕和絕對的重，前者向上往天的極限，後者向下往中心。」[176]「在這兩者中間，還有中間的、它們以外的別的東西，其相互間的關係也如它們一樣。前面那一種的兩端爲**土和火**，後面這一種是**空氣和水**」；[177]「空氣和水兩者一重一輕。」[178]「水浮動於除土以外的一切東西之下，空氣浮動於除火以外的一切之上。因此，現在就有了四種物質，不過是四種具有共通之點的物質；特別是因爲

176《論天》，第四卷，第一章。

177《論天》，第四卷，第三章。

178《論天》，第四卷，第四章。

它們乃是從彼此產生出來的，但卻有其各別的存在」，[179] 此地他沒有提到那種乙太。第一，應該注意，亞里斯多德完全沒有現在所流行的那種關於原素的概念，即以爲原素必定是簡單的；因此，當人們指摘我們把水、火等作爲原素時，他們實在是太聰明了。存在物的這種簡單性、這種簡單的規定性乃是一個抽象，是沒有實在的；紅色，不是什麼眞實的東西，在這個意義上就是簡單的，是一種抽象。可是環節必須本身就具有實在性，作爲對立物的統一，它必須是可分解的。因此亞里斯多德以爲原素（像在我們所已見過的亞里斯多德以前的哲學家那裡一樣）是從彼此產生出來的，卻不把原素當作有不可破壞的簡單性；因爲簡單的東西是不能有什麼運動和變化的。在這裡，他完全不知道由部分所構成這個貧乏的概念，他大力地反對這種概念，譬如，當他談到阿那克薩哥拉[180]時。當氧被認爲已不再作爲氧存在於中和物時，〔按指近代物理學中〕「中性」這個概念並不是被理解爲作爲統一性的普遍性。在這裡卻是一種原素到另一種原素的轉化，和我們那種把火、空氣等等當作只是絕對地和本身同一的物理學，是完全對立的。第二，這些根本規定並不是詳盡無遺的。

10. **與運動有關的實在的過程中的諸環節**。我還要提到的是，亞里斯多德最後轉到「可感覺的物體的原理」這個問題；這裡涉及在過程中的原素，而以前只談到它們的靜止的特

179 《論天》，第四卷，第五章。

180 《論天》，第三卷，第四章。

性。他排除開那有關視覺、嗅覺等等的諸關係，著重考察那些有關重輕的感覺，而忽視對視覺嗅覺的考察。重和輕是根本的規定，視覺嗅覺在感覺中乃是有差別的，重和輕是本身就如此，視覺嗅覺則是對於他方〔按指人〕才如此。「熱和冷，乾和溼」他認爲就是這些原理。[181]——爲了說明在可感的關係中各原素的推移轉化，他說：「四種東西，四種原素（原理）之間原來能夠有六種關係，但在這裡，對立的東西不能夠被結合，溼不能和乾結合，冷不能和熱結合。因此，就得到四種關係：(1)熱而乾；(2)熱而溼；(3)溼而冷；(4)乾而冷。而這些結合就依次成爲那些最初的原素；因此，火就是熱而乾的，空氣就是熱而溼的（水蒸氣），水是冷而溼的，土是冷而乾的。」[182]從這裡，他就使得「原素之間的互相推移」變成如此可理解了。「產生和消滅乃是從對立面中來，到對立面中去。所有的東西彼此之間都有一種對立；」一切的東西，對它的對方的存在來說，就是非有，其一和其他乃是實在性和可能性的關係。「在這幾種原素裡面，有些原素包含著相同的成分。從火生出空氣，因爲它們共同有熱的成分；而當空氣裡面的溼被克服，則火就生出來。反之，在那些彼此之間沒有共同的成分的原素那裡，如像在土（它是冷而乾的）和空氣（它是熱而溼的）那裡，變化就要

181 《論生滅》，第二卷，第二章。
182 《論生滅》，第二卷，第三章。

來得慢些。」原素彼此之間的整個推移、自然的過程形成一個圓圈式的變化過程。[183]這種說法是不能令人滿意的；既不能說明所有的個別事物，又不能把其餘的東西概括成一個整體。

事實上，亞里斯多德現在已經轉到「氣象學」上面，在考察著一般的自然過程了。不過，這裡我們已經到達他的止境了。這裡在自然的過程裡面，簡單的規定本身：這樣的逐一進行規定的方式再沒有什麼效用了，完全失去了意義了。因為正是在實在的過程裡面，這些特性、這些一定的概念，總是失去它們的意義而變成它們的反面，在這裡正是這些無關緊要的系列總被湊攏在一起並結合起來。在規定時間和運動時，我們確實看到亞里斯多德自己把對立的規定這樣結合起來。但是，運動的眞正的性質應該把時間和空間包括在自身之內，應該表示出它怎樣是它這些實在的環節的統一，如何透過時間空間來表達運動，即觀念的事物如何達到現在性。而現在下面這些環節如溼、熱等等，則更應該歸結到過程的概念之中。但是，感性的現象在這裡倒開始占上風；經驗正有這種孤立方式的性質，使彼此脫離關係。經驗現象超過了思維，思維雖仍把所有權的印記烙在經驗現象上面，但卻再不能滲透經驗現象，因為經驗現象已退出思想的領域，而時間、空間和運動當時則還在〔思維的領域中〕。

亞里斯多德的寶藏，許多世紀以來，差不多完全不被人知悉。

183《論生滅》，第二卷，第四章。

三、精神哲學

另一方面是他的精神哲學。這裡，在一系列我將舉出來的著作裡，亞里斯多德把精神哲學也區分爲一些特殊的科學加以發揮。首先，他那三卷《論靈魂》部分地是考察靈魂的抽象的一般性質，不過只著重在反駁他人的見解，但以很艱深而思辨的方式討論靈魂自身的本性；不是談靈魂的存在，而是它的活動的特定方式和可能性——對於他，這才是靈魂的存在和本質。這樣，我們就有了他的這些關於特殊問題的著作：《論感覺和可感覺的事物》、《論記憶和回憶》、《論睡眠和醒》、《論夢》、《論占夢術》，還有一部《相面學》；正如在自然現象那裡一樣，在精神現象這方面，亞里斯多德也沒有輕視任何經驗事實和現象的考察。關於實踐方面，他同樣關心地爲家長們寫了一部《經濟學》的著作；然後，對於一般人他寫了一部關於道德的著作《倫理學》，其中一部分是討論最高的善、絕對的目的，一部分是關於個別的美德的學說，幾乎總是很思辨的，並且帶著健全的常識。最後，在他的《政治學》中，他從經驗方面陳述了主要的國家的法制和各種不同的國家的法制，並對這些不同的法制一一討論；在他的關於政制的理論中，他舉出那些最重要的國家；不過我們沒有得到他這方面的所有著作。

在另一方面，還有他的抽象思維的科學，一部被稱爲*Ὄργανον*（《工具論》）的《邏輯學》，它包含幾篇著作，它們是各個時代邏輯學著作的源泉和教科書，這些著作部分地只是亞里斯多德著作的特殊的發揮，因而就變成爲無生氣、無味、不完全而且純粹形式化的；關於這些作品，最近康德也曾說過，自從亞里斯多德以來的邏輯學，正如歐幾里得以後的幾何學一樣，乃是一種完成了的科學，它再沒有獲得什麼改進和變化。

（一）心理學

剛才已說過，他的關於**靈魂的學說**，不是討論所謂形上學方面，而是討論靈魂的活動的方式。在關於靈魂的學說這方面，我們不應該期待從亞里斯多德那裡找到一種靈魂的形上學。因爲那種所謂形上學的考察，乃是把靈魂眞正假定爲一個事物，並考察它究竟是一種什麼事物，它是否是一個簡單的事物。亞里斯多德的具體的思辨的精神，是不花費在這樣抽象的問題上面的；他和這些事物是離得很遠的。大體上說，亞里斯多德這裡也同樣是提出一系列陸續出現的規定，它們也不是按照必然性被結合成爲一個整體；但是，每一個規定在它自己的範圍內，卻是被又正確又深刻地把握了的。

首先，亞里斯多德[184]提出一般性的說法：「從一方面看來，靈魂好像應該被認爲是可以脫離軀體而獨立的」，這就是說，它是能夠有自由的，「因爲在思維中，它是獨立的；但從

184 《論靈魂》，第一卷，第一章。

另一方面看來，它也好像是不能脫離軀體的，因爲在感情中，它是如此不可分地和軀體聯在一起；感情顯得是物質化了的思維或概念」，是精神的物質形態。在這上面，亞里斯多德所認識的關於靈魂的雙重觀點就結合起來了，這兩種觀點是：純粹理性的或邏輯的觀點和物理的或生理的觀點，這兩種觀點，直到今天，我們還能看見它們齊頭並進。「按照一個觀點，例如『憤怒』就會被當作渴望報復或類似的事物；按照另一觀點，憤怒就會被當作人的心血上升或熱度上升；前者就是對憤怒的理性的觀點，後者則是對它的物質的觀點。正如有人把房子規定爲遮蔽風雨的東西或其他的東西，另外的人則把它視爲由木石所構成的東西；其一是舉出了該物的規定和形式（目的），另一則是舉出它的質料和必然性。」

亞里斯多德[185]進而更詳細地「規定靈魂的本質」，他提起了三個環節。他說，「有三種存在：1.質料（ὕλη），這並不是自爲的事物；2.形式（μορφή）和共相（εἶδος），乃是使得某物之所以成爲『此物』的原理；3.一種以質料爲其可能性，而形式（理念）則爲其活動性（實效性，『隱德來希』）的存在」，在這裡，質料不是作爲質料而存在，而只是潛在的。「靈魂作爲物理的有機的形式，乃是實體，這種有機體按其可能性是具有生命的；它的εἶδος（理念）是『隱德來希』，由於這個，它是一個具有靈魂的物體。這個活動性以兩重的方式出現：或是像知識，或是像直觀（理論）。靈魂在它存在時，或者是醒著，或者是睡

185《論靈魂》，第二卷，第一章。

著；醒相應於直觀，睡卻相應於占有和不活動。就產生說，第一性的事物乃是知識，」即意識，它是屬於形式的，其最高的方式即是思維；「因此，靈魂乃是物理的然而有機的物體的第一性的活動性。」就是在這方面，亞里斯多德把「隱德來希」作爲靈魂的定義。

然後，他來到肉體和靈魂的互相關係這個問題上面。「因此（因爲靈魂是形式），我們就不應該問靈魂和肉體是否是同一的」（我們不應該說它們是同一的）；「正如我們不應該問蠟和它的形式是否是同一的，即根本上就不應該問質料及其形式是否是同一的」，這裡不是同一與否的問題，那是唯物論。「因爲同一和存在這兩個詞，是被用在許多種意義上面的」；事物及其各種屬性，主詞和謂詞；例如：房子是一個事物，是由許多部分組成的。同一性是一個完全抽象的，因此是膚淺而空洞的規定；「但本質的存在卻是活動性（『隱德來希』）。」就其存在方面來說，它們的地位不是相等的，那眞正有價値的存在只有「隱德來希」才具有；同一性只能作爲這種「隱德來希」來理解，這是我們的理念。前一個問題乃是一個膚淺的問題，在其中質料和形式被視爲兩個事物；這樣就失掉了問題的本質，應該問的卻是：活動性和它的機構是不是同一的？

這個關係的更明確的解釋。「靈魂是實質，但只是按概念來說的實質；或者說，形式、概念在這裡是存在本身，實質本身。例如：如果一個物體，像一把斧頭，有作爲斧頭這樣一個形式做它的實質，那麼，它的這個形式就會是它的靈魂；而如果它不再具有這個形式，那麼它就再也不是一個斧頭，而只是留下一個虛名。但像斧頭這樣一個物體的形式和概念，卻不是靈魂；靈魂乃是另外一種物體的形式，這種物體在本身裡面具有運動和靜止的原理。」

斧頭不具有自己的形式的原理在它自身裡面，它不把自己做成一把斧頭；或者說，它的形式、概念不是它的實質本身，它不是由於自己而活動的。「如果眼睛是一個獨立的生物，那麼，視覺就會是它的靈魂；因爲視覺按照眼睛的概念說就是眼睛的本質（οὐσία）。而眼睛作爲眼睛，卻只是視覺的質料；如果失去了視覺，眼睛就只留下一個虛名，像一個石頭刻的眼睛或畫的眼睛那樣。」如果我們問：眼睛的實質是什麼？人們會說它是神經、眼液、組織等等；亞里斯多德卻正相反，說視覺是它的實質，神經等物不過是空名而已。「在部分，是如此；在全體，也如此。不是那失去了靈魂的東西，而是那具有生命的東西，才有生存的可能性。因此，種子和果實按其可能性乃是一種物體。正像劈削」（斧頭）「視覺一樣，醒乃是基本的活動性（實效性）；有形體的東西卻只是可能性」，不是現實性，靈魂乃是它的存在，它的「隱德來希」，它的實質。「但是按照這個關係，那」（活的）「眼睛乃是視覺和眼珠」（後者只是可能性）的統一，「同樣情形，生物也是靈魂和肉體，兩者也是不可分離的。（因此，有一點還是不明確的，就是靈魂之爲物體的活動性，是否如舵手之於一艘船那樣。）」實質是活動的形式；ὕλη（質料）只按照可能性才是實質，並不是眞正的實質。這是一個眞正思辨的概念。

「因此靈魂作爲運動的原理，作爲生物的目的和存在（實質），乃是原因，」乃是產生者；目的因，即是自己規定自己的普遍性。「生命是生物的存在；生物就是這個存在。再次，靈魂乃是依照可能性而存在的事物的實存的概念，」正因爲概念是那依可能性而存在的事物的「隱德來希」；「隱德來希」的關係是：它按概念說乃是實質，是活動性。「也是目的；自然正像思想一樣，是爲了某種目的而活動的，〔在生物中這個目的就是靈魂。〕[16]因此軀體的所有各部分都是靈魂的工具，」[186]〔是爲了靈魂而存在的。亞里斯多德就這樣指出靈魂是運動的原因。〕可能性、質料只是潛在的，無機世界。

亞里斯多德[187]現在進而指出，「要按三個方面來規定靈魂，即營養的靈魂、感覺的靈魂和理性的（思維的）靈魂，相應於植物的、動物的和人的生命。營養的靈魂，當單獨存在時，是屬於植物的，植物性的靈魂；如果它同時還能感覺，就是動物的靈魂；如果既是營養的，又是感覺的，並且也是理性的，那就是人的靈魂。」因此，人把植物的性質和感覺的性質都結合在自己裡面；這個思想已被近代自然哲學用這樣的話來表達了，即：人也是動物和植物。這個思想是針對著那種把這些之間的差別形式互相分割的傾向。在近代對於有機物的考察中，這種差別又被提出；把這兩方面加以區別，是很重要的。「問題在於：作爲部分，它們能夠分離開到如何的程度？」

至於這三種靈魂的關係如何的問題，姑且稱它們爲三種，雖然這樣區別是不正確的，關於這一點亞里斯多德完全正確地說道：「不能夠找到一個這樣的靈魂，可以具有這三種靈魂

[16] 據英譯本，第二卷，第一八四頁增補。——譯者

186 《論靈魂》，第二卷，第四章。

187 《論靈魂》，第二卷，第二—三章。

的共同性質，並能夠在一定的簡單的形式中適合於這些靈魂中的任何一種」，作爲不同的存在的部分。這是一個深刻的意見，它使得眞正思辨的思維與純粹邏輯的形式思維區別開來。「正如在幾何圖形裡面，只有三角形和其他的特定的圖形」，如正方形、平行四邊形等等，「才是實有的。因爲，共同的東西只是圖形：但是這個有共同性的普遍的圖形，卻是不存在的」，不是什麼眞實的東西，而是無，是空的思想物，且是一個抽象。「反之，三角形是第一個幾何圖形，是那個眞實的、普遍的東西，它也出現在四邊形等等裡面」，幾何圖形都可歸結到最簡單的規定上面。從一方面說，三角形是作爲一個特殊的圖形而與正方形、五邊形處於同樣位置的；但是，這是亞里斯多德的中心思想，它是那眞正的幾何圖形，那眞正普遍的圖形。「具有靈魂的東西的情形也如此。營養的、感覺的靈魂也在理性的靈魂裡面」，並且人們絕不可去找尋一個抽象的靈魂。「營養的靈魂是植物的本性；這個植物性靈魂——最初是作爲活動性的形式——卻也是在感覺的靈魂裡面的，不過在那裡它只是按照可能性而存在的」，在那裡它只是潛在的，只是一般的。植物性的靈魂對於感覺的靈魂的關係只是作爲*potentiâ*（潛在性），只是作爲一個觀念性的東西，附居在感覺的靈魂裡面，正如謂語之於主語。同樣地，感覺的靈魂對於思維的靈魂的關係也只是像謂語對於主語的關係。「理性的靈魂裡面，又包含著其他兩者」，不過只是作爲它的對象，或者作爲它的可能性，只是作爲潛在。不應把這個潛在放得太高，像在形式的思維中所遇見的那樣：它只是潛在性、一般性、可能性；反之，那自爲者本身則是那向自身的不斷的回歸，能力和「隱德來希」便是它所具有的。也許我們還可以更詳細點來把這個名詞加以規定。例如：當我們談到客觀的東西，談到實在的東西、靈魂和物體、能感覺的有機體和植物性時，我們就稱有形體爲客觀的東西，靈魂爲主觀的東西。因此客觀的東西只是可能性，只是作爲潛在的東西；自然之不幸就在於只是潛在的概念而不是自爲的概念。在自然物裡面，在植物裡面，也仍有「隱德來希」；但整個植物界的範圍只是一個客觀的東西，在更高的範圍裡它只是一個潛在。這個潛在又顯出是理念發展中的實在，它有兩個方面，兩條道路；共相本身已經是一個實在的東西。亞里斯多德的意思是說，那一個本身不存在，或者說本身不是一個類的東西，乃是一個空洞的共相。事實上，所有的共相都是作爲特殊的東西，作爲個別的東西，作爲爲他物而存在的時候，才是眞實的。那一個共相[188]卻是這樣眞實，以致它自己不必進一步變化就已經是該共相的第一個類；當它得到進一步發展的時候，它已經不屬於這第一個類，而根本就是實現的原理了。這就是亞里斯多德的一般的規定，是很重要的，如果加以發揮，就會導致對於有機體等等的眞正的見解。

1.「**營養**的靈魂就是靈魂的概念」，或者說就是有機體的概念；這個概念，就它本來的樣子，不帶進一步的規定，「這個普遍概念就是植物的生命。」因此，依照亞里斯多德，[189]植物性靈魂就是靈魂本身的普遍的概念。亞里斯多德談到**營養**時所說的話，即「是不

188 指三角形。——譯者

189 《論靈魂》，第二卷，第四章。

是相同的東西吸收相同的東西作營養，或者吸收對立的東西，」這是無關緊要的。

2. 他關於感覺所作的規定，是更饒興味的，關於這一點我將引他的一些話來談一談。「感覺一般地乃是一種可能性，」我們會說它是一種接受的能力；「但是這種可能性，」或者說接受的能力，是不應當理解爲一種被動性的，「它也是主動性。被動性和主動性是同一東西；」或者說「被動性本身有兩種方式。被動性或者是指被對立物所毀壞、消滅；另一種意義則是指透過那依現實性而存在的東西，接受了那依可能性而存在的東西。這樣，在知識的獲得中，就有一種被動性，因爲有一種向著相反的習性的變化發生；但卻另有一種被動性，在其中那只作爲可能性而被設定的東西被接受了。有一種剝奪性的變化，和一種影響到本性和持久的活動性（力和習慣性）的變化。因此，前一種的感覺主體中的變化乃是由於感覺的產生者引起來的」（在感覺裡面，人們把變化和所發生的事，與產生感覺的東西區別開來，這樣，在感覺裡面就有一種被動性）；「但一旦感覺被產生之後，感覺就像知識一樣被占有了，」所以同樣有一種主動性。因此，有兩個方面：一方面爲被動性，而另外一方面就是感覺爲靈魂所擁有；「而且按照」這個方面，「按照主動性，感覺就成爲像認識那樣的東西。」從外面來的影響，被動性，乃是在先的；但這以後就出現了主動性。「但差別在於，那引起感覺的是在外邊，其原因是：感覺的活動總是指向個別事物的，相反地，知識活動則是指向共相的；但共相在某種程度上乃是作爲實體而存在於靈魂本身中的。因此每一個人只要自己願意，就能夠思維，」而正因爲如此，思維就是自由的。「感覺卻不能由他做主，感覺時必須有被感覺的東西存在才成。」[190]

這是一種完全正確的對待感覺的觀點。(1)感覺是有它的被動的一面的，不管人們如何由此進一步發展到主觀唯心論或別的什麼。我們發覺我們被決定，我發覺我受了決定，或者說，爲外界所決定；至於是主觀地或是客觀地被決定，這是沒有分別的，在兩種情形中，都包含有被動性這一環節。萊布尼茲的單子是一個與此相反的觀念；單子是一，是一個原子、一個個體，在本身裡面發展出一切；每個單子、我的手指的每一點，都是一個完整的宇宙，在其中一切自身發展其自身，不與其他的單子發生任何關係。這看起來是主張最高的唯心論的自由。但以爲我之中的一切都是從我自己發展出來，這種設想是沒有什麼用處的；因爲就是這樣，那在我自己之中發展出來的東西，也仍是一種被動的東西、不自由的東西。亞里斯多德承認了這個被動性的環節，並不就因此落後於唯心論；感覺，就一方面來說，永遠是被動的。最壞的是那種唯心論，它認爲精神的被動性或主動性係於所與的特定內容是內在的抑是外在的。彷彿感覺裡面也有自由似的；其實感覺乃是局限性的範圍。(2)當感覺、光、顏色、視、聽等等東西是從理念的立場被把握時，那又是另一回事了；因爲此時就會表明，它們乃是由理念的自身規定所建立的。但是，當我作爲個別的主體存在時，又是另一回事，此時理念在我之中只是對我這個個別的人而存在；其中就有有限性、被動性的觀點。

190《論靈魂》，第二卷，第五章。

亞里斯多德繼續談下去說：「一般說來，區別就在於可能性有雙重意義；例如：我們會說一個孩子能夠成爲一個戰士，又說一個成人能夠成爲戰士」（後者具有成爲戰士的有效的能力）；「感覺者的性質是這樣的：被感覺者」（不是事物）「實際上是怎樣，感覺者就在可能性上是怎樣。因此感覺者乃是被動的，因爲它不是（與其對象）相同的」（和它自身不處於統一中）；「但是在獲得了印象之後」，即感覺了之後，「就成爲相同的，而且和對象變成同一。」在感覺之後，感覺的對象變成相同，而成爲和感覺者一樣。這是反作用，是主動的採納，是接受性中的主動性，這是把感覺裡面的被動性揚棄的主動性。這樣，它就成爲和自己一樣；雖然它好像是受到一種影響才成爲那樣，它卻建立了這種和自己的等同性。主觀唯心論說：沒有什麼外物，它們只是我們自身的規定物。就感覺的情形來說，這是應該承認的。在感覺活動中，我是被動的，感覺是主觀的；它是我自身裡面的存在、情況、規定性，而不是自由。不論感覺是外在的，還是在我之中的，都沒有什麼關係，總之，感覺存在著；活動只是在於把這個被動的內容變成爲它自己的東西。

在討論感覺時，亞里斯多德[191]用了那一個著名的比喻，這個比喻常常引起許多誤解，因爲人們把它理解錯了。他是這樣說的：「感覺是採納被感覺的事物的形式而不要它的質料。在感覺裡面，只有形式達到我們而沒有質料。當我們做實際活動時，例如當我們飲食的時

191 《論靈魂》，第二卷，第十二章。

候，情形就不一樣。在實踐裡面，一般地我們是作爲個別的個體而活動的，而且是作爲在一定的存在裡面的個體，本身就是一個物質的一定的存在，我們與物質發生關係，而且是以一種物質的方式發生關係。只有當我們是物質的時候，我們才能夠這樣做；這就是說，我們的物質的存在進入活動中。在理論活動中，我們卻不是作爲個體、作爲感性的東西、作爲物質來對付物質的。影響作用則正是假定物質的接觸；反之在採納形式時，物質則是被除開了的，不再是一種對物質的積極的關係，物質不再是一種積極的、能夠做出反抗的東西。形式是作爲共相的對象；因此，在感覺中我們只對形式發生關係，把它採納過來而不要物質，正如蠟塊只把帶印的金戒指的印記接納到自己身上，不取黃金本身，而只純粹取其形式。」因此我們一般地把感覺稱爲感性印象，在這個比喻後面，一方面隱藏著一種粗糙的表象，一方面很不確定，缺乏任何概念。我們不應該死抓住這種比喻。這不外是一個形象化的例子，企圖用它來說明在被動性裡面感覺的被動性只是相對於純形式而言，企圖說明這個形式在靈魂裡面找到了一個位置，而且，它之如此，並不像帶印戒指的形式對於蠟塊的關係那樣；也不是像在化學反應裡面那樣，「在質料上，一物爲他物所滲透」，或者說，亞里斯多德又指出，「因此，植物就不會感覺。」

人們老是粗野地停留在比喻的粗糙狀態中。當人們單純抓住這個比喻並拿它轉而應用於靈魂上面時，人們就說：靈魂的情形和蠟塊一樣，表象、感覺，一切都只是印進靈魂裡面去的；靈魂是一塊白板（tabula rasa），它是空白的，外物在它上面加上一個印象，正像帶印戒指的質料作用於蠟塊的質料一樣。於是人們說：這就是亞里斯多德的哲學。同樣的情形也發生在其他大部分哲學家那裡。當他們舉出一個感性的例子想說明某種東西時，每個人都懂得這個例子，把那個比喻的內容的所有各方面都接受過來，好像這個感性的關係中所包含的一切都同樣適用於那種精神的關係似的。第一，在蠟塊的比喻中，有關係的只是這一方面：在感覺中只有形式被採納，只有形式對於感覺的主體才存在，只有這個形式達到了主體；比喻只在這一點上。構成這個例子和靈魂的情形之間的區別的主要情況，卻被忽略了。沒有人想到：在那個例子中，剛好是事實上蠟塊並沒有採納帶印戒指的形式；這個印記仍然是一個外在的圖形，是蠟塊上的一個形狀，卻絕不是它的本質的形式。要是這個形式是它的本質的形式，那麼它就會不再是蠟塊了。反之，在靈魂那裡，靈魂是把形式本身吸進了靈魂自己的實質之中，消化了它，以致靈魂本身在某種程度上乃是所有感覺對象的總和；正如上面所說過的，如果斧頭是一個自然物而斧性是其規定中的形式，那麼這個形式就會是斧頭的靈魂了。蠟塊的例子中所表現的相似之點不過是：只有形式達到靈魂。第二，但是這個比喻卻是毫不牽涉到這一點，即帶印戒指的形式對於蠟塊是而且仍然是外在的，靈魂和蠟塊一樣，本身沒有什麼形式。靈魂無論如何也不應該是被動的蠟塊而從外面獲得種種規定。靈魂是形式，形式是普遍的東西，而普遍的東西的採納，是和蠟塊採納他物的形式不一樣的。採納同樣是靈魂的一種活動；感覺者被烙上印象之後，它就揚棄了被動性，同時脫離被動性。亞里斯多德[192]說，「精神保持自身以對抗質料，」並不是像化學物品一樣；就是

192《論靈魂》，第三卷，第四章。

說，它抗拒屬於質料的東西，排開它，而只與形式發生關係。在感覺裡面，靈魂當然是被動的；但是它把外面的物體的形式變成它自己的東西，它與這一抽象的環節相同一，只因爲它本身就是共相。

（絕不應該恭維感覺，並在下面這一點上建立一種唯心論的思想，即沒有什麼東西從外面來到我們這裡，如像費希特那樣，認爲當他穿起外衣或者僅只看看外衣時，他是部分地製作了這外衣。個別事物在感覺中乃是意識的個別性的範圍；個別性在其中可以以一個事物的方式而存在著，也可以以其他事物的方式而存在著，而它的個別性乃在於其他的東西乃是對它而存在的。）

感覺活動的這種性質，他[193]以下面的話來進一步加以**解釋**，對於感覺活動的這種統一性及其矛盾，他信口說出了許多深刻而有啓發性的對意識的本性的見解。「每一個感覺器官採納了感覺對象而拋棄其質料。因此，如果感覺對象被移去了，感覺和表象還是在器官裡面。被感覺和感覺，兩者的效果是同一的；不過它們的存在卻不是同一的。例如：實在的聲音和實在的聽覺就是如此；那能夠聽的不是永遠聽見，那具有聲音的不是永遠在發出聲音。當那具有聽的可能性的東西作用著，而那會發出聲音的東西也同樣在作用著，即兩者同時在活動時，就發生了聽覺；」這裡，並不是有兩種效果。「運動、作用和被動性都是在那

193 《論靈魂》，第三卷，第二章。

受動作的東西裡面」（活動——在那感覺產生於其中的東西之中）；「所以這也是必然的：聽見和聲音的效果都在那具有這種可能性的東西裡面」，即是在感覺主體裡面。「因爲活動者和推動者的效果是在那被動者裡面。」就實存而言，聽見和聲音是兩回事；但它們的根據是同一的。「活動性和被動性倒是在那被動的東西裡面，而不是在那活動者裡面；所以被感覺的東西的效能，乃是在感覺者裡面。對於聽見和發聲，有兩個詞，對於『看見』，則沒有。看見是看見者的活動，而顏色的活動則沒有一個名稱。既然只有一個效果」——不是相同的效果，而是一個效果，不是加烙印那樣的活動，「只有被感覺者和感覺者的同一效果，只就其存在而言才不同；所以，所謂發聲和聽見，就必須同時停止。」只有當兩者的效果被設定爲同一時，才有感覺。看、聽等等，只是一個效果，但就存在而言，聽的和被聽的則是不同的：發出聲音的是一個物體，聽的是一個主體；存在是兩方面的，但聽的本身，則確實是一個，是一個效果。我有硬的感覺，那就是說，我的感覺是硬；我發覺我自己被這樣規定了。反省宣稱：在外邊，有一個硬的東西，這個東西和我的手指是兩回事。我所見的是紅的，反省就說，那邊有一個紅的東西；但實際只是一回事：我的眼睛、我所見的就是紅色和那個東西。這個區別和這個統一性是問題的中心；對於這一點，亞里斯多德以最有力的方式予以指出，而且堅定地把握住它。意識的反省乃是事後對主觀和客觀的區分；感覺活動則正是同一性的形式，是這個割裂的消除，是超越主觀和客觀之分的，主觀和客觀是一種後來的反省。

那簡單者，眞正的靈魂或自我，在感覺活動裡面，乃是差別的統一性。「再者，感覺者是在器官裡面，感覺者區分每個感覺的對象，如白、黑等等。但那分開的東西，白和甜，作爲分開的、漠不相干的環節，卻不可能予以區別，」不可能這樣去表象：那是甜的、單獨存在的、沒有對立的；「而卻是：兩者都必須呈現於同一主體，被它所認知。因此，這個主體就必須規定其一和其他是有所不同的。這個被區分的東西並且不能夠是在不同的地方或時間，而必須是不被分開的，並且在不分開的時間裡面的。但當一個東西是不可分開」（僵化了的一），「並在不可分的時間裡面時，卻不可能把相反的運動歸屬給這同一個東西。儘管甜的性質是這樣影響感覺，苦則以正相反的方式影響感覺，白又以另一種方式，但區分者就數目說並不是斷開的，並且就時間說也是不可分的，不過就存在說，則是有區別的。因此同一個東西就可能性而言乃是可分的，也是不可分的，並且是正相反對的；但就實存而言，就不能如此，因爲就其效果而言，它是可分的，（因此不能同時是白又是黑）。[17]感覺和思維正像某些人稱爲點的東西一樣；點就其爲一而言，（乃是不可分的），[18]而就其爲二而言，卻也是可分的。」理性（λόγος）是同一靈魂的理性。「就其爲不可分的而言，判斷的主體乃是一；而同時，就其爲可分的而言，它又不是一；因爲它同時把同一個記號使用了

[17] 據英譯本，第二卷，第一九二頁增補。——譯者
[18] 據英譯本，第二卷，第一九二頁增補。——譯者

兩次。就其使用兩次而言，它就以界限來區別兩者，它們就被分開；但就其爲一而言，它乃是在同一時間裡面下一個判斷的。」一定的感覺、內容乃是屬於意識的本性的。感覺是一個一定的感覺，雖則感覺主體是在一種統一性裡面擁有不同的感覺在自己面前的，是可分又不可分的。同樣地，關於時間方面，我們也談到不同的時間的點。從一方面說，「現在」相當於空間的點；但它同時也是一個分割，包含著未來和過去，同時是別一個又是同一個。它是同一個，在同一關係裡面同時是分割又是結合；在時間的點裡面，這兩者是同一的。同樣地，感覺也是一，同時又是分割。另外一個例子是數目：一和二是不同的，而同時，在兩者裡面，一也是作爲　而被使用和設定的。

3. 從感覺問題，亞里斯多德轉到思維方面，在這裡，他變成眞正思辨的。他說，「思維不是被動的，」它簡直就是主動的，[194]「它採納形式，而且按其可能性而言，它就是形式。」被思維的東西，當其被思維時，乃是對象，但卻不像感覺對象那樣；它是思想，而且思想正是被剝去了一個客觀東西的形式的。思維也是潛力（δύναμις）。(1)「但是它對於思維對象的關係卻不像感覺對於感覺對象那樣；」在感覺這裡，有一個對方、存在，以與活動性對抗。「理性；因爲它思維著一切，所以它是不與他物混雜的，」沒有一個對方，完全沒有共通之處，「以便它能夠克服，像阿那克薩哥拉所說的那樣，這就是說，能夠認識；因

194 《論靈魂》，第三卷，第四章。

爲，在它的作用中突然衝出來抗拒對方以保衛自己（築一道障礙物，圍籬）。因此，思維的本性不外就是可能的東西；」這個可能性本身不是質料，理性是沒有質料的，可能性屬於理性的實質本身，思維就不是自在之物。或者說，由於它的純粹性，它的現實性就不是爲了一個對方而存在，它的可能性就是一個自爲的存在。一個事物是實在的，因爲它是一個特定的東西；對立的特性，它的可能性，例如煙、灰等等，是沒有被設定在它裡面的。在有形的物體裡面，則有質料和外在的形式；質料乃是與形式對立的可能性；但與此相反，靈魂乃是可能性本身，不帶質料。它的本性乃是它的活動性。「而靈魂的理性，作爲具有意識者，在它思維之前，是毫無實在性的（actus），」它只是由於思維的活動才存在；理性本身乃是一切，但它若不進行思維，就不存在，它是絕對的活動性，只有當他活動的時候，它才存在，才是理性。「因此，它乃是不與軀體混合著的。因爲，它究竟應該是怎麼樣的呢？是熱的呢還是冷的，如果它是一個器官的話？但它絕不是像這樣的東西。」(2)「理性與感覺活動的」第二種「差別。感覺不能感到太強烈的感覺對象，不能忍受太強烈的氣味、顏色。但是對於思維，就沒有這種分別。因爲感覺沒有軀體就不存在，理性卻是可以與軀體分離的。當理性在某個人的場合，像在那作爲自覺的靈魂而眞正擁有知識能力的人那裡成爲這樣可以分離的時候，它之所以如此，乃是因爲它由於自己本身」（在對自己的關係中）「而活動著」。

思維使自己成爲被動的理性，就是說，成爲客觀的東西，成爲它的對象：intellectus passivus（被動的理智），由此可以很清楚地看到，「理智中沒有什麼東西不是早先已在感覺中的」這個命題，在什麼程度上是亞里斯多德的意思。亞里斯多德現在提出問題，並進而談到「這問題的困難。如果思維是簡單的，不是被動的，和別的東西毫無共同之處，」而只是自為的，因為它把別的東西變成為自己的東西（別的東西只是假象）：「如果是這樣，那麼，怎麼能夠有被思維這回事，既然思維本身顯然有被動性在其中？」——即是說，既然理性觸及某些東西，接受一個對象？「因為，當某些東西是兩方面所共有時，其中之一就像是作用著，其他一方面就像是處於被動。」因此，立刻就好像有一種被動性在理性裡面；由此，就有一種與它不同的東西在它裡面，而同時它卻又必須是純粹的、不與他物混合的。「再者，當它本身是被思維、是可被思維的時候，則它就是屬於別的東西的，就是在它本身之外的，或者說，就會有某些混合的東西在它裡面，這東西把它變成了一個被思維的東西」（對象），「像其他的東西一樣，」——它顯得像是對象、對方。「因此，前面曾經加以區別：按可能性說，思維乃是所有的被思維的東西，」按其自在性說，它乃是對象，乃是思維對象的內容，它在客觀的東西（被思維的東西）裡面，只是和自己本身吻合。理性思維著一切，因此它在自己那裡就是一切，它本身在自己那裡就是一切；這種說法是唯心論的，但人們卻把亞里斯多德說成一個經驗主義者。「但是理性按實在性來說，則在有實在的思維以前，它乃是不存在的；」就是說，自覺的理性不僅是自在的，而且主要地是自為的，它只有作為活動性才存在，理性的實質就是能力。被動性是在現實性之前的可能性。被燃燒的東西是灰燼的可能性，然後是它的現實性灰燼、煙；現在存在著的東西，早已作為可能性而存在，這是那實在的東西。

這就是亞里斯多德的偉大原理；這裡他又舉出另外一個臭名昭著的例子，它也同樣被人誤解。「理性正如一本其中實際上沒有寫著什麼東西的書；」那是紙張，卻不是一本書。人們忽略了所有的亞里斯多德的思想，而只抓住這一類外表的比喻。一本其中什麼也沒有寫上的書，任何人都能明白。因此，那個「白板」（tabula rasa）的術語，就出現在所有談到亞里斯多德的地方：亞里斯多德說，精神是一塊白板，由外面的對象首先在它上面寫上些什麼東西云云。這個剛剛是與亞里斯多德所說的完全相反。這些偶然的比喻特別易於為表象所理解，人們不去牢牢捉住概念的意義，而卻以為這些類比就能表述事情的本質。但是亞里斯多德完全不是要人把這個比喻的一切微末細節都加以接受；理性當然絕對不是一個事物，絕對沒有寫字板那種被動性（否則我們會忘掉一切概念）。它是能力本身；能力不是在它之外，像在寫字板之外一樣。這個比喻卻只是限於這一點，即只當有實際的思維活動時，靈魂才有一個內容。靈魂是這本木被寫成的書，就是說，靈魂潛在地具有一切的東西，靈魂本身卻不是這個總和；正如按可能性說，一本書包含一切的東西，但按實在性說，則在被寫成之前，它什麼也沒有。實存的活動才是眞實的東西；或者說，「理性本身也是可被思維的，也是思維的對象。因為在沒有質料的東西」（在精神）「裡面，思維者」（主觀）「和思維的對象」（客觀）「乃是同一個東西；理論的知識和被認識的東西是同一的。在有質料的東西裡面，思維只是按可能性而存在著的，因此理性本身不屬於它；因為理性是沒有質料的可能性；」因為理性是一切的 *νοητά*（知識），不過它只是潛在地如此。自然包含著理念，只潛在地是理性，潛在的理性並不實存，在這樣的情況之下它並不是自為的；因此，理性不屬於有物質的東西。理性不是物質的東西，而是普遍者，不具有質料的普遍可能性，並且只有當它思維的時候，它才是實在的。所以，很明顯，剛才那個例子，當它被人們在那種意義下加以理解時，乃是完全被理解錯誤而與原意相反的。

亞里斯多德[195]在那裡區別了**主動的**和**被動的**理性（νοῦς）；被動的理性是自然，也是靈魂裡面感覺的和表象的潛在理性。「但是既然在整個自然裡面，一方面總必有存在於每類東西裡面的質料，因爲一切的東西就其可能性而言乃是一切實在的東西，而另一方面，又有原因和那製作一切的主動者，像技藝對於質料的關係一樣：所以，在靈魂裡面，也必須有這種區別。因此就有一種這樣的理性，它能成爲一切；但卻又有另外一種理性，它能夠製作一切，像一種有效的力量所能做的一樣，」這種力量並不是一種個人的作爲，「正像光線一樣；因爲，在某種意義下，是光線把那些按可能性而存在的顏色變爲實在的顏色。這個」（主動的）「理性是自在自爲的，不與他物混合的，並且不是被動的，因爲按其實質而言，它就是活動性。因爲作用者永遠比被作用者更可貴，原理比質料更可貴。知識在實際活動時乃是與所認識的事物同一的；潛在的理性」——即外在理性、表象作用、感覺等——「就時間而言，在」絕對「同一個人裡面，其存在乃是較早的；但作爲自在之物，則它在時間上也不是在先的：主動的理性並不是有時候思維，有時候不思維。當（主動的）理性是自在自爲

195《論靈魂》，第三卷，第五章。

的時候，它就是唯一實在的東西；而且只有這才是永恆的和不朽的。但是，我們卻不能記起這個過程，因爲這個理性不是被動的；那被動的理性是會消逝的，而且沒有那主動的理性它就絕不能思維」。而坦納曼則說：思維是從外面來的。196〔這和亞里斯多德所說的正好相反。〕[19]

以下是他的解釋。197亞里斯多德說，198「靈魂」，思維，「在某種意義下就是全部存在」，並且這就是作爲被動的理性的那個理性；但是這樣作爲對象，作爲自己的對象，或者說，就其爲自在的時候，理性只是可能性，只有作爲「隱德來希」時，它才是實存的。「存在的事物或者是感覺的對象，或者是知識的對象。知識本身在某種意義下乃是被認識的事物，感覺也是感覺的對象。被認識的和被感覺的事物或者是它們本身，或者是它們的形式。知識和感覺不是事物本身（石頭不是在靈魂裡面），而是事物的形式；這樣，靈魂就正像人的手一樣。手是工具的工具，所以理性乃是形式的形式，而感覺是感覺對象的

196《哲學史》，第三冊，第五十三—五十四頁，一九七—一九八頁。

[19] 據英譯本，第二卷，第一九八頁增補。——譯者

197 第七、八章乃是第四、五章中命題的解釋。這兩章從前面兩章所包含的命題開始，看來好像是出於一個評注者之手。

198《論靈魂》，第三卷，第八章。

形式。」——「人們說得對，靈魂是理念的所在地；但不是整個靈魂，而只是那思維的靈魂」，只有那思維的靈魂才包含著理念。「而思維的靈魂之爲」形式的形式，「不是按『隱德來希』說，而只是按可能性說，它才是理念」；[199]就是說，理念最初只是靜止的形式，而不是活動性。因此，亞里斯多德並不是實在論者。他說：感覺是必需的；如果一個事物被思維，則它也就必定要被感覺。「但是既然沒有事物能夠離開被感覺的內容，因此在那些被感覺的形式裡面，既有思維的對象和抽象的概念，也有感覺對象的各種性質和特性」，於是這些不同的能力便得到統一。「因此，誰沒有感覺，誰就不能認識什麼，也不能理解什麼；如果他認識什麼事物，那他就必須也對該物有一個表象，因爲表象和感覺是相同的，不過沒有質料而已。」[200]理性把這些形式，如外界自然的那些形式，作爲自己的對象，作爲思維的對象，作爲可能性。有限的事物和精神的狀況乃是這些形式，在那裡，這種主觀和客觀的同一

199《論靈魂》，第三卷，第四章。

200 此處結尾時提出了這樣的問題：「那麼，對我們最初的概念，是怎樣來區別，以便它們不致與概念弄混呢？或者，是否事實上也許有些其他的思想，甚至並非是表象，不過它們從來沒有和這種表象不聯結在一起？」下面的話完全不是對這種問題的回答。這個問題看來好像是再一次表示這段文章乃是後來加上去的。布勒說：「理智如果離開了物質，它所想的是不是眞正的對象，這是還應該特別研究的。」「（在『最高的哲學』裡去研究）」——他是注意到第七章結尾的這段話：「一般地說，理智（νοῦς）所思維的是眞正活動著的事物。不過，除非它本身脫離了感性的環節，它是否能思維絕對，關於這一點我們以後還要加以研究。」

性是不存在的。在那裡，它們是彼此外在的。理性只是可能性，不是作爲「隱德來希」而存在。

我們今天所謂主觀和客觀的統一，在這裡是最明確地說出來了。理性是主動者、思維和思維對象，前者是主觀，後者是客觀；他誠然區別了兩者，但他也同樣嚴格而堅定地說出了兩者的同一性。用我們的話來說，絕對者、眞實者只是那主觀性與客觀性是同一物的事物；這一點也同樣包含在亞里斯多德的思想裡面。絕對的思維（他稱它爲神的理性），具有絕對性的精神，這個思維乃是對於絕對目的或至善的思維；這就正是那思維著自身的理性。關於這個對立、活動性中的這個區別以及這個區別的揚棄，他是這樣表達的：理性由於收納了思想以及思維對象而思維自身；理性由於收納了可思維的事物而思維自身。可思維的事物只有當被觸及時，才變得能接觸、能思維，才被產生，所以它只有在思維裡面，在思維的活動中才存在。這種思維活動同樣是一種產生，一種把思想分割出去作爲對象的過程，這一過程正如接觸活動一樣，對於思維的實在性是同樣必需的；分離和關聯是同一件事，因此理性和知識（*νοητόν*）是同一的。因爲理性乃是本質、*οὐσία*（實體）的收納者。理性所收納的乃是實體、思想；理性的收納活動是它的活動性，它的收納活動產生了那顯出是收納的對象的事物，理性之所以成爲理性，是因爲它有內容。如果我們把思想的內容、客觀的內容認爲是屬於神的，這乃是一種不正確的態度；整個思維的活動作用才是屬於神的。亞里斯多德說，理論活動是最有作用和最幸福的；理論就是從事思想，從事那由於活動性而被收納了的事物。因此神永遠從事思維活動，而我們則只是偶爾思維。

390

391

從這裡，他轉到更詳細的規定上面，轉到那些在此處可能遇見的困難上面。如果理性只是被理解爲能力，而不是被理解爲活動性，則延續不停的思維將會是充滿疲勞的，而對象就會比理性更優越；思維活動和思想也存在於那思維著最惡劣的事物的人那裡，這種人也可能會有些思想，會有思維的活動等等。但是這卻是不正確的；因爲理性只思維它自身，因爲它就是那最優越的事物。它乃是思想的思想，乃是對思想加以思維的活動；這中間就表達出了主觀和客觀的統一，而這就是那最優越的。絕對的最終目的，思維著自身的理性，這就是至善；至善是只在自己本身、只爲自己而存在的。

這就是亞里斯多德的形上學的頂點，就是在他那裡所能找到的最富於思辨的事物。從外表看來，好像思維只是與別的事物並列加以討論的；這種逐一討論的方式，在亞里斯多德那裡當然是不免要出現的。但是他關於思維所說的話，卻顯然是絕對富於思辨的，並且不是和別的事物例如感覺平列的，因爲感覺對於思維只是可能性。這一點還包含在下面這層意思裡：理性乃是一切，它潛在地是一個總體，是眞理一般，按其潛在性而言，乃是思想，而當其爲眞實時，則又是自在自爲的思維，這個既是自在的存在又是自爲的存在的活動性，乃是思維的思維，它雖是抽象地被規定，但本身卻構成絕對精神的本性。

這就是亞里斯多德哲學中關於他的思辨的理念所必須注意的主要之點，但關於它們，我們不可能再詳細討論了。

下面談的是**關於實踐的哲學**：**關於欲望**。「知識的對象和主動的知識是同一的；可能的事物，在個人裡面，就時間說乃是在先的，但就其本身而言，卻不是在時間上在先的。因爲一切發生的事物，都是從具有活動性的事物發展出來的。在那按可能性而言乃是感覺者的事物裡面，感覺的對象是作爲現實性的作用者而出現；因爲它是不受影響的，也是不發生變化的。因此，它是另外的一種運動，因爲運動乃是未完成的目的的活動；而純粹的活動性則是完成了的目的的活動，」達到了實在性。[201]「靈魂所思維的簡單的思想，是這樣一種事物，關於它並無所謂錯誤的問題發生；那在其中有錯或眞發生的，乃是那構成了一個完整概念的思想的一種結合。但這也可以是一種分離；使每個概念成爲一個概念的是理性。就理念說是不可分的單一的事物（ἀδιαίρετον），乃是在一個不可分的時間裡面並在靈魂的不可分的單一動作之中被思維的。」[202]「感覺與簡單的斷言和簡單的思維相似；但愉快或不愉快的感覺的情形卻像肯定與否定，」思維的肯定和否定的規定。「去感覺愉快或不愉快的事物，意思就是以感覺的中介去活動」（活動性），「以判定善或惡，當它們是善或惡的時候。然而對該物的欲望或厭惡，按活動性而言，乃是同樣的；只是按存在而言，它們才不同。對於思維的靈魂，表象代替了（在感性靈魂那裡的）感覺；而當它斷定或否認某物爲好或壞時，它就渴望或避開那個事物。它就是統一性和界限。對立的事物的規定者（思維者）從表象中認識形式；並且對立的事物在表象中被規定的情形也正如在感覺中一樣」，這是對於對象自

201《論靈魂》，第三卷，第七章。
202《論靈魂》，第三卷，第六章。

身的規定，與對實存的感覺對象的規定相反。「當靈魂處理著表象或思想，就像看見它們在自己面前，把未來與現在作比較並加以判斷，藉以規定什麼是愉快的、什麼是不愉快的那個時候，靈魂就渴望它或者避開它，而且一般地說，這時就有實踐的行爲發生。但是離開了行動，眞理和謬誤與善和惡就是同類的事物了。當靈魂思維抽象的概念，例如『塌鼻性』的時候，它並不是思維一個塌鼻，而卻是思維一個中空的事物。思維本身（一般地說來）乃是主動地對事物的思維。」[203]思維轉變爲它的否定面，於是就有了實踐的行爲發生，但這在抽象的思維裡是找不到的。

（二）實踐哲學

然而**實踐的**哲學應該也算屬於精神哲學。在這裡，實踐哲學的概念——意志的一般概念——已經得到闡明。亞里斯多德在幾部著作裡面討論這個問題，這些著作都保存下來了。

1. 倫理學。我們保有三種大的倫理學著作：(1)《尼各馬可倫理學》（*Nicomachean Ethics*），共十卷。(2)《大倫理學》（*Magna Moralia*），共二卷。(3)《歐德米亞倫理學》（*Eudemian Ethics*），共七卷。最後的一種大部分是討論各種個別的美德，在前二種裡

203《論靈魂》，第三卷，第七章。

面，則大半是對於道德原理的研究。在心理學的領域裡面，直到現在爲止，我們所有的最好的事物乃是來自亞里斯多德的；同樣地，他關於意志、自由、歸罪、蓄意等等的思想，也是我們到現在爲止所有的最好的事物。我們只是應該大力鑽研它們，並且用我們自己說話的方式、觀念和思維的方式把它們翻譯出來；這個工作當然是艱巨的。亞里斯多德在這裡所採用的方式，也正如他在物理學裡一樣，是把許多出現於欲望裡面的環節逐一加以深刻而精確的規定：目的、決斷、自主的或被迫的行爲、無知的行爲、過失、責任等等。這種比較偏於心理學的敘述，我不能加以討論，從亞里斯多德的規定中，我將只提出如下幾點來說說。

(1) 對一般地作爲道德原理的**眞正意志**的規定。在實踐裡面，亞里斯多德[204]把**幸福**規定爲最高的善；最高的善並不是抽象的理念，而是其中具有實現其自身的環節的那種理念。亞里斯多德不滿足於柏拉圖那種善的理念，因爲善的理念只是共相，而問題在於善的特性。亞里斯多德說，善乃是以自身爲目的的事物，（τέλειον）如果把這個字翻譯成完滿，那是太壞的譯法，就是那不是爲了別的緣故而是爲了自身的緣故而被渴望的事物。這就是 εὐδαιμονία，即幸福。絕對自在自爲的實在的目的，他規定爲幸福。幸福的定義是：「按照自在自爲的實在的（完善的）美德，以本身爲目的的實在的（完善的）生命的活動能力。」他同時更把理

---

204 《尼各馬可倫理學》，第一卷，第二—七章（四—七）；第十卷，第六—八章；《歐德米倫理學》，第一卷，第四章；第二卷，第一章，等處。

性的遠見當作美德的條件。他把善和目的規定爲合理的活動（幸福在本質上必然屬於它），至少他是從反面來加以規定，即沒有遠見就不是美德。一切出於感性的衝動的行爲，或一般地由於缺乏自由而發生的行爲，都表明缺乏一種遠見，不是一種合乎理性的行爲，或者說，是一種並非由思維決定的行爲。唯有這個在自身裡面滿足著自己的絕對的行爲，才是知識，神性的幸福；在別的美德裡面，只有人的、有限的幸福，正如理論活動中感覺的情形一樣。

(2)關於**美德**的概念，我還要再說幾句。亞里斯多德[205]進而這樣來規定美德的概念，在實踐方面，他一般地將靈魂區分出理性的和非理性的兩方面；在後者，理性只是潛能；屬於這方面的有感覺、意向、激情、感情等。在靈魂的理性的一方面，則有理性、智慧、識別力、知識等等；但是理性、智慧這些事物還不構成美德，只有在理性的和非理性的雙方的統一中，美德才存在。當熱情（意向）和理性發生關係並服從理性的命令而行動時，我們就稱此行爲爲美德。當識見很壞或根本沒有，而熱情（意向、心地）可嘉的時候，便只能夠有好意存在，而沒有美德，因爲缺乏根據（理性），缺乏爲美德所必需的理性；他就是這樣認爲美德在知識中，欲望和理性兩者都是美德的必要環節。因此，談到美德時，就不能說誤用

205《大倫理學》，第一卷，第五、三十五章；《尼各馬可倫理學》，第一卷，第十三章；《歐德米倫理學》，第二卷，第一章。

美德這樣的話；因爲美德本身就是運用者。美德的原理並不像許多人所想的那樣，是自在的純粹的理性，而卻是熱情（意向）。他責難蘇格拉底，因爲蘇格拉底認爲美德只存在於遠見之中。在善裡面，應該有一種非理性的衝動，而理性則另外出來判斷和規定這個衝動。當美德的行爲有一個開端之後，熱情並不一定協同一致地跟隨在後面，情形卻常常與此相反。因此，在美德中，因爲它的目的是實現，並且它是屬於個人的，所以善並不是唯一的原理，靈魂的非理性的一面也是一個環節。衝動、意向乃是推動者、特殊者，在主體的實踐行爲方面，它乃是向實現邁進者；主體在其活動性中乃是特殊化了的，同時它在活動中也必須與共相一致。這個理性在其中占統治地位的統一性，就是美德；這是一個正確的定義。一方面，它包含著對熱情、意向的抑制；另一方面，這定義也既反對把一個人從小就按照一種理想來嚴格教育的做法，又反對認爲意向本身就是善的那種見解。這兩種極端的意見，近來非常流行。有這樣的說法：生來就美而高貴的人，要比義務更高貴，更有價值；而另一方面，又有這樣的說法：義務應該純粹作爲義務來履行，不必考慮個人的特殊情況，不必把特殊的方面作爲整體的一個環節來考慮。

(3)亞里斯多德然後逐一詳細討論**個別的**美德。美德既然像這樣被認爲欲望、實現的意向和理性的識見兩方面的統一，具有一個非理性的環節在自身之內，因此他就把美德的原理看成是一種**中庸之道**；這樣一來，美德就成爲兩個極端之間的中項，例如：在貪婪與浪費之間有慷慨；在激情與麻木之間有溫和；在魯莽與怯懦之間有勇敢；在自私自利與自我否定之間有友誼等等，其所以要有一種中項，例如在與感官有關的那種美德那裡，完全是因爲其中有一個環節或因素是感性，[206]（感性如果受到極端強烈的刺激就會發生痛苦。）[20]這好像並不是一個確定的定義，它會成一個純粹數量上的規定，正因爲不單純是概念在作規定，而且經驗的一面也包含在其中。美德並不是絕對自身確定的事物，卻也是一種物質性的事物，這事物由於其物質性的本性，乃是可多可少的。這個原理把美德規定爲只是兩極端之間的一個尺度（或者毋寧說一種程度之差），現在人們當然會責難它不能令人滿意和不確定，不過這也是事情的本質所決定的。美德以及所有特定的美德，都處於一個數量上的事物也有其地位的範圍之內。在這裡，思想已不再像在自己的範圍內那樣自在自如，因爲數量上的界限是不確定的。個別的美德的本質正是屬於這一類的事物，它們是不能更精確的規定的；人們在這個問題上面只能有這樣的一般的說法，對於它們，不能有比這個不確定的規定更詳細的規定。[207]按照我考察事物的方法，義務乃是絕對獨立的事物，但是這樣一個普遍的事物乃是空的事物；一定的內容是存在的一個環節，它使我們被牽連在各種義務的衝突之中。義務是自在自爲的，不是兩個實存的極端之間的中項，它由於這兩個極端而被規定，或者毋寧說成爲

---

206 《尼各馬可倫理學》，第二卷，第五—七章（六—七）；《大倫理學》，第一卷，第五—九章；《歐德米倫理學》，第二卷，第三章。

[20] 據英譯本，第二卷，第二〇六頁增補。——譯者

207 《尼各馬可倫理學》，第一卷，第一章（三）。

不確定。但是確定的內容產生了衝突，在其中哪一種是義務，依然不能確定。

幸福的問題後來成了一個重要的問題。按照亞里斯多德，幸福乃是最終目的，乃是善；不過它也是這樣的事物，生存是應當與它相適合的。

關於美德、善以及一般的幸福，亞里斯多德繼續說出了很多很好很美的事物，並且說幸福、善的事物是不能沒有美德而存在的，等等，這一切就思辨方面而言，毫無深刻的識見。只有在實踐裡面，人才在作爲個體的人中間尋找一種必然性並企圖把它表達出來；但這種必然性或者是形式的，或者是一種確定的內容，或者是美德，仍然同樣是在經驗範圍之內的。

2. 政治學。還必須談一談亞里斯多德的**政治學**。必需的實踐方面和積極性的事物，實踐精神的組織和實現，它的實施和實質，乃是那普遍的國家。亞里斯多德是多少意識到這一點的；他把政治哲學看成普遍的、全部的實踐哲學。國家的目的是一般的普遍幸福。對於道德，他認爲固然也是屬於個人的，但是它的完成只能夠在全體人民裡面才能達到；即在國家裡面。[208]眞的，他是那樣重視國家，以致他的出發點乃是把「人」的定義規定爲「政治的動物，具有理性的動物。因此，只有人才具有善惡的意識、正義及非正義的意識，而動物則沒有，」因爲動物沒有思維；今天人們倒是把這些規定之間的區別擱在感覺方面，而其實，

208 參看《尼各馬可倫理學》，第一卷，第一章（二）。

動物也是有感覺的。當然，對於善惡等等的感覺也是有的，但是使這種感覺成爲不是動物的感覺的，乃是思維。這一方面亞里斯多德也是認識到的。在幸福裡面，有理性的識見，它乃是人的美德的主要條件；因此感覺與理性這兩方面的和諧，乃是主要的環節。當他把人這樣規定了之後，他說：「這些人的結合就形成了家庭和國家，」不過在這裡應該有這樣的理解，即「國家按其本性」（就是說在本質上、實質上、按其概念、理性和眞理性而言，而不是按時間而言）「乃是先於家庭」（家庭是自然的而不是理性的結合）「和先於我們任何一個人的。」亞里斯多德不把個人及其權利認爲第一性的，而卻是把國家認爲按其本質而言是比個人和家庭爲高的，並且構成了這兩者的實體性。就善、正義方面來說，國家是本質的存在。「因爲整體對於部分來說，乃是第一性的」（本質），「如果整個身體被取消」（整個的人），「那麼，除了空名之外，就既沒有腳也沒有手，例如：也有人把一隻石刻的手叫做手；因爲一隻被破壞了的手乃是和石刻的一樣的手」，（如果人死了的話，所有各部分也就完了。）「因爲一切的事物都是『隱德來希』和可能性所規定的；因此，當『隱德來希』再也不存在的時候，也就不能再說某件事物仍然是這件事物，而只是一個空名而已。所以國家乃是」「隱德來希」，「乃是個人的本質；個人如果離開全體，就正像一個有機體的部分脫離了有機體一樣，不就是什麼自在自爲的事物。」這與近代的原理正相反，近代的原理是以個人爲出發點，使每一個人都有一個投票權，從而才產生了國家。在亞里斯多德那裡，國家是實質，是根本的事物，最優越的事物是政治權力，[209]由主觀的活動來加以實現，因而主觀的活動在政治裡面獲得了自己的使命、自己的本質。因此，政治是最高的事物；因爲它的目的在實踐方面來說乃是最高的目的。「但是誰如果不能參加這個結合，或者由於自己的獨立性而不需要這個結合，那麼這個人就或者是一個野獸，或者是神。」[210]因此，正像在柏拉圖那裡那樣，政治乃是首要的（das Prius）。而今天則是把個人的特殊意志（任意）當作第一性的事物，當作絕對的；據說，法律應該是所有的人同意制定的。

從這幾點看來，很顯然，亞里斯多德不會有所謂自然權利那種思想（如果需要一種自然權利的話）；就是說，他沒有把人當作眞實的結合之外的抽象的人來考察的觀念。

此外，他的政治學還包含著一些富於啓發性的觀點，像關於國家的內在環節的知識，[211]以及各種不同的法制的描述等等。[212]沒有一個國家像希臘那樣同時既富於各種不同類型的法制，又屢屢在同一城邦中變動法制；（由於古代的和近代的國家的原理不同，這些法制已失去意義。）但是同時希臘也不認識我們近代國家的抽象的權利，這種權利把個人孤立起來，

209 《大倫理學》，第一卷，第一章：「一切知識和權力（δύναμις）都有一個目的，這就是善，知識和權力愈優越，其目的也愈優越。最優越的權力則是政治權力；因此它的目的也是善。」

210 《政治學》，第一卷，第二章。

211 《政治學》，第三卷，第一章；第四卷，第十四—十六章。

212 《政治學》，第三卷，第七章（五）；第四卷，第十三章。

准許他按個人的選擇去行動（使得他主要地是作爲個人而存在），但它又像一種不可見的精神，把一切人結合起來，使得在任何一個人裡面，眞正說來，既沒有那種爲了整體的意識，也沒有那種爲了整體的活動；他爲整體而工作，但是卻不知道他在怎麼樣爲它工作，他只是關心於保存自己。這乃是一種分工的活動，在這種分工活動中每個人只占一份；正如在一個工廠裡面，沒有什麼人自己單獨製造一件完整的產品，每個人只是製造產品的一部分，不懂得製造其他各部分的技能，只有少數幾個人才把各部分裝配成一件產品。只有自由的民族才意識到整體並爲它而活動；在近代，一個人如果作爲獨立的個人，就會感到不自由，市民的自由就是等於不需要普遍的原則，就是孤立的原理。但是市民的自由（我們沒有兩個不同的字眼來代表 bourgeois〔市民〕和 citoyen〔公民〕）[213]是一個必要的環節，那是古代的國家所不熟悉的：或者說，古代國家不認識這種點的完全獨立，以及整體的更大的獨立，更高級的有機生命。國家接受了這個原理之後，就能夠有更高級的自由產生出來；前面所講的那些國家只是自然的玩意兒、自然的產物、偶然的結果和個人的任意作品，而這裡所說的國家才有那種內在的生存和不可摧毀的普遍性，這種普遍性在其各個部分中成爲眞實，獲得了鞏固。

除此以外，亞里斯多德沒有柏拉圖那樣企圖描寫一個理想的國家。關於國家制度，他只

---

213 按：此二字是法文，德文表示這兩個概念的只有 Bürger 一個字。——譯者

是規定說，最好的人應該統治國家（不管人們要怎樣幹，事實上也老是最好的人在統治國家）：因此，他並沒有那麼關心於規定國家制度的形式。「因爲如果將最好的人同美德及政治能力都遠不及他們的人一樣平等看待，那對於最好的人是不公道的。因爲一個這樣卓越的人，就等於人中之神。」此處無疑地亞里斯多德是想到了他的亞歷山大，以爲他應該像神一樣來統治人，而沒有任何人能夠統治他，甚至法律也不能。「對於他，法律是不存在的，因爲他自身就是法律。人們也許可以把他趕出國外，但是卻不能制御他，正如不能制御宙斯一樣。所以一切人自然只有服服帖帖聽從這樣一個人的指揮；這樣，這種人就永遠（絕對獨立地）成爲國中之王。」[214]希臘的民主政治當時已經完全破產，所以他再不能認爲它有什麼價值了。

四、邏輯學

此外，還必須考察亞里斯多德的邏輯學，它千百年以來備受尊崇，正如它今天極受輕蔑一樣。雖然邏輯在這裡才初次被提到，而且在以後整個哲學史裡面也說不上有另外一種邏輯（除非我們把懷疑論的否定算作邏輯，否則就完全沒有別的了）：這裡仍然不能對它的詳細內容加以討論，而只能夠談一談它的一般的特性。他是被人稱爲邏輯學之父的；從亞里斯多

214《政治學》，第三卷，第十三章（八—九）。

德以來，邏輯學未曾有過任何進展。亞里斯多德所給予我們的這些形式，一部分是關於概念的，一部分是關於判斷的，一部分是關於推理的，它是一種至今還被維持著的學說，並且以後也並沒有獲得什麼科學的發揮，這些形式被後人加以引申，因而變得更加形式化。對於思維的有限的應用，亞里斯多德是把握到了的，並且也明確地表達了出來。在處理思維的這些形式的時候，亞里斯多德像一個博物學家，逐一加以論述，但是在把一個形式從另外一個形式推斷出來的時候，他卻只是提出其有限的形式；這只是一種有限的思維的自然史。

由於邏輯是對於純粹理智的抽象活動的一種意識（而不是對這個或那個具體的事物的知識），是純粹的形式，所以這種意識事實上是值得驚歎的，並且更值得驚歎的是這種意識的這個發揮，這個邏輯學乃是一部給予它的創立人的深刻思想和抽象能力以最高榮譽的作品。因爲對思維、表象的最大的統攝能力乃是：把思維與質料性的事物分開來並且加以把握，這種能力幾乎表現得還要更高，如果當思維是這樣與質料混合在一起，並且變化多端、能夠有無數的用途的時候，竟然能夠把握它的話。亞里斯多德不但考察思維的運動，而且考察通常表象中的思維。

亞里斯多德的邏輯學包含在他的一些邏輯學著作中，這些著作被集結在《工具論》的名目之下，其中共有五種著作。

（一）〔第一種著作所討論的是〕[215]各種範疇（κατηγορίαι）或簡單的本質性、普遍的規定、可以用來述說存在物者；既包括我們稱爲理智概念者，也包括事物的本質性。這可以說是一種本體論，屬於形上學範圍之內；因此這些規定也出現在亞里斯多德的《形上學》裡面。

〔《範疇篇》〕第一章是：論語言的形式（περὶ τῶν λεγομένων）。Λέγειν（述說）一字是由λόγος（定義）而來的，由此可以看出它不只是指單純的「說話」；它又是與第一章所談及的「歧義語」（ὁμώνυμα）等等相對立的。Τὰ λεγομένα（語言的形式）一般地是用來表達一定的概念的。第一段開始是談語言的形式〔之區分爲複合的和非複合的〕，[216]第二段談語言所指的事物即事物本身中有一些（τῶν ὄντων τὰ μέν）〔可以用來述說一個主體而絕不存在於主體裡面。〕[217]這兩者是互相對立的。但語言的形式純粹作爲語言的形式時，即作爲主觀的關係時，亞里斯多德僅僅這樣提到：「〔語言的形式〕[218]或者是簡單的，或者是複合的；

215 據下文增補。——譯者

216 據亞里斯多德，《範疇篇》原書增補。——譯者

217 據亞里斯多德，《範疇篇》原書增補。——譯者

218 據亞里斯多德，《範疇篇》原書增補。——譯者

〔複合的語言形式如〕[219]『人奔跑』，〔簡單的語言形式〕[220]如『人』、『奔跑』。」事物本身中的這一些，乃是屬於第一類的 κατὰ συμπλοκήν〔複合的形式〕），並且無疑地只是那些獨立自存者之間的關係；因此，這種關係並不是在這些事物自身裡面的，而只是主觀所加的，或者是在它們之外的。雖然關於 οὖσι（存在的事物）他立刻又說 τῶν ὄντων τὰ μέν λέγεται καθ' ὑποκειμένου τινός（事物本身中有一些可以用來述說一個主體），但他以後也常常把 λέγεται（述說）用來談 οὖσι（存在的事物），並且把它和 ἐστί（存在於……之中）對立起來，以致 λέγεται（述說）被用來說「種」對其個體的關係，反之 ἐστί（存在於……之中）則被用來說普遍者，而這裡普遍者並不是指理念，而是指一種簡單的事物。

「第二節：1.事物本身（ὄντα）有一些可以用來與一個主體聯結起來（用來述說一個主體），但是絕不存在於任何事物裡面；例如人可以用來述說一個個別的人，但卻不是存在於一個個別的人裡面。」

2.「另外一些事物是存在於一個主體裡面的，但是絕不能用來和一個主體聯結起來（不能用來述說一個主體）；（『存在於一個主體裡面』的意思，並不是指像主體的部分存在於主體裡面那樣的存在，而是指離開了主體就不能存在），例如一點語法知識（τὶς

219　據亞里斯多德，《範疇篇》原書增補。——譯者

220　據亞里斯多德，《範疇篇》原書增補。——譯者

γραμματική）或一種顏色乃是存在於一個主體（靈魂）裡面的，但卻不能用來述說一個主體，」或者說，不能當作主體所歸屬的「種」與主體聯結起來。

3.「另外一些事物既可以與主體聯結起來，又存在於一個主體裡面；例如知識」（語法知識）「就是存在於靈魂裡面，並且可以用來與語法聯結起來。」[221]

4.「另外有一些事物是既不存在於一個主體裡面，也不能用來與一個主體聯結起來：例如某一個人、一個個體、一個在數目上具有不可分的單一性的事物；不過這一類的事物之中也有一些是存在於一個主體裡面的，例如一點語法知識。」

主體（ὑποκείμενον），或者不如說基體：它乃是概念與之發生關係的事物，乃是在抽象中被省略去的事物；一個概念必然與之發生對立關係的事物：個體。

我們可以看出亞里斯多德注意到種、共相和個體之間的區別。

(1)種被用來述說一個人，卻不是存在於一個人裡面，或者說，不是作為一種個別的性質；那個勇敢的人乃是個實在物，但是卻被一般化地表達了。在邏輯及其概念中，永遠有那種與實在者的對立；邏輯的實在者本身就是一種被思維的事物。這種邏輯企圖在它自己的三個階段裡面模仿絕對者的範疇。概念是邏輯的實在者，本身只是一種被思維的事物、可能性的事物。在判斷裡面，邏輯把一個概念甲當作一個實在者（主體），並以另一個實在者作

404

221 指「知識」可以用來述說「語法」，例如說：語法是知識。——譯者

為概念乙與它聯結起來；乙被稱為概念，而甲則是聯繫到乙而存在，但是乙卻不過是更普遍的概念而已。在三段論式裡面，據說必然性已被模仿了；在一個判斷裡面，已經有一個概念與被設定的實存物之間的一種綜合，在三段論式裡面，這種綜合應該帶上必然性的形式，因為兩者在一個第三者裡面被等同起來，在 medium terminus（中項）裡面，按照必然性，正像在倫理學中那樣，把兩個對立的事物在 *μεσότης*（中庸）裡面等同起來。大詞表達邏輯上的實存；小詞表達邏輯上的可能性（卡猷士在邏輯家看來單純地只是一種可能性）；結論把兩者聯結起來。那勇敢的人只是一個被思維的事物，被設定具有存在的形式，它乃是抽象之純粹形式，純粹被思維的事物的純粹的設定。從理性看來，美德是具有生命的事物；它就是眞的實在。

(2)那不是種的**最普遍**者（就是說，它本身不就是普遍和特殊的統一，或絕對的個體性、無限性），這誠然是一個主體裡面的環節或賓詞，但它卻不是獨立的，*οὐ λέγεται*（不可用來述說主體的），它本身是不能自存的；因為 *ὃ λέγεται*（可用來述說主體的）乃是能夠作為普遍者而獨立的，或者說，在自身之中同時就是無限的。

(3)**特殊**者，它是可以用來述說的，例如知識（科學）在自身裡面乃是無限的，因此它乃是像語法這樣事物的種；而同時它也是普遍的事物，或者說，不是個別的，而是主體的一個環節。

(4)亞里斯多德所說第四種事物，是那種可以稱為直接的觀念的事物：個體，個別的事物（他所說的那個例外，即有些個別的事物——例如某一點語法知識——也可以是存在於一個主體裡面，在這裡是不適當的，因爲這點語法知識本身並不眞正是一個個別的事物）。

「第三節：如果某物用來述說作爲它的主體的另一物，則凡用來述說這個賓詞的，」即凡可以作爲普遍者和這個賓詞聯結起來的，「也可以用來述說這個主體」（這是通常的三段論式；從這裡面我們能看得出，既然這一點在這裡被處理得這樣簡短，在亞里斯多德那裡，眞正的三段論式是有更大的意義的）。

「第四節：此不相隸屬的不同的種，具有不同的屬差；（第五節）反之，有隸屬關係的種則能夠有相同的屬差：因爲可以適用於上級的種的，也可以適用於主體」（此處主體 *ὑποκείμενον* 意思不是指作爲主體的主體，或者眞正作爲個體的一定的事物，而是指一般的下級的種）。

「第六節：不帶聯結而被述說的。」[222]前面所談的是那被聯結起來的，如種等等。在第二章裡面亞里斯多德把概念從根本上區分爲簡單的和複合的；前面所談的都是後一種，下面要談的乃是簡單的概念，這些簡單的概念乃是眞正的範疇。「第八節：何一個範疇本身都既不是一種肯定，也不是一種否定，既不是眞，也不是假。」

這些範疇在這裡被列舉出來；但是不可以把這篇作品當作是完全的。亞里斯多德[223]一共

---

222 按：即非複合的語言形式。——譯者

223 《範疇篇》，第四章（二）。

舉出十種：(1)實體，存在（οὐσία）；(2)質（ποιόν）；(3)量（ποσόν）——ὕλη（質料）——；(4)關係（πρός τι）；(5)場所或空間（ποῦ）；(6)時間（ποτέ）；(7)姿態（κεῖσθαι）；(8)具有（ἔχειν）；(9)動作（ποιεῖν）；(10)遭受（πάσχειν）。這些事物他稱爲「可作賓詞的」；此外，他還舉出五種「副範疇」，[224]但他只是把它們彼此平列在一起而已。

第五章（布勒本第三章）：「論本質 οὐσία 實體）。」第一節：實體，就其最初的和主要的意義而言，在亞里斯多德看來乃是個體，個別的事物（參看第二章的第四種）；「可是也有第二實體，第二實體作爲『屬』包含第一實體，這些『屬』以及這些『屬』的『種』，乃是第二實體。」

關係範疇是質和量的綜合，因此它們乃是屬於理性的；但就其被當作關係而言，則是屬於理智的，並且是有限性的形式。在它們裡面，存在、本質占第一位；其次是可能的事物（偶性、效果），不過後面這些事物乃是被分開來的。在實體裡面，甲是存在，乙是可能性；在因果關係裡面，甲和乙都是存在，但是甲是甲在乙裡面被設定，乙是甲的一種前提。實體的甲是邏輯的存在，它是與它的實存對立的本質；這個實存在邏輯裡面只是單純的可能性。在因果範疇裡面，甲在乙之中的存在單純是一種反射的存在；獨立的乙本身是另外一個存在。但在理性裡面，甲既是乙的存在，也是甲的存在；並且甲是甲的整個存在，正如

224《範疇篇》，第十—十四章（八—十一）；參看康德，《純粹理性批判》，第七十九頁（第六版）。

是乙的整個存在一樣。

「第三節：所有可以用來述說一個主體的事物，其名稱及定義（λόγος，『種』）都可以用來述說其主體；第四節：反之，那些存在於一個主體裡面的東西的『種』，[225]則不能用來述說主體（ὑποκειμένον，下級的『種』）：白（色）的定義不能用來述說那個它存在於其中的物體。」

「第五節：個體以外的事物（一般地除了它們的定義，有時也除了它們的名稱以外）都或是用來述說主體」（個別的事物）「或是存在於主體裡面；因此，沒有第一實體（個別的事物）就沒有別的事物能存在，（第七節）因爲第一實體乃是一切別的事物的基礎。」

照亞里斯多德看來，「種」比「屬」較少實體性：「第六節：在第二實體之中，『屬』比『種』較多實體性；因爲『屬』更接近第一實體，更是第一實體的特性，（第七節）並且『種』可以用來述說『屬』，而『屬』不可以用來述說『種』，『屬』乃是主體。第八節：但是各個『屬』乃是同等的實體，（第九節）正如在第一實體之中沒有一個比其他的更多實體性一樣。」

「第十節：但是『屬』和『種』比起其他事物」（特質、偶性）來，「應該稱爲第二實體；人這個概念，比起他是白的或者他在奔跑來，更爲重要。」因此，抽象有兩種：例如

225 按：即定義。——譯者

「人」和「有學問」，兩者都是某一個人的性質；前者只是除去個別性所得的抽象，因此，乃是將個體提升到理性的概念，並沒有什麼事物損失掉，所失掉的只是那種抗拒反射的事物，而不是全部事物。

「第十二節：第二（和第一）實體的名稱和定義，都可以用來述說一個特定的人（用人和動物來述說一個特定的人），但它們並不存在於一個特定的人裡面；反之，那些存在於一個基體裡面的事物，其名稱固然可以用來述說這基體，但其定義卻不可以。」

（布勒本第四五八頁）「第十五節：適用於實體的，也適用於屬差，名稱和定義都可以用來述說主體。」

（二）《工具論》的第二種作品是《論解釋》，它乃是關於判斷和命題的學說。命題存在於有肯定和否定、有眞和假發生的地方[226]不是在純粹的思維中，當理性思維它自身的時候；不是一般的，而是個別的。

（三）第三種作品是他的《分析篇》，共有前後二篇；它們特別詳盡地討論了證明和理智的三段論式——論證。「三段論式是一個根據（ἐστι λόγος 理由），在其中如果做了某些假定，就有被假定者以外的事物必然被推出來。」[227]亞里斯多德的邏輯學基本上很精確地討

226《範疇篇》，第四章（二）；《論解釋》，第四—六章。

227《分析前篇》，卷一，第一章。

論了三段論式的一般的理論；但是它們並不是眞理的一般形式。他的形上學、物理學、心理學等等之中，他並沒有以三段論式推理，而是以自在自爲的概念爲思維的對象。

（四）第四種作品是「正位篇」，或者論「場所」。這是能夠用來考察事物的各種觀點，亞里斯多德一一把它們列舉出來。西塞羅和布魯諾曾經更充分地研究過它們。亞里斯多德提出很多在考察一個對象、命題或問題的時候可能被採取的觀點。每一個問題都能立即被引導到這些不同的觀點上面，這些觀點是一定會在所有的地方出現的。這樣，這些「場所」就好像是一個包含許多方面的格式，以便依照它們來考察和研究對象；這是一種對於培養演說家和養成談話能力很有說明的作品：要訓練成爲一個演說家，就需要這個，因爲知道了許多觀點，就能夠立刻達到對象的許多方面，而依照這些方面來發揮它。

這是一種**辯證術**，外表的反省形式。亞里斯多德說：「這乃是一種從或然性之中去尋求命題和結論的工具。」[228]這些「場所」乃是一般性的：(1)差別；(2)相似；(3)對立；(4)關係；(5)比較。[229]「用來證明某物更佳或更可欲的場所有：(1)歷時較長；(2)選擇此物的人有權威，或更多人選擇它；(3)『種』之對『屬』；(4)本身就更可欲；(5)因爲它存在於一個更好者那裡；

228《正位篇》，第一卷，第十三章（十一）及第一章。

229《正位篇》，第一卷，第十六—十八章（十四—十六）；第三卷，第七—八章、第十章。

(6)因爲它是目的；(7)目的和結果的比較；(8)更美或更值得讚美」等等，[230]亞里斯多德說，[231]「人們必須用三段論式來對付辯證術者，用歸納法來對付一般群眾。」同樣地，亞里斯多德[232]把辯證的和證明的三段論式與修辭的和每種想說服人的方法區別開來；亞里斯多德把歸納法算作修辭方面。

（五）最後，第五種著作是《智者的論辯》（σοφιστικοί ἔλεγχοι）；或者論轉向，即論普通觀念中如何產生了矛盾，在具有實質內容的思想的不自覺的進行中（在範疇裡面），思想如何經常自己陷於矛盾。智者的詭辯把不自覺的觀念引入這種矛盾，使它注意到這種矛盾。在討論芝諾時，我們已提到它們。麥加拉學派特別善於此道。亞里斯多德逐一檢查它們的種類和方式，一面解決這些矛盾。他指出，這些矛盾的解除，在乎加以區別和規定。他考察了智者，特別是麥加拉派所曾探求用來使不自覺的觀念陷入迷途而不能自拔的那些詭辯。亞里斯多德在解決這些矛盾時，是很鎮定、很細心的，不怕麻煩地逐一檢查和解決一大堆這種事物，雖然這件事本來可以較爲簡潔地加以處理。上面[233]我們已經在麥加拉學派那裡

230 《正位篇》，第三卷，第一章；布勒，《論證》，第十八頁。

231 《正位篇》，第八卷，第二章。

232 《分析前篇》，第二卷，第二十三章（二十五）。

233 見上文第一二九—一四六頁。（即本書邊碼 129-146）

看到過這類例子了。

這幾種著作就構成了他的《工具論》；在我們的普通邏輯學書籍裡面，那來自《工具論》的事物，事實上只是那極少而且極不重要的一部分，常常只是波爾費留的導言。這個亞里斯多德邏輯學，特別是在上半部分，在《論解釋》和《分析前篇》、《分析後篇》裡面，已經包含著對於通常的邏輯學所討論的各種形式的敘述，就是那些一般的思維的形式，它們乃是那直到現在仍被稱爲邏輯學的事物的基礎。

(1)亞里斯多德的不朽的功績，在於他認識了抽象的理智的活動——認識並且規定了我們的思維所採取的這些形式。因爲，原來使我們感興趣的，乃是具體的思維，沉沒在外界的直觀裡面的思維：那些形式沉沒在它裡面，成爲一個不斷的運動的網；而把思維的這個貫穿一切的線索——思維的形式——加以確定並提到意識裡來，這乃是一種經驗的傑作，並且這種知識是絕對有價值的。單單這個考察本身，作爲一種關於這個活動的諸多形式及變化的知識，已經就夠重要和有趣了。因爲，雖則對於我們，把這些不同種類的判斷和論式及其多方面的局限性逐一列舉出來，可能顯得很枯燥而無內容，並且也不能用以發現眞理，但是，至少比較起來，沒有別的一種知識能高出於它。例如：既然研究認識無數種類的動物、昆蟲、一百六十七種布穀鳥，其中有一種頂毛與別一種頂毛形式不同，認識苔蘚（苔蘚是一種地垢）、昆蟲、毒蟲、蝨子的某一低賤的種中的一個新的低賤的類，（博學的昆蟲學）——既然研究認識這些事物，就被人們認爲是一種可貴的工作；那麼研究認識許多種類的思維活動，比起研究這些古怪的生物來，應該重要得多。在通常的邏輯學中所有關於判斷、推理等等的形式所說的最好的事物，乃是自亞里斯多德的這些著作裡面得來的；人們曾在它們上面加以詳細的發揮，但其中所包含的眞的事物早已在亞里斯多德那裡存在著。

(2) 亞里斯多德邏輯學的眞正的哲學價值。這種邏輯學在我們的教科書裡面所獲得的地位和意義是：它只表達和包含著作爲意識的理智活動；它指導人正確地去思維，因此看起來思維的運動好像是一種獨立的事物，與被思維的對象無關，只是我們的理智的規律，我們藉以取得知識，不過是借一種不是事物本身的運動的媒介、運動。人們會以爲這樣的結果就是眞理，並以爲我們依照這樣的思維規律把事物的性質說成怎麼樣，它們就是怎麼樣。但是這種認識的方式，僅僅有主觀的意義；其判斷、推論也不是事物本身的判斷、推論。

然而，要是按照這個觀點思維是獨立的，那麼，它本身就不能是認識，或本身沒有任何自在自爲的內容；它只是一種形式的活動，這種活動誠然可以進行得很正確，但它的內容對它說來卻是給予的。在這個意義上，它會成爲一種主觀的事物；這些推論本身絕對是正確的，但因爲它們缺乏內容，這些判斷和推論就不足以得到眞理的認識。這樣，邏輯學家就揭示它們的形式；而接著就對他們所揭示的加以譴責，說它們純是形式。這兩個步驟都承認這一點，即它們是正確的。不過在這個觀點和這種譴責裡面，眞理本身卻找不到了；錯誤一般地是：主體和客觀相對立的形式，它們的不統一。問題不在於：某種事物本身是否絕對的眞。因此所謂推理的思維規律就被認爲是眞的，或者毋寧說就是本身正確的；在這一點上還沒有人懷疑過。用以誹謗它們的最壞的話，就是說它們是形式的，其錯誤只在於此：思維的規律作爲思維的規律，作爲思維的規定、範疇，或者只是判斷的規定，或者只是具有理智的主觀形式，物自體還是一種與它們不同的事物。

但是，(1)即使說它們沒有經驗的內容，但它們本身就是內容；眞的科學、思維的科學：不是什麼純形式的事物，而是有內容的。思維及其運動就是內容；它是一種饒有興味的內容，不下於任何其他內谷，它本身就是眞的。但是在這裡，整個亞里斯多德方式的短處又出現了，而且是最嚴重的。在亞里斯多德的方式和一切後來的邏輯學裡面，在思維及眞正的思維運動裡面，各個個別的環節陷於彼此分離的地步；它們是許多種類的判斷和推理，其中每一種都被認爲是獨立的，而且就這樣被認爲有絕對的眞理性。因此它們也就是內容不相干的不同的存在：著名的矛盾律等等，三段論式等等；這樣孤立起來，它們恰恰就得不到眞理。只有它們的總體才是思維的眞理；這個總體是主觀，同時又是客觀的。它們只是眞理的材料，是無形式的內容！它們的缺點不在於它們只是形式，正相反，乃在於沒有形式。正如一個事物的許多個別方面，例如紅、硬等等，獨立時不是一個物，只有它們的統一才是一個物，同樣地，只有判斷和推理的許多形式的統一才是眞理，單獨時它們正如紅、硬這樣的性質一樣缺乏眞理，或者如節奏、旋律那樣。一個推論的形式以及它的內容可能完全是正確的，但它的結論卻沒有眞理性，因爲這個形式，作爲這個形式，本身是沒有眞理性的。不過對於這些形式，從來沒有人由這方面來加以考察過，而對於邏輯的輕蔑，乃是基於這種把它視爲缺乏內容的錯誤的看法。它們的缺點正在於內容太多。(2)這個內容不是別的，就是思辨的理念。理智或理性的諸概念是事物的本質，當然，不是從剛才那種觀點看來是如此，而是在眞理中是如此；對於亞里斯多德，理智的概念——範疇——乃是存在的本質。如果它們本身就絕對是眞的，那麼它們本身就是自己的內容，而且是最高的內容；但是，（在普通邏輯學裡面，）情形卻不是這樣。

亞里斯多德的書裡面所陳述的這些形式，卻只是理智思維形式；是抽象的理智所區別出來的一般的思維的規定。這不是思辨思維的邏輯，不是作爲與理智有別的理性邏輯；理智的同一性，即任何事物都不應該自相矛盾，是它的基礎。這種邏輯，按其本性來說就不是思辨的。這個邏輯只是有限的事物的邏輯，但人們卻也必須熟識它，因爲在有限的事物裡面，到處有它的存在。例如：數學就是一系列連續進行的推論，而法學就是將特殊統攝於一般之下，就是這兩者之間的結合。正是這些形式貫串在有限的關係裡面，並且有許多種科學、知識等等，除了有限思維的這些形式之外，就不知道也不運用任何其他的思維形式；它們構成了有限科學的一般方法。然而它們只是有限規定的關係；而三段論式乃是這些規定的整體、總和。因此三段論式是理性的推論，因爲它乃是理性的理智形式。一個三段論式具有三項，而這三項就構成三段論式的總和。理智式的三段論式，例如普通邏輯形式裡面的三段論式，便具有這種意義，即一個內容和另外一個內容結合起來。反之，理性的三段論式則具有這樣的內容，即主體等等和自身聯結起來；理性的三段論式是：某一個內容、神等等，透過與自己的區別，把自己和自己聯結起來。這種同一性構成了思辨的內容的主要環節，理性的三段論式的本性的主要環節。因此，亞里斯多德乃是理智的普通邏輯學的創立者；他的形式所觸及的只是有限的事物彼此之間的關係，眞理在這種形式中是不能被把握到的。但必須指出，他自己的邏輯學不是建立在這些形式之上的，他的邏輯學不是以這些理智關係爲基礎的，也就是說，亞里斯多德並不是依照這些三段論的形式來進行思維的。如果亞里斯多德是這樣做的話，那他就不會是我們所認識的這個思辨的哲學家了；如果他是依據這些普通邏輯的形式的話，他的命題、觀念就沒有一個能夠被建立、被斷言、被主張。我們不應該以爲，亞里斯多德所以是思辨的哲學家，乃是因爲他依照《工具論》中的這些形式進行了思維和論證；如果他是這樣的話，他就不能前進一步，因爲他可能連一個思辨的命題也達不到。

正像整個亞里斯多德哲學一樣，他的邏輯學（它好像是精神的形式的自然史，正如在自然史裡面他考察了動物、獨角獸、一種稱爲猛獁象的獸、甲蟲類、軟體動物一樣）也需要一種改造，以便把他所有的規定納入一個有必然性的系統的整體；不是把它改造成爲一個分類正確、沒有一部分被遺忘，並且依正確秩序表達出來的一個系統的整體，而是要使它成爲一個有生命的有機整體，在其中每個部分被視爲部分，而只有整體作爲整體才具有眞理。例如亞里斯多德在他的政治學裡就常常表達這個眞理。正是因爲如此，個別的邏輯形式本身並不帶有眞理；不是因爲它是形式或思維，而是因爲它是特定的形式，特定的思維；它是個別的形式，並且必須被這樣看待。但是，作爲體系、作爲統治著這個內容的絕對的形式，則思維就在自身具有內容，那就是從自己區別開的自己；它就是思辨的哲學，是那直接爲主觀和客觀的內容，概念和普遍者是事物的本質。它們被認爲是形式，內容和它們是相對立的，因爲它們本身不具備內容那種形態。正如義務當然表示一種自在自爲的存在，思維也表示一種自在的存在；但是一個特定的自在自爲的存在、一個特定的自在的存在，本身只是一個環節；必須規定自己，但也必須知道再揚棄它這個規定。作爲這個特定形式的邏輯形式把自己揚棄了，因而也就放棄了它作爲自在自爲者的那個權利要求。此時，邏輯才是一種理性的科學；它是絕對存在的純粹理念的思辨哲學，沒有主觀和客觀的對立，而只留下思維本身裡面的對立。〔在普通邏輯裡面，〕有許多只是不相干的形式。

* * *

在陳述亞里斯多德哲學的主要內容時，我說得比較詳細些，一部分是因爲這個內容本身的重要性（它是一種獨特的內容），一部分是因爲事實上近代人在他的哲學上犯的錯誤，要比在任何哲學上犯得更多，並且在古代哲學家裡面，沒有一個人比亞里斯多德更需要這樣多的辯護。如果眞有所謂人類導師的話，就應該認爲亞里斯多德是這樣一個人；他的概念深入意識的一切領域：而透過概念所作的詳細特殊的闡述，由於同樣也是必需的，就在每一個領域裡面包含了最深刻的正確的思想。爲了大體上預見他的哲學的**外在的歷史**，我們可以說，亞里斯多德就因此在許多世紀中不斷地成爲思維教養的主要負荷者。當科學在基督教的西方，在基督教徒中間消失了的時候，他的聲名在阿拉伯人中間卻正是那樣光輝燦爛，他的哲學後來從阿拉伯人那裡再流傳到西方。亞里斯多德的哲學從經院、科學，特別是從神學（討論絕對的存在的哲學）中被趕出去這個事實，曾被人們當作一個**勝利**來慶祝；這件事包含有兩方面的意義：**一方面**，事實上並不是亞里斯多德的哲學被趕走，被趕走的毋寧是這種科學的特別是神學的科學的原理，就是那個認爲第一眞理乃是被給予的、天啓的原理，它乃是一個一下就永遠成爲一切的基礎的假設，按照這個假設，理性和思維只有權利和能力去作一些淺薄的往復推論。以這個形態，那在中世紀甦醒的思維，特別地建立了它的神學，並且建立起一個巨大的機構，在其中那被給予的材料只是被淺薄地加工、安排和保存下來。對於這個體系的勝利乃是對於這個原理的勝利，並且是獨立的自由思維的勝利。但**另一方面**，這個勝利卻是常識觀點的勝利，這種常識觀點從概念裡面解放出來，並且擺脫了思維的羈軛。以前，甚至是現在，關於亞里斯多德的煩瑣的分析，我們已聽說得很多；人們以爲一用這樣一個名義就可以給自己一種不需要再從事抽象工作的權利，而可以名正言順地依靠所看見、所聽見的，可以逃避到所謂健康的常識裡，而不要概念。在科學裡面，同樣地，細緻的觀察也起來代替了細緻的思想；一種甲蟲或鳥類，被人們這樣細緻地加以區分，正如以前人們對於概念和思想所做的一樣。某種鳥究竟是紅色的抑或是綠色的，是否有一個較完善或較差的尾巴等等——像這樣的細緻的分別，人們發現比思想的區別來得容易些；而同時，在一個民族還沒有把自己訓練得能夠堅持對思維、對共相進行工作的時候，那種細緻的觀察分析也是一個有用的準備階段，或者不如說，它乃是這個文化路程裡面的一個環節。

亞里斯多德哲學的**缺點**在於：在各式各樣現象被他的哲學提高到概念中之後，這個概念卻又分解爲一系列彼此外在的特定的概念，那個統一性、那個絕對地把它們結合起來的概念卻沒有被強調。這正是後來的時代所必須完成的工作。事情看來是：所需要的是概念的統一性。這個統一性就是絕對的存在。這個統一性首先表現爲自我意識和意識的統一性、純粹思維的統一性。作爲存在的統一性，乃是客觀的統一性，乃是被思維的思想。但作爲概念的統一性、那本身普遍的否定的統一性、作爲絕對地充滿了的時間，並且在時間充滿之中作爲統一性，這乃是純粹的自我意識。因此我們就看見這件事情出現了，即是：純粹的自我意識得到了實現；但是卻同時首先是帶著自我意識的主觀意義，因此也就被確定爲自我意識，並且使自己從客觀的存在分開來，因此首先就受到一種異己的事物的苦惱，而這個異己的事物是它所不能克服的。

問題的這個必然性產生了斯多噶學派、伊壁鳩魯學派，然後是新學園派、懷疑學派的哲學；這些派別是我們現在要加以考察的。

亞里斯多德的直接後繼者是德奧弗拉斯特，生於第一百零二屆奧林匹克賽會的第二年（公元前三七一年），他是著名的，但卻只能看作亞里斯多德的一個評注者[234]（亞里斯多德是一個這樣豐富的哲學概念的寶庫，其中有許多材料，容許作進一步的加工，更抽象的說明和個別命題的詳細發揮）；但是關於德奧弗拉斯特，正如關於許多其他的人，例如墨西拿[235]

234 坦納曼，《哲學史》，第三卷，第三三三頁。

235 布魯克爾，《批判的哲學史》，第一冊，第八五四頁；《哲學史》，第三卷，第三三六頁。

的第開亞爾可[236]以及蘭普薩克的斯特拉陀[237]那位德奧弗拉斯特最著名的後繼人一樣，我們不能談得很多，關於斯德拉陀我們只有一些大概的傳說：他是作爲一個物理學家而著名的，他的自然概念是循著機械論的方向，不過不是追隨留基伯和德謨克利特的機械論，也不是其後的伊壁鳩魯的機械論，而是一種從熱和冷出發的機械論，[238]並且，（如果這種關於他的傳說是眞的話，）他很不忠實於亞里斯多德的思想，把一切歸結於機械性和偶然，不採取目的論的目的[239]不是近代那種糟透的目的。其他的逍遙學派學者們多從事於發揮亞里斯多德的個別學說，從事縷述他的作品，內容相同，只是帶上或多或少修辭的評注的形式。已經說過，亞里斯多德的著作早就散佚了，所以亞里斯多德的哲學不是透過原作保存下來，而是透過經院

236 西塞羅，《杜斯古里問題》，第一卷，第十章，（參閱第十三章）：「靈魂不外是一個空名，我們用於行動和感覺的全部能力，是平均分布在整個活著的身體裡面的，而且和軀體是分不開的；因爲靈魂不外是如此構造的身體：透過軀體內的某種對稱和比例，它便能生活和感覺。」斯托拜烏斯，《自然的牧歌》，第七九六頁：〔第開亞爾可認爲靈魂是〕「四種原素的一種和諧。」西塞羅就歷史上說出了一種他自己弄得懂的結果，全沒有什麼思辨的概念。

237 第歐根尼·拉爾修，第五卷，第五十八節。

238 斯托拜烏斯，《自然的牧歌》，第二九八頁。

239 西塞羅，《神性論》，第[illegible]卷，第一章，〔關於〕斯特拉陀是這樣說的：「他認爲神的力量全在自然裡面，自然本身就具有發生、發展和衰亡的原因，但缺乏感覺及形體。」

中的傳統保存下來的；透過經院，亞里斯多德的學說不久就遭受一些重要的改變，引起一些對他的學說的縷述，我們不知道這些後人的發揮是否有一部分滲進了那些被認爲屬於亞里斯多德的著作裡面去。

逍遙學派把幸福作爲原理；美德是理性（λόγος）和意向的結合。

到這裡，關於亞里斯多德的哲學我們就不再談下去了。我很捨不得離開這個哲學；我們愈深入這個哲學，它就變得愈有味，並且我們就愈發現對象之間的聯繫。亞里斯多德哲學又被稱爲逍遙學派哲學；這個哲學在西塞羅的時代多變爲一種通俗哲學，亞里斯多德的深刻的、思辨的方式卻沒有被發揮，沒有被認識。

亞里斯多德是古代哲學家中最值得研究的。

我們已經結束了希臘哲學的第一個時期，要過渡到第二個時期了。希臘哲學的第一個時期至亞里斯多德爲止，至科學的這種形式的形成爲止。柏拉圖和亞里斯多德所得到的成果是理念；認識贏得了自由思維的這個基地。在柏拉圖那裡，我們得到了抽象得很的共相作爲原理；基礎是被把握到了的。在亞里斯多德那裡，思維成爲具體的了；它已不是那不動的抽象理念，而是具體化在作用裡面的理念。緊接著的一種直接地有必然性的需要應該要出現，應該要被包含在柏拉圖和亞里斯多德所發展了的哲學裡面。這個需要不是別的，就是共相現在要作爲共相、作爲原理的普遍性來理解，就是一個原理要以一種普遍的方式被提升出來，或者說被強調起來，使得特殊能夠透過一般而被認識；或者說，一種系統的哲學的需要立刻出現了。人們能夠說柏拉圖的體系、亞里斯多德的體系，但它們卻不是有體系的形式的；作爲一個體系，需要有一個原理被提出並且貫串在特殊的事物裡面。亞里斯多德的哲學是一種完全而複雜的對宇宙的理解，在亞里斯多德那裡，我們看見了所有的事物都被引導到思辨思維，看到了一種最高的科學方式。但是他在進行工作時，乃是採取經驗的方式的。在亞里斯多德那裡，誠然有一個原理，並且是思辨的原理，但是它沒有被當作一個原理強調起來。思辨的原理的本性沒有被當作一個絕對的概念帶進意識裡面，沒有被當作在自身裡面包含著自然的和精神的宇宙的多樣性的發展，更不用說被當作共相來闡述，使得從它裡面能夠發展出特殊的事物來（他的邏輯學毋寧說剛剛和這個相反）。亞里斯多德毋寧是逐一檢查所有活的和死的事物，把它們放在他的客觀的即是說理解著的思維面前，而加以理解把握。每一個對象本身就是概念；他說，這就是對象，我們在這些規定裡面找到了它。不過他把這些思想結合在一起，這樣他就成為思辨的。柏拉圖和亞里斯多德一般地都是採用經驗的方式，抓住這個那個觀念，然後逐一加以考察；這種欠謹嚴的方式特別出現在亞里斯多德那裡。在亞里斯多德的科學裡面，那自身思維著自身的思維的理念是被視為最高的眞理的；但是它的實現，對於宇宙中自然的和精神的事物的知識，卻在這個理念以外構成了很長一系列彼此分開的特殊概念。所缺少的，正是一個原理，一個貫串在特殊的事物裡面的原理。全部被認識的事物必須也是作為一種統一性、作為概念的一種有機組織而出現。因此，現在哲學中的次一需要，就是一般者要被作為絕對自由來把握，就是需要一個適用於一切特殊性的原理，要這樣來理解那個理念，使得多種多樣的現實，能被引導到這個作為共相的理念上面，並且透過它而被規定，在這個統一性裡面被認識。這就是我們在這個**第二個時期**裡面所要有的觀點。

這種系統的哲學首先會變成一種獨斷論，因此，懷疑論就立刻出現來和它對抗；法國人稱「獨斷的」爲「系統的」（systématique）——（系統〔système〕：一個被一貫地採用在一切裡面的原理，所有的觀念都必須從一個規定流出來）——，因此，系統的就和片面的有同一意義。在亞里斯多德那裡，我們看見了最高的理念，那個自己思維著自己的思維；而這本身又只是一個特殊者，它不是他全部哲學的原理。這個自己思維著自己的思維是完全具體的：思維自己是客觀的，思維則是主觀的，那個既是客觀又是主觀的理性是統一性的意識；它作爲思維的思維，便是具體的。進一步的發展本來應該是要：（一）從理念自己發展出理念，把共相作爲眞實的共相來理解，就是這樣來認識世界，使得其內容只是被認作自己思維著自己的思維的規定。這本來也不是不可以自在自爲地發生的，但事實上，被承認了的卻只有一個原理的必然性。（二）其次，這個原理只是形式地、抽象地存在著，而特殊者並不是從它推引出來的；相反地，共相只是被應用在特殊者上面，被研究的只是這種應用所遵守的規則。如果理念是具體的，則特殊者就會是從它發展出來的；在亞里斯多德那裡，理念本身是具體的。另外一種關係會只是一種特殊包攝於普遍裡面；這樣普遍與特殊就彼此有別，結合只是一種包攝的結合，共相在其中只是形式上的原理。物理世界和精神世界的現象，從它們那方面也應該被準備、被提煉爲概念（規律），使兩方面的工作彼此結合起來。其他各門科學獨立地把現象提升爲一定的思想——有必要形成完全普遍的，但是特定的原理——；這樣，思辨的理性才能夠在特定的思維裡面，把自己以及那種內在的同一聯繫完全地呈現出來。

因此，普遍的原理，定出現，但是特殊者卻不是從它發展出來；這樣，原理就是抽象的，因而這種哲學就是片面的。因爲只有那本身具體的、那本身具有兩方面的，才不是片面的。由此可見，這些哲學乃是更獨斷的，是只斷言而不證明的。因爲以這個方式，原理是被斷定了，卻不是以眞正的方式被證明。因爲人們要求有一個原理來把一切包攝在它下面，它只是第一個原理，因此沒有得到證明，而只是被斷言。

認識的這個需要從此以後就存在著。透過了精神的內在必然性，不是外在的，而是適合著概念的必然性——那適應這個需要的哲學現在就出現在世界上了。這個要求產生了斯多噶學派、伊壁鳩魯學派和懷疑學派的哲學。

如果我們在第一個時期中耽擱得太久，現在我們可以補償它了，因爲在下一個時期裡面，我們可以簡略一些。

譯後記

這一本黑格爾的《哲學史講演錄》第二卷，是根據格洛克納本德文版《黑格爾全集》第十八卷（亦即米希勒第一版本第十四卷）譯出的。這一本譯本的內容只到德文本第十八卷第四二三頁亞里斯多德爲止。德文本第十八卷中所包含的其餘部分，歸入中文譯本的第三卷。

我們譯這第二卷時，也認眞地參考了原書第二版的霍爾丹英譯本。我們曾根據英譯本做了一些校訂和補充，讀者可於本書中譯者的注看出來。

這一卷涉及希臘哲學的中堅部分，充滿了辯證法的內容。關於蘇格拉底學派三家的敘述，比起西方其他哲學史家，黑格爾花了較多的篇幅、較多的注重。這裡面包含了許多生動有趣、有關實際道德生活的論述，同時也具體地談到了詭辯與辯證法的差異。關於智者學派，黑格爾對普羅泰戈拉有相當同情而肯定的敘述，他強調智者學派傳播文化的功績和從各種不同的觀點看問題的理智教養，他特別對高爾吉亞思想中的辯證法因素有所揭示。

書中對蘇格拉底的死，曾做深刻的、辯證法的、歷史的分析，指出蘇格拉底突出地強調個人內心理智的確信，違反了當時的風俗、倫理或宗教，其被處死實有其必然性。對蘇格拉底用來教導道德的辯證法，黑格爾亦有著重的論述。

黑格爾對柏拉圖和亞里斯多德哲學的闡述，曾用了很長的篇幅、很多的力量。他特別強調評述柏拉圖辯證法的消極一面，亦即使個別的、特殊的事物解體的一面。在論述柏拉圖的邏輯學時，他集中闡述柏拉圖《巴門尼德篇》的辯證法思想；在論述柏拉圖的自然哲學時，他特別注重柏拉圖的《蒂邁歐篇》。關於柏拉圖的精神哲學，他著重闡述《理想國》和《菲力帕斯篇》中的思想。他指出柏拉圖的理想國的缺點固然一方面在於不現實，但另一方面也在於不夠理想，因爲眞正的理想性是與現實性統一的。關於柏拉圖爲敘拉古城邦制定《憲法》一事，黑格爾批評說，《憲法》是時代的產物，意思是說，憑哲學家空想出來的《憲法》是不會產生現實作用。

黑格爾對於亞里斯多德的評價高於柏拉圖。他說：「在他的眞正的思辨裡面，亞里斯多德是和柏拉圖一樣深刻的，而且比他（指柏拉圖）發展得更遠、更自覺；對立也獲得了更高的明確性。」黑格爾對亞里斯多德的思辨和辯證法給予這樣高的評價，這與列寧強調亞里斯多德的「客觀邏輯」，並稱「亞里斯多德的邏輯學是尋求、探索，它接近於黑格爾的邏輯學」（《哲學筆記》）的話，意思基本上是相同的。不過黑格爾在論述亞里斯多德時，一味地抹殺他的唯物論方面的特徵，儘量把他解釋成一個客觀唯心論者。從他以亞里斯多德的繼承者和完成者自許這一點看來，這是可以理解的。

在敘述亞里斯多德的生平時，黑格爾特別著重指出亞里斯多德的教育對亞歷山大的影響，以及兩人間的師生情誼。這些內容是其他西方哲學史著作中所沒有的，他的目的在於表明思辨哲學對實際政治的影響。在論述亞里斯多德的形上學或本體論時，他指出柏拉圖的理念雖是具體的，但與亞里斯多德的理念（形式）比較起來，卻缺乏能動性、生命、主觀性以及理念各環節的規定。他對亞里斯多德哲學中可能性和現實性兩個範疇做了較詳細的闡述。關於認識問題，他指出亞里斯多德是最注重經驗的，也是最思辨的，經驗與思辨有很好的結合。黑格爾用很長的篇幅論述亞里斯多德的自然哲學，強調亞里斯多德的自然哲學中注重內在運動、「隱德來希」和目的論、必然性。實質上這都是指客觀辯證法，是研究自然辯證法可以參考的重要資料。關於亞里斯多德的精神哲學，黑格爾特別敘述了身體與靈魂的關係，尤其著重闡述理性靈魂，以及亞里斯多德的倫理學和政治哲學。最後他才敘述亞里斯多德的邏輯學。他認為形式邏輯沒有內容，它的內容是由外面給予的。他一再強調形式邏輯的「認識的方式僅僅有主觀的意義；其判斷、推論也不是事物本身的判斷、推論」，「只是具有理智的主觀形式，物自體還是一種與它們不同的事物」。黑格爾關於亞里斯多德邏輯學的論述，可以供研究辯證法與形式邏輯的關係時參考。

* * *

本卷的智者學派哲學部分是王維誠從英譯本轉譯，再由王太慶根據德文原本整理出來。蘇格拉底哲學部分是黃枬森、王太慶合譯。蘇格拉底學派三家是顏健從英譯本轉譯，再由王太慶根據德文原本整理出來。柏拉圖部分是賀麟譯的。亞里斯多德部分是方書春譯的。全書各章均經宗白華校閱一遍。賀麟、方書春、王太慶除自己所譯的部分以外，亦校閱了其他人的全部譯稿。索引是王太慶指導編製，並負責最後整理。

索引*

* 編按：因詞條多次出現，索引頁碼只列首次出現頁碼。

三畫

四畫

五畫

六畫

七畫

八畫

九畫

十畫

十一畫

十二畫

十三畫

十四畫

十五畫

十六畫

十七畫

十八畫

十九畫

二十畫

二十一畫

經典名著文庫 198

哲學史講演錄　第二卷

Vorlesungen über die Geschichte der Philosophie：Zweiter Band

作　　者 —— 黑格爾（Georg Wilhelm Friedrich Hegel）
譯　　者 —— 賀麟、王太慶等
導　　讀 —— 楊植勝
發 行 人 —— 楊榮川
總 經 理 —— 楊士清
總 編 輯 —— 楊秀麗
文庫策劃 —— 楊榮川
本書主編 —— 蔡宗浉
特約編輯 —— 張碧娟
封面設計 —— 姚孝慈
著者繪像 —— 莊河源
出 版 者 —— 五南圖書出版股份有限公司
地　　址 —— 106 臺北市大安區和平東路二段 339 號 4 樓
電　　話 —— 02-27055066（代表號）
傳　　眞 —— 02-27066100
劃撥帳號 —— 01068953
戶　　名 —— 五南圖書出版股份有限公司
網　　址 —— https://www.wunan.com.tw
電子郵件 —— wunan@wunan.com.tw
法律顧問 —— 林勝安律師
出版日期 —— 2023 年 8 月初版一刷
定　　價 —— 520 元

國家圖書館出版品預行編目資料

哲學史講演錄 / 黑格爾 (Georg Wilhelm Friedrich Hegel) 著；賀麟，王太慶等譯. -- 初版 -- 臺北市：五南圖書出版股份有限公司，2023.08-
冊；公分. -- (經典名著文庫；198-)
譯自：Vorlesungen über die Geschichte der Philosophie, zweiter band
ISBN 978-626-366-350-3 (第 2 卷：平裝)

1.CST: 黑格爾 (Hegel, Georg Wilhelm Friedrich, 1770-1831)　2.CST: 學術思想　3.CST: 哲學史

109　　　　112011694